Thubten Jigme Norbu / Colin M. Turnbull

Geheimnisvolles Tibet

W0064278

HERDER spektrum

Band 4877

Das Buch

Tiefe spirituelle Wurzeln, reiche Legenden, der Glaube an die Wiedergeburt, die Art des Zusammenlebens, uralte Traditionen, eine unberührte Natur: all dies macht die Magie Tibets aus. Der ältere Bruder des Dalai Lama, selbst eine hohe Reinkarnation, erzählt von seinen ganz persönlichen Erfahrungen. Aus erster Hand erfährt man, was den Alltag in Tibet ausmachte, vom Leben auf dem Dorf, vom Leben in einem Kloster. Geboren in eine arme, bäuerliche Familie wurde er als Reinkarnation Tagtser Rinpotsches erkannt und im Kloster Kumbum erzogen, dessen Abt er später wurde. Mythen und die religiösen Überlieferungen werden lebendig – und die überzeugende Einheit von Alltag und Spiritualität: Die Kraft der Mythen und Rituale sind verbunden mit tiefer Einsicht. Er berichtet von Sterbe- und Totenritualen, Orakelbefragungen, von Weissagungen und auch von Betrugsversuchen und Gewalt: Den Tibetern ist auch nichts Menschliches fremd, ihnen sei der Buddhismus gerade deshalb geschickt worden, weil sie so ein wildes Volk seien..., so Norbu. Dennoch sind sie geeint in ihrer Liebe zum Land und in der Ehrfurcht vor der Natur und üben Freundlichkeit, Gelassenheit und Genügsamkeit. Ein einzigartiger, authentischer Einblick in die Seele einer bedrohten Kultur, deren tiefe Weisheit weltweit fasziniert.

Die Autoren

Thubten Jigme Norbu, geboren 1922, ist die 24. Reinkarnation eines hohen tibetischen Lamas, des Mönches Tagtser aus dem 15. Jahrhundert. Er erzählt dem Wissenschaftler und Ethnologen Colin M. Turbull vom alltäglichen Leben, den Überlieferungen, den Riten und dem Gehalt des Buddhismus.
Thubten Jigme Norbu ist in den Laienstand getreten, hat geheiratet und hat vier Söhne.

Thubten Jigme Norbu /
Colin M. Turnbull

Geheimnisvolles Tibet

Der Bruder des Dalai Lama
erzählt von einer versunkenen Welt

Aus dem Amerikanischen von Maximiliane von Meng

Herder
Freiburg · Basel · Wien

Titel der amerikanischen Originalausgabe:
Tibet, © 1968 by Thubten Jigme Norbu and Colin M. Turnbull.
All Rights Reserved.
Published by arrangement with the original publisher,
Simon & Schuster Inc.

Gedruckt auf umweltfreundlichem, chlorfrei gebleichtem Papier

Alle Rechte vorbehalten – Printed in Germany
© für diese Ausgabe Verlag Herder Freiburg im Breisgau 2000
© für die deutsche Übersetzung: F.A. Brockhaus, Wiesbaden 1971
Herstellung: Freiburger Graphische Betriebe 2000
Umschlaggestaltung und Konzeption:
R·M·E München / Roland Eschlbeck, Liana Tuchel
Umschlagfoto: Padmasamhava in Potula, © 1998 by Marcia Keegan
ISBN 3-451-04877-9

INHALT

Der menschliche Körper, mit sich selbst im Frieden, /
Ist kostbarer als der seltenste Edelstein. / Halte deinen
Körper in Ehren, nur dieses eine Mal ist er dein. /
Die menschliche Erscheinungsform wird mit Schwie-
rigkeit gewonnen, / Und leicht ist sie verloren. / Alle
weltlichen Dinge sind von kurzer Dauer, gleich einem
Blitz am Himmel. / Dieses Leben mußt du verstehen
als das leise Auftreffen eines Regentropfens, / Ein
Ding aus Schönheit, das vergeht, schon während es
entsteht. Daher setz dir dein Ziel / Und nutze Tag und
Nacht, es zu erreichen.

Aus TSONG KHAPA

EINFÜHRUNG

Dieses Buch ist keine Selbstbiographie Thubten Norbus, denn die
hat er schon geschrieben (»Tibet is my Country«, Dutton, 1961).
Das Buch ist vielmehr eine Geschichte Tibets, obgleich es nicht
beabsichtigt, Tatsachen so zu schildern und zu deuten, wie das die
Historiker tun würden. Wir nennen es eine Geschichte Tibets, weil
es den Versuch macht, das Verständnis für das heutige Tibet, sein
Volk, seine Lebensweise und Gedankenwelt dadurch zu wecken,
daß die Verbindung der Tibeter mit ihrer Vergangenheit so dargestellt wird, wie sie selbst sie sehen. Einerseits beruht dieses Buch
auf Tatsachen, denn es hat mit den Erfindungen einer romantischen
westlichen Phantasie nichts zu tun, sondern behandelt die tatsächlichen Gedanken und Meinungen der Tibeter. — Weit davon entfernt, sich in einem ständigen Schwebezustand zu befinden, stehen
die Tibeter mit beiden Beinen fest im Leben. — Dennoch ist diese
von Thubten Norbu erzählte Geschichte seines Landes in mancher
Hinsicht fremdartiger als die meisten gefühlvollen Schilderungen
der Andersartigkeit Tibets, die aus seiner Religion etwas Unzu-
gängliches, aus seinem Volk etwas Stummes und Unwirkliches und
aus dem Land etwas Grausames und Abweisendes gemacht haben.
Hier haben wir es mit der Wirklichkeit Tibets zu tun, wie sie sich
in den Augen, dem Geist und Gemüt eines Mannes spiegelt, des
Mannes Thubten Jigme Norbu, der vierundzwanzigsten Inkarnation

des tibetischen Mönchs und Lehrers Tagtser, der im 15. Jahrhundert gelebt hat. Wir sehen das Land und das Volk mit seinen Augen, so wie er es kennt und wie er glaubt, daß es ist.

Manche meinen, daß Tatsachen erfahrbar und beweisbar, Vorstellungen dagegen unbeweisbar seien. Aber hier mischen sich Tatsachen und Vorstellungen und bilden zusammen eine einzige, mächtige Wirklichkeit. Für Norbu gibt es keinen Unterschied zwischen diesen beiden Arten, die Welt zu betrachten, und der Unterschied ist in der Tat bedeutungslos, denn jede Betrachtungsweise hat ihren eigenen Beitrag zu leisten und jede findet ihre letzte und höchste Wirklichkeit nur im Gemüt des Betrachters, sei er nun ein Denker oder ein Träumer oder — wie Norbu — beides. Manche Tatsachen, und seien sie noch so beweisbar und erfahrbar, sind unwillkommen und werden sogar abgelehnt, wenn sie Träume stören, die uns teuer sind; Unwahrheit wird eher geglaubt als unwillkommene Wahrheit, wenn sie nur unserer sehnsuchtsvoll aufgebauten Scheinwelt als Stütze dient. Trotz des wachsenden Materialismus der Menschen, ist das noch immer so, denn noch immer hofft, träumt und sehnt sich der Mensch.

So haben also Tatsachen und Vorstellungen ihre eigene Wirklichkeit, und Norbu untersucht beide Bereiche, soweit sie ihm beim Blick in die Vergangenheit seines Landes wichtig erscheinen. Das, womit das Buch beginnt und endet, nennt man im Westen schlicht und einfach Einbildungen. Wir nennen sie Legenden, weil sie oft auf irgendeiner Tatsache beruhen. Diese Legenden vom Anfang und Ende der Welt und andere, die Norbu in diesem Buch erzählt, stehen vielleicht nicht mit Tatsachen, im westlichen Sinne, aber doch mit Wahrheiten auf ähnlich hoher Ebene im Zusammenhang. Dennoch würde der Leser, der anfangen möchte, die Welt mit tibetischen Augen anzusehen, das Wesentliche nicht begreifen, wenn er die Erzählungen nur als Parabeln und Legenden auffaßte.

Norbu gibt zuerst einen kurzen Überblick über das tibetische Land und Volk vor der Besetzung durch die Chinesen. Er will den Leser mit Dingen vertraut machen, die ihm sonst fremdartig und verwirrend vorkommen müßten. Danach fährt das Buch chronologisch fort, wobei Norbu allerdings nur seine eigenen Erfahrungen und Überzeugungen zur Erläuterung heranzieht, um so den ganz persönlichen Charakter dieses Berichts — oder dieser Geschichte — zu betonen. Es ist also Norbus Tibet, das vor uns ersteht, nicht das Tibet des Historikers oder Philosophen. Tibet von den Uranfängen bis zum heutigen Tage in der Sicht Norbus — dieser Bericht ist nicht für Akademiker bestimmt, die nur an Wahrheiten einer geringeren Ordnung interessiert sind; er ist für Träumer gedacht, für Menschen mit Seele, die sich um eine breitere Wahrheit mühen. Zu ihnen wird Norbus Wahrheit sprechen, und ihnen wird sich — ob zum Nutzen oder Schaden — das wirkliche Tibet erschließen. Geschichte ist hier mehr als bloße Überlieferung, sie wird zu einem Teil der religiösen Erfahrung.

Daß das Buch geschrieben wurde, hat seinen Grund in Norbus religiöser Erziehung und in seinem Glauben. Buddhas Lehren können vielen Tibetern inneren Frieden und ihrem Leben Schönheit schenken, aber sie tragen auch ein Drängen und Streben hinein, das fast schon an Ungeduld grenzt. Die gleichzeitige Erkenntnis der Schönheit des Lebens und seiner Vergänglichkeit führt zu einem Gefühl der Vergeblichkeit, das der Enttäuschung nahekommt. Die buddhistische Lehre von der Wiedergeburt läßt sich nicht mit Hilfe von kurzen, gedrängten Handbüchern über die Weltreligionen verstehen, wo das Thema auf kleinstem Raum in kleiner Schrift vereinfacht abgehandelt wird. Diese Lehre muß durch Raum und Zeit hindurch gelebt werden. Vergangene und zukünftige Leben werden dabei weder erinnert noch vorweggenommen, weder eifrig herbeigesehnt noch gefürchtet. Sie sind durchlebt worden und werden wieder durchlebt werden, und dieses Wissen genügt. Den Tibeter beschäftigt das derzeitige Leben, das er gerade lebt, denn diesem Leben ist er absolut und unwiderruflich verhaftet und er fühlt sich verpflichtet, es gut zu leben.

Es gibt viele Erscheinungsformen, und wir können in eine jede hineingeboren werden. Es ist köstlich, als Mensch geboren zu werden, aber auch voller Gefahren, denn zugleich mit der herrlichen Gabe der Freiheit wird uns dabei die Möglichkeit zur Selbstzerstörung verliehen. Wir sind umgeben von jenen, die uns auf den Pfad der Unwissenheit führen möchten, da sie sich selbst an falsche Werte klammern. Deshalb sagen die Tibeter, man solle seine Freunde kennen, ehe man sie Freunde nennt. Wer dir dein Eigentum stiehlt, ist eher dein Freund als jener, der dir dein Erkenntnisvermögen nimmt. In der richtigen Art pfleglich behandelt, gibt uns die menschliche Erscheinungsform jedoch die Möglichkeit, uns zu den höchsten Höhen der Ekstase zu erheben, den Schleier der Unwissenheit zu zerreißen, der uns umgibt, und die höchste Wahrheit des Seins zu schauen. Das sollte unser Ziel, unser einziges Bestreben sein. Alles übrige ergibt sich von allein.

Das ist keine Selbstsucht, die zu steriler Askese auf Bergeshöhen führt. Jede Verkörperung als Mensch ist anders, und jede legt uns bestimmte Begrenzungen auf. Schon durch die grundlegende Pflicht, den Körper aufs beste zu entwickeln, werden wir in ganz verschiedene Richtungen geführt. Einige erlangen die Wahrheit, indem sie sich von der Welt abschließen — aber diese Menschen werden von den wenigsten beneidet. Andere werden Verkünder der Weisheit, Führer der Menschen, Bauern oder Hirten, Handwerker, Bettler oder Diebe. Indem er zu seiner eigenen Entwicklung beiträgt, trägt jeder gleichzeitig zur Entwicklung der Menschheit bei. Durch sein Beispiel erteilt uns der Dieb genauso eine Lehre wie der Weise.

Norbu hatte kein leichtes Los. Als junger Mönch gab er sich ganz seinen Studien hin und wurde Abt des Klosters Kumbum, eines der größten Klöster Tibets, das in seiner Heimatprovinz Amdo gelegen ist, die an China grenzt. Als Abt hatte er Pflichten gegenüber dem Kloster und seinen Tausenden von Insassen und gegenüber der umwohnenden tibetischen Bevölkerung, deren Leben mit dem Kloster verflochten und von ihm abhängig war. Als die Chinesen im Juli 1949 kamen, blieb Norbu an Ort und Stelle. Er blieb so lange, wie es ihm physisch möglich war, seinen Pflichten nachzukommen, aber es kam eine Zeit, wo ihm nicht einmal mehr erlaubt wurde, allein zu beten, und er sich der höheren Pflicht gegenübersah, seinen Bruder, den Dalai Lama, zu warnen.

Einmal in Lhasa angelangt, erwies sich die Rückkehr nach Kumbum als unmöglich. Norbus Leben als Mönch hatte jedoch außerhalb Tibets seinen Sinn verloren. Er hatte das Kloster in dem Glauben verlassen, daß er helfen könne, sein Land zu retten. Nun bedrückten ihn die Nachrichten vom unglücklichen Schicksal jener, die er nicht hatte mitnehmen können. Norbu legte sein hohes Priesteramt nieder, da er das ihm gemäße Leben nicht führen konnte. Aber es gab etwas, das er nicht niederlegen konnte, das war seine Existenz als Wiederverkörperung des Mönches Tagtser. Als solche war er zu einem ganz bestimmten Zweck wiedergeboren worden. Man glaubt, daß diejenigen, denen es gelungen ist, Erleuchtung oder *mying di* zu erlangen, nur zur Erleichterung jener in diese Welt des Leidens zurückkehren, die sich noch mühen, zu einer höheren Entwicklungsstufe zu gelangen, und zwar um ihnen zu helfen, um sie zu führen und zu belehren. Die Tibeter glauben, daß der Mönch Tagtser in Norbus Körper zurückgekehrt ist, um die Arbeit fortzusetzen, die er vor hunderten von Jahren als Lehrer begann. Als Tagtser hat Norbu besondere Verpflichtungen den Menschen gegenüber, die um die von dem Mönch gegründeten Klöster herum leben, und ebenso hat er Pflichten diesen Klöstern gegenüber. Diesen Pflichten kann er nun, da er physisch von seiner Heimat getrennt ist, nicht nachkommen. Dennoch konnte und kann er seiner Existenz als Tagtser nicht entfliehen. Damit muß Norbu in seinem neuen Leben fertig werden.

Da Norbu nun Laie ist, muß er auch als Laie leben mit anderen Pflichten und Verantwortlichkeiten als bisher. Es liegt nichts Unehrenhaftes in seinem Austritt aus der Priesterschaft, aber als Wiederverkörperung von Tagtser und gleichzeitig als Laie befindet sich Norbu in einem inneren Konflikt. Zum Teil wird dieser dadurch gelöst, daß Norbu unermüdliche Anstrengungen macht, ein tieferes und umfassenderes Verständnis für Tibet zu wecken. Das vorliegende Buch verfolgt eben diesen Zweck. Insofern ist es auch nicht nur Norbus, sondern auch Tagtsers Werk, der sich zur Erleuchtung seiner Mitgeschöpfe über lange Zeiten hinweg wiederverkörpern ließ. Möge es diesen Seiten gelingen, wenigstens bis zu einem gewissen Grade das zu beschwören, was den tibetischen Buddhisten kennzeichnet: die Gefühle der Achtung vor dem Leben, des Mitleids und der Liebe und das Streben nach Wahrheit oder, was dasselbe ist, nach dem Guten.

BEMERKUNG DER AUTOREN

Die Zusammenarbeit bedeutete für uns beide ebenso Ehre und Freude wie schwere Verantwortung. Unsere Arbeit war mühselig und schwierig, denn wir mußten drei Sprachen — Tibetisch, Sanskrit und Englisch — dazu heranziehen. Das ungenügende Verständnis, das jeder für die Muttersprache des anderen mitbrachte, nötigte uns, alles immer wieder zu überprüfen und zu vergleichen, um die Gefahr von Mißverständnissen auszuschalten. Von Anfang an stand fest, daß dieses Buch, seinem Gedankengut nach, Norbus Buch sein sollte. Die Aufgabe des Mitautors bestand nur darin, dieses Gedankengut zu erfassen und es — ohne eigenes hineinzutragen — mit seinen Worten auszudrücken.

Wir glauben, daß uns dies, wenigstens zum großen Teil, gelungen ist, denn wir sind beide mit all unseren menschlichen Schwächen auf der Suche nach der einen großen Wahrheit, von der wir glauben, daß sie der Existenz der Menschheit zugrunde liegt. Es macht keinem von uns etwas aus, ob der andere ebenso oder anders sieht, denkt und träumt, denn die Wahrheit ist dieselbe. Jede Übersetzung hat, direkt oder indirekt, den Zweck, diese Wahrheit darzustellen, und wir haben deshalb Worte gebildet und verwendet, deren Sinn über die engen Wörterbuchdefinitionen hinausgeht.

Wir haben nichts Großes beabsichtigt. Das Buch soll keine endgültige Geschichte Tibets und des tibetischen Volkes sein, sondern einzig und allein eine Darstellung Tibets aus der Sicht eines bestimmten Mannes. Doch wird diese geistige Sicht, mit geringen Abweichungen, vermutlich von vielen Tibetern geteilt. Wir hoffen, daß wir, indem wir die fast unüberwindliche Schwierigkeit, ebenso endgültig, folgerichtig und erschöpfend zu sein wie wir wahrhaftig sind, umgangen haben, einen Bericht vorlegen können, der Tibet — zu Nutzen oder Schaden, zu Recht oder Unrecht — so darstellt, wie es von einem Tibeter gesehen und verstanden wird. Gelingt es dem Leser, sich diese Sicht zu eigen zu machen, so wird er ein größeres Verständnis für Tibet erworben haben, als er je aus einer schulmäßigeren oder methodischeren Darstellung, die notwendigerweise eine vom Religiösen getrennte Darstellung sein müßte, schöpfen könnte. Dabei wird das Leben für den Tibeter doch erst durch seinen Glauben sinnvoll. Auf diesen Erfolg beim Leser hoffen und daran glauben wir.

Thubten Jigme Norbu
Colin M. Turnbull

BEMERKUNGEN ZUR ÜBERSETZUNG
UND PHONETISCHEN UMSCHRIFT

Den Klang tibetischer Worte in lateinischer Schrift in einem Buch wie diesem wiedergeben zu wollen, stellte uns vor zahlreiche und schwierige Probleme. Erstens gibt es im Tibetischen viele gleichberechtigte Aussprachen, von denen manche auf bestimmte Gegenden, andere auf bestimmte Umstände, wie den amtlichen Gebrauch, beschränkt sind. Obgleich Norbu im östlichen Tibet geboren ist, wurde ihm das Zentraltibetische besonders vertraut, später dann die »Hofsprache«, nachdem sein Bruder zur Würde des Gyalwa Rinpotsche (Dalai Lama) gelangt war. Wir haben versucht, die von Norbu verwandte Aussprache so einfach wie möglich wiederzugeben. Außerdem würde ein Blick auf die Standardtranskriptionen dem durchschnittlichen Leser zeigen, wie vergeblich der Versuch gewesen wäre, ihm die Tatsache nahezubringen, daß der Name eines berühmten Klosters ungefähr Drepung ausgesprochen wird, wenn man sich an die wissenschaftliche Schreibweise hBras-sprüngs hält, oder daß die Worte sGra-mi-snyan den Namen des weltlichen Landes im Norden verbergen, das Dra Minyen gesprochen wird. Unsere Bemühungen mögen nicht fehlerfrei sein, aber sie erleichtern dem Leser manches.

Wo wir Gy gebraucht haben, wie im Worte Gyalwa, wird das G wie ein Mittelding zwischen G und Dsch gesprochen. Ebenso ist es mit Ky, das beinahe wie Tschj klingt. Wo wir ein Wort in zwei oder mehrere Teile zerlegen, geschieht das, um die Aussprache zu erleichtern und entspricht nicht notwendigerweise dem schulmäßigen Gebrauch. Einige der benutzten Ausdrücke haben Entsprechungen in anderen Sprachen, besonders im Sanskrit, das westlichen Lesern besser bekannt ist. Wir geben einige dieser Entsprechungen beim ersten Auftreten des betreffenden Worts in Klammern an. Aber bei besser bekannten Bezeichnungen haben sich die falschen Begriffe, die so lange damit verbunden waren, entsprechend festgesetzt. Daher haben wir beschlossen, in der Folge jeweils nur den tibetischen Ausdruck zu verwenden. Es ist besser, daß der Leser an Sanggye Sa als an einen völlig neuen Begriff herangeführt wird, als daß wir durch den Gebrauch des Wortes *Nirwana* eine Unmenge von Assoziationen wecken, die verwirren und in die Irre führen.

DIE LEGENDE VOM ANFANG

Die Vier Welten liegen hinter einem großen Berg,
                    Rirab Lhunpo genannt.
Rirab erhebt sich zu den Himmeln,
Steigt acht mal Zehntausend pagtsad*) über den mächtigen
                    Ozean an
Und reicht ebenso tief unter seine Oberfläche hinab.
Seiner Natur nach hat er vier Seiten, jede davon aus Edelstein.
Der Osten ist kristallen und dahinter im äußeren Ozean
                    liegt Lö Phag, das Land der Riesen.
Der Süden aus Malachit blickt aus der Ferne auf Dzambu
                    Lying, unsere eigene schöne Welt.
Silbern ist die Westseite;
Dort liegt Balang Tschö, das reich an Herden ist.
Der Norden ist aus reinem Gold.
Nördlich davon liegt Dra Minyen,
                    ein gesegnetes, aber weltliches Land,
Wo alle Wesen wohlhabend geboren werden,
Bestimmt, ihr Leben in friedlicher Muße zu verbringen.
Aber dieses scheinbar glückliche Land ist das Land der
                    giftigen Stimme,
Die vom Tode spricht.
Land ohne Religion.

Aus GRUB-MTHA TSCHENMO

*) Ein tibetisches Maß, das manchmal als 500 Klafter angegeben wird.

Ein leerer Raum, eine dunkle Leere, war vor aller Zeit. Aus dem Inneren dieses Nichts erhob sich sanft und ruhig ein Wind. Von Ost und Süd, von West und Nord füllte er den leeren Raum und wurde immer mächtiger im Lauf der Jahre. Nach langer, langer Zeit wurde der Wind dicht und schwer und brachte Dordsche Gyatram, einen großen doppelten Donnerkeil in Kreuzesform, hervor. Aus dem Donnerkeil kamen Wolken, eine nach der anderen, die dick und schwer wurden wie der Donnerkeil und der Wind. Dann kam der große Regen aus den Wolken, jeder Tropfen so groß wie ein Wagenrad, jeder Tropfen ausreichend für eine Überschwemmung. Unzählige Jahre fiel der große Regen, und als er aufhörte zu fallen, hatte er *gyatso*, das Urmeer, hervorgebracht.

Als *gyatso* sich beruhigt hatte, seine Oberfläche glatt und still war, da kam wieder ein Wind, der war so sanft und ruhig wie *gyatso*, und er bewegte die Oberfläche der Gewässer leise hin und her. Wie das Buttern die Sahne an die Oberfläche der Milch steigen läßt, so bildete sich ein leichter Schaum, *wangtschen serkyi saschi*, durch die Bewegung der Gewässer, bedeckte sie und wurde immer schwerer mit dem stärker werdenden Wind, bis der Schaum so schwer und gelb war wie *tri*, die erste Milch der Mutterkuh nach der Geburt ihres Kindes. Und so wie aus Sahne Butter wird, entstand die Erde aus dem Meer.

Die Erde erhob sich wie ein Berg, um dessen Höhen die unermüdlichen Winde bliesen und dessen Spitzen sie mit Wolken bedeckten. Als der Regen wieder fiel, war das Wasser salzig, und so bildete sich das Universum, Ozean um Ozean.

Im Mittelpunkt war der große Berg, Rirab Lhunpo, eine vierseitige Säule aus Edelsteinen, Wohnort von Göttern. Umgeben war er von einem See *(tso)*, um den ein Ring von goldenen Bergen lag. Jenseits der goldenen Berge war ein anderer See, der wiederum von Bergen umgeben war. So gab es insgesamt sieben Seen und sieben Wälle aus goldenen Bergen, von denen der innerste der mächtigste war. Siebenmal Erde, siebenmal Wasser. Jenseits der äußeren Berge lag der äußere Ozean, *Tschi Gyatso*. In *Tschi gyatso* befinden sich die vier Welten, jede wie eine Insel, jede von anderer Gestalt und eigener Art. Die Welt im Süden läuft nach unten spitz zu wie ein Zapfen, die westliche Welt ist kreisförmig, das reiche Land im Norden hat eine viereckige Form, und die östliche Welt ist ein

Halbmond. Zu beiden Seiten einer jeden Welt befindet sich eine kleinere Insel von ähnlicher Form; vier Welten und acht Inseln. Das war das Universum, und es war dunkel.

Nach Rirab Lhunpo kamen die Götter und Halbgötter. Sie teilten den Berg unter sich in einzelne Ebenen auf, wobei die höchste die gesegneteste war. Der Mittelpunkt des Universums war so wie unsere eigene Welt, mit Hügeln und Tälern, Flüssen und Bächen, Bäumen und Blumen und allen schönen Dingen. Nur schöner, als wir es kennen, und am schönsten war es ganz oben. Dort leben die *Lha*, die verkörperten Götter. Sogar sie müssen leiden und sterben wie wir, aber man kann sie dennoch mit uns nicht vergleichen, denn sie kennen unsere Art des Leidens nicht.

Weit oberhalb des Universums der ersehnten und geformten Welten um Rirab Lhunpo bestehen andere himmlische Welten, das formlose Universum Sugme Kham. Der Berg besteht in seinen tieferen Regionen aus den sechs Welten von Do Kham, dem Universum der Begierden. Darüber liegen die siebzehn geformten Welten, Sug Kham genannt; sie werden von verkörperten Göttern bevölkert, die man in der Not zu Hilfe rufen kann. Die Spitze des Berges wird von einer einzigen Welt, Ogmin, gebildet, der Welt der Erleuchtung, einem Reich des Friedens und der Ruhe, wo das Leiden unbekannt ist und wo die Vollendeten wohnen. Von diesen Welten wissen wir wenig, und sie gehen diese Welt des Leidens auch wenig an.

Von Rirab Lhunpo wissen wir mehr. Dieser große Berg hat einen Baum, Yongdö Dölba mit Namen, der durch seine Mitte wächst und hoch oben eine Krone aus Blüten und Früchten trägt. Der Berg ist von Göttern und Halbgöttern bevölkert, die in vier Ebenen an seinen Hängen wohnen. Die auf der Spitze sind die mächtigsten. Die Götter dieser Ebene haben keine Körper wie wir, aber die der drei anderen Ebenen haben Körper, die man sehen und tasten kann, Körper, die leiden und sterben — wenn sie auch weniger zu leiden haben als unsere Körper. Man kann zu diesen Göttern beten, bitten, daß man unter ihnen auf Rirab Lhunpo geboren werde. Die Götter einer jeden Ebene sind jeweils mächtiger als die Götter der darunter liegenden, und ständiger Kampf ist das Leiden dieser Götter, denn die Halbgötter der untersten Ebene sagen, daß Yongdö Dölba nicht nur auf dem Gipfel von Rirab Lhunpo wächst, sondern daß seine Wurzeln tiefer unten auf ihrer Ebene zu finden sind, wo er sich vom Fuße des Berges seine Nahrung holt. Deshalb seien sie auch berechtigt, einen Teil seiner wunderbaren Früchte zu fordern. So kämpfen die Halbgötter zusammen mit den Göttern der zwei unteren Ebenen darum, sich den Weg zum Gipfel zu bahnen, um sich ihren Anteil an den Früchten zu holen. Sogar auf Rirab gibt es Leiden.

Rirab Lhunpo ist der Mittelpunkt unseres Universums, und jede seiner vier Seiten blickt über die sieben Seen und die sieben Ringe goldener Bergesketten auf die vier Welten. Die Götter, die auf dem Südhang von Rirab Lhunpo wohnen, kümmern sich um die südliche Welt, jene auf dem Nordhang sehen nach der nördlichen Welt, und ebenso ist es mit den im Osten und Westen gelegenen Welten. Man sagt, der oberste der nördlichen Götter und Hüter der nördlichen Gegend sei Nem Thöse, die Hüter des Ostens und Westens sind Yulkor Kyong und Tschen Misang. Der Hüter des südlichen Bereichs, in dem unsere eigene Welt Dzambu Lying liegt, ist Phagkyepo.

Nachdem Dzambu Lying geschaffen war, wuchs ein *praktscha*-Baum aus der Mitte eines Flusses. Als seine Früchte reiften, fielen sie ins Wasser und verursachten ein Geräusch, das sich wie »dzambu« anhörte. Viele *klu* (Wasserwesen) wohnten in dem Fluß, und sie aßen die Früchte des *praktscha*-Baumes. Ihre Exkremente wurden zu Gold, so wunderbar waren diese Früchte. Das beste Gold unserer Welt stammt aus dem Gewässer des *praktscha*-Baumes, und unsere Welt hat ihren Namen nach dem Geräusch der fallenden Früchte erhalten. Wir wissen zwar nicht, wo der Fluß mit dem Baum ist, aber er befindet sich hier irgendwo.

Zuerst war Dzambu Lying leer. Es gab keine Menschen, keine Tiere und keine Bäume. Aber einige der Götter von Rirab Lhunpo kamen wegen ihrer vergangenen Taten von den oberen Regionen jenes Berges in unsere Welt. Wegen ihrer Macht und ihrer geistigen Größe brauchten sie nicht zu arbeiten. Nahrung war soviel vorhanden, daß sie nur die Hand danach auszustrecken brauchten, es gab keine Hungersnot, nicht einmal gewöhnlichen Hunger. Es gab auch keine Krankheit, und die Götter lebten lange, viel länger als einer von uns leben kann. Ihre Macht lag im *samten se*, einer tiefen Meditation, bei der als Schöpfung in Erscheinung tritt, was dem

Geist entströmt. Ihre Fähigkeit war von solcher Art, daß sie das Licht überflüssig machte; jeder Gott war seine eigene Lichtquelle, durch seine innere Kraft glühte sein Körper wie ein Gestirn.

Nach vielen Jahren der Zufriedenheit in Dzambu Lying bemerkte einer der Götter eine Art sahneähnliches Fett, *saschag* genannt. Dieses Fett kam aus der Erde. Nachdem er es befühlt, geschmeckt und für gut befunden hatte, riet er anderen Göttern, es zu schmecken. Bald begannen die Götter von Rirab Lhunpo *saschag* lieber zu essen als alles andere. Je mehr sie davon aßen, desto mehr schwand jedoch ihre innere Kraft, desto schwächer wurde das Licht, das sie hervorbrachten. Als alles *saschag* aufgegessen war, hatten sie ihr langes Leben und all ihr Licht eingebüßt, denn sie hatten die Fähigkeit zur Meditation *samten se* verloren. Nun lebten sie in der Finsternis. Damals wurden die Sonne, der Mond und die Sterne für Dzambu Lying erschaffen, denn das Licht unserer Welt war das Licht der Götter gewesen, und dieses Licht und ihre Kraft war nun dahin. Nur den vorangegangenen guten Taten der Götter ist es zuzuschreiben, daß wir die Sonne und den Mond haben; wären sie nicht gewesen, so müßten wir in der Finsternis leben.

Auf diese Weise wurden aus Göttern Menschen. Das Licht, das sie hatten, kam von Sonne, Mond und Sternen. Sie aßen von einer maisähnlichen Pflanze, *myugu* genannt. Diese Pflanze hatte große Früchte. Jeden Tag pflückte sich ein jeder eine solche Frucht, und am nächsten Tag war eine neue für ihn da. So gab es weder Mangel noch Hunger. Noch immer war es eine Welt, in der es an nichts fehlte. Jeder hatte seine eigene *myugu*-Pflanze. Eines Tages sah ein gieriger Mensch an seiner Pflanze zwei Früchte, und er pflückte und aß beide. Am nächsten Tage gab es überhaupt keine Frucht, und er wurde hungrig. Daher nahm er die Frucht eines anderen. Da jener nun nichts zu essen hatte, wurde auch er hungrig und pflückte die Frucht von der *myugu*-Pflanze eines dritten. Bald war jeder gezwungen zu nehmen, was ihm nicht gehörte, und auf diese Weise kam der Diebstahl in unsere Welt. So kam aber auch die Arbeit in unsere Welt, denn jeder mußte nun pflanzen, um auch dann genug zu haben, wenn ihm ein Teil gestohlen wurde.

Die ganze Zeit über hatten diese Menschen, die Götter gewesen waren, in menschlicher Gestalt gelebt. Aber nachdem sie zu stehlen und danach zu pflanzen begonnen hatten, kamen ihnen merkwürdige Gefühle und Gedanken. Ein Mann fühlte, daß seine Geschlechtsteile ihm zu schaffen machten; er fand sie unbequem und riß sie von seinem Körper. So wurde er zu einer Frau. Durch Berührung mit Männern bekam diese Frau Kinder, und diese Kinder hatten noch mehr Kinder, und bald war die Welt von Männern und Frauen angefüllt, die alle viele Kinder hatten.

Da es soviel Menschen gab, wurde es immer schwieriger, genügend Nahrung und Raum zum Leben zu finden. Anstatt friedlich zu leben, begann sich jede Familie nur um ihre eigenen Bedürfnisse zu kümmern und sich wegen der anderen keine Gedanken zu machen — und bald fingen sie an, einander zu bekämpfen. Nachdem sie lange gekämpft hatten, trafen sich die Menschen in einer riesigen Versammlung und beschlossen, den Kämpfen ein Ende zu machen und einen Anführer zu wählen. Sie nannten ihn Mang Kur, das bedeutet »Viele machten ihn zum König«.

Nachdem er König geworden war, lehrte Mang Kur die Menschen. Er lehrte sie, wie man Häuser baut, und sagte ihnen, daß jede Familie ihr eigenes Haus und ihre eigenen Felder haben sollte. Auch sollte jede Familie ihre Nahrung selbst anbauen, säen und ernten. Auf diese Weise wurden wir, die wir Götter gewesen waren, zu menschlichen Wesen. Auf diese Weise wurden wir dem Kreislauf des Werdens aus Leben und Tod unterworfen, denn während wir leben, müssen wir arbeiten, kämpfen, stehlen und krank werden. So wurde diese Welt erschaffen. Das ist unser Glauben.

Jenseits unserer Welt liegt Tschi Gyatso, der äußere Ozean; was dahinter liegt, wissen wir nicht. Nach Tschi Gyatso kommen die schlechten Menschen, zumindest glauben die Kinder das. Ihre Körper werden lebend dahin entführt, um in Tschi Gyatso den Tod zu finden.

Sonne, Mond und Sterne, der Himmel und die Wolken sind von den übrigen Welten aus nicht sichtbar. Aber auch wir können jene Welten nicht sehen oder uns dahin begeben, es sei denn, wir haben übernatürliche Kräfte. Manche von uns mögen in jene Welten gelangen, wenn sie wiedergeboren werden. Manche von uns mögen von da gekommen sein. Es leben dort Menschen, aber diese sind von uns sehr verschieden.

Lö Phag ist die östliche Welt, die wie ein Halbmond geformt ist.

Die Menschen, die dort leben, sind Riesen mit Gesichtern wie Halbmonde. Sie leben fünfhundert Jahre lang. Sie haben vielerlei Nahrung und essen hauptsächlich Reis und Gemüse. Sie sind uns nicht ähnlich, denn sie kämpfen nicht. Sie sind ruhig und friedlich, aber sie haben keine richtige Religion.

Die westliche Welt ist Balang Tschö, ihre Gestalt ähnelt der Sonne. Die Menschen dort ähneln denen von Lö Phag, wenngleich ihre Gesichter rund sind. Sie sind groß und leben fünfhundert Jahre. Balang Tschö ist ein Weideland. Es gibt dort viele, viele Herden, und die Menschen essen hauptsächlich Butter und Käse. Das Volk dort ist ein starkes Volk.

Nördlich von Rirab Lhunpo und von unserer eigenen Welt Dzambu Lying am weitesten entfernt liegt Dra Minyen. Im Unterschied zu Lö Phag und Balang Tschö ist Dra Minyen viereckig. Die Menschen dort haben viereckige Gesichter, so wie die Pferde, und sie leben tausend Jahre, bevor sie sterben müssen. Es gibt keinen Kampf und es gibt keine Arbeit. Dra Minyen ist das Land des Überflusses, wo es Nahrung in Hülle und Fülle gibt, ohne daß man etwas dazu beitragen muß. Wirst du in Dra Minyen geboren, so hast du alles, was du brauchst. In deinem ganzen Leben brauchst du dich nicht um Kleidung, Unterkunft oder Nahrung zu kümmern. Stirbst du in Dra Minyen, so stirbt dein Reichtum mit dir. Es ist ein Land völligen Friedens und äußerster Glückseligkeit — mit Ausnahme der letzten sieben Tage deines tausendjährigen Lebens.

Denn Dra Minyen ist auch das Land der giftigen Stimme. Sieben Tage vor deinem Tode erhältst du ein Zeichen. Deine Kleider, die bisher immer fein und sauber gehalten wurden, sind nun staubig und zerrissen. Der Niedergang setzt ein. Und du hörst die durchkältende Stimme des Todes, die dir ins Ohr flüstert — und dir den ersten Schmerz in tausend Jahren bereitet. Sie sagt dir, daß nun für dich die Zeit gekommen ist zu sterben. Die Stimme flüstert dir zu, wie du dem Tode begegnen wirst, wohin du danach gesandt wirst, welche Höllen und Leiden dir bevorstehen. Beinahe tausend Jahre lang kennen die Menschen, die in Dra Minyen leben, keine Leiden, keine Not, keinen Schmerz und keine Furcht. In den letzten sieben Tagen dieser tausend Jahre erfahren sie größere Leiden als wir in einem Lebensalter.

Abgesehen von unserer eigenen Welt, wissen wir mehr von Dra

Minyen als von den beiden anderen Welten, weil jede Welt ihren obersten Gott hat, und der Gott von Dra Minyen ist der Gott des Wohlstandes, des Wohlergehens, der Zufriedenheit und aller Reichtümer. Wir beten oft zu ihm. Er kann uns zu Wohlstand verhelfen, ohne daß wir die sieben Tage leiden müssen. Wir beten nicht nur unseretwegen zu ihm, sondern wir bitten ihn, daß sein Reichtum die ganze Welt erfüllen möge. Wenn meinem Kloster Nahrungsmittel fehlen, oder wenn wir kein Geld haben, Nahrung und Kleidung für die Mönche zu kaufen, dann beten wir zum Gott von Dra Minyen.

Ich würde jedoch nicht wünschen, in Dra Minyen geboren zu werden, trotz der tausend Jahre Glückseligkeit, sogar dann nicht, wenn ich mit Hilfe guter Taten nach den sieben Tagen in einen Himmel entfliehen könnte, statt in einer Hölle zu leiden. Denn es gibt in Dra Minyen zuviel Luxus, zuviel Bequemlichkeit, zuviel Wohlstand. Es gibt dort keine Not und keine Religion. Da er keine Religion kennt, geht der, der in der nördlichen Welt geboren wird, durchs Leben, ohne sich auf sein Ende vorzubereiten. Wenn das Ende kommt und die giftige Stimme ertönt, wenn er schließlich begreift, daß er sterben und leiden muß, dann hat er keine Zeit mehr, Kräfte zu sammeln, um dem Tode zu begegnen. Viel glücklicher ist der, der durch die Religion darauf vorbereitet ist, auch dann, wenn sein Leben in dieser Welt weniger reich zu sein scheint.

Ich würde mir immer wünschen, in dieser Welt wiedergeboren zu werden, denn hier haben wir Religion. Wir sind nicht so groß, nicht so langlebig, nicht so wohlgenährt und wir haben es nicht so angenehm wie die Menschen in den anderen Welten, aber wir sind glücklicher. Müßte ich eine der anderen drei Welten wählen, so würde ich Lö Phag wählen, denn sie haben dort eine Art Glauben, wenn er auch nicht so ist wie unsere Religion. Einer von Buddhas Schülern, ich denke, es war Mongal Gyibu, ging nach Lö Phag. Er hatte übernatürliche Kräfte. Dort fand er drei Priester von außerordentlicher Körpergröße. Sie waren so riesig, daß sie ihn als ein Insekt ansahen, von Gestalt einem Menschen ähnlich und mit einem gelben Gewande bekleidet. Sie hoben ihn auf und sprachen: »Was für ein sonderbares Insekt, wie ein Mensch gestaltet, mit Armen und Beinen, Händen und Füßen und mit dem gelben Gewand eines Mönchs bekleidet. Wie merkwürdig!« Als Mongal

Gyibu nach Dzambu Lying zurückkehrte, erzählte er uns davon, und so wissen wir, daß die Menschen in Lö Phag sehr groß sind und eine Art Religion besitzen. Aber ich würde immer darum beten, in dieser Welt wiedergeboren zu werden.

All dieses findet sich im Tschöjung, den tibetischen Geschichtsbüchern; sie sind von Gelehrten geschrieben worden, die im 13. Jahrhundert oder noch früher lebten. Geschichte und Legende sind ein und dasselbe, sie erzählen von der Vergangenheit. Man findet sie in Schriften wie dem Tschöjung. Die vorstehende Schöpfungsgeschichte nennen wir Dschigten Tschagtsul oder »die die Erschaffung aller Welten betreffende Erzählung«. Nicht alle Berichte sind gleich. Die alten Dzö Schriften behaupten, daß der Rirab Lhunpo viereckig ist, aber die späteren Tökhor Schriften lehren uns, daß er rund ist und das Herz eines runden Universums darstellt. Persönlich glaube ich, daß er rund ist, aber das tut nicht viel zur Sache. Es kommt nur darauf an, daß wir glauben, daß es einen solchen Ort gibt. Vielleicht gibt es Tibeter, die nicht glauben, daß es Rirab Lhunpo überhaupt gibt. Dann werden sie an etwas anderes glauben. Wenn ich an den Rirab Lhunpo glaube, dann spielt es keine Rolle, ob er rund oder viereckig ist oder sonst an etwas erinnert. Es kommt nur darauf an, was mein Glaube mir bedeutet. Vielleicht ist er viereckig, aber wenn ich glaube, daß er rund ist, so ist er für mich rund. Sogar wenn er überhaupt nicht existiert, ist er für mich dennoch rund. Solange wir überhaupt einen Glauben haben, werden wir immer aus allen diesen Legenden viel lernen können. Sie helfen uns, ein gutes Leben zu führen. Das ist alles, was wir von ihnen zu wissen brauchen — das ist ihre Wahrheit. Die wirkliche Wahrheit wird uns später erreichen.
Manche Menschen glauben also, daß der Rirab Lhunpo tatsächlich in dieser Welt liegt, irgendwo in den Bergen zwischen Indien und Tibet. Manche glauben, er könnte in der Nähe von Bodh Gaya liegen, denn dort erhielt Buddha seine Erleuchtung. Vielleicht sollten wir, von irgendwo dort, im Norden, Osten und Westen nach den anderen Welten Ausschau halten. So liegt im Süden zum Beispiel die Welt, die in Buddhas Tagen die einzig wirkliche Welt war, nämlich Indien, und Indien hat genau die Form der südlichen Welt Dzambu Lying.

Wir tibetischen Buddhisten behaupten immer, daß Buddha viele Dinge gepredigt hat und daß wir nicht notwendigerweise glauben müssen, das, was er gesagt hat, habe er gerade in dieser Form gesagt. Er selbst hat gesagt, wir müßten alle seine Worte prüfen, so wie man Gold prüft. Wir müßten seine Rede zerschneiden und sie der Feuerprobe aussetzen. So finden wir die Wahrheit nicht so sehr in den Worten Buddhas als vielmehr darin, daß wir seine Worte erproben. Was jeder von uns dabei findet, mag unterschiedlich sein, aber das so Gefundene ist für uns Wirklichkeit und Wahrheit. Wovon wir glauben, daß es die Wahrheit ist, nachdem wir sie für uns selbst erprobt haben, das ist Wahrheit; das müssen wir glauben, dem müssen wir folgen. Der Buddha lehrte eines, und seine Schüler nahmen dieses eine auf ganz verschiedene Weise auf, denn jeder von ihnen hörte, was er dachte. Für jeden von ihnen war das die Wahrheit, und indem er dieser Wahrheit anhing, folgte er Buddhas Pfad. So scheint es, daß viele von uns verschiedenen Pfaden folgen, während wir in Wirklichkeit alle nur einem Pfade folgen.

Nicht lange nach dem Tode des Buddha spalteten sich seine Schüler in zwei Schulen: Theg Tschen im Norden und Theg Men im Süden. Jede verstand die Lehren des Buddha anders. Blicken zwei Personen von verschiedenen Standpunkten auf ein Stück Gold, so sehen sie verschiedene Formen, und doch ist das Gold dasselbe. Es gibt nur eine Wahrheit, einerlei wie wir uns ihr nähern, und die meisten können nur einen kleinen Teil der Wahrheit erblicken. Nichtwissen liegt in dem Glauben, daß wir die ganze Wahrheit sehen.

Es gibt da eine Geschichte von einer sehr mächtigen und grimmigen Dame, die auszog, hundert Menschen zu töten. Eines Tages, als sie schon neunundneunzig getötet hatte und überall nach noch einem suchte, der das Hundert vollmachen sollte, fand sie keinen außer ihrer eigenen Mutter, der sie nachsetzte, um sie zu töten. Die Mutter lief zum erhabenen Buddha, der sie in seiner Bettelschale verbarg. Die Mörderin versuchte nun, Buddha zu töten, doch er verschwand. Als er sich endlich ihr wieder zeigte, fragte er sie, warum sie ihn hatte töten wollen. Sie erklärte ihm, sie glaube, daß sie keine Erlösung erlangen könne, ehe sie nicht hundert Menschen getötet habe, und ihr fehle noch einer. Anstatt sie von ihrem Ziel abzubringen oder sie davon zu überzeugen, daß es unerreichbar sei, verbot ihr Buddha nicht, zu töten, und er sagte ihr auch nicht, daß es ein Verbrechen sei. Er hielt sie hin, indem er ihr sagte, er wolle ihr helfen, ihr Ziel zu erreichen. So brachte er sie dazu, ihn zu begleiten. Durch seine Lehren überzeugte er sie allmählich, daß die Tötung des hundertsten Opfers nicht nötig war. Aber zu der Zeit, als sie es für nötig gehalten hatte, hundert Menschen zu töten, war das die Wahrheit für sie gewesen und der Pfad, dem sie folgen mußte. Sie hatte wenigstens an einen Pfad geglaubt, ihr einziges Verbrechen war Nichtwissen gewesen. Es war die Aufgabe Buddhas gewesen, ihr eine höhere Wahrheit zu zeigen. Wir sollten immer nach einer höheren Wahrheit suchen, während wir noch nach der Wahrheit leben, der wir gerade anhangen.

Aus diesem Grunde haben wir in Tibet auch nichts gegen Andersgläubige. Außerhalb Tibets glaubt jeder, wir hätten uns von Ausländern abgeschlossen. Das ist nicht so. Jahrhunderte lang sind Menschen aus aller Welt nach Tibet gekommen und dort freundlich aufgenommen worden. Vor achthundert Jahren empfingen wir eine Delegation von Muslimen in Lhasa, und seitdem hat es stets Muslime dort gegeben. Sie haben ihre Moschee, halten Gottesdienste ab und leben friedlich ihrem Glauben. Ebenso hat es jahrhundertelang Hindus und Christen bei uns gegeben. Alle Wege scheinen verschieden zu sein, doch glauben wir, daß das Ziel das gleiche ist. Einen Menschen, der nach seinem Glauben lebt, halten wir für gut und ehrlich. Wir beurteilen ihn nicht nach Äußerlichkeiten.

Aber wir halten Tibet für das glücklichste aller Länder, denn Buddha hat uns seine Lehrer gesandt, und unser Land ist mit vielen Tschangtschub Sempa (Bodhisattwas) gesegnet worden, Lehrern, die aus eigenem Antrieb in den Kreislauf der Wiedergeburten und des Leidens zurückgekehrt sind, um uns zu belehren und uns zu helfen. Wir haben immer dort gelebt, wo wir heute leben, in dem Gebirgsland nördlich von Indien. Nach unserer Überlieferung stammen wir aus der Vereinigung zweier Inkarnationen, von denen eine die Gestalt eines Affen angenommen hatte, während die andere ein weibliches Ungeheuer war, das Menschenfleisch zu fressen liebte.

Wir glauben, daß unser Land nach der Erschaffung des Universums und Dzambu Lyings unter Wasser lag. Durch den Segen Tschenrezigs, des Gnadenreichen, trocknete das Wasser langsam aus und hinterließ unser von großen Bergen umgebenes Land. Es war ein schönes Land mit Tälern und Hügeln, das von unsichtbaren und unberührbaren Nicht-Menschen, den Mimayin, bevölkert war. Mitunter kann man sie jedoch so wie Geister sehen, und sie können sowohl Gutes als auch Böses tun. Anfangs gab es keine menschlichen Wesen. Aber sowohl Tschenrezig, der Gnadenreiche, als auch Dolma, seine Gemahlin, sandten ihre Inkarnationen in dieses Land. Tschenrezigs Inkarnation hatte die Gestalt eines Affen, Trehu Tschangtschub Sempa. Diese äffische Inkarnation hatte das Gelübde der Keuschheit abgelegt und lebte allein in stiller Meditation. Dolmas Inkarnation war jedoch ein Ungeheuer und eine Menschenfresserin, Tag-senmo genannt. Senmo fühlte sich allmählich sehr einsam, denn sie hatte keinen, mit dem sie leben konnte. Sie weinte und sang und weinte aufs neue. Trehu, die Inkarnation in Affengestalt, hörte ihr Weinen und Singen und begab sich eilig zu ihr und fragte mitleiderfüllt, was ihr fehle. Sie erzählte ihm von ihrer Einsamkeit und bat ihn, als ihr Mann bei ihr zu bleiben. Anfangs weigerte Trehu sich und sagte, dazu sei er nicht in die Welt gekommen, sondern um seine Gelübde zu erfüllen. Aber Senmo war so verzweifelt, daß die Inkarnation in Affengestalt von Mitleid überwältigt wurde. Mit Hilfe seiner übernatürlichen Kräfte begab er sich geradeswegs zum großen Potala, dem Wohnsitz Tschenrezigs, um dort um Rat zu fragen. Tschenrezig sagte Trehu, daß nun die Zeit für Tibet gekommen sei, eigene Kinder zu haben, und daß er zurückkehren und Senmo zum Weibe nehmen solle.

Der Affe und das weibliche Ungeheuer heirateten und hatten sechs Kinder, von denen manche behaupten, sie hätten zu den sechs Arten von Geschöpfen gehört, die die Welt erfüllen: zu den Göttern, Halbgöttern, Menschen, Geistern, Tieren und Unholden. Andere sagen, die sechs Kinder entsprächen den sechs Volksgruppen, die noch heute in den einzelnen Gegenden Tibets zu finden sind. Jedenfalls überließ der Affenvater seine sechs Kinder sich selbst. Als er nach einer Reihe von Jahren zurückkehrte, um nach ihnen zu sehen, fand er, daß sie sich vermehrt hatten und Kinder und Enkel besaßen. Alle diese Nachkommen waren wirkliche Menschen, die ersten Tibeter, aber es gab ihrer so viele, daß nicht genug Früchte an den Bäumen wuchsen, um sie alle zu ernähren. Wieder machte sich Trehu zum Potala auf, und Tschenrezig gab ihm verschiedene Getreidearten vom Berge Rirab, die er aussäen sollte. So wurden die ersten Samen des Lebens in Tibet gepflanzt.

Wir glauben, daß alles dieses im Süden Tibets geschah, an einem Ort, der als Tse-Tang bekannt ist. Tse-Tang heißt Spielplatz, und das war auch der Spielplatz der sechs Kinder des Affen und des Ungeheuers. Nahe davon liegt der Berg Konpori, wo Trehu und Senmo sich zuerst trafen. Aber die Menschenkinder vermehrten sich so rasch, da mußten sie sich über das Land verteilen, und sie nahmen sechs verschiedene Wege in verschiedene Teile Tibets und lebten voneinander getrennt, bis Nyatri Tsanpo der erste König Tibets wurde. Sein Name bedeutete, daß er nach Tibet auf den Rücken derer getragen wurde, die ihn fanden . . .

Tibetische Kinder lauschen diesen Geschichten vom Anfang der Welt und vom Ursprung Tibets sehr gerne. Immer wieder erzählen sie einander diese Geschichten, die für sie ganz wirklich sind. Tschi Gyatso ist ein schrecklicher Ort, an den sie versetzt werden, wenn sie böse sind. Doch sind es nicht die Eltern, die Tschi Gyatso als Schreckmittel brauchen, um ihre Kinder zum Gutsein anzuhalten — es ist etwas, woran die Kinder selber glauben. Sie sprechen oft darüber, viel öfter als ihre Eltern. In ähnlicher Weise ist das ganze Land voll von sehr wirklichen Dingen, die ganz unsichtbar sind. Durch diese Geschichten lernen die Kinder schon früh, daß die Dinge einerseits nicht das sind, was sie scheinen, und daß es andererseits viele Dinge gibt, die überhaupt nichts zu sein scheinen. Die unsichtbaren Mimayin sind für die Kinder wirkliche Wesen, die ganz andere Kräfte haben als die Menschen. Manche können in Zeiten der Not sich hilfreich erweisen. Es ist vielleicht bekannt, daß sie in einem gewissen See oder auf einem bestimmten Berge wohnen, und in Zeiten der Not mögen sogar Erwachsene dahin gehen und zu ihnen beten. Die guten Mimayin senden uns Ernten und kümmern sich um uns, können uns aber auch Schaden zufügen, wenn wir sie ärgern. Deshalb findet man überall in Tibet Gebetsfahnen auf Hügeln und Bergen, neben Seen und stets auf den Paßhöhen. Wiederum kommt es nicht eigentlich darauf an, ob die Mimayin existieren, wie das die Kinder und viele andere Menschen glauben. Wichtig ist allein, daß wir durch diese Geschichten dazu gekommen sind zu glauben, daß es überall rund um uns und zu allen Zeiten eine Kraft gibt, die größer ist als wir.

Mimayin können die Geister von Verstorbenen sein, die mit einem unerfüllten Wunsche starben. Wir können unser ganzes Leben lang gut leben und dann doch in einem Augenblick des Zornes sterben. In solch einem Fall können wir als böser Geist wiedergeboren werden, um unseren Zorn auszutoben, denn was wir uns wünschen, das wird uns zuteil.

Es gibt viele Arten böser Mimayin. Einer davon ist Yidag. Er hat einen riesigen Bauch und Kopf, aber sehr dünne Arme und Beine. Schlimm ist, daß er einen sehr kleinen Mund und eine enge Kehle hat. Sein riesiger Bauch läßt ihn immer hungrig sein, denn Mund und Kehle sind so klein, daß er nie genügend Nahrung schlucken kann. Einige der bösen Mimayin haben menschliche Körper und Tierköpfe. Alle sind furchterregend und leben in der einen oder anderen der achtzehn Höllen, in die uns unsere bösen Taten nach dem Tode bringen können. Jede böse Tat muß verantwortet werden, ebenso wie jede gute Tat ihre Belohnung findet.

Die Höllen sind wirklich furchtbare Orte und jede hat ihre eigene Tortur. In einigen werden die Menschen gekocht, in anderen auf einem eisigen Berge gefroren. In einer Hölle werden die Opfer in Stücke gerissen, wieder zusammengefügt, nur um wieder in Stücke gerissen zu werden. Diese Hölle ist besonders für Menschen vorgesehen, die sich selbst getötet haben. Acht dieser Höllen sind heiß und acht sind kalt. Andere, weniger grimmige Höllen bestehen hier in unserer Welt. Sogar die Wächter der Höllen müssen selbst die Höllenqualen erdulden, die sie den anderen bereiten.

Wieder ist es für einen Menschen unmöglich, für einen anderen auszusagen, daß es diese Höllen gibt oder nicht gibt. Wie Sonne, Mond und Sterne existieren sie, wenn wir an sie glauben. Unsere Kinder lernen, daß die Welt, in der sie leben, das ist, was sie aus ihr machen — gut oder böse. Es gibt jedoch eine Wahrheit, die niemand abstreiten kann: das ist die Wahrheit des Leidens. Buddha hat die Wahrheit des Leidens gelehrt und den Weg gezeigt, wie man dem Leiden entgehen kann. Diesem Wege folgen wir in Tibet.

Der Buddha hat uns auch gelehrt, daß das Leiden aus dem Begehren folgt, denn wie oft auch unsere Wünsche erfüllt werden, noch mehr bleiben unerfüllt. Das ist die erste Ursache des Leidens. Solange wir nicht dem Begehren entrinnen können, müssen wir fortfahren zu leiden, müssen wir wieder und wieder geboren werden, bis wir durch ständige gute Taten uns vom Begehren befreien können, dem Leiden entrinnen und Erleuchtung erlangen. Jedes Leben bietet die Gelegenheit, durch gute Taten in der nächsten Runde auf einer besseren Stufe wiedergeboren zu werden. Aber während das Leben in menschlicher Gestalt die besten Aussichten bietet, sich höher zu entwickeln, bietet es auch genauso viel Gelegenheit, durch schlechte Taten an Boden zu verlieren. Sind unsere Taten schlecht, so können wir auf einer der drei unteren Stufen als Tier, Geist oder Unhold wiedergeboren werden.

Es ist nicht einfach, als Mensch wiedergeboren zu werden. Der Buddha sagte, das sei so selten wie für eine einsame einäugige unter der Oberfläche des östlichen Ozeans dahinschwimmende Schildkröte, die nur alle hundert Jahre einmal auftaucht, die Möglichkeit, beim Auftauchen mit dem Kopf durch ein Ochsenjoch zu fahren, das als einziges auf dem unendlichen Ozean treibt.

Aus diesem Grunde nehmen wir den Tod sehr ernst. Wenn ein Mann stirbt, flüstern wir ihm Gutes ins Ohr, damit sein Geist von Gutem erfüllt sei, wenn der Tod kommt. Das nützt seiner Wiedergeburt. Stirbt ein Mann allein, so kann er im Zorn oder mit bösen Wünschen sterben und sich dadurch eine schlechte Wiedergeburt zuziehen. Oft wünschen die Sterbenden, daß man weltliche Dinge aus ihrer Nähe entferne, damit sie ihnen nicht anhangen, wenn sie sie im Moment des Todes begehren. Vielleicht würde ein Mann, der im Augenblick des Todes Fleisch neben sich sähe, davon essen wollen und dann als Wolf mit einem Verlangen nach Menschenfleisch wiedergeboren werden.

Buddha will jedoch nicht, daß wir ein gutes Leben führen und gute Taten tun, nur weil wir auf eine gute Wiedergeburt hoffen ... in der Tat führt uns der Wunsch nach einer guten Wiedergeburt schon wieder in die Runde des Leidens zurück. Er fordert uns statt dessen auf, um uns zu blicken, über die Welt um uns nachzudenken und die Wahrheit des Leidens zu erkennen. Überall gibt es Leiden. Geburt ist Leiden, ebenso Krankheit, Alter und Tod. Durch unser ganzes Leben hindurch erfahren wir Leiden — durch das Mißgeschick, das uns täglich begegnet oder die Strafen, die uns für unrechte Taten treffen, durch die vielen Dinge, die unsere Sinne beleidigen, durch nicht erfüllte Wünsche, durch die Trennung von geliebten Personen und Dingen.

Das ist die Wahrheit, die Buddha gelehrt hat, die Wahrheit des Leidens. Die Antwort darauf ist Erlösung, und auch dafür hat Buddha uns den Pfad gewiesen, den Weg zur Erlösung vom Leiden. Es ist das ein Pfad, der rechten Glauben und rechte Ziele verlangt. Wer Erlösung gewinnen will, darf weder geistiges noch materielles Wohlergehen suchen, sondern nur die Befreiung aus der Runde der Wiedergeburten, die Leiden bedeutet. Er muß sich rechter Rede und rechten Verhaltens befleißigen, sich redlich seinen Lebensunterhalt erwerben, recht handeln und recht denken. Und er muß sich in der Meditation üben. So ist das gute Leben, das Leben des echten Buddhisten, und der Pfad lehrt uns, wie wir dieses gute Leben führen sollen, im Frieden mit uns selbst, im Frieden mit unseren Nachbarn, weder in der Furcht vor der Hölle, noch in der Hoffnung auf den Himmel, sondern einzig in der Gewißheit, daß am Ende des Pfades Sanggye Sa (Nirwana) liegt, das Ende des Leidens.

1. KAPITEL

Bevor Buddha, der Vollkommene, diese Welt verließ, /
Rief er die besten unter den Tschangtschub Sempa zu
sich. / Er rief Tschenrezig und befahl ihm, nach Norden
zu gehen / Nach Khabatschen, dem Schneeland, um
dort die vollkommene Religion zu lehren. / Deine
Arbeit dient dem Wohle aller lebenden Wesen, / Für
alle sich bewegenden Dinge, alle ins Leben Hinein-
geborenen sollst du arbeiten. / Die Menschen, die im
Schneeland leben, sind roh, / Vom dreimal vergifteten
Übel befallen. / Sie sind selbstsüchtig, neidisch und
faul, / Sie töten und stehlen. / Es wird schwer sein,
sie zum Pfad der Wahrheit zu bekehren, / Finde deine
Schüler auf vielerlei Wegen. / Solange es auch nur ein
lebendes Wesen in Khabatschen gibt, / Wird es dort
zu seinem Wohle einen Tschangtschub Sempa geben.

Aus MANI BKAHBUM

KHABATSCHEN — DAS SCHNEELAND

Wir glauben, daß es einen ewigen Ursprung der Tschangtschub
Sempa oder Erleuchteten gibt, deren einzige Lebensursache ihr
Wunsch ist, alle lebenden Wesen zu erlösen. Es sind dies jene, die
Erleuchtung erlangt haben und dem Rade des Lebens, der Runde
des Leidens, hätten entrinnen können, die aber aus Mitleid zu bleiben beschlossen haben. Manche befinden sich in menschlicher Gestalt unter uns, andere warten noch auf ihre Stunde. Tschenrezig
wurde nach Tibet entsandt, um dem tibetischen Volk zu helfen,
aber Tschangtschub Sempa können überall wiedergeboren werden,
wo es lebende, dem Leiden unterworfene Geschöpfe gibt.
Tibet wurde nicht deswegen ausgewählt, weil wir ein gutes Volk
waren, sondern weil wir in der damaligen Zeit dem Kämpfen, Töten
und Stehlen verfallen waren. Wir kämpften miteinander und wir
kämpften mit unseren Nachbarn. Sogar die Chinesen fürchteten
uns, weil wir so kriegerisch und so mächtig waren. Vor etwa
2500 Jahren prophezeite der Buddha dann, daß Tschenrezig nach
Tibet kommen werde, und alles änderte sich. Wir wurden so friedlich, so unwillig, sogar tierisches Leben zu zerstören, daß unsere

Feinde glaubten, sie könnten uns unterwerfen und uns unser Land nehmen. Mehrere Male gelang ihnen das beinahe, aber Tschenrezig gab uns Kraft, und wir besaßen die noch größere Kraft der Religion. Wir wurden nie besiegt.

Ich glaube, daß Tschenrezig sein Land wieder retten wird. Was geschehen ist, muß die Folge unseres Versagens, unserer vergangenen bösen Taten sein. Alle Menschen unterliegen den »drei Giften« — wir in Tibet ebenso wie die Menschen anderswo. Diese sind

dötschag   sinnliches Begehren
schedang   Zorn
timug   blinde Leidenschaft

Es ist für ein menschliches Wesen nicht leicht, von diesen drei Giften unberührt zu bleiben, doch geht es uns in dieser Hinsicht besser als manchen Göttern. Während wir in Tibet durch Tschenrezig besonders gesegnet sind, neigen wir auch zur größten Sünde. Einem Ungläubigen, dem die Wahrheit nie zugänglich gewesen ist, kann man keinen Vorwurf machen — er ist einfach ein Unglücklicher. Aber es ist eine schwere Sünde, wenn diejenigen die Wahrheit mißachten, die in der Wahrheit unterwiesen worden sind. Von seiner Geburt an wird jeder Tibeter, sei er der ärmste Bauer oder Viehhirte, durch die Worte Buddhas über die Wahrheit belehrt. Davon kann er sich nicht abwenden, durch seine Geburt ist er an den achtfachen Pfad gebunden.

Wir sagen, daß es acht gesegnete Seinszustände gibt und acht Zustände der Ruhelosigkeit. Gesegnet sind diejenigen, die ihrer Religion gemäß leben, die physisch und psychisch entwickelt sind, die, wenn auch vielleicht nicht religiös, zumindest keine Ketzer sind, und alle diejenigen, die keine Barbaren oder Wilde sind. Gesegnet sind auch die Götter und Halbgötter, die auf Rirab Lhunpo leben. Es ist auch schon ein Segen, als Mensch geboren zu werden, und ein Segen, nicht im leeren Raum geboren zu sein.

Ruhelos sind die Wesen, die als Dämonen, Geister oder Tiere geboren werden: Menschen, die mißgestaltet sind, denen Teile des normalen physischen Körpers fehlen; die wilden Stämme, die in den Grenzländern leben und keine Religion kennen; die aktiven Ketzer; die Lha Lö oder Wesen undeutlicher Sprache, deren Glauben konfus ist; und ruhelos sind jene Götter, die wegen der Freuden ihres Daseins gewünscht haben, allzulange zu leben, und die deshalb in einem Himmel geboren wurden, von dem kein Weg nach Sanggye Sa führt. Sie sind wie Wesen, die sich in Meditation versenkt haben, aber dann für Äonen in Schlaf verfallen sind.

Wir in Tibet erkennen, daß wir in der Tat gesegnet sind, denn wir werden in eine Welt geboren, in der es Religion gibt, wir werden von unserem Beschützer Tschenrezig behütet, den Buddha selbst zu uns gesandt hat, und wir sind fast ausnahmslos mit einem gesunden Körper und einem gesunden Geist gesegnet. Wir besitzen alle Segnungen, mit der einzigen Ausnahme, daß wir keine Götter sind — aber es ist besser, als Mensch zu leiden und letzten Endes Erleuchtung zu erlangen, denn als Gott zu leben und Sanggye Sa erst nach endlosen Zeiten zu erreichen.

Hat man das verstanden, so hat man das tibetische Volk verstanden. Tibet ist nicht ein Land der Heiligen oder ein Land der Wunder. Es ist das Land eines Volkes, das dem Pfad der Religion verpflichtet ist und das diesem Pfad nicht in Ausübung einer lästigen Pflicht, sondern voll Enthusiasmus und großer Freude folgt. Es ist auch ein Land, in dem wir immer die Hilfe unseres Beschützers Tschenrezig erwarten können, wenn wir sie verdienen. Wenn das ein Wunder ist, dann ist Tibet ein Land der Wunder, denn Tschenrezig offenbart sich stets durch Rat und Hilfe.

Vielleicht ist auch die Landschaft eine Hilfe. Ich weiß, daß diejenigen von uns, die Tibet verlassen mußten, einen wirklichen Verlust dadurch erlitten haben, daß sie unsere Berge nicht mehr sehen, unsere Winde nicht mehr fühlen und die kalte, klare Luft nicht mehr atmen können. Es ist eine Landschaft, die unsere Gedanken direkt auf einen Seinszustand lenkt, der einer weit höheren Ebene angehört. Durch die Größe und Herrlichkeit der Landschaft kehren sich die Gedanken nach innen. In Tibet leben wir mit der Welt, die uns umgibt, nicht nur in ihr. Das allein mag mit ein Grund dafür sein, daß wir so sehr gesegnet sind.

Wir sind von gewaltigen Gebirgsketten umgeben, die stets von Schnee bedeckt, sehr hoch und gefährlich sind. Von den engen Pfaden, die sich halsbrecherisch an steile Abhänge klammern, kann der Wind ganze Karawanen hinunterwehen. Allein durch seine Kälte kann ein solcher Wind töten. Es kann Tage aber auch Monate dauern, bis man von einem sicheren Rastplatz zum nächsten gelangt. Aber eine beständige Schönheit und eine Art rauher Freundlichkeit liegt sogar über diesen verlassensten und unwirtlichsten Höhen, die sich weit über der Baum- und Strauchgrenze erheben. Wir, die wir in Tibet leben, wissen, wie man mit den Höhen, der Kälte und dem Winde fertig wird. Gern nimmt man alle Unbequemlichkeiten der Welt dafür in Kauf, einmal eine Minute lang, allein mit seinen Gedanken, auf einer solchen Höhe zu stehen.

Doch das Land, das inmitten dieser gefrorenen Höhen liegt, ist ganz anders. Das ist das wirkliche Tibet, in dem die Menschen leben und sterben, tanzen und singen, Familien gründen und mit ihnen zu monatelangen Sommerausflügen verreisen. Es ist ein Land mit von Obstbäumen (Pfirsich- und Birnbäumen) bestandenen Wiesen, in dem die Wälder voller Erdbeeren sind. Es gibt weder viel Regen, noch viel Schnee, trotzdem ist das Land durch die rundum schmelzenden Schneemassen gut bewässert. Sogar im Winter laufen die kleinen Kinder oft nackt herum, und im Sommer ist es warm genug zum Schwimmen. An manchen Orten, wie im Lhasatal, ist es so warm, daß Menschen aus dem Gebirge die Hitze nicht aushalten können und fortziehen müssen.

Einige Forscher behaupten, daß diese Zentralregion einmal ein gro-ßer Ozean gewesen ist — die Thetis-See —, aber wie dem auch sein mag, jetzt ist sie ein sanftes, freundliches Land voller Schönheit. Es wimmelt dort von Antilopen, und ein Tag ohne Vogelgezwitscher wäre undenkbar. Sogar die Berge und Seen scheinen ein Eigenleben zu führen, und so nimmt es nicht wunder, daß manche behaupten, sie sprächen zu uns. Sie können uns viel erzählen, so zum Beispiel über das Wetter, und manch ein Leben ist durch Nichtbeachtung ihrer Warnungen verlorengegangen. Doch scheinen sie auch in einer anderen Art mit uns zu sprechen, indem sie uns sonderbare Gedanken eingeben, merkwürdige Visionen vor unsere Augen zau-bern und unsere Ohren mit Geräuschen füllen, die nicht da sind. Manche Seen sind wegen dieser Dinge so berühmt, daß sie als Orakel herangezogen werden. Ich bin selbst an einem solchen See gewesen und habe dabei eine Vision gehabt, die ich weder erklären noch verstehen kann.

Manche erklären solche Dinge damit, daß diese Orte die Wohnstatt von Göttern oder gewissen Nicht-Menschen sind. Dieser Glaube ist manchmal so stark, daß Schreine erbaut und Opfer gebracht werden. Sogar jene, die nicht an solche Entkörperte glauben, meinen, daß Tschenrezig in seiner Gnade überall und immer um uns ist und sich auf diese oder andere Weise offenbart. So liegt also für die Tibeter nichts besonders Wunderbares in Vorkommnissen dieser Art. Wir sind unserem Glauben zu nahe, als daß wir daran zweifeln könnten, daß uns Hilfe zuteil wird, wenn wir sie brauchen.

Auch in den großen Städten und Ortschaften, wo man annehmen könnte, daß der religiöse Glauben den fünf Giften weichen müßte, kann man ihm nicht entgehen. Wir wollen das auch gar nicht, denn noch der niedrigste arme Bauer empfindet den Weg der Religion als einen glücklichen Weg. Das ist für uns der Beweis für den Wahrheitsgehalt der Religion. Sollten wir jedoch in Versuchung geraten, so gibt es auch in den Städten genug, was uns mahnt, nicht nur in den Tempeln und Klöstern, sondern im Volk. Das Volk in den Städten besteht hauptsächlich aus durchziehenden Händlern, Kaufleuten und Pilgern. Wie die Pilger, so ziehen auch die Händler auf der Suche nach Waren durch die Straßen, indem sie kleine, mit Silber überzogene Gebetsräder schwingen. Darin befinden sich auf Papier oder Baumwolle geschriebene Texte aus heiligen Schriften, und eine Anrufung ist auch ins Metall eingeritzt. Dreht sich das Gebetsrad, so werden die Gebete und Anrufungen um die Erlösung aller Wesen zum Himmel getragen. Dasselbe vollzieht sich an den Klostermauern, die von Dutzenden oder sogar Hunderten von Gebetsmühlen umgeben sind — riesigen, hölzernen, schön geschnitzten Zylindern — die so leicht beweglich auf einer Achse rotieren, daß ein Pilger, der mit ausgestreckter Hand die heilige Wanderung um das Kloster unternimmt, tausend Gebete zum Himmel steigen lassen kann. Es gibt kaum ein Dach ohne Gebetsfahne, kaum eine von ihrem Flattern nicht unterbrochene Horizontlinie. Sogar die allerfeinsten Damen haben künstlerisch geschnitzte und mit Juwelen besetzte Talismane bei sich, die heilige Gebete enthalten und als Halsbänder getragen werden. Aber auch die verfeinerten, aristokratischen Stadtbewohner verachten die Religion nicht. Sie mögen Gebetsräder- und -fahnen als mechanische Vorrichtungen ansehen, denen keine eigene Kraft innewohnt. Aber sie erkennen doch an, daß die Gebetsräder vergeistigend wirken, indem sie den Sinn der Menschen ständig auf das Lebensziel, das Aufhören des Leidens, hinlenken.

Der Glauben an dieses Ziel läßt uns, wie manche meinen, allzu rücksichtsvoll gegen unsere Mitmenschen sein. So findet man etwa in einer Stadt wie Lhasa kein Hotel oder Restaurant. Der Pilger oder Händler braucht nur an irgendeiner Tür zu klopfen und um Nahrung und Obdach zu bitten, damit ihm alles zuteil wird. Manche Stadtbewohner sind der Ansicht, daß sie einen Anspruch auf Entschädigung haben, wenn der Gast allzulange, etwa ein ganzes Jahr, dableibt. Aber das hängt von ihren Mitteln ab. Einem Bittsteller wird auch das ärmste Haus stets seine Türe öffnen.

Auf dem Lande gibt es wenige Wohnstätten, und sie liegen weit auseinander, aber wo immer der Reisende eine findet, wird er willkommen geheißen, unabhängig davon, ob er ein reicher Kaufmann oder ein Bettler ist. Gewöhnlich reisen die Kaufleute in großen Karawanen und führen ihre Zelte und ihre Verpflegung mit sich. Schon eine kleine Karawane muß dreißig oder vierzig Maultiere, acht oder neun Männer und zwei bis drei Hunde umfassen. Werden die Zelte aufgeschlagen, so halten die Hunde Wache. Die Hunde sind sehr gefährlich und werden mit Fleisch und Milch gefüttert, um sie groß und stark zu machen. Außerdem werden ihnen Halsbänder aus Yakhaar umgelegt. Das Yakhaar wird mit besonderen Gräsern zusammen in kochendem Wasser geweicht, es wird dadurch hellrot, und mit diesen Halsbändern sehen die Hunde noch viel größer und wilder aus als sonst. Während des Tages liegen sie an der Kette, weil sie jeden Fremden anfallen würden, der sich nähert. In der Nacht streichen sie frei umher. Sie sind die besten Wächter, die man sich denken kann. So wild sie sind, sind sie ihren Besitzern gegenüber doch zahm.

Als wir klein waren, spielten wir mit unseren Hunden, balgten uns mit ihnen und neckten sie. Aber was wir auch anstellten, sie bissen uns niemals. Kam aber eine Karawane und schlug ihr Lager neben uns auf, dann hüteten wir uns, in die Nähe ihrer Hunde zu gehen.

Manchmal ziehen solche Karawanen ein ganzes Jahr lang im Lande umher. Wolle ist eine der wichtigsten Waren, wir versenden sie sogar in die Nachbarländer. Lange Zeit bestand eine wichtige Handelsstraße nach Indien, und die indischen Städte Kalimpong und Darjeeling waren immer voll von tibetischen Händlern, die dort ihre Wollballen abluden und sich für die Rückreise mit Waren versorgten. Innerhalb Tibets war Gyangtse der Haupthandelsplatz, zu dem die Karawanen aus einem Umkreis von hunderten von Meilen herbeiströmten, um die weiche Wolle der Schafe aus den Tälern und die rauhere der Gebirgsschafe anzuliefern. Einige der feinsten Arten tibetischen Tuchs werden in Gyangtse hergestellt.

Auch Ziegen- und Yakhaar wird benutzt, hauptsächlich jedoch für Decken. Tuchfarben beziehen wir aus Indien und China, aber viele bevorzugen zum Färben noch immer die alten aus Wurzeln und Gräsern, besonderen Hölzern, Steinen und Erden hergestellten Farben.

Einzelpersonen, die von einem Teil des Landes zu einem anderen gelangen wollen, oder auch Pilgergruppen schließen sich oft zum eigenen Schutz einer Karawane an. In den wilderen und kahleren Regionen sind die Berge oft voller Räuber, die jede Karawane oder Gruppe von Reisenden angreifen, sei sie groß oder klein. Aber arme Reisende, die sich einer großen und reichen Karawane angeschlossen haben, kommen bei einem Angriff leichter davon, denn diese Räuber sind tief religiöse Leute, die nur dann gefährlich sind, wenn sie sich das leisten können. Wir betrachten sie auch gar nicht als Diebe. Ein Dieb heißt bei uns Kunma. Er kommt in der Finsternis, stiehlt leise, was er kann, und verschwindet heimlich. Man erfährt nicht, wer es war. Räuber sind etwas ganz anderes. Wir nennen sie Tschagba.

In der Nähe von Lhasa leben die Räuber mit ihren Familien meistens in Höhlen. Ziehen sie auf Raub aus, so beteiligen sich daran vielleicht elf oder zwölf Mann. Mehr nördlich, hoch oben in den Bergen, da zählt eine solche Bande jedoch einhundert oder zweihundert Mann, die wie Nomaden umherziehen und in Zelten leben. Ist eine besonders große und reiche Karawane entdeckt worden, dann schließen sich manchmal mehrere Gruppen zum Angriff zusammen. Es kann auch vorkommen, daß solche Gruppen einander angreifen, aber niemals steigen sie in die Täler hinab, um Dörfer oder die Höfe armer Bauern zu überfallen. Sie warten nur auf reiche Reisende, lassen diese aber im voraus wissen, daß sie an einem bestimmten Tage und zu einer bestimmten Stunde angreifen werden. Gelingt es den Reisenden, sich zu verteidigen — auch gut, dann betrachten sie sich als geschlagen. Gelingt es nicht, die Karawane zu verteidigen, so nehmen sie, was ihnen gut scheint. Sie nehmen jedoch niemals alles, denn es kann oft noch Tage oder Wochen dauern, bis die Reisenden zur nächsten Unterkunft gelangen.

Nähme man ihnen alles, so würden sie umkommen, und die Räuber wollen niemanden töten. Bei ihren Raubüberfällen lassen sie immer genügend Nahrungsmittel und Maultiere für die Reisenden zurück, damit diese sich in Sicherheit bringen können, und sie zeigen ihnen auch noch den kürzesten und gefahrlosesten Weg.

Als Mönch pflegte ich solche Räuberbanden zu besuchen. Stets wurde ich gut aufgenommen und gut behandelt. Sie gehören zu den treusten Dienern der Religion. Bevor sie ausziehen, eine Karawane auszurauben, beten sie immer, und stets geben sie den Klöstern einen Teil ihrer Beute.

Manche dieser Räuber sind Buddhisten, andere sind Anhänger der alten Bönreligion, die in Tibet bestand, bevor Buddha Tschenrezig zu uns entsandte. Wieder andere glauben nur an die Götter und Berggeister. Aber alle glauben an irgend etwas und sind gute Menschen. Vertraut man ihnen, so sind sie bereit, alles für einen zu tun. Es gibt jedoch auch Diebe, die aus Städten wie Lhasa vertrieben worden sind und die Karawanen auf der Handelsstraße nach Indien überfallen. Diese sind bereit zu töten, haben keinen Gott und sind schlechte Menschen. Das sind die Kunma. Aber sogar diese sind nicht ganz ohne Religion.

Die echten Räuber errichten ihren Göttern Schreine in der Nähe von Bergen oder Hügeln, wo sie vermuten, daß die Berggeister leben. Ich habe einige gesehen, sie sind aus Holz und sehen aus wie kleine Häuser ohne Dach. Da hinein tun sie Speere, Flinten und eine Menge Gebetsfahnen. Jeder von ihnen tut eine Gebetsfahne hinein, die seinem Geburtsjahr entsprechend gefärbt ist. Jedes Jahr wird nach einem der sechs Elemente benannt, und jedem Element entspricht eine Farbe. Reist man durch die Berge, so sieht man die Schreine mit den wehenden bunten Gebetsfähnchen. Wenn man will, kann man ebenfalls ein Opfer in Gestalt einer Waffe oder einer Gebetsfahne darbringen. Tut man jedoch eine echte Flinte in den Schrein, so muß man sie zuerst zerbrechen oder beschädigen, damit sie unbrauchbar wird. Die Speere sind meistens einfache Hölzer oder so zerbrochen, daß man nichts mehr damit anfangen kann. Einmal im Jahr halten die Räuber ein besonderes Fest bei den Schreinen ab, die nicht zu weit von ihren Zelten entfernt liegen. Ab und zu suchen sie aber auch die entferntesten Schreine auf, um dort zu beten.

Ein Bruder meines Lehrers, der von Nomaden abstammte, lernte eines Tages einige Räuber kennen. Er schloß sich der Bande an, und ohne es zu wollen, tötete er einen Menschen im Kampf. Da er ein ehrlicher Mann war, erzählte er jedem, was er getan hatte, und aller Besitz wurde ihm genommen. Er kam in unser Kloster, trat als Laie ein und diente bei uns, um an der Wiedergutmachung seines Verbrechens zu arbeiten. Er hätte das nicht zu tun brauchen, aber er wollte es so.

Es geschah oft, daß Räuber zu uns ins Kloster kamen und beichteten, daß sie ohne jede Absicht jemanden erschlagen hatten. Andere kamen, um zu beichten, daß sie gejagt und vom Fleisch wilder Tiere gelebt hatten. Gewöhnlich gaben sie uns ihre Waffen ab, schworen, nie wieder zu töten, und versprachen, durch Gebete ihre Taten wiedergutzumachen. Niemand von diesen war ein schlechter Mensch, denn sie hatten alle ihren Glauben. Manchmal sind sie so religiös, daß sie von Kumbum, wo mein Kloster sich befand, nach Lhasa pilgern, indem sie die ganzen tausend oder mehr Meilen mit dem Körper ausmessen. Der Länge nach mit ausgestreckten Armen werfen sie sich zu Boden, dann stehen sie an dem zuvor mit den Händen berührten Platz wieder auf. Manche strecken nicht einmal die Arme aus, sondern berühren den Boden nur mit der Stirn. Sogar aus der Äußeren Mongolei und aus Sibirien kommen Pilger auf diese Weise nach Lhasa. Man nennt das Kyangtschag, und es gilt als sehr heilig, zugleich aber auch als sehr gesund. Am beliebtesten dafür ist der vierte Monat, denn das ist der, in dem Buddha geboren wurde, und jede gute oder böse Tat, die in diesem Monat geschieht, wird tausendfach vergolten. Als ich in Kumbum war, habe ich während des vierten Monats immer den ganzen Weg um das Kloster so zurückgelegt. Der Weg war nicht lang, nur etwa vier oder fünf Meilen, und ich pflegte ihn frühmorgens und dann noch einmal am Abend in dieser Weise zu durchmessen. Anfangs tun Knie und Arme sehr weh, aber die Übung sorgt für einen guten Appetit, und man schläft besser danach als sonst. Es ist gut für Körper und Geist. Während wir in dieser Weise einen Weg zurücklegen oder pilgern, denken wir nach. Beim Gottesdienst im Kloster ist es leicht, wenn das Singen zur Gewohnheit geworden ist, nur zu singen, ohne viel nachzudenken. Aber wenn man eine lange Strecke mit seinem Körper ausmißt, immer wieder aufsteht, sich immer wieder hinlegt, dann hat man Gelegenheit, über seinen Glauben nachzudenken, und das ist gut. Gedankenlos zu singen oder Gebete herzusagen, ist auch nicht schlecht — wenigstens schützt es vor schädlichen Gedanken — aber es ist am besten, seinen Geist dazu zu benutzen, über das Gute nachzudenken.

Viele Menschen außerhalb Tibets halten uns für sonderbar, weil wir religiös sind. Sie bezweifeln, daß ein Bauer oder wandernder Viehhirte oder gar ein Räuber religiös empfinden könnte. Aber diese Leute haben genauso das Recht auf Religion wie jeder andere. Wenige Menschen sind ganz gut oder ganz schlecht, aber je mehr böse Taten einer hinter sich hat, desto mehr braucht er einen religiösen Glauben. Für uns ist die Religion nichts sonderbares oder phantastisches; sie dient uns zur wirklichen Freude und hilft uns, in Frieden miteinander zu leben. Ohne sie wären wir unglücklich, wir würden uns streiten, miteinander kämpfen, einander belügen und bestehlen. Unser Leben wäre vergiftet. Wenn wir, wie viele das tun, an Geister und Götter rund um uns glauben, so hilft uns das, manches zu erklären. Wir glauben nicht, daß sie alles für uns tun werden, wenn wir sie darum bitten, oder daß sie uns dienen müssen. Im Gegenteil, unser Glaube hilft uns, ein gutes Leben zu führen. Manche erzählen von magischen Vorkommnissen in Tibet, so als seien das alltägliche Erscheinungen. Wir selbst hören auch solche Geschichten — von Menschen, die sich in die Luft erheben, sich unsichtbar machen oder in einem Augenblick von einem Landesteil in den anderen gelangen können. Es gibt Geschichten von Männern, die in von Menschen gefertigten Drachen über die Berggipfel fliegen, von anderen, die willentlich ihren Körper verlassen und anderen Menschen in weit entfernten Orten erscheinen und mit ihnen reden können. Es gibt Berichte von Menschen, die hunderte von Jahren gelebt haben, und von anderen, die in die entfernteste Zukunft blicken können.

Solche Dinge gehören zu den alltäglichen Gesprächsthemen in Tibet, und sie erscheinen uns ebenso wunderbar wie anderen Leuten. Obgleich ich vom Orakel als eine Inkarnation auserwählt worden bin, habe ich selbst nichts dergleichen gesehen; ich kann nicht in die Zukunft sehen, nicht einmal in die Vergangenheit. Aber ich leugne die Möglichkeit dieser Dinge nicht. Ich habe genug gesehen, um zu verstehen, daß es rund um uns vieles gibt, was wir nicht verstehen, und viele Kräfte, die uns durch unser Nichtwissen oder durch mangelnde Belehrung und Übung verborgen sind. Diejenigen, die die lange und schwierige Ausbildung zum Priester durchgemacht haben, wissen von verborgenen Kräften, Kräften, die uns vielleicht eines Tages zuwachsen. Wir werden ständig ermahnt, sie nicht zu suchen und nicht zu erwarten, sie bei anderen zu finden. Regen sie sich in uns, so ist das nur ein Teil des physischen, geistigen und seelischen Wachstums des Menschen. Sie dürfen nur dazu benutzt werden, dieses Wachstum bis zum höchsten Ziel der Erleuchtung voranzutreiben, bis wir die höchste aller Kräfte erwerben, die Kraft, uns von der Kette der Wiedergeburten zu erlösen. Bis dahin dürfen wir Kräfte, die wir auf diese Weise erwerben, zu keinem anderen Zweck verwenden.

Vor allem darf man sie nicht zur Schau stellen oder für selbstsüchtige Zwecke benutzen; nicht einmal, um anderen zu helfen, darf man sie benutzen. Ehe wir nicht die vollkommene Erleuchtung erlangt haben, fehlt uns die vollkommene Einsicht, und solange uns diese fehlt, können wir, wenn wir versuchen, anderen durch unsere Kräfte zu helfen, in ihr *Lei* (den normalen Verlauf ihres Lebens) eingreifen und ihnen schaden. Es gibt Sekten, die absichtlich diese Kräfte zu kultivieren trachten, jedoch nur zu religiösen Zwecken. Sie offenbaren sie den Uneingeweihten nicht, und wer die Geheimhaltungsgelübde bricht, erleidet schweren Schaden und schwere Bestrafung.

Wir würden wohl alle gern ein Wunder sehen, und viele, die davon reden hören — insbesondere die einfache Landbevölkerung —, fühlen sich zu denen hingezogen, die behaupten, solche Kräfte zu besitzen. In allen Städten, bei allen Festen und auf allen Märkten findet man Magier, die ihre Tricks vorführen, und Wahrsager, die jedem ihre Dienste anbieten, der dafür zahlen will. Trotz all ihren Gaukeleien richten selbst diese Leute wissentlich keinen Schaden an. Denn ihre Voraussagen sind so unbestimmt, daß sie kaum jemanden dadurch veranlassen, anders zu handeln, als er sowieso gehandelt hätte. Leute, die sich ihr Schicksal voraussagen ließen, gehen nur mit weniger Geld in der Tasche davon, haben aber größeres Zutrauen gewonnen. Vielleicht tun diese Menschen, die von manchen Scharlatane genannt werden, trotz aller Betrügerei doch etwas Gutes.

Es gibt aber welche, die ihre Dienste zu dem Zweck verkaufen, Schaden zu stiften. Sie behaupten, übernatürliche Kräfte zu haben, mit denen sie Menschen krank machen oder sogar töten können. Diese Zauberer sind wirklich böse Menschen, denn ihre Gedanken sind böse. Es gibt Erzählungen über merkwürdige Stämme, die in Tibet leben sollen. Einige sollen Riesen und Raufbolde sein, die töten, stehlen und sich an Frauen vergehen. Ein Volk im Osten soll es geben, das Gold aus dem Boden gräbt und wunderbar reich ist. Im Süden sollen die Loba leben, die sich von Menschenfleisch ernähren. Das sind alles Erzählungen von Reisenden. Tatsächlich sind die Gebirgsbewohner groß und sehen wild aus, und Räuber sind eine wirkliche Gefahr für reiche Karawanen, aber sie tun den Menschen nie etwas, wenn sie nicht zum Kampf gezwungen werden. Manche ziehen es unbedingt vor, nicht zu kämpfen, und nehmen einen freiwillig gegebenen Tribut gern gegen sicheres Geleit durch ihr Land entgegen. Die Räuber vergehen sich auch niemals an Frauen, nicht einmal die Kunma, die Diebe. Wir in Tibet leben ein offenes Leben auf dem Lande, und es besteht kein Anlaß, etwas derartiges zu tun.

Es gibt auch tatsächlich im Osten einen Ort, wo Gold gefunden wird, und die Menschen dort schürfen ein wenig an der Oberfläche. Aber sie graben nicht tief danach, denn sie glauben, daß das die Götter erzürnen würde. So ziehen sie es vor, arm zu bleiben.

Die südlichen Stämme, besonders die an der Grenze nach Assam und Burma, sind ganz anders. Sie sind eigentlich keine Tibeter und sie sind keine Buddhisten. Sie sind nackt und jagen die Tiere ihrer Wälder mit Pfeil und Bogen. Vor langer Zeit berichteten Reisende, daß diese südlichen Stämme jeden jungen Menschen, der fett, gesund und hübsch aussah, töteten und aufaßen. In Tibet wissen wir nichts darüber, aber manche der südlichen Völker, besonders die Loba, betrachten wir als Wilde. In jedem Affenjahr (d. h. in jedem 12. Jahr) machen manche Tibeter eine Pilgerfahrt dahin und bringen den Loba Geschenke und Geld, damit sie ihnen keinen Schaden zufügen. Aber außer in den alten Legenden vor der Zeit des Buddhismus, habe ich nie von einem Volk gehört, das Menschenfleisch aß.

Wir haben sehr verschiedene Arten von Menschen in Tibet — Bergbewohner und Talbewohner, Menschen, die den Boden bebauen und andere, die mit ihren Viehherden durchs Gebirge ziehen. Auch die Sitten sind von einem Landesteil zum anderen verschieden. Im Norden hält man sich an mongolische Sitten. Im Osten, wo ich geboren wurde, gibt es viel chinesisches. Auch unsere Religion ist davon beeinflußt, so haben wir viele Götter mit den Hindus gemein, und die Religion zerfällt in viele Sekten. Es gibt auch noch immer Anhänger der alten Bönreligion. Trotzdem halten wir uns für ein einziges Volk, ein Volk, das sein Land liebt und das überzeugt ist, wie vernichtend auch die Schicksalsschläge sein mögen, letzten Endes doch von seinem Beschützer Tschenrezig gerettet zu werden. Was wir zu tun haben, ist einzig und allein, zu versuchen, dem nachzuleben, was Buddha uns gelehrt hat.

2. KAPITEL

Einen Schatz, und nur diesen einen, / Kann kein Räuber stehlen. / Einen Schatz, und nur diesen einen, / Kann man durch das Tor des Todes bringen. / Der Besitz des Weisen besteht aus guten Taten, / Die ihm ewig nachfolgen . . .
Alle Vollkommenheiten, sogar das Buddhatum, / Werden durch diesen Besitz erlangt. / Groß ist ihre Macht, reich ihre Frucht — / Daher werden gute Taten von allen Verständigen vollbracht.

Aus KUDDAKA PATHA

KINDHEIT EINES BAUERNJUNGEN

Den Menschen Tibets, sogar den Menschen unserer Tage, kann man am besten durch das Verständnis ihrer Geschichte nahekommen. Ehe wir jedoch einen Blick in die entfernte Vergangenheit werfen, muß etwas über die materielle Seite des Lebens im modernen Tibet gesagt werden, denn auch darüber gibt es viele Mißverständnisse.
Zusammenfassend läßt sich sagen, daß man in Tibet auf vier Arten seinen Lebensunterhalt erwerben kann. Es gibt die Talbauern und die Bergnomaden sowie die Händler, deren Karawanen unendliche Wege zurücklegen, um die Menschen mit all jenen Gütern zu versorgen, die sie sich selbst nicht beschaffen können. Außerdem gibt es die Mönche, die riesige Körperschaft jener, die an ein heiliges Gelübde gebunden sind und zu deren Zahl fast eine jede Familie mit zumindest einem Familienmitglied beiträgt. Die Mönche sind hierarchisch organisiert und stellen einen Teil der Regierung. Die Regierung ist nicht auf die religiösen Orden beschränkt, sondern wird zu gleichen Teilen aus Priestern und Laien gebildet. Die Laien-Mitglieder der Regierung bilden eine fünfte Volksgruppe, den Adel. Es ist dies eine kleine Gruppe, deren Mitglieder oft, aber keineswegs immer, wohlhabend sind. Man darf sie nicht mit dem europäischen Erbadel verwechseln, denn dem tibetischen Adligen wird nicht wegen seiner Geburt, sondern wegen der auf seinen Schultern ruhenden Verantwortung Achtung gezollt. Jeder kann dadurch zum Adligen werden, daß er in den Staatsdienst eintritt

und ein öffentliches Amt bekleidet. Es kommt oft vor, daß die Söhne von Beamten wieder Beamte werden, aber das muß nicht so sein. So wird also die Zugehörigkeit zum Adel nicht unbedingt vererbt. Kinder von Staatsbeamten, die selbst nicht in den Staatsdienst eintreten, können wieder als Bauern aufs Land zurückkehren und gehören dann nicht mehr zum adligen Stand. Viele bleiben jedoch in Lhasa, sei es in der Hoffnung, in ein Amt berufen zu werden, sei es, um das Leben in der Stadt zu genießen. Dieses elegante, lässige und bequeme Leben hat für manche eine gewisse Anziehungskraft, die Masse der Tibeter würde jedoch nicht wünschen, so zu leben. Die Adligen, die es mit ihren Pflichten genau nehmen, arbeiten hart, tragen große Verantwortung und haben wenig Freiheit. Sie müssen der Zentralregierung ständig zur Verfügung stehen, auch wenn diese nicht tagt. Macht wird bei uns von kaum jemandem erstrebt, sogar das Amt eines Dorfvorstehers ist nicht begehrt, weil es Mühe und Plagen und wenig Lohn einbringt. Das einzige wirkliche Privilegium, das ein Adliger oder ein Dorfvorsteher hat, ist die Befriedigung, eine besonders schwierige Arbeit zu leisten.

Es gibt natürlich immer solche, die ihre Stellung mißbrauchen, die Reichtümer anhäufen oder persönliche Macht ausüben. Das sind einige der Versuchungen, denen besonders der Adel ausgesetzt ist, und sie sind der Grund, warum wir anderen diese Gruppe von Menschen so wenig beneiden. Nicht, daß wir keine Verwendung für Reichtum hätten — ganz im Gegenteil, ein Tibeter, der nicht das Feilschen auf dem Markt und das gute Geschäft liebte, wäre kein echter Tibeter. Aber wir handeln und feilschen um Notwendigkeiten, nicht um Luxus. Um so sicherer ist unser Leben. Wir leben nicht in Armut; wir besitzen, was wir brauchen, und empfinden es nicht als Härte, auf Dinge zu verzichten, die wir nicht brauchen. Es ist wichtig zu verstehen, wie wenig uns die Lebensweise des Adels bedeutet, denn es wird oft unterstellt, wir fühlten uns dadurch gekränkt. Kränken können diese Menschen sich nur gegenseitig, wir übrigen sind zufrieden, wenn wir die Probleme der Politik und Wirtschaft denen überlassen können, deren Angelegenheit sie sind, und wir sind dankbar, daß wir damit nichts zu tun haben. Es wird oft gesagt, daß die zufriedensten Adligen diejenigen seien, die den größten Teil ihres Vermögens weggegeben und sich von den Staatsgeschäften zurückgezogen haben.

Da ich aus einer Bauernfamilie stamme, sollte ich damit beginnen, etwas über diejenigen zu berichten, die vom Ackerbau leben. Meine Familie stammt aus Amdo, einem östlichen Bezirk, der in früheren Zeiten unter chinesischer Oberhoheit stand. Geographische Grenzen bedeuten jedoch wenig, und wir haben uns stets als Tibeter betrachtet, deren ganze Treue dem Gyalwa Rinpotsche (Dalai Lama), unserem politischen und religiösen Herrscher, gehörte. Unsere Häuser unterschieden sich ein wenig von den üblichen tibetischen, so hatten wir manchmal einen Raum mit einer beheizten Plattform, auf der man schlafen konnte. Anderswo in Tibet werden die Häuser durch kleine kupferne Kohlenbehälter geheizt, die herumgetragen werden können und mit glühenden Holzkohlen gefüllt sind. Meine Familie war arm, und Tengtser, das kleine Dorf, in dem wir lebten, war gleichfalls arm. Es bestand nur aus etwa einem Dutzend Häusern, die dem unsrigen ähnelten. Ein einziges Mal gab es in unserem Hause eine Art Wohlstand; das war damals, als man in mir die Inkarnation des alten und hochverehrten Mönches Tagtser erkannt hatte und ich zum Eintritt in den Orden zum Kloster Kumbum geschickt werden sollte, um dort eines Tages Tagtsers Sitz einzunehmen. Die Tagtser Labrang-Pfründe hatte im Laufe der Zeit große Reichtümer angesammelt, die alle von Pilgern und reichen Stiftern stammten. Diese Pfründe wurde dazu benutzt, vier Klöster zu erhalten, darunter den eigenen Sitz in der gewaltigen Klosterstadt Kumbum. Die Klöster wiederum arbeiteten zum Wohle der umwohnenden Bevölkerung durch Belehrung, Verleih von Land und Geld an die Bauern, Bereitstellung von Getreide bei schlechten Ernten und vor allem durch Ausübung von religiösen Pflichten. Als Kind verbrachte ich einige Monate in einem dieser Klöster und mußte mich dann von dort nach Kumbum begeben, um als Tagtser Trülku, die Inkarnation Tagtsers, inthronisiert zu werden. Der Weg führte durch das kleine Dorf, in dem meine Eltern noch immer lebten, und alles war auf den Beinen, um mich, der ich erst acht Jahre alt war, und meine Eskorte zu bewillkommnen. Ich durfte drei Tage in Tengtser bei meinen Eltern bleiben, bevor die Reise fortgesetzt wurde, daher sandte die Tagtser Labrang-Pfründe ihnen Geschenke: schöne Teppiche, Wandbehänge, Nahrung und Geld, damit sie sich nicht nur gegen mich und die Mönche, sondern gegen das ganze Dorf gastfreundlich erweisen konnten.

Einige Jahre später wurde mein jüngster Bruder als die Inkarnation des Gyalwa Rinpotsche erkannt und meine ganze Familie mußte ihr ärmliches Heim verlassen und nach Lhasa ziehen, wo sie mit einem Wohlstand umgeben wurde, der ihre kühnsten Träume übertraf, um ihr so ein Leben zu ermöglichen, das ihrem neuen Stande entsprach. In mancher Beziehung habe ich bedauert, aus dem einfachen Leben, wie wir es in Tengtser gewohnt waren, ausscheiden zu müssen. Wir waren arm, aber unser Leben war nie ohne Wärme und Trost. Wir hatten stets genug zu essen, und an Feiertagen wußte es meine Mutter immer so einzurichten, daß es für uns und mögliche Gäste besondere Delikatessen gab. Wir haben auch nie einen Reisenden abgewiesen. Arm wie wir waren, besaßen wir doch für besondere Gelegenheiten gute Kleider, die in unserem besten Zimmer in großen hölzernen Schränken sorgfältig aufgehoben wurden. Vor allem besaßen wir den echten Reichtum der Gemeinschaft, die über unsere eigene Familie hinausging, alle Familien von Tengtser umfaßte und uns die Gewißheit eines herzlichen Empfangs in jenen anderen Dörfern gab, in denen Verwandte von uns wohnten. Wir hatten nur drei bis vier Kühe, die sich täglich der Dorfherde anschlossen, wenn ausgetrieben wurde, und unsere schmalen Felder waren kleiner als die der meisten anderen, erforderten aber lange und schwere Arbeit, da wir für Hilfskräfte nicht viel zahlen konnten — aber es kam uns niemals auch nur für einen Augenblick zum Bewußtsein, daß wir in Armut lebten. Wir fühlten nur, wie glücklich unser Leben im Familien- und Dorfverband verlief.

Meine frühesten und zärtlichsten Erinnerungen machen deutlich, wie nahe schon den Kleinkindern die Religion stand. Am liebsten spielten wir rund um den Hausaltar, der sich im Haupthof befand. Es war dies ein Tonturm, der heilige Gegenstände enthielt, der Mittelpunkt bestimmter dem Schutz des Hauses dienender Riten. Er übte eine große Anziehungskraft auf mich und meine Freunde aus, kein anderer Platz kam ihm als Spielplatz gleich. Das soll nicht heißen, daß wir uns der religiösen Bedeutung dieses Platzes besonders bewußt gewesen wären — wir fühlten nur, daß er ein warmer, sicherer und freundlicher Ort war. Die Gedanken, die ich in meiner frühen Kindheit mit Religion verband, waren oft weit davon entfernt, religiös zu sein. Sogar der Familienaltar in unserem Hause war vor meinen neugierigen Blicken nicht sicher, und einmal versuchte ich, eine Kartoffel über der heiligen Butterlampe zu rösten.

Wie viele andere Kinder auch, träumte ich davon, durchzubrennen. Meine Vorstellung vom Abenteuer, die ich mit vielen Spielkameraden teilte, fand Ausdruck in einem Spiel, bei dem ich in ein Kloster entlief, um Mönch zu werden. Eines Tages tat ich das tatsächlich. Ich band einige alte Sachen mit einem Strick zusammen, und mit diesem Bündel auf der Schulter entfloh ich durch ein Loch in der Wand. Ich war damals etwa sechs Jahre alt, und ich lief so schnell ich konnte zu einem kleinen Pfad, der zu einem nahegelegenen Kloster führte. Ich folgte dem Pfad, der sich dann aber teilte. Nun wußte ich weder, welchen Weg ich zum Kloster nehmen noch wie ich zurückgelangen sollte. Meine Mutter ahnte, wo sie mich zu suchen hatte, und kam bald, mich heimzuholen. Später wurde mir dann gesagt, ich sei die Reinkarnation von Tagtser. Meine Eltern hatten das schon einige Jahre gewußt, aber vor mir geheim gehalten. Dann kamen die Mönche, um es mir zu sagen. Sie brachten allerhand Geschenke, und für mich bestand keine Notwendigkeit mehr davonzulaufen.

Fast alle meine Kindheitserinnerungen haben irgendwie mit meiner Mutter zu tun, wahrscheinlich deswegen, weil sie und meine Schwester sich stets um mich kümmerten. Mein Vater war bei der Arbeit, und ich sah ihn viel seltener. In einem tibetischen Haushalt sind die Frauen von größter Wichtigkeit. Ich erinnere mich, daß meine Mutter sich bei uns um die Familienaltäre kümmerte. Beim ersten Morgengrauen stieg sie mit etwas Holzkohlenglut oder einem brennenden Dungfladen auf das flache Dach unseres Hauses, und als ich alt genug war, lief ich immer mit. Dort entzündete sie ein kleines Feuer und opferte ein wenig Zedern- oder Wacholderholz sowie ein wenig Nahrung, zum Beispiel *tsampa*-Mehl, getrocknete Früchte und Butter. Jedes Haus im Dorf tat das gleiche, wie denn überhaupt in ganz Tibet jeden Morgen, wenn die Sonnenstrahlen die schneebedeckten Häupter der Berge streifen, Opfer dargebracht werden. Von jedem Hausdach steigt eine dünne, verwehte Rauchfahne in den Himmel, und die Luft ist von angenehmen Düften und dem Klang der Gebete erfüllt.

Wenn das erledigt war, stiegen wir wieder ins Haus hinunter, wo meine Mutter die Butterlampe entzündete und auf den Altar stellte, die dann den ganzen Tag brannte. An diesem Altar versammelte sich die Familie am Abend und am Morgen, um ihre Gebete zu sprechen.

Ich war noch zu klein, um meinem Vater auf dem Felde zu helfen — ein Junge muß zehn Jahre alt sein, um wirklich nützliche Arbeit verrichten zu können, außerdem haben es alle Eltern gern, wenn ihre Kinder sich im Spiel vergnügen. Ich hatte viele Freunde im Dorf, am liebsten spielte ich jedoch mit meiner Schwester. Meine allerfrühesten Erinnerungen sind undeutlich wie Träume. So sehe ich mich in wollene Decken verpackt in einer Ecke des Hauses liegen, wohin mich meine Mutter gebracht hatte, damit ich mir keinen Schaden tat, während sie arbeitete. Die erste deutliche Erinnerung betrifft einen Herbsttag, an dem sich alle Farben in den Feldern und an den Berghängen änderten. Fast jeden Tag machten wir uns, meine Schwester und ich, in die Felder auf, um dort zu spielen, denn das Stroh des abgeernteten Getreides war dort aufgehäuft worden, und wir hatten uns Häuser geschaffen, indem wir uns in diese Haufen einwühlten. In einen solchen Raum hatten wir flache Steine gebracht und damit einen Tisch gebaut. Kleinere Steine gebrauchten wir als Teller. An diesem Tage brachten wir wie stets einige Körner Gerste und einige Erbsen mit und spielten, daß wir unsere Mahlzeit einnähmen. Da der Winter sich jedoch näherte, war es kalt in unserem Strohhaus, und wir machten ein Feuer, um uns warm zu halten. Natürlich entzündete sich der ganze Strohhaufen, und unsere Eltern stürzten herbei, um das Feuer mit Stöcken und Decken auszuschlagen. Wir waren von der Aussicht auf Bestrafung mehr erschreckt als von der Gefahr, in der wir uns befanden, aber alle waren so sehr damit beschäftigt, das Feuer zu ersticken, daß sie es beim Anschreien bewenden ließen. Wir durften nie mehr im Stroh spielen, und es blieb das letzte Haus, das ich mit meiner Schwester gebaut habe.

Wir gingen auch zusammen spazieren, und zwar in die Vorberge, die Tengtser umgeben. Im Sommer waren diese Hügel voller Beeren, mit denen wir unsere Körbe füllten. Wir brachten sie den Eltern, die sich darüber freuten, daß wir ihnen helfen wollten, und die wilden Früchte bildeten eine willkommene Bereicherung unserer Mahlzeiten. Oft schlossen sich uns andere Kinder an, und wir spielten mit ihnen, während wir unsere Beeren sammelten. Ich war vielleicht drei oder vier Jahre alt, als ich auf einem solchen Gang eine Süßigkeit hervorzog, die ich mitgebracht hatte. Ein anderer Junge meines Alters wollte sie haben, aber ich gab sie ihm nicht. Wir spielten miteinander, und plötzlich biß er mich mitten im Spiel ins Gesicht. Auch dann gab ich ihm die Süßigkeit nicht, aber ich schrie laut, und die Schwester meiner Mutter, die mit uns war, mußte mich aufheben und tragen. Das ist eine der weniger glücklichen Erinnerungen.

In Tengtser lebten auch eine Anzahl Verwandter, aber wie viele tibetische Dörfler hielt sich meine Familie auch mit Leuten für verwandt, bei denen das gar nicht der Fall war. Das tibetische Dorf ist zwischen Feldern und Wiesen verstreut. Jedes Haus ist von einer Steinmauer umgeben, deren Pforte sich in einen Innenhof öffnet. In diesen Höfen dürfen die großen schwarzen Hunde des nachts frei herumlaufen. Manche Häuser stehen allein, andere bilden Gruppen aus zumeist drei bis vier Häusern, die von der nächsten Gruppe durch freie Flächen getrennt sind. In Tengtser wurde die größte Gruppe von unserer Familie gebildet, sie umfaßte sieben oder acht Häuser. Einige der Männer wurden von meinem Vater »Bruder« genannt, aber sie waren nicht seine Brüder. Ihre Mütter nannte ich Großmutter. Eine von ihnen war blind, und wenn ich sie besuchte, tastete sie mein Gesicht ab, während ich mit ihr sprach. Eine andere »Großmutter«, die neben uns lebte, pflegte sich mit der Frau ihres Sohnes herumzuschlagen, und dann hatte ich schlechte Träume. Eine besuchte ich jedoch ganz besonders gern. Sie war sehr alt und kümmerte sich manchmal um meine Schwester und mich, wenn meine Mutter zu beschäftigt war. Immer hielt sie ihren Rosenkranz in der Hand, und wenn sie nichts anderes zu tun hatte, murmelte sie Anrufungen an die Götter. Das tun viele Tibeter. Ich spielte gerne mit ihr und versuchte immer, ihr den Rosenkranz wegzunehmen. Dann legte sie ihn in einen Sack, und ich versuchte, ihr den Sack zu entreißen. Sie war alt und sehr gut zu uns.

Wir durften jederzeit mit anderen Kindern spielen gehen und kamen und gingen, wie wir wollten. Meistens spielten wir jedoch in den Höfen und nicht in den Häusern. Um Neujahr war die Zeit der formellen Besuche, und dann wurden täglich drei bis vier Häuser besucht. Manchmal gingen wir mit meinen Eltern hin, manchmal gingen meine Schwester und ich auch allein, denn wir wußten, daß wir Süßigkeiten und vielleicht auch ein paar Pfennige bekommen würden. Manchmal bekamen wir ganz seltene Herrlichkeiten wie getrocknete Früchte, aber es wurde niemals von uns erwartet, daß wir höflich sein und dableiben sollten. Hatten wir unsere Süßigkeiten erhalten, liefen wir gewöhnlich zum nächsten Haus.

Besuche in anderen Dörfern machten wir jedoch niemals allein. Es gab nämlich in der Umgegend viel Wölfe, von denen zu erwarten stand, daß sie Kinder anfielen. Hin und wieder erhielten meine Eltern jedoch Einladungen zu Freunden oder Verwandten in anderen Dörfern, und dann machte sich die ganze Familie auf den Weg. Während die Erwachsenen aßen oder Hauswein tranken, spielten wir Kinder miteinander. Ich liebte diese Besuche nicht allzusehr, die anderen Dörfer erschienen mir nicht so freundlich wie unseres — alles war so fremd, nicht mal die Kinder waren uns bekannt.

Ungefähr 15 oder 20 Kilometer von Tengtser entfernt gab es ein kleines Kloster, auf dessen Besuch wir Kinder uns immer freuten. An Festtagen zog das ganze Dorf dahin in Gruppen von zwei bis drei Familien, die Butterlampen und Opfergaben mit sich führten. Wir liebten das Kloster, weil es ein so freundlicher Ort zu sein schien und so voller interessanter Dinge steckte.

Manchmal kam auch ein Priester in unser Haus, um für uns zu beten. Dann wusch er meine Schwester und mich mit heiligem Wasser, um uns von allem Schlechten in uns zu reinigen. Mein Vater lud ihn gern ein, einige Tage zu verweilen, damit er uns aus den heiligen Büchern vorläse und unseren Vorfahren die Ehren erwiese. Von uns Kindern erwartete jedoch niemand, daß wir dabeisaßen und zuhörten, und keiner nahm es uns übel, wenn wir zum Spielen davonliefen.

So klein wir waren, halfen wir doch gern, und meine Mutter stellte uns zu ganz bestimmten Dingen an. So durften wir alles übriggebliebene Essen in einem kleinen Eimer mit Fleisch und Brot vermischen und es dem Wachhund bringen. Wir pflegten auch die Schweine zu füttern, und wenn eine Sau Junge hatte, paßten wir auf alle Ferkel auf, damit sie nicht allzuweit davonliefen. Sie wurden immer im Hof neben der Pforte gehalten, wo es einen Schutzraum für die Tiere gab.

Meine Schwester half beim Kochen und sorgte dafür, daß der Herd immer mit Brennstoff gefüllt war. Manchmal verwandten wir Yakdung, denn der Pferde- und Schafsmist wurde auf den Feldern gebraucht, aber wir hatten auch genügend Holz. Das waren niemals große Scheite, denn wir holten das Holz von den Büschen auf den Hügeln, aber es war gutes Brennmaterial, und es fehlte uns niemals an Wärme.

Da ich mein Elternhaus schon mit acht Jahren verließ, um Mönch zu werden, konnte ich niemals mit meinem Vater zusammen zur Feldarbeit gehen. Meine Eltern beteiligten sich an der Bezahlung des Dorfhirten, so entfiel auch diese Arbeit für mich. Tatsächlich war es mir sogar streng verboten, in die Berge hinaufzugehen, wo die Schafe und Rinder weideten, trotzdem tat ich gerade das am allerliebsten, als ich älter wurde. War mein Vater fort, so lief ich davon und schloß mich dem Hirten an, um mit ihm die Berghänge zu besteigen. Andere Kinder taten das gleiche, und wir verbrachten herrliche Tage im Spiel miteinander, oder auch allein, am liebsten aber, indem wir den Erzählungen des Hirten lauschten. Wir pflegten alle zu Hause etwas Nahrung zu entwenden, Kartoffeln, etwas trockenes Brot und Käse, die wir in Netzen verstauten und uns um den Leib banden. So hatten wir die Hände frei. Wir blieben den ganzen Tag fort und kehrten erst zurück, wenn der Hirte die Herden in der Dämmerung zurücktrieb. Dann hatten wir gewöhnlich Prügel zu gewärtigen, aber es hatte sich doch gelohnt.

Zu jener Zeit hatte ich noch keinen jüngeren Bruder, mit dem ich hätte spielen können. Einer wurde ein oder zwei Jahre nach meiner Geburt geboren, lebte aber nicht lange. Meine Mutter weinte ein wenig, aber wir versuchen immer, bei solchen Gelegenheiten nicht zu weinen oder es zumindest nicht merken zu lassen, wenn wir weinen müssen. Ich erinnere mich, daß ich meiner Mutter wegen sehr besorgt war und sie zu trösten suchte, so gut ich konnte, indem ich ihr sagte, wir sollten meinen kleinen Bruder zu einem besonders schönen Platz bringen und ihn dort richtig begraben.

Wäre mein Vater Bauer geblieben, so hätte es ihm sehr an Hilfe gemangelt. Mit acht Jahren trat ich ins Kloster ein, der nächste Sohn starb, der dritte wurde, ebenso wie ich, für die Priesterlaufbahn bestimmt, und der vierte sollte Gyalwa Rinpotsche werden. Hilfe von Fremden konnte meine Familie kaum bezahlen. Meine Mutter und Schwester machten alle Hausarbeit, und mein Vater mußte den größten Teil des Jahres die Felder allein bestellen. Im Frühling dingte er hin und wieder einen Mann, der ihm beim Pflügen und Säen zur Hand ging, und wenn die Zeit zum Jäten kam, mußten alle Leute Hilfskräfte anstellen oder einander helfen. Das war eine arbeitsreiche Zeit. Er nahm sich auch einen Gehilfen, wenn die Erntezeit kam. Wir Kinder waren zu klein, um richtig mitarbeiten zu können, denn die Arbeit war schwer, aber wir taten, was wir konnten, und die Nachbarn halfen einander auch. Alle unsere Felder waren verstreut, niemand besaß ein zusammenhängendes Stück Land. Es war immer Sitte gewesen, das Land zu teilen, wobei seine Güte abgeschätzt wurde, und jede Familie hatte ihren Anteil am guten wie am schlechten Land. Unser nächstes Feld lag nur drei Minuten vom Hause entfernt, aber wir hatten noch drei Felder nördlich und östlich des Flusses, die auch bestellt werden wollten, und die Arbeit wurde durch die weiten Wege sehr erschwert.

In einem Falle wie dem unsrigen, fällt das Land gewöhnlich an den ältesten Sohn, wobei die Eltern hoffen, daß die Brüder beieinander bleiben und das bißchen Land zusammenhalten werden. Doch pflegen Eltern ihre Söhne und Schwiegertöchter genau zu beobachten, um zu sehen, wie sie miteinander auskommen, und wenn sie Streitigkeiten voraussehen, teilen sie das Land vor ihrem Tode. Wird Land geteilt, so ist das immer ein trauriges Ereignis, denn es zeigt an, daß eine Familie zerstritten ist. Dann haben auch die Brüder nicht mehr die gleichen Verpflichtungen gegeneinander. Findet nun einer, daß er nicht mehr genügend Land hat, um seine Bedürfnisse zu befriedigen, so kann er immer von einem nahen Kloster Land erhalten, und viele Menschen leben, indem sie Klosterboden bearbeiten. Die Klöster beschaffen auch die Saaten, wenn das nötig ist. Zum Ausgleich erhalten sie einen kleinen Prozentsatz der Ernte, und auch für ausgeliehene Gelder beträgt der Zinssatz nur knappe zwei Prozent.

Waren alle Erntearbeiten beendigt, so pflegte mein Vater Esel mit Tauschwaren zu beladen und sich auf die Reise zu nahegelegenen Märkten und Handelsplätzen zu machen. Andere aus unserem Dorf schlossen sich ihm an, so daß sich eine richtige Karawane bildete. Sie führten Getreide, Wolle und selbstgewebtes Tuch mit sich und tauschten dafür Waren auf den Märkten ein, von denen sie nach zwei bis drei Tagen zurückkehrten. Es war immer eine Freude, meinen Vater nach uns rufen zu hören, wenn er wieder durch das Tor in den Hof zurückgeritten kam.

Manchmal kamen auch Händler zu uns ins Dorf, die ihre Waren mitbrachten. Dann war es, als hätten wir selber einen Markt. Die Händler freundeten sich mit einzelnen Familien an, und wenn sie im nächsten Jahr wiederkamen, hielten sie sich ein paar Tage dort auf, während sie ihre Waren zu verkaufen trachteten. Wenn sie zu uns kamen, wurden alle ihre Waren in einem Raum unseres Hauses ausgelegt und der Raum verschlossen. Ich versuchte immer, auf irgendeine Weise hineinzugelangen, aber das war ganz unmöglich. Das äußerste, was mir gelang, war, ein Loch in das Tuch zu reißen, das die kleinen Fenster bedeckte, und durch den Riß auf die Schätze zu starren, die innen ausgelegt waren.

Wenn die Obsthändler kamen, hatten meine Schwester und ich etwas mehr Glück. Sie pflegten all ihr Obst aus den Säcken und Körben herauszunehmen und es auf dem Fußboden ausgebreitet zur Schau zu stellen, und uns gelang es meistens, einige kleine Äpfel unbemerkt zu entwenden. Wir genossen alle Besuche aus der Außenwelt sehr, auch wenn es uns nicht gelang, etwas zu stehlen. Nicht alle Besucher waren Händler, viele waren Handwerker, wie Schneider oder Schuster, die ständig bestimmte Rundreisen durchführten, Jahr für Jahr und von Dorf zu Dorf. Auch von ihnen konnten wir Kinder kleine Geschenke erwarten. Von einem Ende des Jahres bis zum anderen war unser Leben voller Abwechslung und interessanter Dinge. Obgleich ich nur die ersten acht Jahre meines Lebens in dem kleinen Dorf verbracht habe, ist es mir aus allem, was ich erinnere, aber auch aus allem, was ich bisher gesehen habe, klar, daß auch die Erwachsenen das Leben als gut empfanden.

Einige unserer Sitten kommen anderen Völkern sonderbar vor. So bestehen manche Familien aus mehreren Brüdern, die gemeinsam die gleiche Frau haben. Manche meinen, das käme daher, weil es in den Gegenden mehr Männer als Frauen gäbe. Was immer der Grund sein mag, die Sitte wirkt sich außerordentlich günstig aus, da sie den Vorteil hat, das Land zusammenzuhalten. Manchen Menschen kommt es auch sonderbar vor, daß bei uns die Eltern die Ehen der Kinder arrangieren. Es geschieht jedoch selten, daß Kinder gegen ihren Wunsch verheiratet werden, und die Weisheit der älteren Menschen mag oft zu glücklicheren Ehen führen, als wenn die jugendlichen Herzen ihren Wünschen folgen. Es hätte wohl kaum eine glücklichere Familie geben können als die unsrige, und doch war die Ehe meiner Eltern von ihren Eltern gestiftet worden.

Am merkwürdigsten berühren wohl unsere Gebräuche bei der Bestattung der Toten. Arme Leute werden häufig einfach in einem Fluß versenkt. Andere Tote werden auf einen Berggipfel getragen, dort in Stücke geschnitten, das Fleisch in Streifen auf den Felsen ausgelegt und die Knochen für die Vögel pulverisiert. Wieder andere werden verbrannt. Nur die Körper der Lamas, der großen Lehrer, werden nicht angetastet, oder ihre Asche wird in Urnen versiegelt und unter Gedenksteinen beigesetzt. Der Hauptgedanke bei allen diesen Bräuchen ist der, daß unser Körper noch im Tode unseren Mitgeschöpfen, wilden Tieren, Vögeln oder Fischen, von Nutzen sein kann. Der Gedanke stößt nur diejenigen ab, die glauben, daß der Körper — nachdem das Leben entwichen ist — doch noch eine Art Existenz haben könne. Die großen Lehrer werden von diesen Bräuchen ausgenommen, weil man glaubt, daß ihre Überreste dem besseren Zweck dienen können, den Nachfolgern ihrer Lehren eine Mahnung zu sein.

Für uns ist der menschliche Körper eine herrliche Gabe, solange er Leben in sich trägt. Ist das Leben entwichen, so ist er nutzlos und kann nur noch als Gabe an andere Lebensformen von letztem Nutzen sein.

Sich schämen, wo die Scham nicht ziemt, / Und wo sich
Scham ziemt, schamlos sein — / So gehn, von falschem
Wahn gefaßt, / Die Wesen abwärts, üblen Weg.

Furcht sehn, wo nichts zu fürchten ist, / Und wo sich
Furcht ziemt, furchtlos sein — / So gehn, von falschem
Wahn gefaßt, / Die Wesen abwärts, üblen Weg.

Wer Fehl sieht, wo zu fehlen nichts, / Und wer bei
Fehl den Fehl nicht sieht — / So gehn von falschem
Wahn gefaßt, / Die Wesen abwärts, üblen Weg.

3. KAPITEL

Aus DHAMMAPADA
(Übersetzt aus dem Pali von Dr. Paul Dahlke)

DIE BERGNOMADEN

Sogar der Unterhalt eines so großen Klosters, wie Kumbum eines
ist, wird zu einem erheblichen Teil von den Bergnomaden bestritten.
So gibt es jedes Jahr ein großes Fest, bei dem Buttertürme in verschiedenen Formen hergestellt und bunt geschmückt werden. Als
junger Mönch in Kumbum im Alter von ungefähr fünfzehn oder
sechzehn Jahren wurde ich öfters in die Berge geschickt, um von
den Nomaden Beiträge zur Bestreitung dieses Festes einzusammeln.
Ich hatte damals schon sieben oder acht Jahre gelernt und kannte
viele der heiligen Schriften auswendig. Von den Nomaden wurde
ich immer freudig begrüßt, weil ich Gebete sprechen, Opfer für sie
durchführen und aus den Schriften rezitieren konnte. So zog ich
von einer Gruppe zur anderen und wurde auch oft zu Kranken
gerufen.

Später habe ich die Nomaden auch im Winter besucht; aber die
Besuche von Kumbum aus fanden im Sommer statt, und gewöhnlich war ich dabei etwa sechs Monate vom Kloster abwesend. Die
Nomaden wohnen auf einem Plateau, das sich etwa 3000 Meter
hoch erhebt und von noch höheren Bergen umgeben ist. Es gibt dort
nur wenig Bäume, und die starken Winde fegen über das offene
Land. Im Winter sind diese Winde jedoch von einigem Nutzen,
denn sie blasen den Schnee fort und hinterlassen an den Hängen
kleine Flächen, auf denen die Herden noch ein wenig Futter finden.

In dieser Gebirgsgegend leben nur Nomaden; Ackerbau gibt es erst in tieferen Regionen, wie in meiner Heimatprovinz Amdo, die etwa 2000 Meter hoch gelegen ist. Nur im Westen finden sich einige verstreute Gruppen mongolischer Bauern.

Gewöhnlich verließ ich Kumbum zu Pferde mit einer kleinen Karawane von Eseln und Maultieren, die mein Zelt und meine Vorräte trugen. Blieb ich nur kurze Zeit bei einer Gruppe, so packte ich mein Zelt erst gar nicht aus, sondern lebte bei den Leuten. Ich wurde immer aufrichtig und freundlich willkommen geheißen, und einige Gruppen lernte ich so gut kennen, daß sie mich wie ein Familienmitglied behandelten. Sie pflegten mir jemand entgegenzuschicken, der mich in ihr Lager führen sollte. Einige Gruppen bestanden nur aus zwei bis drei Familien, andere waren größer, aber keine überschritt zwanzig Familien. Jede Familie, die sich vielleicht aus mehreren Brüdern, ihren Frauen und Kindern zusammensetzte, bewohnte ein Hauptzelt aus Yakhaar, das zu einem schweren Filz verwoben wird. Jung Verheiratete haben manchmal ein Extrazelt. Das Zelt ist nicht nur zum Schlafen da, es ist vielmehr ein Wohnzelt, der Mittelpunkt des Lagerlebens. In jeder Gruppe befanden sich die einzelnen Familien ein bis zwei Kilometer voneinander entfernt, gerade so weit, daß ein wirklich lauter Schrei von einem Lager zum anderen gehört werden kann. Auf diese Weise wurden die Herden auseinandergehalten, und die Weideplätze in den Hügeln reichten für alle aus. Da es aber nie viel Gras gab, bestanden die meisten Nomadengruppen aus nicht mehr als zehn Familien.

Die Zelte sind viereckig mit abfallendem Dach, und gewöhnlich gibt es nur einen Eingang. Das Zelt einer großen Familie kann zehn Meter lang und fünf Meter breit sein, und es enthält stets den Besitz des ganzen Lagers. Während des Sommers errichten reiche Familien wohl auch noch ein Baumwollzelt, eigentlich einen vierseitigen Windschirm ohne Dach, um darin Gäste zu empfangen. Aber das Zelt aus Yakhaar ist der Mittelpunkt des Familienlebens.

Am Eingang wird eine Grube ausgehoben und darüber ein Herd für zwei bis drei große Kochtöpfe errichtet. Dicht daneben steht eine Kiste, die auf der einen Seite Gerstenmehl enthält, das wir *tsampa* nennen, auf der anderen Seite Butter und Käse, so daß, wenn der Tee fertig ist, Butter und *tsampa* gleich mitserviert werden können. 1,20 oder 1,50 m davon entfernt, befindet sich ein niedriger Tisch, etwa 30 cm hoch, um den sich die Familie zum Essen auf Schaffellen niederläßt. Zwischen dem Herd und dem Tisch ist ein freier Raum, wo man sich zum Gespräch niedersetzen kann. An den Wänden rundum stehen hölzerne Truhen und Säcke aus Yakhaut, die persönliche Gegenstände und Vorräte enthalten. Reiche Nomaden bewahren Korn gerne Generationen hindurch auf, bis es völlig schwarz ist. Das tun sie nur, um zu zeigen, daß sie diese Reserven nicht anzugreifen brauchen, weil sie immer genug zu essen haben.

Schwerter und Sättel werden am Dachgestänge der einen Zeltseite aufgehängt, während auf der anderen Seite alle Küchengeräte einschließlich der hohen hölzernen Zylinder stehen, in denen der Tee mit der Butter verquirlt wird. Manchmal wird ein Vorhang vor diesen Teil des Zeltes gezogen. Am hinteren Ende des Zeltes befindet sich der Familienaltar mit den Buddhabildern und den Familienbutterlampen. Daneben steht ein Holzkasten mit Beschlägen aus getriebenem Silber, in dem der Schmuck und andere Kostbarkeiten aufbewahrt werden. Auch ärmere Familien besitzen einige solche hübschen Stücke, mit denen sie prunken können, und jede Frau hat für besondere Gelegenheiten ihren Gold- und Silberschmuck. Das Zelt wird durch den Herd warm gehalten, außerdem gibt es mitunter einen Behälter mit glühenden Holzkohlen. Eine besondere kleine Kohlenpfanne, um Kräuter zur Verbesserung der Luft zu verbrennen, gibt es in jedem Zelt.

Bei Nacht kommt das einzige Licht von den trübe brennenden, flackernden Butterlampen. Die Altarlampen brennen Tag und Nacht, ihre Dochte aus Baumwolle oder Tuch, die vom Rande hineinhängen, werden von den Frauen in Ordnung gehalten. Für Gäste wird gelegentlich eine besondere Butterlampe auf den Tisch gestellt. Im Winter schlafen die Menschen manchmal im Zelt, besonders wenn sie alt sind, aber im Sommer, zu der Zeit, als ich die Nomaden besuchte, schliefen wir alle auf Schaffellen im Freien und deckten uns mit einer rauhen Yakhaardecke zu. War es kalt, so zogen wir die Decke über den Kopf. Eine weitere Hilfe, uns warm zu halten, bestand darin, uns so hinzulegen, daß alle unsere Füße zusammenstießen und sich gegenseitig wärmten. Sind die Füße kalt, so friert der ganze Mensch.

Noch bevor es dämmert, stehen die jungen Männer morgens auf und melken die Yaks. Dann fachen die Frauen das Feuer an und bereiten einen kochend heißen Buttertee. Nun ist jeder wach und auf den Beinen, vielleicht mit Ausnahme der Kinder, die zuletzt geweckt werden. Sind alle auf, so wird Feuer aus dem Zelt zu einem Altar gleich vor dem Hause getragen, der aus einem Steinhaufen von etwa 1,20 m Höhe besteht. Tsampa, Butter und vielleicht einige getrocknete Früchte werden in den Flammen geopfert, zusammen mit Rhododendronblättern und Wacholderholz. Während dieser Handlung singen alle die Anrufungen, die den *Köntschog Sum*, den »Drei Kostbarkeiten« gelten —

Sanggyela Kyabsu Tschio   Ich suche meine Zuflucht im Buddha
Tschöla Kyabsu Tschio   Ich suche meine Zuflucht in den Lehren
Gedunla Kyabsu Tschio   Ich suche meine Zuflucht im Mönchtum
Wir beginnen jedoch stets mit einer zusätzlichen Invokation
Lamala Kyabsu Tschio   Ich suche meine Zuflucht beim Lehrer
der Religion,

denn kein Anwärter kann Köntschog Sum ohne Führung durch einen Lehrer erreichen.
Wir Buddhisten glauben an diese Grundordnung für alle Laien. Wenn sie den Buddha ehren, an seine Lehre glauben und das Mönchtum achten, werden sie Erlösung finden. Erlösung kann jedoch nur durch alle drei gefunden werden, sie kann nicht aus der alleinigen Befolgung eines dieser Gebote stammen.
Sodann nimmt einer der Alten einen Schöpflöffel voll Buttertee und versprizt ihn in der Luft unter Anrufung des Buddha, des Tschangtschub Sempa, der Schutzgötter sowie der Berggötter und -göttinnen. Zum Schluß wird der Rest des Tees in die Luft geschleudert, und jeder Anwesende stößt einen lauten Schrei aus. Diese Schreie hört man über weite Entfernungen. So wird die erste Nahrung des Tages den Glaubensvorstellungen und den Göttern geopfert. Manche fahren fort, den ganzen Tag über Gebete herzusagen, nicht weil sie das müßten, sondern einzig aus dem Gefühl heraus, damit etwas Gutes zu tun.
Nach dem morgendlichen Opfer versammeln sich alle zum Frühstück im Hauptzelt. Zu den Mahlzeiten kommt das ganze Lager zusammen, Kinder, Eltern und Großeltern. Alle fühlen sich als eine

Familie. Diejenigen, die die Herden auf die Gebirgsweiden treiben sollen, füllen ihre Schalen mit Tee, tun etwas Tsampa oder Käse hinein und gehen dann vors Zelt, um dort zu arbeiten, während sie ihren Tee trinken. Sie lassen die Yaks los und wickeln die Stricke in Ringen auf. Tsampa fehlt häufig, aber es gibt immer getrockneten Käse oder Yoghurt, den man zum Tee essen kann, manchmal auch etwas Fleisch. Aus jedem Lager hört man den großen Schrei, wenn das morgendliche Opfer gebracht wird, und kurz darauf kann man die Schafe und die Yaks langsam zu den Weideplätzen ziehen sehen. Jedes Lager hat seine eigenen Weideplätze, aber wenn eine Familie sehr klein ist, schließt sie sich einer anderen an, schon um besser geschützt zu sein.

Frauen und kleine Kinder bleiben im Lager zurück, ebenso die neugeborenen Lämmer und Kälber und die Wachhunde. Die Männer wechseln einander im Wachehalten ab, denn einer bleibt immer da, um während des Tages im Lager die Aufsicht zu führen. Es gibt viel Arbeit, besonders das Spinnen, Weben und Filzen hält alle in Atem. Filzen ist eine schwere Arbeit. Es wird ein altes Stück Filz genommen und Wolle darauf gebreitet, wobei die Menge davon abhängt, wie dick die neue Decke werden soll. Manche Decken können vier Meter im Quadrat groß und eineinhalb Zentimeter dick sein. Wasser wird auf die Wolle gespritzt, dann wird das Ganze zusammengerollt, lose zusammengebunden und gewalkt. Männer und Frauen wechseln sich bei der Arbeit ab, indem sie das Bündel mit Stöcken, Steinen und den bloßen Händen schlagen. Immer wieder wird das Bündel neu gefaltet und ein wenig fester zusammengebunden. Nach ungefähr drei Stunden wird es aufgerollt und in die richtige Form gezogen und gestreckt. Während sie diese Arbeiten verrichten, sprechen die Arbeitenden nicht miteinander, sondern sagen Gebete und Verse aus den heiligen Schriften her.

In ein Stück Filz gewickelt werden die Säuglinge von den Müttern überallhin mitgenommen. Wenn sie etwas größer werden, tut man sie in Säcke aus Yakhaut, wo sie auf einem Bett von Yakdungasche liegen. Die Asche wird immer gewechselt, und die Kinder sind sauber und fühlen sich wohl. Wenn sie zu kriechen anfangen, beginnen sie auch schon mit anderen Kindern zu spielen, die auf sie aufpassen und sie vor Gefahren zu schützen trachten. Alle Kinder bis zu vier oder fünf Jahren gehen im Sommer völlig nackt, einerlei

wie kalt es ist. Sie besitzen keinerlei Spielzeug, aber sie spielen mit Steinen und Gräsern und tun, als seien sie erwachsen. Sie sammeln auch Schafmist und spielen damit, werfen den Mist in die Luft und versuchen ihn wieder aufzufangen, während sie gleichzeitig noch mehr vom Boden aufnehmen. Auch mit den Tieren können sie spielen, mit den im Lager zurückgebliebenen Kälbern und Lämmern und mit den großen Wachhunden. Diese Hunde erlauben jedem von der Familie, mit ihnen zu spielen, aber Fremde können sich nicht einmal nähern, ohne angegriffen zu werden. Wie alle Kinder hören auch die der Nomaden gerne Geschichten, meistens Erzählungen über die wilden Männer, die in den Bergen von Beeren und Früchten leben, aber immer darauf aus sind, Kinder zu fangen und aufzuessen. In ganz Tibet gibt es viele solche Geschichten, aber ich habe noch niemanden getroffen, der an diese Männer glaubte, und ich habe das Wort »yeti« (»der abscheuliche Schneemensch«) erst außerhalb Tibets gehört, es ist ein nepalesisches Wort. Wir betrachten diese Geschichten als Märchen für Kinder.
Es gibt jedoch echte Gefahren, und es ist gut, daß die Kinder durch diese Märchen veranlaßt werden, vorsichtig zu sein. Wölfe und Bären leben in den Bergen und jeder Nomade, ob Mann oder Frau, hat eine besondere Schleuder an der um den Leib gebundenen Schärpe hängen. Diese Schleuder besteht aus Yakhaar und hat in der Mitte eine Filztasche. Am einen Ende ist ein Loch für den Daumen oder einen anderen Finger, am anderen Ende befinden sich einige lose Yakhaare. Ein Stein wird in die Filztasche getan, das lose Ende zwischen Daumen und Finger genommen und das ganze um den Kopf gewirbelt. Läßt man los, so fliegt der Stein heraus und das lose Yakhaar verursacht einen peitschenähnlichen Knall, der einem Schuß ähnelt. Ein guter Schütze kann ein Tier auf fast zweihundert Meter treffen, wenn er sich auf gleicher Ebene befindet, und auf noch größere Entfernung, wenn er selbst höher steht. Nachts hat jeder seine Schleuder bei sich, um gegen Tiere oder Diebe gerüstet zu sein, und ein kleiner Steinhaufen liegt stets inmitten der Schlafenden. Sowieso werden sie durch die Hunde geweckt, die jede Annäherung nachhaltig ankündigen.
Wenn die Hirten während des Tages draußen sind, müssen sie scharf auf Tier- und Menschenfährten achten, die Gefahr bedeuten könnten. Stets sind ihre Hände mit irgendeiner Arbeit beschäftigt.

Über der Schulter trägt der Hirt einen Haarsack mit Wolle, die von den Kindern im Lager gesponnen wurde. Indem er seiner Herde nachgeht, dreht er die Wolle zu Garn, wickelt sie zu Knäueln auf oder um einen Stock. Er kann auch im Gehen ein Fell gerben, das zuvor mit Buttermilch und Sahne weich gemacht worden ist. Durch fortwährendes Reiben, Kneten und Wringen kann ein geübter Mann ein kleines Schaffell in drei bis vier Stunden gerben. Auf dem Heimweg müssen die Hirten natürlich allen Yakdung aufsammeln, den sie nur finden können, um ihn als Brennmaterial heimzubringen.

Von der Morgen- bis zur Abenddämmerung ist der Tag oft sehr lang, und manchmal muß das Milchvieh zur Mittagszeit zum Lager zurückgetrieben werden, damit man es melken kann. Auch müssen die Hirten ihre Herden zur Tränke führen, und danach ruhen sich die Tiere ein bis zwei Stunden lang aus. Während dieser Zeit können die Männer ein wenig getrockneten Käse oder Fleisch essen, das sie bei sich haben, oder sich eine Mahlzeit kochen, wenn sie ein Kochgeschirr mitgebracht haben. Mit dem Feuerstein kann man leicht Feuer machen — schon ältere Kinder verstehen sich darauf. Man kann eine baumwollähnliche Substanz herstellen, indem man bestimmte Blätter zerreibt, die es überall in den Bergen gibt. Dieser Zunder wird auf einem Stein in der einen Hand gehalten, während die andere mit dem Feuerstein zuschlägt. Ein Schlag genügt, um den Zunder ohne Blasen oder Fächeln in Brand zu setzen, der dann auf einen Dungfladen gesetzt wird, um ein Feuer zu entzünden. Alle Männer, Frauen und älteren Kinder haben Feuersteine und Zunder bei sich, aber den kleineren Kindern wird niemals erlaubt, mit Feuersteinen zu spielen. Es besteht immer die Gefahr eines Grasbrandes, und da das Gras gerade für die Herden ausreicht, könnte ein Brand eine Katastrophe bedeuten. Den kleinen Kindern wird jedoch der Umgang mit dem Feuer langsam beigebracht, indem man ihnen die Blasebälge anvertraut, die dazu nötig sind, das Feuer unter dem Herd im Zelt richtig heiß zu machen. Es ist schwer, mit diesen Blasebälgen zu arbeiten, denn es sind einfache Säcke aus Häuten, die beim Pumpen mit der Hand geöffnet und geschlossen werden müssen. Jeder ist froh, den Kindern diese Arbeit zuzuschieben.

Kommen die Menschen von ihrem Tagewerk in den Bergen wieder

zurück, so versammeln sich alle wieder im Zelt, wo sie sich ausruhen und erwärmen können. Die Frauen kochen das Abendessen, das meistens aus einer Fleischsuppe mit etwas Reis oder Gerste besteht. Alle sitzen um den Tisch, wenn diese Hauptmahlzeit des Tages eingenommen wird. Der Abend ist auch die Zeit für Gespräche; wenn die Mahlzeit vorüber ist, sind jedoch meist schon mehrere Stunden seit Sonnenuntergang verstrichen, und jeder ist bereit, schlafen zu gehen. Manche gehen hinaus und decken sich dort mit ihren Decken zu, andere bleiben noch eine Weile im Zelt, sprechen ihre Gebete und singen vor dem Altar mit seinen flackernden Butterlampen. Dann gehen auch sie zum Schlafen hinaus, und nur einige Alte bleiben in der Wärme vor dem Altar liegen.

Während der Sommermonate ziehen die Nomaden in Gruppen von einer Weide zur anderen, wobei sie ungefähr jeden Monat einen Ortswechsel vornehmen. Jeder Stamm hat ein ihm gehöriges Gebiet. Stammesmitglieder dürfen sich in diesem Gebiet frei bewegen, was sie gewöhnlich in Gruppen tun, die aus mehreren Familien bestehen, von denen jede Familie in einer gewissen nahen Entfernung von den anderen ein eigenes Lager aufschlägt. Jedes Lager besitzt eine Art Vorsteher, einen *gowa*, dessen Aufgabe es vor allem ist, darauf zu sehen, daß die Steuern gezahlt werden. Fragen, wie die, wann man weiterziehen soll, kann er jedoch nicht entscheiden. Das kann auch keine einzelne Familie, dazu müssen alle Familien, die eine Gruppe bilden, zusammenkommen, und dann wird gemeinsam entschieden. Hat ein Lager einen besonderen Grund zum Weiterziehen, so schwingt sich jemand aufs Pferd und reitet zu allen übrigen Lagern, um die Sache durchzusprechen. Es kann vorkommen, daß einige sich zum Bleiben und andere zum Weiterziehen entschließen, im allgemeinen bleibt eine Gruppe jedoch stets beieinander. Alles Eigentum wird zusammengepackt und auf die Packtiere gebunden, und die ganze Karawane setzt sich gemeinsam in Bewegung. Vor dem Aufbruch wird jedoch noch ein letztes Feuer in der Grube entzündet, über der alle Familienmahlzeiten gekocht wurden. Die Nomaden glauben, daß ein Feuergott neben ihrem Herd lebt, und sie bringen ihm ein letztes Opfer, indem sie von ihrem kostbaren Tsampa ein wenig ins Feuer werfen. Im Wegreiten schauen sie zurück, ob das Tsampa das Feuer zum Rauchen gebracht hat. Steigt eine dünne Rauchsäule in den Himmel, dann wissen sie, daß ihr Opfer angenommen worden ist und daß sie im nächsten Lager glücklich sein werden. Steigt kein Rauch auf, so wird das als übles Vorzeichen betrachtet, und man verhält sich besonders vorsichtig im nächsten Lager.

Mit Beginn der Winterstürme ziehen die Nomaden vom Gebirge herunter in die Vorberge, wo sie Schutz finden können. Die dort aufgeschlagenen Lager bestehen den ganzen Winter über, also sechs oder sieben Monate lang. Der Winter dauert vom neunten bis zum zweiten Monat, und er ist in der Tat sehr kalt und gefährlich. Einmal reiste ich im Winter von meiner Heimat nach Lhasa, und ein Junge war zu faul, seine Filzstiefel auszuziehen, als er sich zum Schlafen niederlegte. Am nächsten Morgen waren seine Füße erfroren, und er konnte nicht gehen. Er fühlte keinen Schmerz, konnte aber nicht stehen. Wir zogen ihm die Stiefel aus und wickelten seine Füße in warme Tücher. Sie waren rot und geschwollen und wurden immer schlimmer. Wir waren noch elf Tagereisen von Lhasa entfernt und beförderten den Jungen teils auf einem Yak, teils zu Pferde. An seinen Beinen bildeten sich Geschwüre, und es floß ständig Blut und Wasser ab. Bei alledem konnten wir gar nichts tun. Erst fielen seine Zehen ab, dann die Füße. In Lhasa versuchte man es mit Kräutern aller Art, mit allen erdenklichen Medizinen, aber es war zu spät. Beide Beine faulten ihm bis zum Knie ab. Die Ärzte machten ihm dann Kniekappen aus Yakhaut, und nach einer Weile konnte er sich auf den Stümpfen bewegen.

Er hätte es besser wissen müssen. Jeder kennt diese Gefahr, und kluge Leute nehmen nicht nur dann die Stiefel ab, wenn sie schlafen gehen, sondern sie ziehen sie morgens beim Melken noch nicht an und gehen wohl auch kurze Strecken barfuß, obgleich die Temperatur dreißig oder vierzig Grad unter Null betragen kann. Während sie arbeiten, melken oder die Yaks beladen, sind sie nicht nur barfüßig, sondern haben auch entblößte Schultern. Niemals haben sie Erfrierungen. Sie schlafen auch im Winter im Freien, und ich habe das auch immer vorgezogen. Das Winterlager ist ein ständiges Lager, man kann es in dieser oder jener Weise schützen. Eine besteht darin, einen Wall aus Yakdung zu errichten. Dadurch wird der Wind vom Zelt abgehalten und gleichzeitig der Dung getrocknet, so daß er besser brennt; außerdem ist es eine bequeme Art, den Dung aufzubewahren. Wir schliefen gewöhnlich zwischen diesem Wall und dem Zelt. Alte Menschen schlafen im Winter im Zelt.

Außer durch Errichten dieses Walles, pflegten wir den Wind durch aufgehäufte Sättel zu brechen. Auch kamen die Hunde gerne, um sich auf uns zu legen, und so wärmten wir uns gegenseitig. Einige von uns schliefen mit den Schafen, wobei wir unsere Stiefel als Kopfkissen benutzten. Die Yaks waren zwar warm, aber es ließ sich schlecht mit ihnen schlafen, weil sie immer auskeilen. Hin und wieder schneite es, und wir wurden naß, aber ich zog es dennoch vor, im Freien zu schlafen. Einmal reiste ich vom Koko Nor, dem großen See in der Nähe Kumbums, nach Lhasa. Es war mitten im Winter, und die Reise dauerte 111 Tage. Ich hatte ein Zelt, aber ich schlief immer draußen, auch wenn es schneite. In jener Karawane waren wohl tausend Reisende beisammen, außerdem noch zehn- oder zwölftausend Yaks, Pferde und Maultiere. Es war die einzig sichere Art, im Winter zu reisen.

Nachdem im neunten Monat das Winterlager aufgeschlagen worden ist, macht sich jeder bereit, an den im zehnten Monat beginnenden Ausflügen zu den Märkten teilzunehmen. Es ist das eine gute Jahreszeit. Die Bauern haben die Ernte eingebracht, und die großen Nomadenherden sind stark und gesund nach der sommerlichen Weide. Es gibt viele Märkte, und gleichzeitig ist die Zeit der religiösen Feste. Da eine Reise zum nächsten Markt zwanzig Tage dauern kann, ist es schon eine richtige Expedition, die man da unternimmt. Die Bauern bringen ihr Getreide, die Nomaden ihr Vieh und andere Produkte wie Butter, Käse und Fleisch. Die Nomaden wollen vor allem Tee eintauschen und Gerste, aus der sie ihr Tsampa machen. Sie kaufen aber auch andere Lebensmittel, wie getrocknete Früchte und Reis. Was dann noch an Geld übrig ist, wird dazu verwandt, Baumwollstoffe, Nähnadeln, Nähgarn und Küchengerät einzukaufen.

Zu dieser Zeit wird auch das Vieh geschlachtet und das Fleisch für den nächsten Sommer getrocknet. Im Sommer sind die Tiere nicht so gesund, und es gilt als ungünstig, sie dann zum Verzehr zu schlachten. Herbst und Frühjahr sind dafür die geeigneten Jahreszeiten, allerdings werden im Frühjahr nur alte und nicht mehr vermehrungsfähige Tiere geschlachtet. Das Fleisch wird teils in Streifen geschnitten und an den Zeltstricken zum Trocknen aufgehängt, teils wird es ins Zelt gebracht, gefroren und dort zum Gebrauch aufbewahrt. Das allerfeinste, fette Fleisch wird in Häute gewickelt und in Kisten getan, die aus viereckigen Yakdungfladen bestehen. Diese Kisten werden dann mit frischem Yakdung bedeckt und eingefroren. Wenn sie im Frühling wieder auftauen, gibt es viel frisches Fleisch.

Viele Nomaden besuchen immer die gleichen Dörfer und treiben mit den gleichen Bauern Handel. So werden sie gute Freunde. Es kommt aber auch vor, daß Bauern in die Berge gehen und versuchen, den Nomaden einige Schafe zu stehlen. Dann kommt es zum Kampf, und die Nomaden überfallen die Bauernhöfe, um ihre Schafe zurückzuholen. Im allgemeinen ziehen es die Nomaden jedoch immer vor, nicht zu kämpfen, denn sie sind wirklich sanftmütige und völlig ehrliche Menschen. Kann einer seinen Handelspartner in einem Jahr nicht besuchen, so schickt er statt dessen seinen Freund, und der Bauer behandelt den Freund genauso höflich und vertrauensvoll. Manchmal schickt wohl auch ein Bauer, dem es gelang, besondere Waren wie Nähnadeln oder Garn zu ergattern, seinen Sohn mit diesen und mit Lebensmitteln, Tee und Getreide ins Winterlager der Nomaden. Dann kommt es wohl vor, daß er unter den Nomadenmädchen eines findet, das er heiratet. Das ist nun keineswegs häufig, aber wenn es geschieht, ist jedermann sehr zufrieden, und das junge Paar kann leben, wo es will, entweder unter den Bauern oder unter den Nomaden.

Die Nomaden singen gerne, besonders wenn sie in den Bergen sind und reiten. Manchmal besingen sie ihre Pferde. »Ein graues Pferd, das mit zwei weißen läuft, muß schnell sein. Läuft es zu langsam, so macht es den weißen Schande.« Sie besingen auch den Mond, und diese Lieder sind oft Liebeslieder. »Geht der Vollmond am fünfzehnten Tage auf, hoch über den östlichen Bergen, dann zeigt mir der Mond sein Gesicht, wenn mein Liebster nicht bei mir ist.« Außerdem wird abends manchmal getanzt. Die Mädchen singen und tanzen allein und werden dabei von den anderen beobachtet, oder Männer und Mädchen halten sich an den Händen und tanzen im Kreise herum. Die Winterabende werden jedoch auch gesellig im Gespräch zugebracht.

Zwei bevorzugte Spiele der Männer sind Ringen und Reiten. Sie ringen oft miteinander und versuchen, sich gegenseitig auf den

Boden zu werfen. Dann gibt es auch Pferderennen. Einige Nomaden kennen ein Spiel, das vom Pferderücken aus im vollen Galopp gespielt wird. Ein Ziel wird aufgestellt, gegen das die Reiter im Vorbeireiten ihre Speere schleudern. Um den Speerschaft ist ein Seil gewickelt. Beim Wurf entrollt es sich, und durch einen scharfen Ruck fliegt der Speer wieder zurück in die Hand des Reiters.

Getrunken wird nicht, die Männer rauchen nur gern ein wenig. Es heißt, daß man von allzu vielem Rauchen husten muß, und die Brust erkrankt, wenn man dann von den Bergen herabsteigt. Alte Menschen, die sich wenig bewegen, rauchen jedoch sehr viel. Sie bevorzugen eine besondere Art Pfeife, die aus einem Röhrenknochen des Schafes besteht, in den ein Loch für den Tabak gebohrt worden ist. Die Nomaden haben die Sitte des Trinkens nicht angenommen und meiden es. Wenn sie in eine Stadt kommen, wo die Bauern und andere Leute viel *tschang*, eine Art Gerstenbier, trinken, dann schlagen die Nomaden lieber ein Zelt vor der Stadt auf, als daß sie in der Stadt bleiben. Sie sind gute Freunde, aber im allgemeinen ziehen sie ihresgleichen allen anderen vor.

Es gibt nur selten eine Gerichtsverhandlung und sehr wenig Bedarf dafür. Die Menschen führen ein so offenes Leben, daß jeder Streit sofort allen anderen bekannt und schnell innerhalb des Lagers entschieden wird. Streitigkeiten sind jedoch selten, und ein Verbrechen wie Diebstahl gibt es einfach nicht unter den Nomaden. Der Vorsteher, der in manchen Gegenden *Gowa* heißt und in anderen *Garpön*, wird immer respektiert, denn er wird wegen seiner Weisheit und seiner Religiosität gewählt. Er hat keinerlei Macht, aber die Menschen suchen seinen Rat. Kommt die Zeit der Steuereintreibung, dann sieht er darauf, daß jeder seinen Anteil abliefert. Er muß genau wissen, wieviel Menschen es in seiner Gruppe gibt und wieviel Vieh sie haben, vor allem aber muß er absolut ehrlich sein. Das ist die Eigenschaft, die die Nomaden über alle anderen stellen. Sie ist der Mittelpunkt ihres Lebens.

Es ist vielleicht ihre Ehrlichkeit, die sie zu so religiösen Menschen macht. Da sie Buddhisten sind, wissen sie, daß es schlecht ist zu töten, da sie Nomaden sind, haben sie keine andere Wahl. Sie fügen sich in ihr Schicksal, denn sie glauben, daß frühere böse Taten ihre Wiedergeburt als Menschen veranlaßt haben, die dazu ausersehen sind, vom Töten der Tiere zu leben. Sie versuchen nun ihr Leben lang, diese große Sünde durch gute Taten wettzumachen. Ihr Schicksal macht sie nicht mürrisch oder bitter, und sie bringen auch nicht Opfer und beten nicht, um auf diese Weise für vergangene Sünden Buße zu tun. Die Vergangenheit ist vorbei, und anstatt traurig zu sein, sind sie voller Fröhlichkeit, daß sie in der Kenntnis des rechten Weges, des Weges zur Erlösung, geboren worden sind. Wenn sie Opfer darbringen und Gebete hersagen, tun sie das glücklich und voller Gläubigkeit. Nomaden geben die eifrigsten Pilger ab. Sie machen die längsten Pilgerfahrten zu Fuß oder indem sie den Weg mit dem Körper ausmessen. Wenn sie Reichtümer ansammeln, geben sie einen großen Teil den Klöstern, und sie sind gegen alle Reisenden gastfrei und freundlich. Werden sie älter, so geben sie gern das Nomadenleben auf, werden Mönche und beziehen ein Kloster. Dort beten sie pausenlos um Vergebung für alle Leben, die sie ausgelöscht haben, und beenden so ihr Dasein in Frieden und im Bestreben, das Ziel zu erreichen.

Wer es sich irgend leisten kann, zahlt einem Kloster für die Entsendung eines Mönchs in das Lager. Der Mönch liest nicht nur die Schriften vor und sagt Gebete her, sondern er gibt auch den Kindern Unterricht. Zu der gastgebenden Familie kommen dann alle anderen Kinder aus der Nachbarschaft und nehmen am Unterricht teil. Die Anwesenheit eines Mönchs ist stets gut, besonders bei einer Hochzeit oder einem Todesfall. Stirbt einer, und es ist kein Mönch da, so spricht einer, der von Mönchen gelernt hat, die Gebete, die den Geist des Toten auf den Weg bringen. Der Körper wird vierundzwanzig Stunden in sitzender Stellung im Zelt behalten, und die ganze Zeit sitzen Menschen um ihn herum und singen und beten. Das Hauptgebet sorgt dafür, daß die Seele nicht dableibt, sondern sich vom alten Körper trennt und sich auf den Weg macht, ihren Lehrer zu suchen. Gebete werden auch allen Göttern dargebracht, und dann wird der Leichnam in die Berge getragen und dort den wilden Tieren und den Vögeln überlassen.

Wenn die Jungen und Mädchen etwa achtzehn oder neunzehn Jahre alt sind, denken sie ans Heiraten. Die Eltern des jungen Mannes schauen sich nach einem passenden Mädchen um, und der Vater benachrichtigt seine Freunde und Verwandten. Auch der junge Mann sieht sich um. Ist ein geeignetes Mädchen gefunden und kennen sich die beiderseitigen Eltern, so geht alles ohne Formalitäten ab. Kennen sie sich nicht, dann müssen die Eltern des jungen Mannes einen Freund mit dem üblichen Schal, der bei allen formellen Begrüßungen überreicht wird, und mit einem Geschenk aus Butter, Käse und Fleisch zu den Eltern des Mädchens senden. Der Freund erklärt, warum er gekommen ist, und wenn die Eltern des Mädchens nichts dagegen haben, beginnt das junge Paar mit gegenseitigen Besuchen und dem Austausch von Geschenken. Auch zwischen den Elternpaaren werden Geschenke ausgetauscht. Nun tun die Freunde noch ein übriges, indem sie Nahrungsmittel und Tuch bringen, damit die Hochzeit so schön wie möglich wird. Zuerst besuchen die Eltern des jungen Mannes die Eltern des Mädchens und bringen Geschenke mit, dann erwidern die Eltern des Mädchens den Besuch mit Geschenken, die etwas weniger kostbar sein müssen.

Ist das alles getan, so ziehen beide Elternpaare einen Astrologen heran, der ein günstiges Datum für die Hochzeit festsetzen muß. Es ist so gut wie gewiß, daß sie ihn schon vorher befragt haben, um sicher zu gehen, daß das junge Paar zusammenpaßt. Aber es ist von äußerster Wichtigkeit, daß die Hochzeit am richtigen Tage stattfindet. Das trifft auf alle Tibeter zu. Sie glauben, daß es für ein jedes Ding gute und schlechte Tage gibt, und sie ziehen, wenn irgend möglich, bei jeder wichtigen Handlung einen Wahrsager oder Astrologen zu Rate.

Am Hochzeitstage — oder vorher, wenn das Lager des Mädchens weit entfernt liegt — entsendet die Familie des Bräutigams sieben oder acht Reiter mit einem Extrapferd für die Braut. Die Sättel werden für diese Gelegenheit frisch geschmückt oder neu gemacht. Beim Eintreffen dieser Schar kommen die Familie und die Freunde der Braut heraus und beginnen, die Ankömmlinge zu beschimpfen und anzuschreien, sie zu fragen, wer sie eigentlich geladen habe, und sich zu stellen, als wollten sie es auf einen Kampf ankommen lassen. Unterdessen befindet sich das Mädchen im Zelt. Die Männer aus dem Lager des Bräutigams antworten in der gleichen Weise. »Wer sind all diese gräßlichen Leute? Wo ist der Schemel, damit ich vom Pferde steigen kann? Was für dreckige Leute das sind und was für Lumpen sie tragen! Wo sind die Leute, die uns eigentlich hier empfangen sollten?« Selbstverständlich benutzt kein Nomade einen Schemel, um aufs Pferd zu steigen, das tun nur die Adligen und vielleicht hin und wieder ein Bauer. In Nomadenaugen ist der ein toter Mann, der nicht ohne Schemel aufsitzen kann. Oft genug haben sie nicht einmal Sättel, sondern schwingen sich mit einem Sprung auf den bloßen Pferderücken.

Ist diese Begrüßung vorbei, so betreten die Freunde des Bräutigams das Zelt. Nun beschweren sie sich über das schlechte Essen. Wenn die Entfernung zwischen den beiden Zelten groß ist, kann sich das zwei Nächte lang hinziehen. Die ganze Zeit macht man Witze und beschimpft einander. Zum Schluß ziehen die Ankömmlinge jedoch ab und nehmen die Braut auf ihrem neuen Pferde mit. Ihre Eltern begleiten sie nicht, wohl aber ihre Brüder, Schwestern und Freunde. Liegen die Lager nahe beieinander, so wird der Braut statt eines Pferdes wohl auch ein herrlicher weißer gesattelter und geschmückter Yak zugeschickt. Kommt die Braut im Lager an, und wird von der Schwiegermutter mit einem Eimer Milch begrüßt, so muß sie anfangen zu weinen und tun, als wollte sie unbedingt wieder nach Hause zurück, auch dann, wenn sie in Wirklichkeit diesen Tag schon lange herbeigesehnt hat. Das Getue mancher Mädchen ist so echt, daß es schwer fällt, ihnen nicht zu glauben. Das Mädchen verweigert also die Annahme des Milcheimers, schließlich nimmt eine der Schwestern ihn entgegen, und die Braut taucht ihre Finger in die Milch und spritzt etwas davon in die Luft.

Daraufhin gehen alle ins Zelt, wo ein großes Fest beginnt, und damit hat die Hochzeitsfeier ein Ende. Gewöhnlich wird für das junge Paar ein eigenes Zelt aufgeschlagen, und eine Zeitlang lebt es dort allein.

Haben die Eltern des Mädchens keinen Sohn, dann kommt es oft vor, daß der junge Mann in ihr Lager zieht und ein Glied ihrer Familie wird, damit sie nicht ausstirbt. Dasselbe geschieht, wenn die Eltern des jungen Mannes sich keine große Hochzeitsfeier leisten können. Häufiger wird jedoch das Mädchen in die Familie des Mannes aufgenommen, aber feststehende Regeln gibt es nicht. Wichtig ist nur, daß derjenige, der in einen Familienverband aufgenommen wird, sei es nun das Mädchen oder der junge Mann, nicht als Außenseiter gilt, der nur durch die Eheschließung zur Verwandtschaft gezählt werden muß. Er oder sie wird bei den Nomaden immer als Vollmitglied der Familie angesehen und willkommen geheißen. Schon nach kurzer Zeit schläft das junge Paar mit allen anderen unter freiem Himmel. Die Nomaden geben sich mit falscher Sittsamkeit nicht ab, und sie sehen keinen Grund, sich wegen Dingen zu schämen, die sie als richtig und notwendig empfinden. Das ist auch Teil ihrer Ehrlichkeit. Da sie ehrlich gegen sich selber sind, können sie die Dinge so sehen, wie sie sind, und ihnen den richtigen Wert beimessen. Sind schon die Bauern in Tibet treu und religiös, so werden sie darin von den Nomaden doch noch übertroffen.

In Tibet wie auch anderswo unterscheidet sich die Männer- und Frauenkleidung nicht nur nach Rang und Stellung, sondern weist auch jahreszeitliche und regionale Unterschiede auf. Diese sind manchmal kaum merklich, können gelegentlich jedoch auch sehr groß sein. Es kann vorkommen, daß kunstvoll gearbeitete Kleider zu alltäglichen Gelegenheiten getragen werden, während allereinfachste Kleidung feierlichen und besonderen Anlässen entspricht. Die Mönche, deren Kleidung so einfach wie nur möglich gehalten ist, erlauben sich die verschiedenartigsten, kunstvoll gearbeiteten Kopfbedeckungen. So haben sie besondere Hüte für besondere Gelegenheiten oder wechseln ihre Kopfbedeckungen nach den Jahreszeiten. Durch alte Gemälde, die sich in den Klöstern erhalten haben, sind uns auch die Hutformen überliefert, die von den großen religiösen Lehrern der Vergangenheit getragen wurden.

Eine Dame aus Lhasa mit typischem, kunstvollem Kopfputz, Edelstein-
schmuck, silbernem oder goldenem Amulett um den Hals und breitem
Perlenband über der linken Schulter. Über dem langen Rock trägt sie eine
vielfarbige Schürze, deren obere Ecken mit Goldstickerei verziert sind.

Eine Dame aus der ländlichen Umgebung Lhasas. Im Stil gleichen sich ländliche und städtische Kleidung, auch das Amulett ist ähnlich, nur der Schmuck ist schlichter.

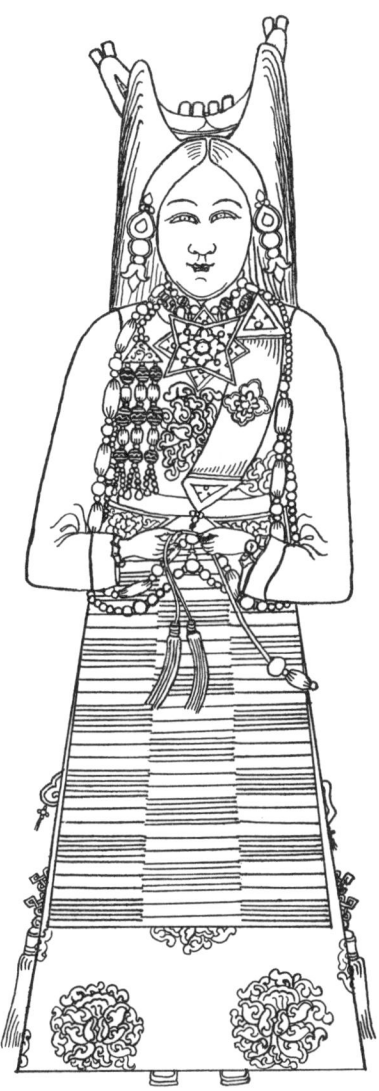

Eine Dame aus Tsang mit dem charakteristischen Kopfputz jener Gegend.
Sie trägt ein reich besticktes Kleid und ist an ihrem Schmuck als Dame
von Rang kenntlich.

Die Damen des Nomadenvolks im Osten Tibets haben einen schlichteren
Kopfputz als die Städterinnen, aber ihre oftmals aus chinesischen Stoffen
gefertigte Kleidung kann durchaus ebenso kostbar sein. Ihr Schmuck
besteht meistens aus Bernstein, Türkisen und Korallen.

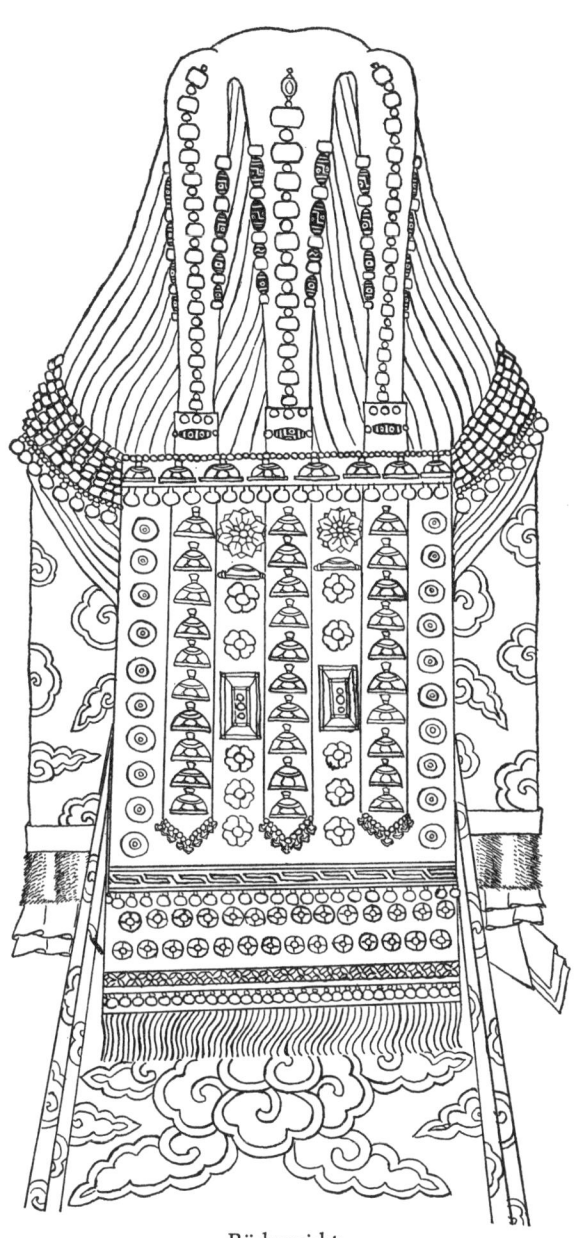

Rückansicht

Ein weiteres Beispiel der von den östlichen Nomaden getragenen Tracht

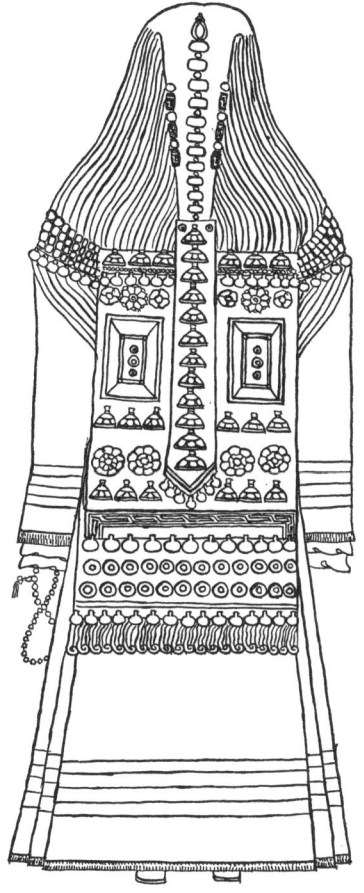

Rückansicht

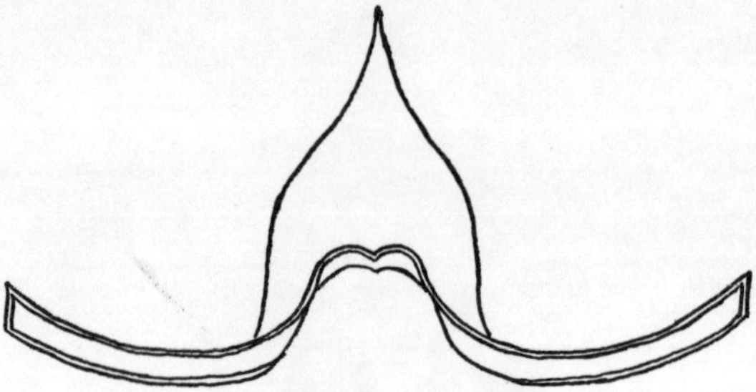

Naring: Tsong-Khapas Hut

Gomscha — Hutform für einen
Meister der Meditation

Tschangtschub Semscha –
Hutform für einen
Tschangtschub Sempa

Ritö Benscha — Hut
eines Einsiedlers

Ein weiterer Hut
des Lopon Rinpotsche

Lopon Rinpotsches Hut

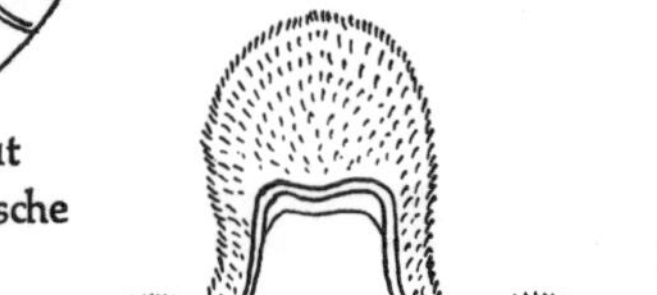

Kunga Gyaltsens Hut

Phagmo Durpa — Hut des
Führers der Karjurpa-Sekte

Von allen Führern der Sakya-
Sekte getragene Hutform

Von Srongbtsan sgampo und Ralpaltschen getragener Hut

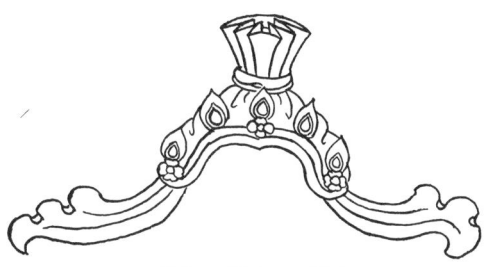

Trison Detsans Hut

Hut des Königs Ripong Tschögyal

Guschri Khans Hut

Hut des Tschamtschentschögyi, des
Begründers des Klosters Sera

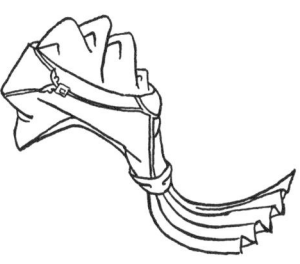

Tonmi Sambhotas Hut

83

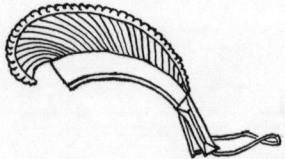

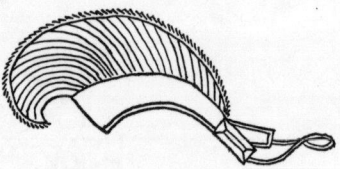

Drotschama: Hutform, die von allen Mönchen getragen werden darf

Tagdroma: Hut der Mönche der Gelukspa-Sekte

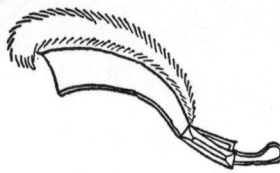

Tsogscha: Zur Synodalversammlung oder anderen besonderen Zusammenkünften von den Mönchen getragene Hutform

Setheb: Sommerhut eines Kloster- oder Staatsbeamten

Tascha: Wintermütze eines Kloster- oder Staatsbeamten

Schanag: Hutform der Tänzer der Schwarzhut-Sekte

Atischas Hut

84

Das Leben unter den Nomaden ist keineswegs so hart, wie man sich das vorstellt. Was ihm an Bequemlichkeit abgeht, wird durch Geselligkeit wettgemacht. Die Bezeichnung »Zelt« verleitet zu der Vorstellung, daß man auf viel mehr an Bequemlichkeit verzichten muß, als es in Wirklichkeit der Fall ist. Wenn die Nomaden weiterziehen, nehmen sie nicht nur ihre Zelte, sondern auch Säcke aus Yakhaut und hölzerne Truhen mit, die mit Nahrungsmitteln und all jenen Haushaltgegenständen gefüllt sind, die man sonst in normalen Siedlungen findet. Vor allem nehmen sie ihre großen butterfaßähnlichen Gefäße mit, in denen der tägliche Tee mit Butter bereitet wird, der sie im Kampf mit der Kälte stärkt. Zum kostbarsten Besitz jeder Nomadenfamilie gehört natürlich der Familienaltar, der sich in jedem Zelt findet und mit Hingebung und Sorgfalt behandelt wird.

1. Ein einfaches Familienzelt aus Yakhaar
2. Ein kunstvoller gearbeitetes Wohnzelt, das mit schwarzen Tuchstreifen
   verziert ist
3. Zum Schutz des Viehs gegen Wölfe aufgestellte Scheuchen
4. Der Wachhund (*khyi*) gehört zu jedem Haushalt.
5. Pferch für Haustiere, z. B. Milchkühe

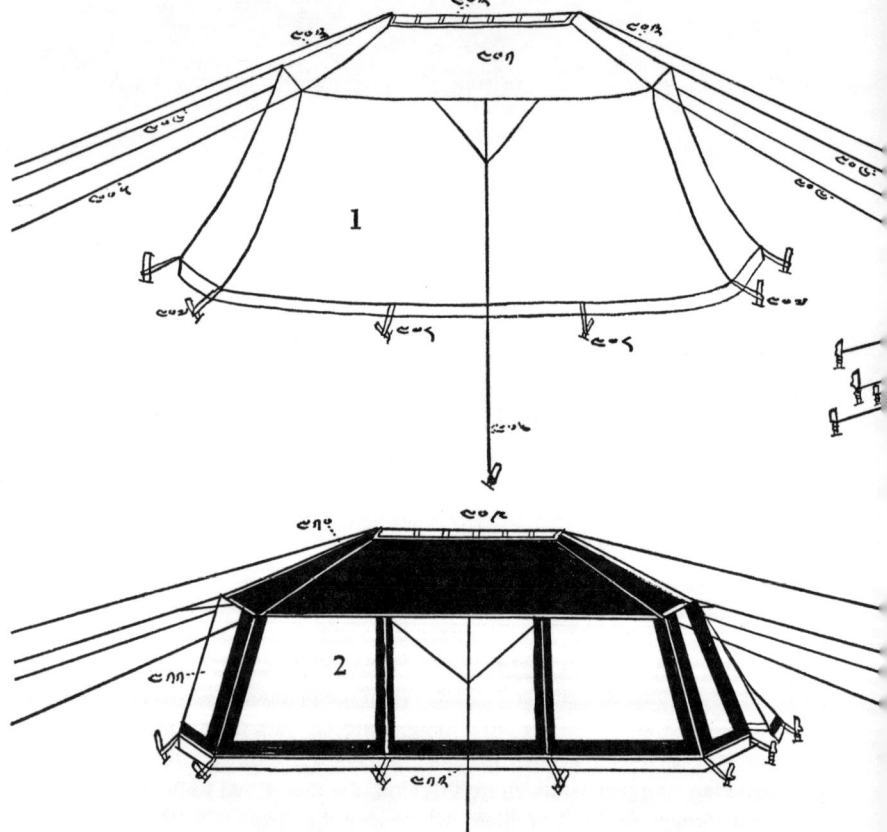

6. Zelt (*ba*) aus Yakhaar zur Aufbewahrung von Gütern. Man beachte
   die Lüftung im Oberteil.
7. Als Brennmaterial gestapelte Yakdungfladen, die manchmal zum Trocknen und als Windschutz in Form eines Walles aufgeschichtet werden.
8. Pferch für Mutterschafe und Lämmer

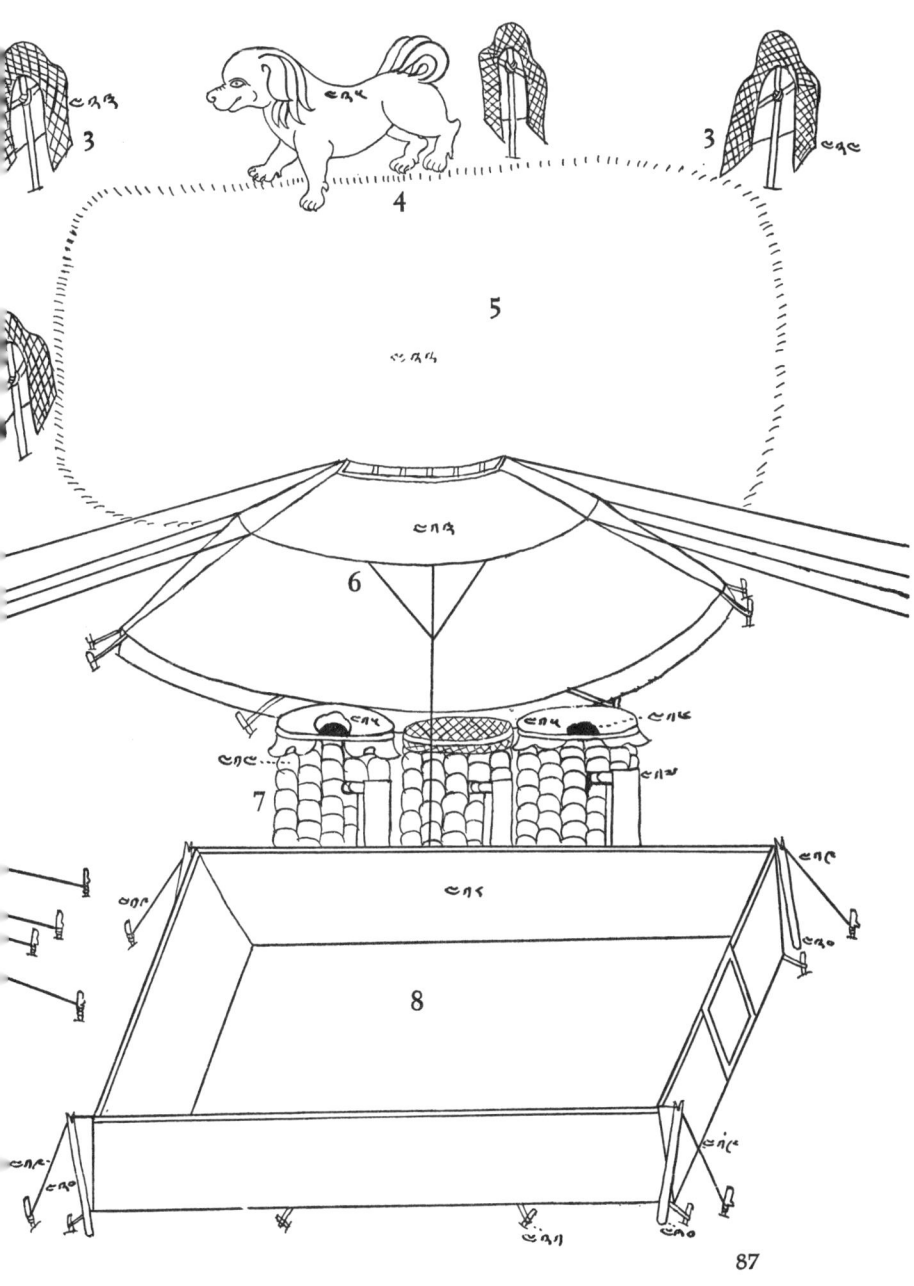

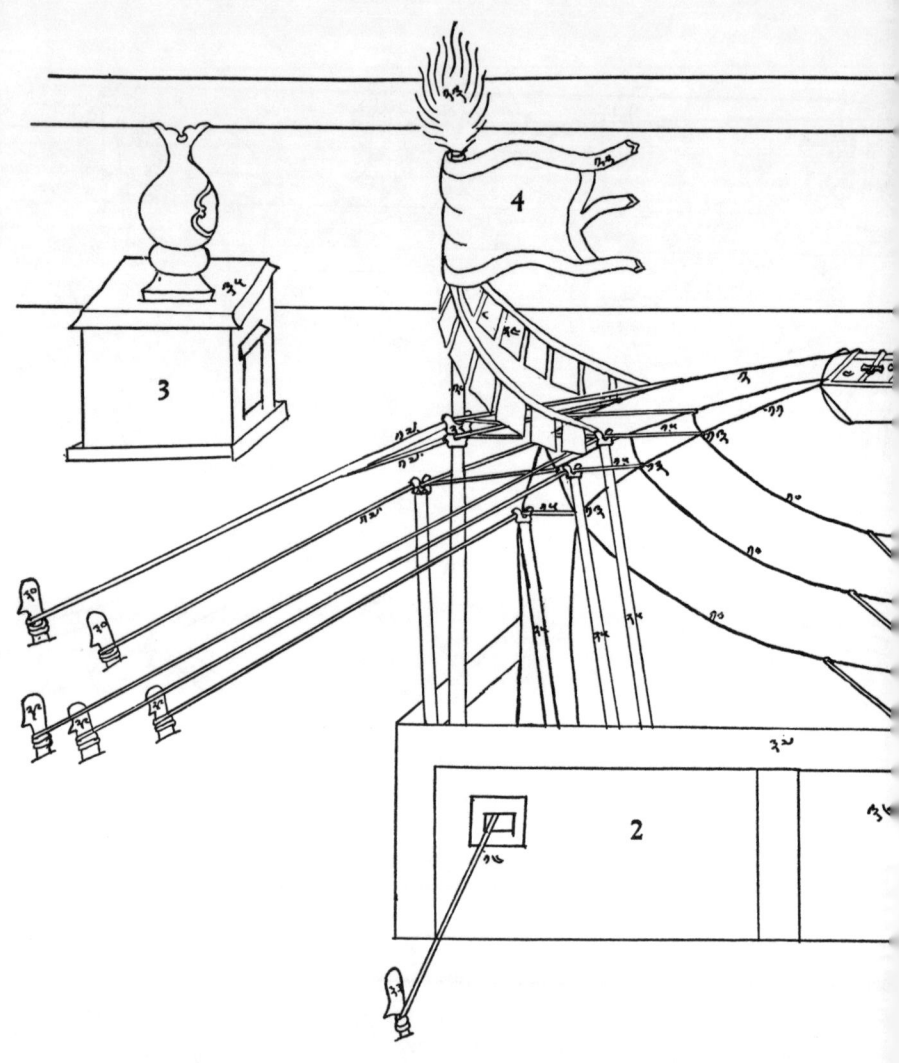

1. Errichtung eines Zeltes. Man beachte die Lüftung an der Zeltspitze, die mit einer Klappe gegen Regen geschlosen werden kann. Die Zeltstangen bestehen aus Holz, die Stricke aus Yakhaar.
2. Aus Yakdung errichtete Wände
3. Kleiner Altar für Brandopfer (*sang*), die aus Wacholderzweigen, getrockneten Früchten und Tsampa bestehen.

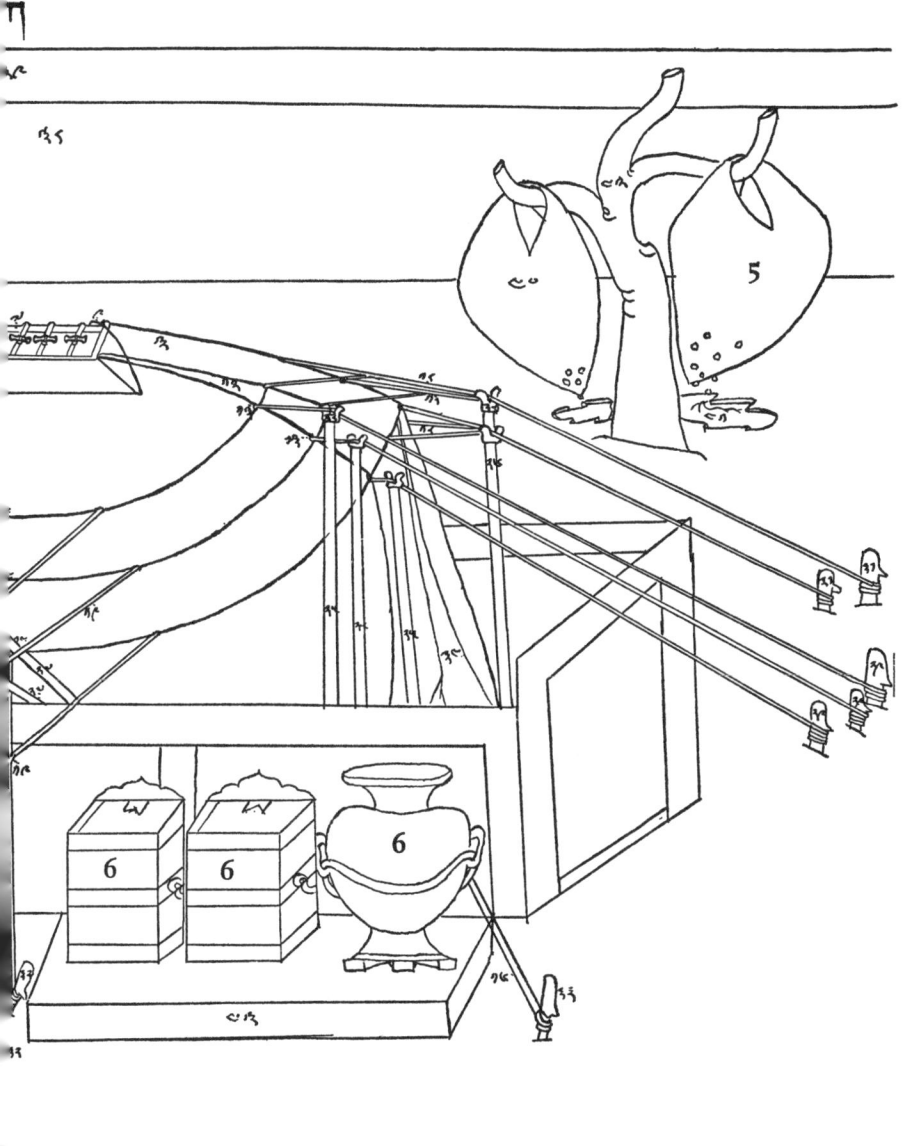

4. Gebetsfahne (*tardschog*)
5. Zum Ablaufen in Säcken aufgehängter Quark
6. Wassereimer (*som*): zwei aus Holz, einer aus Ton

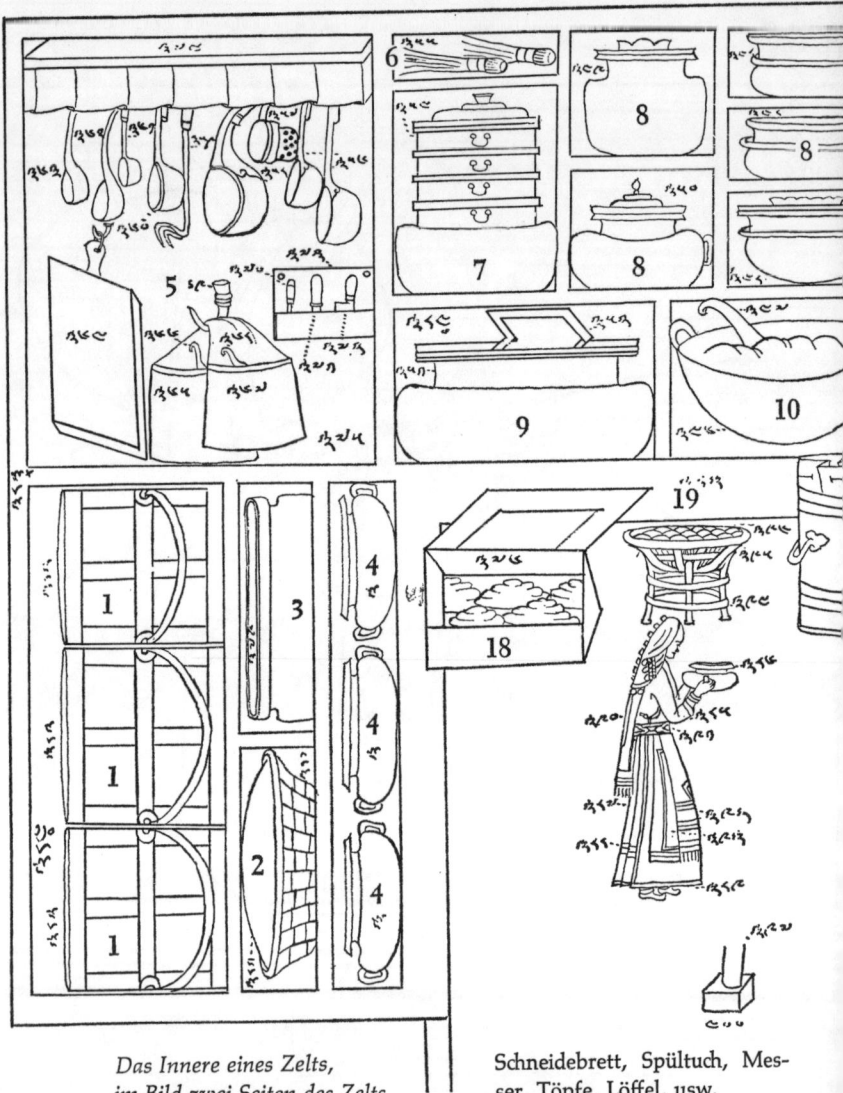

Das Innere eines Zelts,
im Bild zwei Seiten des Zelts

1. Milcheimer
2. Käsekorb
3. Behälter für gekochtes Fleisch
4. Kochtöpfe (*dig*)
5. Küchengeräte, darunter

Schneidebrett, Spültuch, Messer, Töpfe, Löffel, usw.

6. Topfreiniger (*dschog thur*)
7. Dampfkochtopf
8. Töpfe
9. Behälter für Nahrungsmittel
10. Topf für Yoghurt
11. Kasten für Butter (*margam*)

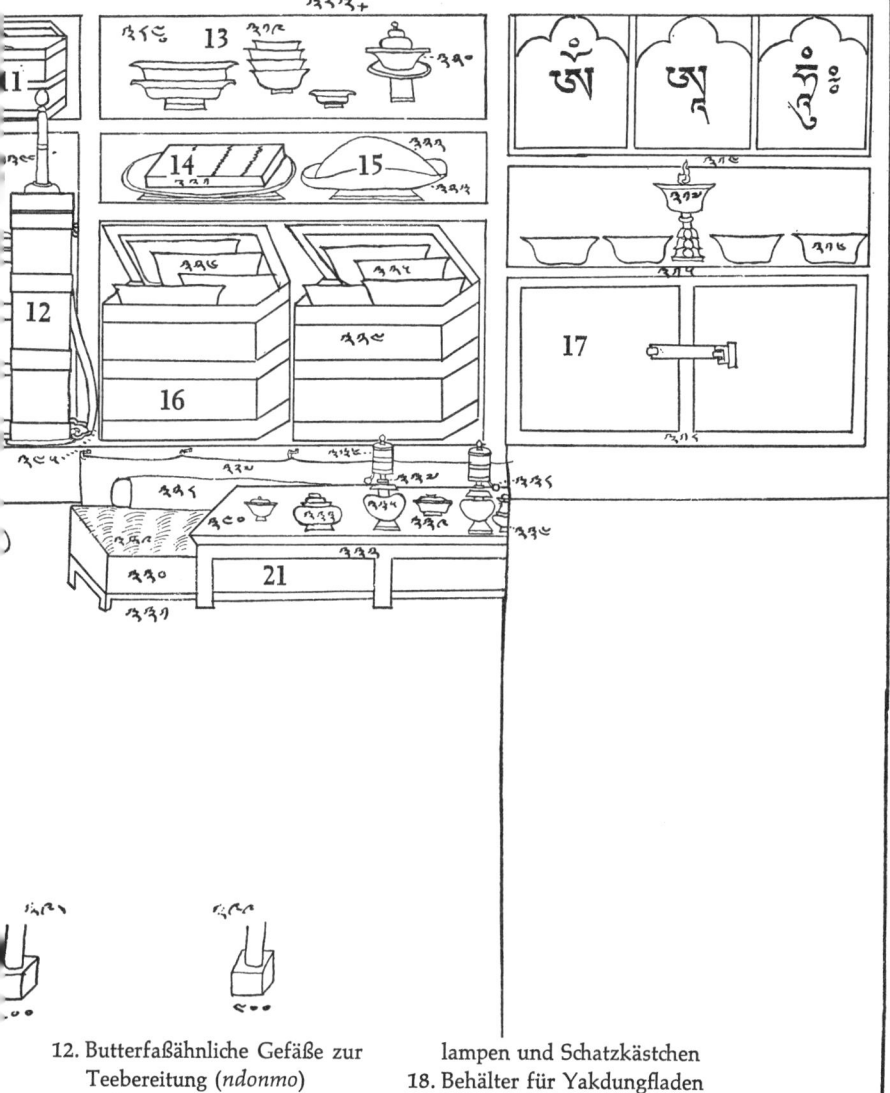

12. Butterfaßähnliche Gefäße zur Teebereitung (*ndonmo*)
13. Teller und Schüsseln (*kader*)
14. eine Art Käsekuchen (*thud*)
15. Getrocknete Sahne (*pumar*)
16. Vorratskisten (*nyindrog*)
17. Familienaltar (*tschöscham*) mit Schale für Weihwasser, Butterlampen und Schatzkästchen
18. Behälter für Yakdungfladen
19. Rost zum Rösten von Gerste
20. Sack mit Tsampa (*tsamkhug*)
21. Sitzkissen hinter einem Tisch, der mit zwei Trinkschalen, zwei Tsampa-Schalen und zwei Gebetsmühlen gedeckt ist

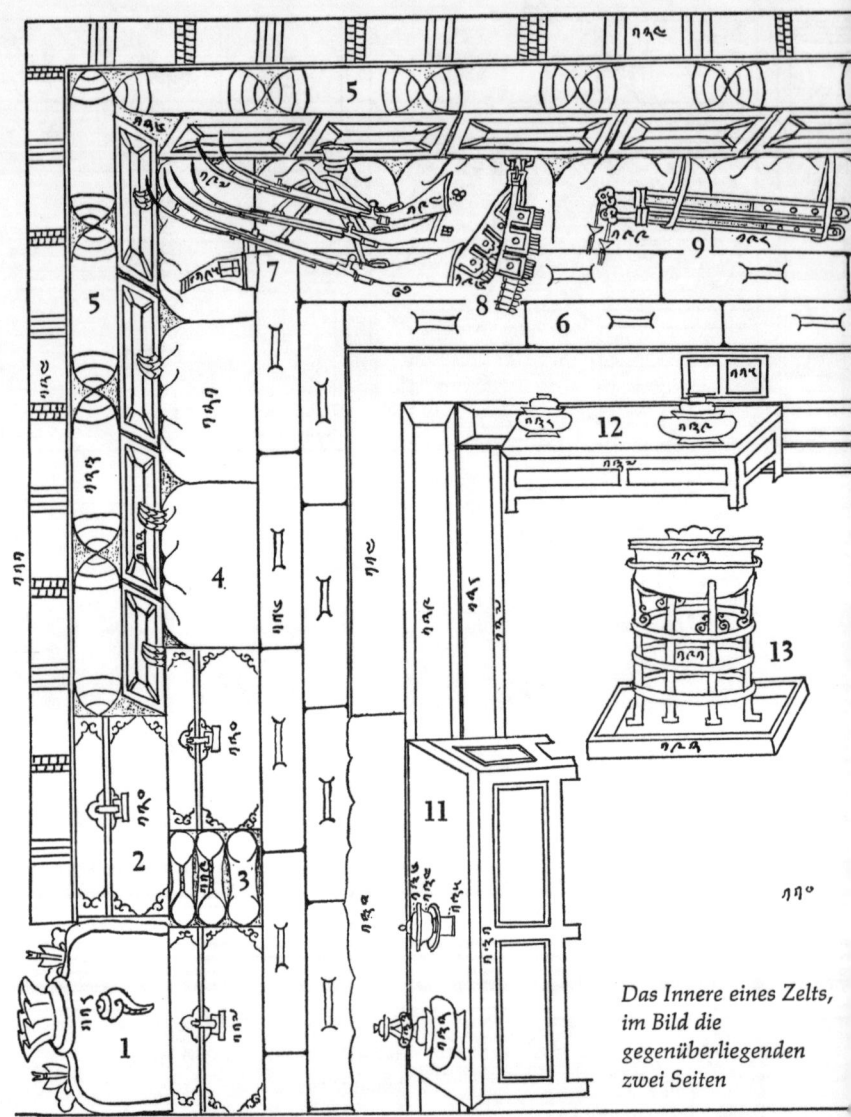

Das Innere eines Zelts,
im Bild die
gegenüberliegenden
zwei Seiten

1. Sack zur Aufbewahrung der Familienhabe, die sich jedes Jahr vermehrt. Der Inhalt dieses Sackes soll nicht verbraucht oder weggegeben werden. 2. Vorratstruhen (*tobo*). 3. Kornsäcke. 4. Säcke aus Yakhaut für die Aufbewahrung von Gerste. 5. Säcke aus Yakhaut. 6. Vorratskisten. 7. Flinten (*menda*). 8. Patronengürtel (*ndeschub*). 9. Schwerter (*tri*). 10. Butterfässer (*marsom*). 11. Tisch (*dschogste*) mit Tsampa-Schale und Teetasse. 12. Mit zwei Tsampa-

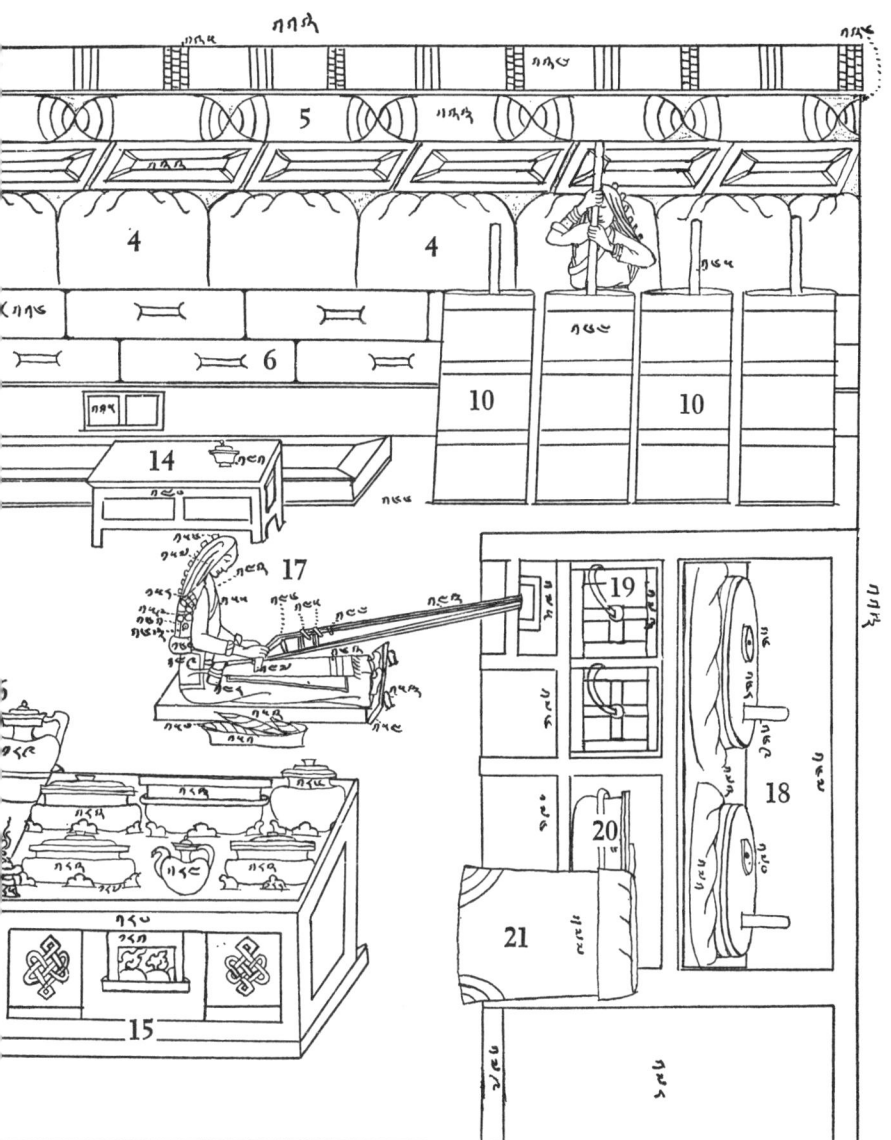

Schalen gedeckter Tisch. 13. Rost mit Geschirr zur Quarkbereitung. 14. Tisch mit einer Teetasse. 15. Herd mit Teetopf und fünf Kochgeschirren. 16. Teetopf auf dem Rost. 17. Frau am Webstuhl (*thag*). 18. Mühlen zum Mahlen von Tsampa. 19. Tsampakisten. 20. Kochtopf für Milch. 21. Sack für geröstete Gerste, die als Tsampa Verwendung finden soll.

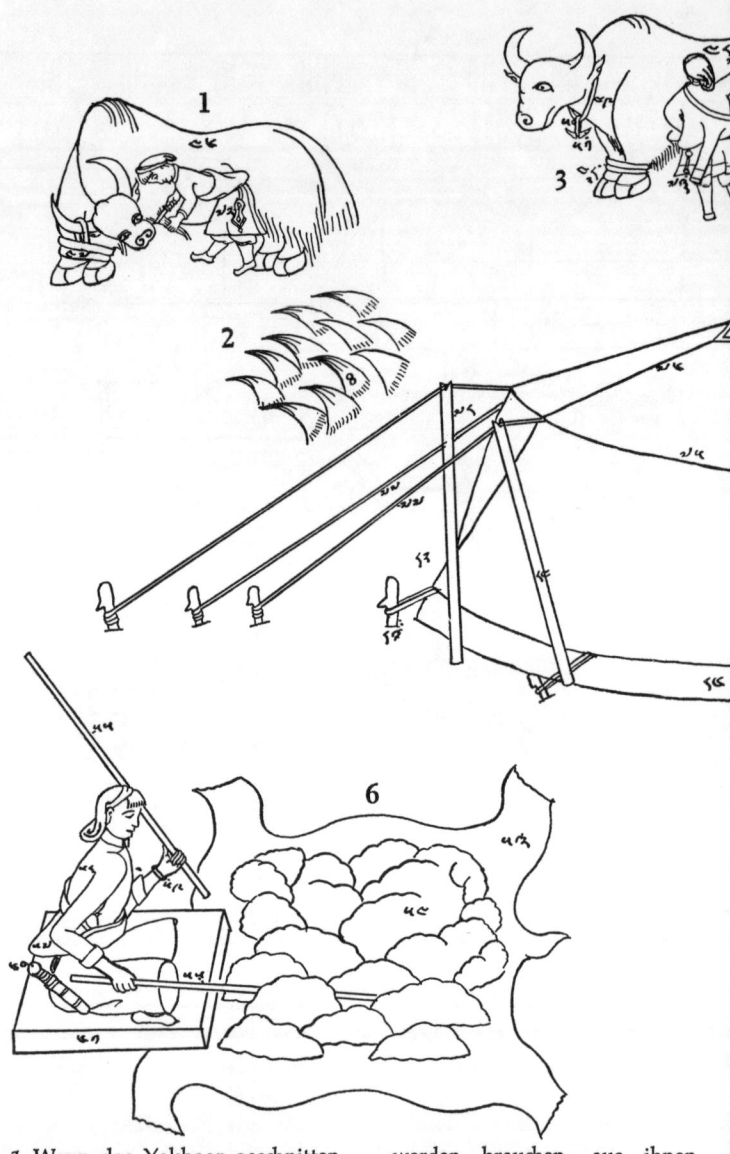

1. Wenn das Yakhaar geschnitten wird, müssen etwa 3–5 cm lange Haare stehen bleiben. Der Yak wird nicht geschoren.
2. Bündel langer Haare, die nicht durch Schlagen bearbeitet zu werden brauchen, aus ihnen werden Stricke gemacht.
3. Auskämmen der kurzen Haare. Lange und kurze Haare werden getrennt verwendet.
4. Bündel kurzer Haare

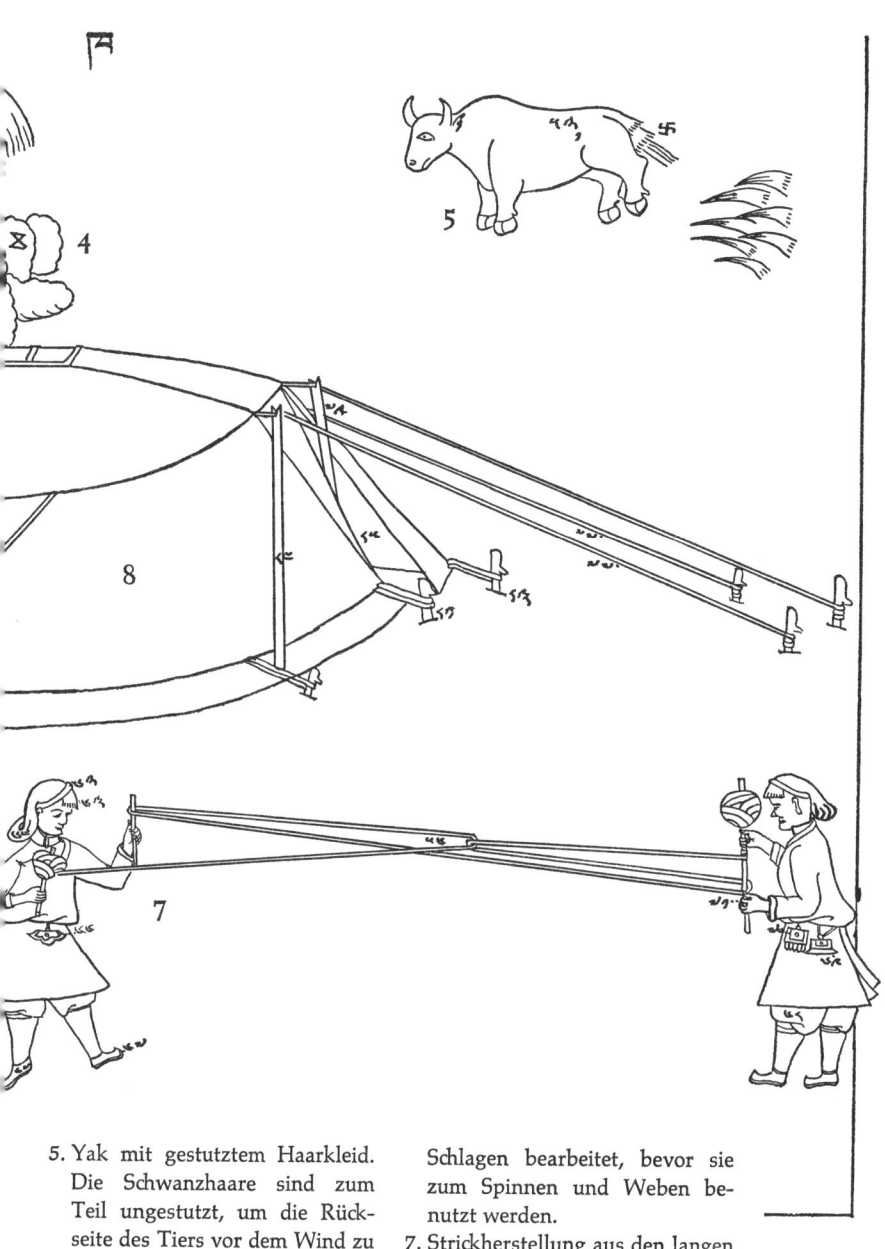

5. Yak mit gestutztem Haarkleid. Die Schwanzhaare sind zum Teil ungestutzt, um die Rückseite des Tiers vor dem Wind zu schützen. Die langen Haare dienen zur Herstellung von Stricken.

6. Die kurzen Haare werden durch Schlagen bearbeitet, bevor sie zum Spinnen und Weben benutzt werden.

7. Strickherstellung aus den langen Haaren.

8. Zeltwände aus Yakhaargewebe und Stricke aus Yakhaar.

95

1. Spinnen des Yakhaars zur Herstellung von Garn
2. Sichten der Haare
3. Herstellung von Wollknäueln für die Spinner
4. Säcke für Tsampa und Quark

5. Teetopf auf einem Herd
6. Tisch mit einem halben Schaf (die Vorderbeine) auf einer Platte; ferner: mit Butterklümpchen verzierter Käsekuchen, vier Schalen mit Tsampa, ein Käse, vier Teetassen und ein Kasten mit Fleischgewürz.

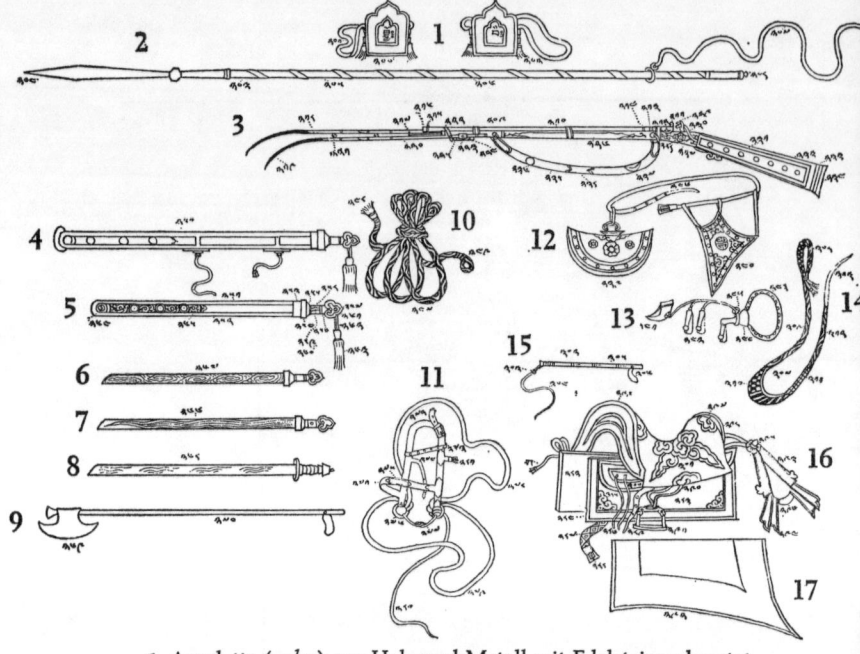

1. Amulette (*gahu*) aus Holz und Metall mit Edelsteinen besetzt
2. Kampfspeer (*dung*) mit Schlinge fürs Handgelenk und Seil zum Wiedererlangen des Speers nach dem Wurf vom Pferderücken aus.
3. Flinte (*menda*) für Jagd und Kampf. Die aus Antilopengehörn gefertigte Flintenstütze kann nach unten ausgeklappt werden oder — beim Schießen aus der Schulter — parallel zum Flintenlauf liegen. Der Flintenschaft ist mit Silber und Türkisen eingelegt.
4. Schwert (*tri*) mit hölzerner, mit Kupfer eingelegter Scheide
5. Schwert eines reichen Mannes mit Schwertscheide aus Holz, Tuch und Silber
6—8: verschiedene Arten von Klingen; 6. *Dmar Gyi Gya Mtscho Phug Pa.* 7. *Hgu Zi.* 8. *Ce Rong*
9. Eine Streitaxt, die auch zum Holzhacken benutzt wird (*tari*)
10. Lasso (*schagba*)
11. Mit Kupfer und Silber verziertes Zaumzeug (*thurda*) aus Yakhaut
12. Behälter für Feuerstein und Zunder (*metschag*) links; rechts ein Nadelkästchen
13. Behälter für Schießpulver (*dze re*)
14. Wurfschlinge (*hurdo*) oder Schleuder für die Jagd auf Wild
15. Peitsche (*tatschag*)
16. Sattel (*ga*) für Pferd und Yak
17. Satteldecke (*gadan*)

Töricht ist, wer in der Mitte des Lebens / Des nahenden
Todes nicht achtet — / Denn alles, was du tust und
wert hältst, / Ist wertlos in jenem letzten Augenblick.

Hast du die Gelegenheiten des Lebens vertan, / Kannst
du doch die vom nahenden Tode gebotene nutzen, /
Diese Welt zu verlassen, ohne vergeblich gelebt zu
haben. / Richte deinen Geist auf das Heilige Gesetz /
Und geh in dieser festen Geisteshaltung von hinnen.

4. KAPITEL

Aus BARDO THÖS TOL

DIE WASSER DER FREUDE

Lhasa ist keineswegs die einzige Stadt oder Großstadt Tibets; hört
man aber die Menschen von Lhasa sprechen, sei das nun in Tibet
oder anderswo, so erhält man den Eindruck, Lhasa sei Tibet. Lhasa
ist der einzige Ort, den jeder Tibeter wenigstens einmal in seinem
Leben gesehen haben will. Viele wandern daher über tausend Meilen weit, über schneebedeckte Berge und sturmgepeitschte Höhen,
um sich diesen Wunsch zu erfüllen, und viele kommen bei diesem
Versuch ums Leben. Sie sterben in Frieden, denn sie glauben, daß
der Versuch, ein Ziel zu erreichen, von fast der gleichen Wichtigkeit
ist wie das Ziel oder die Ausführung eines Vorhabens — und in
gewisser Hinsicht sogar noch wichtiger.
Ich machte hierin keine Ausnahme, und Lhasa war außerdem die
erste Stadt, die ich zu Gesicht bekam, wenn man von der Klosterstadt Kumbum absieht, wo ich erzogen wurde. Ich begab mich nach
Lhasa, um mich weiterzubilden. Die Reise von Kumbum dorthin
dauerte drei Monate, von denen jeder Tag mir neue Erfahrungen
brachte. Lange bevor ich die Heilige Stadt erreichte, als wir noch
etwa zwei Wochenreisen davon entfernt waren, kam mir eine
Abordnung entgegen, die mir mein jüngerer Bruder, der Gyalwa
Rinpotsche, entgegengesandt hatte und bei der sich auch mein Vater
befand. Wir waren viele Jahre getrennt gewesen, so wurde unsere
Begegnung zu einem denkwürdigen Ereignis, das mir noch so klar
vor Augen steht, als sei es gerade erst gewesen. Und doch hat nichts

auf dieser Reise von Kumbum einen ähnlichen Eindruck in meinem Gedächtnis hinterlassen wie der erste Anblick von Lhasa — weder die gewaltigen Gebirge und die unermeßlichen leeren Hochflächen, noch die Tausende von Karawanentieren, die sich durch die eisigen Schneestürme hindurchkämpfen mußten, ja nicht einmal das Wiedersehen mit meinem Vater, der mir aufrecht im Sattel sitzend entgegengeritten kam.

Noch waren die Häuser und sonstigen Gebäude Lhasas infolge der großen Entfernung unsichtbar, aber aus dem saftig grünen Tal erhob sich stolz in kräftigem Rot und Weiß der Potala mit seinen Dächern aus reinstem Gold, die die ganze Palastburg in Brand zu setzen schienen. Die beiden Flügel des Potala, hoch oben auf dem felsigen Hügel, sind weiß gestrichen, klar und rein. Die Gebäude dieser beiden Flügel dienen weltlichen Zwecken, es befinden sich darin Wohnungen und Büros des Laienpersonals und Räume für sonstige nicht religiöse Dienste. Der Mittelbau der Palastburg dient jedoch völlig dem religiösen Leben und ist daher in einem satten Dunkelrot gehalten. Hier wohnt der Gyalwa Rinpotsche, hier befinden sich die Tempel und Schreine sowie die Grabstätten längstverstorbener Rinpotsches. Diese Grabstätten, die sich aus dem tiefsten Herzen des Potala erheben, sind nach oben hin von den weithin leuchtenden Golddächern abgeschlossen.

Es war ein so schöner Anblick, daß ich davon tief betroffen war. Hier, wenn auch noch Meilen entfernt, lag das Gebäude, von dem ich seit meiner Kindheit ständig gehört hatte, der Mittelpunkt Tibets, die Wohnstatt der irdischen Inkarnation von Tschenrezig, dem Herrn der Gnade, dem Schützer unseres Landes. Ich hatte so oft Beschreibungen des Potala gehört, und sie waren mir so verstiegen erschienen, daß ich mich dem Aussichtspunkt mit dem Gefühl genähert hatte, daß mir nichts Neues bevorstünde, denn die Wirklichkeit konnte ja gar nicht so über alle Maßen schön sein, wie die begeisterten Schilderungen sie darstellten. Jetzt lag der Potala vor mir, und mir blieb nur übrig, mein Pferd zu zügeln und zu schauen.

Einige Stunden später, als wir auf dem Wege zum Sommerpalast, der Wohnung meiner Eltern, durch Lhasa ritten, kamen wir tief unten am Potala vorbei. Wiederum konnte ich nur anhalten und die Wände bestaunen, die Felswänden glichen und von Fensterreihe um Fensterreihe durchbrochen waren, zu denen gewundene Treppen die steilen Felswände hinaufführten.

Dieser Stadtteil ist einer der hübschesten von Lhasa, denn direkt hinter dem Potala befindet sich am Fuß des Hügels ein kaum dreihundert Meter langer See von makelloser Schönheit, in den ein kleiner Bach einmündet. In der Mitte dieses Sees liegt Lö Khang, das »Haus der Schlange«. Alle Pflanzen und blühenden Sträucher scheinen an diesem Ort besonders gut zu gedeihen, und an ruhigen Tagen spiegelt sich der hochgelegene Potala im stillen Schlangensee. Im Sommer kommen die Einwohner von Lhasa gerne hierher, um sich am See zu vergnügen und im Tempel auf der kleinen Insel zu beten.

Nicht weit vom Hügel Marpori, der den Potala trägt, erhebt sich der Tschogpori mit der Medizinischen Hochschule. Beide Hügel sind fast gleich hoch, und der Pfad, der sich um den Fuß des Tschogpori windet, ist in den Felsen geschlagen; dieser ist mit den ausgemeißelten Figuren von Gottheiten bedeckt, die von den Gläubigen immer wieder frisch bemalt werden. Von hier hat man einen guten Blick auf den Ki-tschu, den das ganze Lhasatal durchströmenden Fluß, der den Namen »Wasser der Freude« erhalten hat und der auch die südlichen Vororte durchfließt. Seine Wasser sind in der Tat eine große Annehmlichkeit, denn in den festlichen Sommermonaten sind die Ufer des Ki-tschu mit den bunten Zelten der Einwohner von Lhasa besetzt, die ihre Zeit hier in endlosen Picknicks verbringen. Die Stadt Lhasa ist kaum drei Kilometer lang und von Nord nach Süd weniger als einen Kilometer breit. Es gibt viele historische Gebäude, von denen manche über tausend Jahre alt sind, so zum Beispiel der Tempel Ramotsche, der von einer chinesischen Prinzessin erbaut wurde, der Gemahlin eines der ersten Könige von Tibet. Steinmonumente mit tibetischen und chinesischen Schriftzeichen bezeugen die ständigen Versuche der Chinesen, in Lhasa Fuß zu fassen. Im Herzen der Stadt befindet sich der alte Tempel Tsulag Khang, der auf König Srongbstan gampo zurückgeht. Man erzählte sich früher, daß es unter diesem Tempel einen großen unterirdischen See gegeben habe, in dem sich die Zukunft spiegelte.

Srongbstan gampo hat mehr als alle anderen Könige dazu getan, den Buddhismus in Tibet heimisch zu machen. Er bemühte sich auch sehr um freundliche Beziehungen zu Nepal und China. Durch Heirat verband er sich diesen beiden Nachbarländern, und jede seiner Gemahlinnen half ihm bei der Einführung des Buddhismus in Tibet. Der Tsulag Khang wurde von der nepalesischen Prinzessin als Zeichen der Freundschaft zwischen beiden Ländern erbaut. Neben diesem Tempel steht ein Stein, in den Einzelheiten eines Freundschaftspaktes zwischen der Tang Dynastie und Tibet eingemeißelt sind.

Überall in Lhasa gibt es heilige Schreine, und in der Umgegend liegen überall größere und kleinere Klöster. Lhasa ist jedoch nicht nur der religiöse Mittelpunkt, sondern auch ein blühendes Wirtschaftszentrum, das einen großen Handelsplatz mit farbenfrohen Bazaren rund um den Tempel besitzt. Diese Gebäude stehen bunt durcheinander zwischen den Häusern der Adligen und der Staatsbeamten, aber inmitten der vielfältigen Formen von Häusern, Läden und Buden fehlt eines vollkommen — das sind die Hotels und Restaurants. Es gibt wohl hin und wieder Buden, die zubereitete Nahrungsmittel verkaufen, aber es gibt keinen Ort, wo man mit Freunden oder seiner Familie hingehen und sich eine Mahlzeit an einem Tisch bestellen könnte. Das ist in ganz Tibet so, aber es fällt in den Städten am meisten auf. Auf dem Lande, wo es nur wenige Reisende gibt und die Entfernungen groß sind, ist es für uns selbstverständlich, jedem, der darum bittet, unsere Gastfreundschaft zu gewähren. In den Großstädten und Städten ist es aber nicht anders, trotz des ständigen Stromes von Pilgern und Händlern. Viele haben ihre Freunde in der Stadt, andere schlagen ihre Zelte vor der Stadt auf, aber manche klopfen auch einfach an irgendeine Tür und bitten um Obdach und Verpflegung. Es ist dies eine Sitte, die selten mißbraucht wird, und die meisten Tibeter halten es für eine Ehre und ein Vergnügen, einen Gast willkommen zu heißen.

Die Bazargegend ist sehr interessant, und man sieht nicht nur die Händler, sondern auch die Pilger alle ausgelegten Waren eindringlich mustern. Die Händler haben etwa für den Verkauf gezüchtete Maultiere oder Pferde angetrieben oder sonstige Waren auf den Markt gebracht, für die auf dem Bazar eine Absatzmöglichkeit besteht. In jedem Fall ist jeder neugierig auf das, was der andere zu verkaufen hat, auch wenn er selbst nicht die leiseste Absicht hat, etwas zu kaufen. Es scheint dies im Charakter der Tibeter zu liegen, denn überall im Lande sind die Märkte beliebt, und man handelt um des Handels willen. Sozial gesehen, erfreuen sich die Händler in Lhasa hoher Achtung. In Tibet gibt es eigentlich keine Einteilung in Klassen, nur Lhasa mit seiner seßhaften Bevölkerung und den großen fluktuierenden Volksmassen macht darin eine Ausnahme. Die Angehörigen der freien Berufe und die Handwerker sind in Lhasa seßhaft und werden von der Bevölkerung in ihren Läden oder Wohnungen aufgesucht, während sie sonst im Lande herumziehen und sich Arbeit suchen müssen.

Am höchsten in der sozialen Rangordnung stehen die hohen Klosterbeamten, wie die Äbte, ferner die Mönche und die Regierungsbeamten, die eine Art Laienadel bilden. Danach kommen die Maultierzüchter und -händler, die Kaufleute, und dann die Handwerker, wie Drucker, Weber, Köche, Zimmerleute, Töpfer, Steinmetzen, Holzschnitzer, Schneider, Gold- und Silberschmiede. Drei Berufe werden in Lhasa verachtet; es sind dies die Grobschmiede und andere Personen, die Eisen bearbeiten, die Metzger und diejenigen, denen das Wegschaffen und Vernichten der Leichen obliegt. Da die Stadt so übervölkert ist, ist das ein besonderes Problem. Wenn anderswo in Tibet jemand stirbt, wird ein Mönch gerufen, denn das wichtigste ist das Beten für die Seele des Verstorbenen. Sein Körper ist Nebensache. In Lhasa ist wegen der Seuchengefahr gerade die schnelle und völlige Beseitigung der Leichen das Hauptproblem, und daher gibt es einen besonderen Stand, der sich damit befassen muß.

Man kann sich der Toten auf fünferlei Art entledigen, und gewöhnlich wird ein Astrologe befragt, welches der richtige Weg ist. Die meisten ziehen die Verbrennung vor, aber man braucht sehr viel Holz, um einen Körper zu Asche zu verbrennen, und in manchen Teilen Tibets gibt es wenig oder gar kein Holz. Da eine Verbrennung sehr kostspielig ist, werden die meisten Leichen den Vögeln überantwortet. Beerdigungen sind sehr selten, doch kommt es manchmal vor, daß die Vögel eine Leiche verschmähen, die dann verbrannt oder begraben werden muß. Steiniger oder gefrorener Grund kann eine Beerdigung aber außerordentlich erschweren. Eine weitere Art der Leichenbeseitigung besteht darin, sie in einen Fluß zu versenken, aber das wird meistens nur mit Kindern oder Armen ohne Anhang gemacht. Die Körper hoher Lamas werden manchmal einbalsamiert, und es kann in besonderen Fällen vorkommen, daß ein Priester-Astrologe den Verwandten nahelegt, die Leiche eines Laien ebenso zu behandeln.

Ein Leichenbegängnis ist keine besonders traurige Angelegenheit, wenn auch die Verwandten mitunter Tränen vergießen mögen. Der Tod ist vorüber und abgetan, und was noch zu tun bleibt, ist die praktische Seite der Sache, die Beseitigung der Leiche. Die Zeit des Trauerns liegt vor dem Leichenbegängnis, wenn der Tote im Hause aufgebahrt ist und alle Verwandten ihm die letzte Ehre erweisen und für ihn beten. Am Tage der Vögelfütterung wird der Leichnam in ein neues Tuch eingeschlagen, von Mönchen gesegnet und in sitzender Stellung festgebunden. Auf dem Lande wird das meistens von einem Verwandten oder Freund besorgt, der damit schon einige Erfahrung hat. Dann wird der Leichnam auf den Berg getragen und auf einem besonderen Platz den Vögeln überantwortet. In der Umgebung von Lhasa gibt es einen großen Felsen, wohin die Leichen gebracht werden und wo die Arbeit dann von den Spezialisten getan wird. Auf dem Lande kann das jeder tun, der damit Bescheid weiß, insbesondere ein Mönch, der auch die richtigen Gebete für den Toten spricht. Die ganze Familie beobachtet den Ablauf der Arbeit. Handelt es sich um einen Mann, so erscheint die Familie der Frau nur, wenn sie ihn gut gekannt hat. Das Wegschneiden des Fleisches muß in einer bestimmten Art vor sich gehen, und kaum hat es begonnen, so sammeln sich auch schon die Vögel, manchmal zu Hunderten. Die Knochen müssen zerbrochen und zerstoßen und das Pulver mit Gerste oder Tsampa vermischt werden. Auch dieses Gemisch wird von den Vögeln gefressen. Wird alles verzehrt, so ist das ein gutes Zeichen. Wenn nicht, müssen die Überreste verbrannt oder begraben werden. Jeder Anwesende muß ausharren, bis alles vorbei ist. Das hat in der Hauptsache einen rein praktischen Grund: Bestimmte tantrische Sekten brauchen für ihre geheimen Riten menschliche Knochen, wie Schädel oder Oberschenkelknochen. Keine Familie kann wünschen, daß die Gebeine eines Verwandten eine solche Verwendung finden, es sei denn, er habe es selbst gewünscht oder der Astrologe habe es empfohlen.

Nachdem alles vorüber ist, wird der Mönch gelegentlich ins Haus eingeladen, in jedem Fall müssen nun im Hause oder im Kloster die religiösen Zeremonien stattfinden, die neunundvierzig Tage andauern. Eine reiche Familie spendet wohl in einem solchen Fall dem Kloster eine größere Summe, von deren Zinsen einmal jährlich eine Messe für den Toten gelesen wird. Außer der Schenkung an das Kloster wird jedoch auch immer etwas für die Armen gespendet.

Aus dem Glauben an die Wiedergeburt folgt, daß dem Augenblick des Todes eine besondere Bedeutung zukommt, nicht weil er das Ende, sondern weil er den Beginn eines neuen Lebens bedeutet. Es wird immer und immer wieder betont, wie schwer es ist, eine Wiedergeburt als menschliches Wesen zu erringen. Als Menschen haben wir die beste Möglichkeit, gut zu handeln oder Übles zu tun, denn wir sind mit einem Willen begabt, und Gut und Böse liegen nicht so sehr in der Handlung als solcher als vielmehr im Denken und Wollen.

In Tibet gibt es eine Kunst des Sterbens und besondere Schriften, die sich damit befassen. Es gibt sieben Stufen des Bardo, der Zwischenzeit zwischen Tod und Wiedergeburt, von denen jede Stufe ihrerseits in weitere sieben unterteilt ist, eine Zahl, die bei uns — wie auch in anderen Religionen — heilig gehalten wird. Die neunundvierzig Gebetstage entsprechen also den sieben mal sieben Abschnitten des Bardo.

Die Riten sollen schon beginnen, bevor der letzte Atemzug den Körper verläßt. In diesem Augenblick sollen dem Sterbenden die letzten Anweisungen zugeflüstert werden, die ihn an all das erinnern, was er über den Tod gelernt hat. Wenn irgend möglich, sollte das sein Lehrer oder ein Mönch tun, aber jeder, der ihm helfen kann, seinen Geist auf die Wahrheit zu richten, muß es tun, wenn kein Mönch anwesend ist. Auf diese Weise ist die Seele zumindest auf das Rechte ausgerichtet, wenn sie den Körper verläßt.

Die Lehre vom Lei (Karma), wie sie in Tibet gelehrt wird, ist nicht fatalistisch. Selbstverständlich glauben wir, daß wir uns für alle unsere Handlungen, seien sie gut oder böse, verantworten müssen, aber wir sind uns ja stets dieser unausweichlichen Notwendigkeit bewußt und mit einem Willen begabt, der es uns ermöglicht, böse Taten bewußt durch gute wettzumachen. Die tibetischen Buddhisten sind überzeugt, daß der Glaube an Buddha, an seine Lehren und an das Mönchtum an sich schon gute Taten von so großem Gewicht sind, daß dadurch allein die bösen Taten völlig aufgehoben werden, vorausgesetzt es kommt noch ein Leben der Frömmigkeit und der geistigen Vorbereitung dazu. Aber auch in einem gewöhnlichen Bauern- oder Hirtenleben kann der Glaube böse Taten auslöschen, die sich im Verlaufe vieler Leben angesammelt haben. So ist der erste Schritt im Bardo von lebenswichtiger Bedeutung, denn das Bewußtsein ist noch erhalten.

Sogar nach dem »Tode«, als den die meisten Menschen das Aufhören der Atmung ansehen, besteht die Seele noch fort und besitzt Bewußtsein, und an dieses Bewußtsein wendet sich der Rest der 49 Riten in einer letzten Anstrengung, den Glauben des Verstorbenen lebendig zu erhalten. In gewisser Hinsicht ist der Tod eine Gelegenheit, die es zu nützen gilt. Er ist aber auch ein Augenblick großer Gefahr, denn der Seele kann das Bewußtsein ihrer eigentlichen Natur entgleiten, so daß sie von dem Pfade abkommt, dem sie folgen sollte.

Man kann soweit gehen zu sagen, daß für den Tibeter der rechte Tod ein Lebenszweck ist. Der nicht in der rechten Weise bestandene Tod ist jedenfalls eines der größten Unglücke, gegen das man sich schützen muß. In diesem Glauben liegt der Grund für das Vorhandensein einer so zahlreichen Priesterschaft und für den unerschütterlichen Respekt, den der Tibeter dem Mönchtum entgegenbringt. Die Mönche sind immer da, um dem einzelnen zu helfen, gute Taten anzuhäufen, schlechte Taten zu meiden, Weisheit zu erlangen und ihm den Mut und den Glauben zu geben, die er zum rechten Sterben und sicheren Durchgang durch die 49 Stufen des Bardo bis zur Erlösung benötigt. Das ist keine Besessenheit, und die tibetische Religion kennt keinen Fanatismus. Ihre gewaltige Vitalität und Kraft stammt einzig aus der tiefen Gläubigkeit des Volkes.

Die Klöster und das Mönchtum werden oft von Leuten, die Tibet nicht kennen, als Ausdruck des Despotismus und der Unterdrückung gewertet. Lhasa wird als Beispiel dafür hingestellt, welch eine Macht das Mönchtum in Tibet ausübt. Lebt man jedoch in Lhasa, so bemerkt man die Mönche gerade so viel oder so wenig wie die Vertreter anderer Stände einschließlich der Grobschmiede, Metzger und Leichenbestatter. Sie sind Menschen wie alle anderen auch, und ihr Beruf ist äußerst wichtig für das Wohl aller. Das Volk betrachtet das Mönchtum als eine Notwendigkeit, und in der Tat hängen Regierung und Wirtschaft des Landes von ihm ab. Bei uns wird nicht so streng wie anderswo zwischen religiösem und weltlichem Leben unterschieden. Jeder Mönch und jedes Kloster hat sowohl religiöse wie auch weltliche Pflichten, wenn man sie überhaupt voneinander trennen kann; aber in einem Lande, wo das Leben selbst eine religiöse Handlung ist, ist eine Unterscheidung in dieser Hinsicht oft schwierig. Der Gyalwa Rinpotsche selbst ist sowohl der politische wie auch der geistliche Führer des Landes. Jeder Abt ist gleichzeitig der politische und geistliche Regent seines Klosters. Jedes Kloster betreibt Handel und Gewerbe neben der Durchführung von Riten für die Lebenden und die Toten und neben dem Beten für das Wohl des Volkes. Vor allen Dingen ist jedes Kloster ein Bildungszentrum, an das sich jeder wenden kann, er sei so arm, wie er wolle. Er kann dort für ein Jahr unterkommen oder für sein ganzes Leben, und das einzige, was von ihm verlangt wird, ist, daß er sich seinen Studien und dem eigenen Fortschritt widmet. Außerdem gehen die Mönche ins umliegende Land hinaus, in die Städte und Dörfer, zu Privatleuten oder in die Zeltlager der Nomaden, um überall dort zu lehren und religiöse Zeremonien vorzunehmen, wo das von ihnen verlangt wird.

Die Berührung des Klosters mit der Bevölkerung erschöpft sich also nicht in dem, was man Autorität, Regierung, Ordnung und Gesetz nennt, denn in diesen Dingen teilt es sich mit besonders zu diesem Zweck gewählten Laien in die Verantwortung. Es gibt nur eine Zeit im Jahr und auch das nur in Lhasa, wo ein Mönch für die öffentliche Ruhe und Ordnung verantwortlich ist. Das ist die Zeit des Lhasa Mönlam, des Großen Gebets, wenn die ganze Stadt der Kontrolle durch die Vertreter der Geistlichkeit und ausgewählter Mönche aus dem nahegelegenen Kloster Drepung unterliegt.

Das Große Gebet dauert etwa drei Wochen und ist das Hauptereignis des Neujahrsfestes. Während dieser Zeit strömen Tausende von Pilgern aus dem ganzen Land in die Stadt, und auch die Händler halten die Gelegenheit für günstig, nach Lhasa zu kommen. Aus den nahegelegenen Klöstern kommen die Mönche, mehrere Tausend an der Zahl, zum Großen Gebet nach Lhasa. Diese Menschenmassen werden von den ausgewählten Mönchen von Drepung überwacht, denn es gibt in Tibet keine ständige Polizei, nicht einmal in Lhasa. Mit schweren Stäben bewaffnet, die sie gegebenenfalls auch zu gebrauchen wissen, patrouillieren die Mönche durch die Straßen.

Diese Übergabe der Macht an Drepung wirkt auch auf die örtliche Verwaltung ein, denn während dieser drei Wochen haben die Behörden von Drepung sogar das Recht, ihnen nicht genehme Gesetze wieder aufzuheben. Aber die örtliche Verwaltung ist so gut eingespielt, daß dieses Recht rein nominell bleibt und nur selten davon Gebrauch gemacht wird.

Eine besondere Wache, die aus Soldaten besteht, wird eingesetzt, wenn der Gyalwa Rinpotsche den Potala verläßt. Die in jahrhundertealte Kostüme der Mogulinvasion gekleideten Soldaten müssen den Weg für den Gyalwa Rinpotsche freimachen. Es wird manchmal behauptet, niemand dürfe sich je auf einer höheren Ebene aufhalten als der Gyalwa Rinpotsche. Das stimmt nicht, nur bei Audienzen sitzt er höher als alle anderen. Aber wenn er sich durch die Straßen von Lhasa bewegt, drängen sich die Menschen in den Fenstern der Häuser oder steigen sogar auf die Flachdächer, um ihn zu sehen.

Das Lhasa Mönlam sowie das ganze Neujahrsfest ist eine Zeit ausgelassener Freude. Es wird für alle Völker dieser Welt gebetet, für ihr Wohlergehen und Frieden oder, genauer, um reiche Ernten für alle. Diesem Gebet geht eine Reihe allegorischer Schauspiele voraus, die zum Teil im Potala gegeben werden, wo das Volk zusammenströmt. Sie werden in altertümlichen Kostümen aufgeführt, und jeder Tanz und jedes Spiel blicken auf eine lange Tradition zurück. Sie wollen als Schauspiele genossen werden, aber in jeder dieser Darstellungen liegt auch ein verborgener Sinn, der von allen verstanden wird.

So gibt es einen Feuertanz, Symbol für den Ablauf des vergangenen Jahres, wobei das Feuer der Austreibung des Übels dient. Dann gibt es einen zwei Tage dauernden Umzug, bei dem der Adel die Rolle einer Reitertruppe spielt und die Beschützer Tibets darstellt. Die Adligen bekleiden sich mit Kettenpanzern aus dem 12. Jahrhundert und tragen Speere, Bogen und Pfeile als Waffen bei sich. Sie haben ihr Lager vor der Stadt und reiten am ersten Tage inmitten der Bevölkerung umher. Am zweiten Tage wird eine zeremonielle Parade abgehalten, woraufhin die Adligen unter großem Getöse weit fortreiten, um ihr Land und ihr Volk zu verteidigen. Andere Schauspiele haben besonders die Verteidigung Tibets gegen die Feinde des Buddhismus zum Inhalt, und gegen Ende des ganzen Festes kommt das berühmte Staatsorakel aus Netschung, um einen solchen heiligen Krieg anzuführen.

Im darauffolgenden Monat gibt es noch ein weniger wichtiges Fest, das Kleine Gebet oder das Gebet der Versammlung. Bei diesem Fest geht es mehr um das Wohl Tibets als um das der ganzen Welt, aber auch dieses Fest besteht hauptsächlich aus Schauspielen, die die Austreibung übler Kräfte zum Gegenstand haben. Die Gebetsveranstaltungen und Gottesdienste werden aber von den Menschen nicht weniger eifrig besucht als die Schauspiele, und wieder strömen Tausende nach Lhasa, die zum Neujahrsfest nicht kommen konnten.

Am Monatsende begibt sich eine lange Prozession vom Tempel zum Potala. Dieser langsame Zug soll die Verehrung zum Ausdruck bringen, die sowohl alle Laien als auch die Geistlichkeit für den Gyalwa Rinpotsche empfinden. Wenn die Prozession am Potala angelangt ist, wird ein riesiges, in zarten Farben bemaltes, seidenes Banner entrollt, das die Fassade des Potala unterhalb der unteren Stockwerke bedeckt. Die 15 Meter hohen Bilder stellen die Wahrheit der Tausend Buddhas dar. Diesem Glauben zufolge, haben tausend Buddhas versprochen zu kommen, um die Welt zu erretten. Sakya Muni, der Gautama Buddha, war der fünfte. Zur Zeit wartet ein weiterer mit Namen Tschamba auf den richtigen Zeitpunkt, um in diese Welt zu treten. Das Banner wird als Symbol beständiger Sicherheit, als eine Erinnerung daran ausgehängt, daß Tschenrezig, der im Gyalwa Rinpotsche verkörpert ist, die Menschheit unter seinen Schutz genommen hat.

Die Einwohner von Lhasa, die Pilger und Händler genießen diese festliche Zeit des Jahres. Es wird weder der Versuch gemacht, die Feste ausschließlich religiös zu gestalten noch ihre wahre Bedeutung zu verschleiern. Es ist keineswegs so, daß jeder die Bedeutung eines jeden Schauspiels genau kennt, aber der allgemeine Sinn wird von allen begriffen und so wirken die Festspiele als Bekräftigung der Hauptglaubenssätze des Buddhismus. In dieser Jahreszeit werden von den nahegelegenen großen Klöstern auch die öffentlichen

Prüfungen zur Erlangung höchster geistlicher Würden abgehalten und die entsprechenden Ernennungen vorgenommen.

Der Sommer wird manchmal als eine Saison der Lustbarkeiten angesehen. In dieser Jahreszeit strömen die Bewohner Lhasas an die Ufer des Ki-tschu, um Boot zu fahren und Feste zu feiern. Die Parks sind voller Urlauber, und auch der Gyalwa Rinpotsche übersiedelt offiziell vom Potala in den Norbu Lingka oder Sommerpalast, der sich in einem eigenen baumreichen Park im Westen der Stadt befindet. Auch dabei gibt es von Priestern und Laien aufgeführte Spiele und Tänze, die die Geschichte Tibets von ihren Uranfängen an darstellen — eine Geschichte, die durch die Vermischung von Tatsachen und Phantasie eine eigentümliche und mit nichts zu vergleichende Realität erhält. Die Wahrsager und Magier, marktschreierische Scharlatane, die Mönche und Laien — sie alle sind bei diesen Festen versammelt, ebenso natürlich auch die Muslimbevölkerung von Lhasa, die sich genauso wie alle anderen daran beteiligt.

Es ist eine Zeit grenzenloser Fröhlichkeit, in der jeder sich in den schönsten Staat wirft, seinen prächtigsten Schmuck anlegt und das hübscheste Sommerzelt in dem Bemühen aufschlägt, alle anderen auszustechen. So könnte man leicht übersehen, daß es gleichzeitig die Zeit für besondere Gebete, Zeremonien und religiöse Gebräuche ist, die von der Bevölkerung genauso mitgemacht werden wie die vergnüglichen Picknicks und Bootsfahrten. Insbesondere ist dies eine Zeit der Mildtätigkeit gegen die Armen, die sich auch der festlichen Jahreszeit freuen sollen, obwohl es außerhalb Lhasas und vielleicht noch zweier weiterer Städte kaum einen wirklichen Unterschied zwischen reich und arm gibt und das Leben sehr viel weniger spektakulär verläuft.

Es wäre jedoch falsch, die Einwohner von Lhasa oder andere Tibeter als besonders tugendhaft zu bezeichnen, weil sie in der festlichen Jahreszeit Gottesdienste besuchen oder Almosen an die Armen verteilen, während sie sich den sommerlichen Vergnügungen an den Wassern der Freude hingeben. Man würde auch in der Annahme fehlgehen, ein Tibeter müsse etwas Unpassendes oder Verwerfliches darin sehen, wenn Menschen sich aus einem Gottesdienst im Tempel von Lhasa geradeswegs in eine lustige, biertrinkende Gesellschaft begeben. Auch ist es keineswegs ungewöhnlich, in einem Boot voller Nachtschwärmer einen zu erblicken, der still die Perlen seines Rosenkranzes zählt. Der springende Punkt bei alledem ist, daß die religiöse Handlung ebenso Teil unseres Lebens ist wie jede andere Handlung auch und daß unsere religiösen Überzeugungen und Gedanken genauso einen Teil unseres Denkens bilden wie die Sorge um die nächste Mahlzeit.

Wenn man auch die geistigen Aspekte des tibetischen Buddhismus nicht leugnen kann, so ist er doch in erster Linie eine Art der Lebensführung, von der wir glauben, daß sie der Weg zu einem zufriedenen Leben ist, wenn man dabei nur dem Mittleren Pfad folgt. So mag es zwar weniger zahlreiche und ausgelassene Vergnügungen und Unterhaltungen geben, aber es gibt auch weniger Unglück und schmerzliches Unheil. Es liegt einfach in uns begründet, daß wir meinen, uns ebenso sehr um das nächste wie um dieses Leben kümmern zu müssen, und daß wir dieses Leben nur als einen Trittstein ansehen können. Ein falscher Schritt, eine einzige falsche Wendung kann uns unzählige Leben lang einem falschen, dunklen Pfad folgen lassen. Es ist unser Glaube, daß letzten Endes jeder, jedes lebende Wesen, die Erlösung erreicht. Es liegt jedoch an uns, diesen Prozeß für uns selbst wie für die anderen zu beschleunigen. Auf alle Probleme und Schwierigkeiten, die sich uns in den Weg stellen, gibt es in den heiligen Schriften eine Antwort, und an diese müssen wir uns in unserer Not halten.

Das Studium dieser Schriften erfordert zwanzig bis fünfundzwanzig Jahre. Alle, die eine andere Arbeit haben, wenden sich daher hilfesuchend an das Mönchtum. Von den Mönchen lernen die Laien, wie sie den Mittleren Pfad erkennen können. Das Mönchtum führt sie im Leben und nach dem Tode. Einer der besten Beweise für die Wirksamkeit des Systems — wenn man es so nennen kann — ist die Tatsache, daß es in Tibet keine Polizei gibt, wenn man vom Einsatz der Mönche als Hüter der Ordnung während des Neujahrsfestes in Lhasa absieht. Die Tibeter sind jedoch genauso Menschen wie alle anderen auch und unterliegen daher den gleichen Versuchungen und Leidenschaften. Es gibt keine Polizei, weil man sie nicht braucht, und man braucht sie nicht, weil kaum irgendwelche Gesetzesübertretungen vorkommen, jedenfalls keine, die nicht schnell und leicht durch einen Schiedsspruch bereinigt werden könnten. Das ist nicht etwa einer angeborenen Tugendhaftigkeit zuzuschreiben, sondern einfach dem Umstand, daß das tibetische Volk es weit angenehmer und bequemer findet, den Gesetzen zu gehorchen.

Ihre Religion hat die Tibeter gelehrt, in freiwilliger Unterordnung unter das Gesetz Befriedigung zu finden, und sie verleiht ihnen einen mächtigen Antrieb zum rechten Leben, so daß es keiner Drohung und keiner Gewalt bedarf den Gesetzen Achtung zu verschaffen.

Auch in dem Lärm der wilden Schreie der Dämonen, /
Möge mein Ohr nichts anderes vernehmen als die sechs
heilgen Laute;*) / Geblendet von Regen und Schnee,
von Wind und Finsternis, / Möge mein Auge von der
Weisheit berührt — wenn auch geblendet — dennoch
sehen.

Aus Bardo thös tol   DER PFAD DER GUTEN WÜNSCHE

*) Die sechs Laute des heiligen buddhistischen Gebetes sind:
Aom mani padme hum.
Die Version des Bön hat acht Silben: *Aom matre muye sale du.*

In der höfischen Sprache des zentralen Tibets würde *padme*
»peme« ausgesprochen werden, daher erscheint es in dieser Um-
schrift in manchen westlichen Übersetzungen.

5. KAPITEL

DAS KÖNIGLOSE ZEITALTER

Nachdem der Affengott und das Bergungeheuer Kinder in die Welt
gesetzt hatten, trennten sich diese und begründeten die sechs
Stämme oder Klassen von Lebewesen von den Göttern bis hin zu
den Dämonen, die unser Land bevölkern. In der Mitte dieser Stufenleiter befanden sich Menschen, von denen die heutigen Tibeter
abstammen sollen. Von unseren ältesten Vorfahren wissen wir
nichts, unsere Überlieferung beginnt erst im siebenten Jahrhundert
christlicher Zeitrechnung, als der Buddhismus Tibet zum ersten-
mal erreichte. Von da an besitzen wir schriftliche Aufzeichnungen.
Die Geschichtsschreibung jener Zeit und einige noch weiter zu-
rückliegende chinesische Kommentare berichten uns wenig mehr,
als daß die Tibeter ein wildes, kriegerisches Volk waren, das in
Stammesverbänden lebte, aber weder einen König noch sonst eine
Regierungsform kannte. Die Kleidung der Tibeter bestand aus
Fellen, und sie lebten als Jäger in den Bergen.
Alle diese ältesten Quellen berichten jedoch übereinstimmend von
einer Religion, Bön genannt, die damals ihre Blütezeit erlebte, und
es finden sich Beschreibungen mancher Riten und Glaubensvorstellungen. Trotz der gewaltigen Überzeugungskraft des Buddhismus gibt es auch heute noch in vielen Teilen Tibets Anhänger der
Bön-Religion. Mit der Zeit gehend, hat sie sich in der Form ge-

wandelt, aber bis zu einem gewissen Grade läßt sich aus ihr auch heute noch einiges aus unserer Vergangenheit ablesen. Der Einfluß dieser alten Religion ist so groß gewesen, daß man ohne ihre Kenntnis das Tibet unserer Tage und seine Form des Buddhismus nicht verstehen kann.

Jeder, der auch nur kurz in Tibet gewesen ist, hat über die unberührte Wildheit des Landes berichtet. Und doch können keine Worte diese Landschaft beschreiben und einen Eindruck von der Macht vermitteln, die sie über das menschliche Gemüt besitzt. Dazu muß man dort sein, die Höhe fühlen, die Luft atmen, den Duft der Täler riechen und die Stille hören. Es ist ein Land, das von einer so großen Stille, Ruhe und Schönheit erfüllt sein kann, daß sogar wir, die wir da geboren sind und immer da gelebt haben, davon tief ergriffen werden. Erst wenn wir gezwungen sind, es zu verlassen, wird uns seine Schönheit ganz bewußt. Während wir dort leben, fühlen wir es, und wir fühlen in diesen ruhigen Momenten, daß es gut ist. Es gibt dort aber auch einen solchen Aufruhr der Elemente, als sollte die Welt untergehen. Erdbeben spalten den Boden, und ganze Dörfer verschwinden darin, und es gibt Stürme von solcher Gewalt, daß die Erde der Berghänge in Minuten hinweggefegt wird zusammen mit allen Lebewesen, die sich nicht frühzeitig in Sicherheit bringen konnten. Das Getöse eines heraufkommenden Sturmes kann derart anschwellen, daß es dem Zuschauer durch Mark und Bein geht und ihn völlig umschließt. Wirkt das Land schon mächtig, wenn es friedlich daliegt, so erscheint es in solchen Augenblicken mehr als übermächtig. Was da nicht Teil seiner Wildheit ist, ist in seiner nackten Existenz bedroht.

Lebt man in einer solchen wilden Welt, so fällt es sogar heutzutage schwer, nicht davon überwältigt zu werden. In jenen längstvergangenen Zeiten aber, als der Mensch den Naturgewalten allein und schutzloser als heute gegenüberstand, konnte es gar nicht anders sein, als daß das Land selbst zu seinem Herrscher wurde. Erst der Buddhismus brachte uns ein größeres Verständnis für die Welt, in der wir leben, und auch die Kraft, damit fertig zu werden. Diese Kraft fehlte den Tibetern in der vorbuddhistischen Zeit; ihr einziger Ausweg war die völlige Unterwerfung unter die sie umgebenden Kräfte. Ihre Glaubensvorstellungen waren einfach. Die Naturkräfte wurden zu Göttern; Berge und Flüsse, Felsen und Quellen, Bäume und Büsche wurden zu Wohnstätten der Götter. Sie wurden anfänglich wohl nicht als gut oder böse angesehen, sondern einfach als diejenigen, denen die Macht eignete, zu helfen oder zu schaden, zu erschaffen oder zu zerstören. Religiöse Praktiken entstanden, um sich der Hilfe zu versichern und Schaden abzuwenden. Man durfte an einem Berge oder einem Baum, der als Wohnstatt eines Gottes galt, nicht vorübergehen, ohne ein Opfer zu bringen, mit dem man sich Sicherheit erkaufte. Hochgelegene Gebirgspässe, Pfade über steilen, nackten Fels, Übergänge über Hochwasser führende Flüsse oder auch ganz unbedeutende Steinhaufen wurden so zu Objekten, die man zwar nicht richtig anbetete, denen man sich jedoch mit Respekt näherte, denn die Möglichkeit des Guten oder Bösen lag in ihnen verborgen.

So nimmt es nicht wunder, daß zur Zeit der Einführung des Buddhismus, als die ersten Niederschriften über solche Dinge entstanden, diese einfachen Vorstellungen sich schon zu einem Kult entwickelt hatten, der komplizierte Praktiken aufwies und von Schamanen geübt wurde, die ihr ganzes Leben in dem Bemühen zubrachten, einen Einfluß auf die Naturkräfte zu gewinnen. Dieser Glaube war noch keine Religion im eigentlichen Sinne, denn es gab weder Klöster und Tempel noch eine Priesterschaft, auch fehlte eine umfassende Lehre, die die Menschen durch ein gemeinsames Band zusammengehalten hätte. Aber es gab doch schon ein allgemeines Betätigungsfeld. Um die Götter gnädig zu stimmen, wurden Opfer gebracht, in erster Linie Nahrungsmittel. Auch Steine und Felsbrocken konnten dargebracht werden, da sie ja Schutz boten. Daher gibt es auch heute kaum einen Paß oder einen Flußübergang ohne einen Steinhaufen, zu dem jeder Reisende einen weiteren Stein oder sonst ein kleines Opfer hinzufügt. Und es gibt kaum einen Tibeter, der sich die Hände in einer Quelle waschen würde, da er fürchtet, die Quellgeister zu erzürnen. Er zieht es vor, ihnen ein klein wenig Nahrung zum Geschenk zu machen.

Ebenso wie wir uns selbst gewandelt haben und heute weder jagen noch kämpfen noch ein wildes, rohes Leben führen, ebenso hat sich unser Glaube gewandelt, obgleich wir noch die gleichen religiösen Bräuche befolgen wie unsere Vorfahren. Dazu gehört auch das Darbringen von Opfern. Aber sogar die Bönpoba, die noch der Bön-Religion anhangen und die von den Schamanen vorgeschriebenen alten Riten aufs genaueste befolgen, haben heute eine andere Auslegung dafür. Der Ursprung ist jedoch derselbe. Alle Riten sind Ausdruck der Anerkennung einer Kraft, die jenseits der menschlichen Macht liegt, und ein Versuch, mit dieser Kraft zu einer Einigung zu gelangen.

Zuerst haben die Menschen ihre einfachen Opfer wohl selber dargebracht. Dabei muß der Eindruck entstanden sein, daß einige mit ihren Opfern bessere Ergebnisse erzielten als andere, und so mag sich der Stand der berufsmäßigen Schamanen entwickelt haben. Anfänglich werden sie unabhängig voneinander gewirkt haben, aber als der Buddhismus seinen Einzug in Tibet hielt, gab es schon einen sehr lebendigen Kult mit einem allgemein gültigen und sehr komplizierten Ritual.

Die Bönpoba haben eine ganze Anzahl großer Lehrer oder Schenrab gehabt, der erste von diesen soll Schenrab Mibotsche gewesen sein. Manche behaupten, er sei eine Reinkarnation des Buddha gewesen. Andere meinen, er sei gleichzeitig mit Buddha zur Welt gekommen. Er reiste überall in Tibet umher und vollbrachte Wunder im Umgang mit den Göttern. Besonders berühmt waren die Austreibungen, die er vollbrachte. Man hatte damals schon begonnen zu glauben, daß man mit Göttern nicht nur außerhalb des menschlichen Körpers zu rechnen habe. Sie konnten auch in ihn eindringen und von ihm Besitz ergreifen. Dagegen gab es nur die Austreibung mit Hilfe geheimer Riten, die Schenrab Mibotsche beherrschte. Er hatte einige Jünger, und langsam wurde aus dem Kult eine Religion.

Eine andere Überlieferung berichtet von einem Kinde, das ganz normal bis zum 13. Lebensjahr heranwuchs, dann aber von Geistern besessen wurde, die es weitere 13 Jahre in ihrer Gewalt behielten. Mit 26 Jahren begann der junge Mann durchs Land zu ziehen und den Menschen von den Göttern zu erzählen — was das für Wesen seien, wo sie lebten, wie man sie milde stimmen und wie man sie erzürnen könne. Damals glaubten die Bönpoba an drei Arten von Opfern. Die Hohen Opfer waren den Geistern der Vorfahren zugedacht, die Mittleren Opfer den Familiengeistern und die Niederen Opfer den Toten. Für jede Art gab es besondere Riten; die wichtigsten im Alltag waren natürlich die Riten beim Mittleren Opfer, das dem Gott des Häuslichen Herdes, Thab Lha, dargebracht wurde. Er mußte täglich durch Gaben von Butter oder Tsampa besänftigt werden, und es war leicht, ihn zu erzürnen, besonders durch eine Verunreinigung des Herdes, wenn das Essen verschüttet wurde oder überkochte oder wenn Schmutz zusammen mit dem Brennmaterial ins Feuer geriet. Das konnte Thab Lha derartig erzürnen, daß Unglück das Hauswesen befiel und ein Bön-Priester geholt werden mußte, der den Herd wieder reinigte.

Die Bön-Lehre hatte damals die Welt in drei Regionen geteilt — Himmel, Erde und Unterwelt — und jeder zwei Klassen von Wesen zugeordnet: Götter und Halbgötter, Menschen und Tiere, Hungrige Geister und Dämonen oder Höllenwesen. Alle früheren Glaubensvorstellungen der Bön-Lehre wurden in diese Regionen mitübernommen. Die Unterwelt ist nach diesen Vorstellungen von Geistern bevölkert, die im Wasser, in Felsen, Bäumen usw. wohnen. Die Wassergeister erscheinen gewöhnlich als Schlangen, die auf dem Grund von Seen leben und dort geheime Schätze hüten. Wacholdersträucher werden sehr gerne als Wohnsitz bestimmter Geister angesehen, und der Wacholder spielt nicht nur in der Bön-Religion, sondern auch im Ritual eine Rolle. Sein Holz, seine Beeren und Zweige werden als Opfergaben dargebracht, und die Beeren dienen auch als Narkotikum, das bei der Herbeiführung eines Trancezustandes behilflich sein soll. Einige Geister erhielten die gleichen Namen wie die Berge, Felsen oder Gewässer, die man als ihre Wohnstätten ansah. Manche Krankheiten wurden nach bestimmten Geistern benannt, die sie angeblich hervorriefen. Der Geisterglaube war die Antwort der Bönpoba auf alles Unbekannte.

Dann gibt es noch die überall gegenwärtigen Lha, vergängliche göttliche Geister, die auch besänftigt werden wollen. Sie sind die Hüter der Pässe und gefährlichen Übergänge, und jeder solche Ort ist durch einen Labtse, einen Steinhaufen, gekennzeichnet, zu dem der Vorübergehende auch heute noch einen Stein oder ein Gebetsfähnchen hinzufügt. Diese Geister haben im Verlauf vieler Zeitalter gute Taten angesammelt und sind daher willens und in der Lage, den Menschen zu helfen.

Einige Geister treten in Form von Insekten auf, die einen schädlichen Einfluß ausüben können, wenn sie erzürnt werden. Um sich davor zu schützen, erfand die alte Bön-Religion Geisterfallen. Sie bestanden aus gekreuzten Holzstäbchen, die von einem Netzwerk bunter Fäden umsponnen waren und ausgeprägte, komplizierte

Muster aufwiesen. Man nahm an, daß die Geister sich davon angezogen fühlten und sich darin verfingen. Auch diese Geisterfallen sind noch immer sehr verbreitet.

Obgleich die frühen Bönpoba für ihre Praktiken ein gewisses System entwickelten, fehlte es ihnen an einer einigenden Lehre. Dieses frühe Stadium wird *Dol Bön* genannt. Während der Regierungszeit eines der ersten Könige von Tibet, wurden die Bönpoba vom König aufgefordert, ihre Macht zu erklären. Zu diesem Zeitpunkt war die Bön-Lehre schon über jene Riten hinaus, die nur der Beschwichtigung und Besänftigung der Geisterwelt dienen sollten und den alleinigen Zweck hatten, die Naturkräfte zu bannen. Die Schamanen hatten schon begonnen, die gleichen Kräfte für ihre eigenen Zwecke zu gebrauchen. Sie hatten längst bemerkt, daß Menschen in unbewachten Augenblicken von Kräften besessen werden konnten, und so erfanden die Schamanen Riten, mit deren Hilfe sie die Krankheit und Irrsinn erzeugenden Geister austreiben konnten. Diese Riten waren eine Demonstration der Kräfte der Schamanen, die nun begannen, die Geister aufzufordern, von ihren eigenen Körpern Besitz zu ergreifen. Das war natürlich ein sehr gefährliches Unterfangen, und das Ritual mußte dementsprechend genau ausgearbeitet sein. Der kleinste Fehler konnte das größte Unheil über den Schamanen bringen, und es gibt zahllose Beispiele, daß Schamanen Opfer der Kräfte wurden, die sie herausgefordert hatten, und entweder todkrank oder irrsinnig aus diesem Kampf hervorgingen. Dennoch war es eine logische Entwicklung, nachdem der Mensch gelernt hatte, wie er der Geisterwelt beikommen konnte. Richtig durchgeführt, erwarb der Mensch so genau die Kräfte, die er bis dahin nur zu bekämpfen getrachtet hatte.

Auf die Forderung des Königs hin erschienen drei führende Schamanen, um ihre Kräfte vorzuführen. Nach der Überlieferung vollzog der erste für den Feuergott bestimmte Riten und setzte sich dann auf seine heilige Trommel, auf der er in den Himmel ritt, wo er verborgene Dinge entdeckte. Ein anderer führte eine Zeremonie durch, die ihm die Macht verlieh, Eisen mit einer Feder zu zerschneiden. Auf diese Weise schied er Gutes von Üblem. Der dritte begab sich zu einem von bösen Geistern bewohnten Friedhof und bewies durch den Gebrauch magischer Messer seine Macht über sie.

Dieses war die zweite der drei Entwicklungsstufen der Bön-Religion. Ihre Riten waren noch von Blutopfern begleitet, über die chinesische Beobachter ziemlich genau berichten. Bei den kleineren Opfern wurden Schafe, Hunde und Affen getötet, aber bei den großen, alle drei Jahre stattfindenden Festen wurden Pferde, Esel und Menschen den Göttern der drei Regionen geopfert. Dabei wurden ihnen die Gedärme herausgerissen und ihr Blut verspritzt. Einzelheiten dieser Riten haben sich erhalten und werden bei symbolischen Opfern noch heute befolgt, sogar innerhalb des Buddhismus, der sich so sehr bemüht hatte, sie zu unterdrücken.

Was den Tod betrifft, so war die Bön-Religion ursprünglich nur daran interessiert gewesen, die Wiederkehr der Toten zu verhindern, und das Ritual war auf dieses Ziel gerichtet. Als die Vorstellungen von der Wiedergeburt an Boden gewannen, erhielten die Bestattungszeremonien eine neue Bedeutung. Anders als der heutige Buddhismus, hatten die alten Bönpoba die Körper der Toten nicht anderen Lebewesen überantwortet, sie hatten höchstens versucht, die Leichen zu konservieren. Nun tauchten neue Riten auf (die damals vielleicht ebenso ketzerisch waren wie heute), Riten, die das Leben des sie Vollziehenden auf Kosten der Lebenskraft eines anderen Menschen zu verlängern trachteten. Das war natürlich eine Erscheinung des Niedergangs, denn wie primitiv die alten Bönpoba auch gewesen waren, sie hatten doch zumindest danach gestrebt, Sicherheit und Besserung der gesamten Menschheit zu erzielen und nicht nur das eigene Wohlergehen im Auge gehabt.

Der Totenritus wurde nun mehr als nur ein Schutzritus, er wurde Teil einer auf die rechte Wiedergeburt gerichteten, verwickelten Zeremonie. Eines der Hauptereignisse beim Lhasa Mönlam am Ende des Jahres ist die Austreibung der Götter des Bösen, die im Bild verbrannt werden, und diese Art der rituellen Austreibung vollziehen die Buddhisten im ganzen Lande auch heute noch. Dieser Brauch gleicht der Bön-Sitte, ein Abbild des Toten herzustellen, wobei Reispapier zur Darstellung seines Antlitzes verwandt wird. Es ist dies ein symbolischer Ritus, der darin gipfelt, daß das Abbild, das mit allen schlechten Taten des Toten beladen ist, zum Schluß verbrannt wird. Auf diese Weise wird der Tote instandgesetzt, den Folgen seiner bösen Taten zu entgehen. Der Gedanke stammt aus der Bön-Religion, aber wer den Ritus von wem entlehnt hat, ist nicht mehr festzustellen. Als der Buddhismus in Tibet Fuß faßte, vermischten sich die beiderseitigen Praktiken. Die Bön-Lehre war so tief verwurzelt, daß das Volk sich nicht völlig davon befreien konnte, auch wenn es voller Gläubigkeit dem Buddhismus anhing. Während der Buddhismus bereit war, manche der alten Bön-Praktiken und einige der Glaubensvorstellungen aufzunehmen, lehnte er andere ab und verbot sie ausdrücklich. Gleichzeitig hüteten die buddhistischen Lehrer einige ihrer eigenen Schriften auf das sorgfältigste, da sie die Verzerrungen fürchteten, die ihnen von den Anhängern der Bön-Religion drohten.

Die dritte Entwicklungsstufe der Bön-Religion ist durch die Entstehung eines eigenen heiligen Schrifttums gekennzeichnet. Diese Stufe heißt Gyur Bön. Da aber Schriftzeichen erst durch den Buddhismus nach Tibet gelangten, ist es schwer zu sagen, welche Schriften echte Bön-Schriften sind und welche sich von gestohlenen buddhistischen Schriften herleiten. Es ist möglich, daß die meisten buddhistische Schriften sind, die sorgfältig verändert und so umgearbeitet wurden, daß sie den Zwecken und dem Glauben der Bönpoba entsprachen. Da der Buddhismus so große Anstrengungen machte, die Bön-Religion zu unterdrücken, werden echte Bön-Schriften wohl geheim niedergeschrieben und versteckt worden sein. Die Vermutung hält sich, daß viele solche Schriften noch heute versteckt gehalten und nur hin und wieder »entdeckt« werden. Meistens bezieht sich die Entdeckung auf ein verhältnismäßig neues Dokument, das angeblich eine Kopie darstellt. Das steht im Einklang mit der Bön-Lehre, daß die Lehrer des Bön von Zeit zu Zeit wiederkehren, um die Schriften aus den Verstecken zu holen und die Lehre wieder unter dem Volk zu verbreiten. Das macht es aber auch einem gewissenlosen Menschen leicht, sich als einen solchen Lehrer auszugeben und zu lehren, was ihm gefällt.

Es besteht so gut wie kein Zweifel daran, daß die drei Texte, die als Khar Bön bekannt sind, Übersetzungen buddhistischer Texte darstellen, die die Bönpoba für ihre eigenen Zwecke hergestellt haben. Die erste Übersetzung stammt von Schamtab Ngongpo. Nachdem er sie zuerst versteckt hatte, »entdeckte« er sie später und begann daraus zu lehren, als ob der Text ein echter Bön-Lehrtext sei. Die zweite Übersetzung wurde während der Regierung des Königs Ti srong de tsen hergestellt, der in seinem Bekehrungseifer ein Gesetz erlassen hatte, daß alle Tibeter zum Buddhismus übertreten müßten. Der Gelehrte Gyalwa Tschangtschöb weigerte sich und wurde bestraft. Tschangtschöb rächte sich, indem er insgeheim mit den Bönpoba bei der Übersetzung weiterer buddhistischer Texte zusammenarbeitete. Diese mußten jedoch versteckt werden, denn der König hatte angeordnet, daß jeder getötet werden sollte, der sich mit solchen Übersetzungen beschäftigte. Die damals entstandenen Werke werden *Bön Terma* genannt.

Die dritte Übersetzungsperiode fiel in die Zeit des Königs Langdharma, der selbst ein Anhänger der Bön-Religion war und zu dessen Zeit der Buddhismus nachhaltig bekämpft wurde. Schegur Luga rief damals alle Bönpoba nach Taryul Drolag und gab ihnen den Auftrag, soviele buddhistische Texte zu übersetzen wie irgend möglich. Bei diesen Übersetzungen wurden die Namen verändert und manches sinnentstellt. Aus Yum Gyeba wurde Kham Tschen, aus Yum Nyischu Ngapa wurde Kham Tschung, und so ging es mit vielen anderen Namen. Die beiden ersten Schriften wurden versteckt und später als echte Bön-Schriften herausgegeben.

Übersetzungen dieser Art waren nicht so gefährlich, denn die Lehre unter den Bön-Anhängern blieb im Grunde dieselbe wie bei den Buddhisten. Es wurde die Flüchtigkeit der Existenz gelehrt, die Bestrafung böser Taten oder Gedanken, die sechs Tugenden, die sechs Wege zur Erlösung, die zehn Stufen der Vollkommenheit eines Tschangtschub Sempa und die drei persönlichen Existenzen eines Buddha. Aber andere Lehren, die zusammen mit dem Buddhismus nach Tibet gelangt waren, so die tantrischen Lehren des heiligen Padmasambhawa oder Guru Rinpotsche, wie er bei uns heißt, konnten gröblich mißbraucht werden, daher wollten die Buddhisten gerade diese Lehren nicht in die Hände der Bön-Anhänger fallen lassen.

Tantrismus ist ein Glaube an die Kräfte der Natur, die in allen Dingen und Wesen Leben und Tod hervorrufen können. Diese Kräfte sind mit dem Prinzip der geschlechtlichen Vereinigung verbunden. Aber es gibt eine Schule des Tantrismus, die *Lamèd*-Schule, die außerdem noch das Prinzip der Erhaltung und Vernichtung hinzufügt. Es wird oft behauptet, diese Schule habe in Indien als *Kalatschakra*-Schule ihren Anfang genommen; manche meinen jedoch, sie könne in Tibet unter den Anhängern der Bön-Religion entstanden sein, denn nach der Legende entstand die Laméd-Schule in Schambhala, einer mysteriösen Burg irgendwo im äußersten Norden. Eines der stärksten Bollwerke der Bön-Religion ist immer Schang Schung gewesen, das sich etwa hundert Meilen nördlich von Lhasa befindet.

Wie dem auch gewesen sein mag, die Bön-Religion hat jedenfalls ein System sanfter und zorniger Götter entwickelt, was aber zu keiner Zeit bedeutet hat, daß diese als gute und böse Götter vorgestellt wurden. Die tibetischen Buddhisten betrachten sie, die aus dem Hinduismus oder der Bön-Religion übernommen wurden, einfach als Hilfen bei der religiösen Versenkung, der Meditation. Diese Götter sind nicht real; was sie an Wirklichkeit besitzen existiert nur in unserer Vorstellung und nirgends sonst. Die Bön-Lehren entwickelten sich in Anlehnung an den frühen Animismus, demzufolge diese Götter sehr wirklich, wenn auch unkörperlich waren. Sie waren jedoch weder gut noch böse, sondern mächtig — und vom menschlichen Standpunkt aus konnte diese Macht sich ebenso nützlich wie schädlich auswirken. Ganz allgemein hatte jede Gottheit zwei Aspekte, einen Gutes wirkenden und einen unheilbringenden. Welche Seite des göttlichen Wesens sich auswirkte, hing vom Individuum und seiner Stellung zu dem betreffenden Gott ab. Ein angemessenes Ritual konnte beide Seiten nutzen: der Gott in seiner Gutes wirkenden Gestalt konnte dem menschlichen Bittsteller unmittelbar helfen, in seiner unheilbringenden Erscheinungsform konnte der gleiche Gott dem Menschen durch die Vernichtung schädlicher Kräfte ebenfalls behilflich sein. Die zu diesem Zweck vollzogenen Riten sahen häufig vor, daß der Priester oder Schamane von der Gottheit besessen werden mußte. Während der Besessenheit wurde das erstrebte Ergebnis erreicht, oder dem Priester wurde offenbar, auf welchem Wege es erzielt werden konnte.

Die Höhe dieses Kults läßt sich wohl am besten aus einem Ritus ersehen, der *Tschöd* heißt. Der Ort, an dem er vollzogen wird, muß von Dämonen bewohnt sein. Es kann ein Friedhof sein, ein Platz, wo die Leichen zerstückelt werden, ein Verbrennungsplatz oder sonst ein Ort, der als Tummelplatz von Dämonen bekannt ist. Dem Ritus liegt der Versuch einer allumfassenden Reinigung zugrunde. Dabei nimmt der Schamane alles ihn umgebende Übel in sein Wesen auf, alle angesammelten bösen Taten anderer ebenso wie seine eigenen. Indem er sein eigenes Leben in einem höchsten Opfer darbringt, erringt er die Läuterung für sich selbst wie für alle anderen. Das Opfer ist symbolisch (was es jedoch einstmals war, wissen wir nicht), aber der Ritus beschwört ein so entsetzliches Unheil herauf, indem er alle Kräfte des Bösen einlädt, vom Körper des Schamanen Besitz zu ergreifen, daß das leiseste Zögern oder ein aufkommender Zweifel zum Tode oder Irrsinn des Schamanen führen kann. Tschöd kann nur nach langem, eingehendem Training unternommen werden, und jeder Schritt des Rituals muß einem zur zweiten Natur geworden sein. Der Tanz, der ein integrierender Teil dieses Ritus ist, ist nicht nur symbolisch. Er steigert die physischen Kräfte des Schamanen und erhält sie auf einer solchen Höhe, daß sie den in den Körper eindringenden Mächten widerstehen können. Auch der Geist des Schamanen muß gestärkt und sein ganzes Wesen geläutert werden, ehe er den Versuch machen kann, diesen Ritus zu vollziehen. Der Ritus endet in dem Augenblick, wo der Schamane, sein rituelles Messer, *Phurbu*, schwingend, alle Dämonen der Hölle in seinem Geist beschworen hat und nun denjenigen auf sich zukommen sieht, der ihm nach ältestem Brauch den Kopf abschlagen, die Gedärme herausreißen und sein Blut verspritzen wird. Wenn diese letzte Vision im Geiste des Schamanen zur Realität wird, so daß er Vision und Wirklichkeit nicht mehr unterscheiden kann, dann ist es um seinen Verstand und manchmal um sein Leben geschehen.

Dieser uralte Ritus hat eine interessante Parallele in der Beschreibung, die der Lazarist M. Huc, der in den Jahren 1845/46 von Peking nach Lhasa reiste, hinterlassen hat. Er reiste durch die südliche Mongolei, als seine Leute auf eine Masse von Pilgern stießen, die sich alle auf dem Wege zum Kloster Ratsche Tschurin befanden. Sie fragten einen Mönch nach dem Grund der Pilgerfahrt, der sehr erstaunt war, daß sie nichts davon wußten. Am nächsten Tage sollte ein großes Fest stattfinden, bei dem der mächtige Boktè Rinpotsche »seine Macht zeigen, sich selber töten und doch nicht sterben« sollte. Huc hat die Zeremonie nicht selbst gesehen, gibt sie aber nach Hörensagen wieder. Die Ähnlichkeit mit den Frühformen der Bön-Religion ist unverkennbar, und die Gegend gehört zu denen, wo die Bönpoba noch am wenigsten vom Buddhismus beeinflußt worden sind. Es lohnt sich die Beschreibung wiederzugeben:

»Ein Lama*) sollte sich selbst aufschneiden, seine Gedärme heraus-
nehmen und sie vor sich niederlegen, danach jedoch seinen vorherigen Zustand wiedererlangen. Dieses so grausame und Abscheu
erregende Schauspiel ist nichts Ungewöhnliches in den Lamaserien
der Tartarei. Der Boktè, der seine Macht zeigen wird, wie die Mongolen das nennen, bereitet sich auf die furchtbare Operation durch
tagelanges Fasten und Beten vor und muß sich während dieser Zeit
jedes Umgangs mit Menschen enthalten und absolutes Schweigen
bewahren. Ist der festgesetzte Tag angebrochen, versammeln sich
die meisten der Pilger im großen Hof der Lamaserie, wo ein Altar
vor dem Tempeltor aufgebaut ist. Schließlich erscheint der Boktè.
Unter dem Beifall der Menge schreitet er ernst zum Altar, nimmt
darauf Platz und zieht ein großes Messer aus dem Gürtel, das er
auf seine Knie legt. Zu seinen Füßen beginnen mehrere, in einem
Kreis aufgestellte Lamas, die fürchterlichen Anrufungen dieser
grauenhaften Zeremonie. Während des Hersagens der Gebete beginnt der Boktè an allen Gliedern zu zittern und sich in frenetische
Zuckungen hineinzusteigern. Auch die Lamas geraten in immer
größere Erregung, sie erheben die Stimme, ihr Gesang kennt keine
Ordnung mehr und steigert sich schließlich zu einem Durcheinander
von Schreien und gellendem Gebrüll. Da wirft der Boktè plötzlich
den Schal ab, der ihn verhüllt, öffnet seinen Gürtel und schlitzt sich
in einem langen Schnitt den Bauch mit dem heiligen Messer auf.
Während das Blut nach allen Richtungen spritzt, wirft sich die
Menge vor dem schrecklichen Schauspiel zu Boden, und der Boktè
wird über allerhand verborgene Dinge, über zukünftige Ereignisse
und das Schicksal bestimmter Personen befragt. Seine Antworten
werden von allen als Orakel angesehen.

Wenn die fromme Neugier der zahlreichen Pilger gestillt ist, nehmen die Lamas das Hersagen der Gebete wieder auf, aber dieses
Mal in ruhigem, ernstem Ton. Der Boktè nimmt mit der rechten
Hand Blut von seiner Wunde, hebt es an den Mund, bläst dreimal
drauf und schleudert es dann unter lauten Schreien in die Luft.
Dann streicht er rasch mit der Hand über die Wunde und verschließt
sie. Danach kehrt alles nach einiger Zeit wieder in den ursprüng-

---

*) Die Bezeichnung »Lama« bedeutet nichts anderes als »Lehrer«. Ein Lama braucht kein
Mönch zu sein. Daher sind die Ausdrücke Lamaismus und Lamaserie sinnlos, da sie keinerlei
religiöse Bedeutung haben. Wenn westliche Schriftsteller das Wort »Lama« gebrauchen, meinen sie gewöhnlich einen Mönch.

lichen Zustand zurück, nichts erinnert mehr an die teuflische Operation, nur die religiöse Versenkung hält noch an. Der Boktè wickelt sich wieder in seinen Schal und spricht mit leiser Stimme ein kurzes Gebet. Damit ist alles vorbei, die meisten Zuschauer verlaufen sich. Nur einige besonders Fromme bleiben zurück und beten den blutbefleckten Altar an, den der Heilige verlassen hat.

Diese fürchterlichen Zeremonien kommen häufig in den großen Lamaserien der Tartarei und Tibets vor, und wir glauben nicht, daß dabei ein Trick im Spiele ist. Diese unsere Meinung wird von einem der intelligentesten und aufrechtesten Buddhisten unterstützt, der uns je in den vielen Lamaserien begegnet ist, die wir besucht haben.«

Das Wesentliche des Ritus ist erhalten geblieben, aber der Zweck hat sich gewandelt. Er wird nicht mehr an einem von Dämonen bevölkerten Platz durchgeführt und gilt auch nicht mehr als ein Beweis übernatürlicher Kräfte, hat mit der ursprünglichen Idee des Selbstopfers nichts mehr zu tun und ist weit entfernt vom ursprünglichen Ziel des Rituals, den Schamanen mit der harten Realität, den Leben und Tod bringenden Naturkräften, zu konfrontieren. Im heutigen Tibet wird Schenrab Mibotsche von den Bön-Anhängern so verehrt wie Guru Rinpotsche von den Buddhisten. Die weiße Bön-Lehre, die sich so sehr wie möglich dem Buddhismus angenähert hat, behauptet sogar, daß der Guru Rinpotsche nicht einem Lotos entsprang, wie das die Hindus lehren, sondern als Mann und Bön in Schang Schung geboren wurde. Die weißen Bönpoba lehren mystische Versenkung, Meditation, den Vollzug eines korrekten Rituals und rechte Lebensführung. Sie haben auch Schriften, wie die Kyeddzog genannte, die tantrische Praktiken des Besessenwerdens und der Austreibung lehren. So war es eigentlich der Tantrismus, der es dem Buddhismus und der Bön-Religion ermöglicht hat, sich zu vergleichen.

Es gibt jedoch eine Sekte, die schwarze Bön-Lehre, die die Verfeinerung und den mäßigenden Einfluß des Buddhismus abzuschütteln trachtet und die noch immer Riten vollzieht, die sich auf die grundlegenden Naturkräfte beziehen. Während der Regierung des letzten Gyalwa Rinpotsche, des Dreizehnten, mußte ein Edikt gegen die schwarzen Bönpoba erlassen werden, da sie gewisse Dörfer mit ihren Praktiken in Angst und Schrecken versetzten.

Wir glauben, daß es solche Kräfte gibt, wie die Bönpoba sie von ihren Körpern Besitz ergreifen lassen. Aber wir meinen, daß solche Praktiken uns nicht ziemen. Sie können nicht nur dem sie Ausübenden schweren Schaden bringen, sondern auch anderen Menschen, und man läßt sie am besten bleiben. Will jemand diese Schriften studieren und die Riten ausüben, so soll er das allein tun. Aus meiner Sekte, der Gelukspa oder Sekte der Gelben Hüte, würde jeder ausgestoßen werden, den man beim Vollzug solcher Riten anträfe. Eine symbolische Version dieser Riten ist jedoch auch bei uns beibehalten worden, denn der Gedanke, der den Bön-Praktiken zugrunde liegt, ist gut. Während sie die dunklen Mächte vertreiben wollen, liegt bei uns die Betonung auf der Suche nach Buddhas Hilfe.

Wir haben symbolische Austreibungen, bei denen die Symbole auf ein Stück Papier geschrieben werden. Alles Üble wird angerufen und in das Papier gebannt, das dann verbrannt wird. Manchmal wird auch ein Bild verbrannt, das das Üble darstellt. Wir glauben jedoch, daß die dabei vorgestellten Kräfte unsere eigenen Geisteskräfte sind und daß das existierende Böse, das ausgetrieben werden muß, auch in unserem Geist liegt. Unser Glaube an den Buddha und an seine Lehren ist dasjenige Feuer, das allein befähigt ist, das Böse auszutreiben. Die Anhänger der Bön-Religion glauben, daß das Feuer als solches die Kraft habe, das Böse zu zerstören. Sie vollziehen noch immer Riten — wie vielleicht auch manche tantrische Buddhisten — bei denen der Priester gegen das Böse ankämpft und dazu das Feuer als Waffe benutzt. Sie behaupten, wenn das Böse zu stark sei, könne es das Feuer überwinden und dem Priester Schaden zufügen. Auch soll der Priester, dem die Austreibung und Zerstörung des Bösen nicht gelingt, hinterher selbst vom Bösen gepackt werden. Ich kenne Fälle, wo nach einer mißglückten Austreibung der Priester erkrankte, starb oder vom Pferde fiel. Wer kann wissen, ob das daher kam, weil er vom Bösen besessen wurde, das er nicht zerstören konnte, oder ob es einen anderen Grund hatte? Ich weiß es nicht. Auch habe ich Austreibungen, bei denen Feuer in dieser Weise benutzt wurde, selbst nicht gesehen.

Wir Budhisten sind der Ansicht, daß die Bön-Religion etwas vom Buddhismus völlig getrenntes ist, denn trotz der scheinbaren Ähnlichkeiten erkennen die Bönpoba unseren Buddha, den Gautama oder Sakya Muni, nicht an. Unsere Lebensführung ist jedoch fast die gleiche; trifft man einen Menschen, so kann man vom rein Äußerlichen her nicht sagen, ob man es mit einem Bönpoba oder einem Buddhisten zu tun hat. Kleidung, Sprechweise und Verhalten sind ganz gleich, nur der Altar im Inneren des Hauses mag ein wenig verschieden aussehen. Statt eines Buddhabildes würde ein Bild von Schenrab Mibotsche dort zu finden sein. Und das Große Gebet oder *ngag* unterscheidet sich auch von unserem, statt *Aom Mani Padme Hum* beten die Bönpoba *Aom Matre Muye Sale Du*.

In Amdo, meiner Heimat, hatten wir nicht viele Bön-Anhänger unter der Bevölkerung, wir behandelten sie aber mit dem gleichen Respekt wie alle anderen. Kam ein Bön in unsere Gegend, so bekam er ebenso wie jeder buddhistische Reisende Obdach und Nahrung, wenn er dessen bedurfte. Wir behandeln Mönche mit größerer Achtung als Laien, ein Bön-Priester in unserem Hause würde daher genau mit der gleichen Achtung behandelt werden wie ein buddhistischer Mönch. Wir beten morgens und abends; ein Reisender, der das Mittagessen mit uns einnähme, brauchte sich daher nicht an unseren Gebeten zu beteiligen. Man würde von ihm auch nicht erwarten, daß er an den Familiengebeten teilnähme; wenn er es aber wollte, könnte er es tun. Ein Mönch würde sicherlich vor jeder Mahlzeit ein Gebet sprechen, uns wäre es aber ebenso recht, wenn ein Bön-Priester das Gebet spräche oder am Familiengebet teilnähme. Zu der Zeit als ich als Mönch bei den Nomaden in Tschamri weilte, kannte ich einen Bön-Priester, der zu mir zum Beten kam, und auch ich pflegte ihn zu besuchen. Er war oft in buddhistischen Tempeln, machte Schenkungen, beteiligte sich an den Gebeten und erteilte sogar Rat und Hilfe. In Yatung habe auch ich das dortige Bön-Kloster besucht; sogar der Gyalwa Rinpotsche hat es besucht und Schenkungen hinterlassen.

Ich kenne zwei Bönpoba-Priester, die beide aus Amdo im Osten Tibets stammen. Sie studierten zunächst an den wichtigen Bön-Klöstern im Westen Tibets, in Rala Yundrun bei Rong und in Thobgyal Drutsang Gon. An diesen Klöstern studieren Bön-Anhänger aus ganz Tibet, dazu haben manche einen Weg von 3000 Kilometern zurückzulegen. Die Klöster wurden zu Anfang des 11. Jahrhunderts gegründet. Später studierten die beiden Bön-

Priester noch in Drepung, das eines der drei Hauptklöster der Gelukspa-Sekte in Lhasa ist, obgleich gerade die Gelukspa mehr als jede andere Richtung versucht haben, den Buddhismus von Bön-Praktiken zu säubern. Wenn unser Glaube noch so sehr von dem eines anderen abweicht, würden wir doch nie versuchen, jemanden zu bekehren, denn wir sind der Überzeugung, daß eine echte Bekehrung nur dann zustande kommt, wenn der Betreffende von sich aus den Übertritt vollziehen möchte. Wir suchen also nicht nach Konvertiten, hoffen aber doch, auf Menschen zu treffen, die durch unsere Lehren und das Beispiel unserer Lebensführung ermutigt, sich dem buddhistischen Glauben anschließen.

Die heute bestehenden Bön-Klöster und die Bön-Priesterschaft richten sich nach dem Vorbild des tibetischen buddhistischen Systems. Jedes Kloster ist genauso organisiert wie ein buddhistisches, und jeder Mönch muß die gleiche Anzahl von Gelübden, nämlich 253, ablegen. Der einzige Unterschied besteht in der Art einiger dieser Gelübde. Vor allem unterscheidet sich das Keuschheitsgelübde, denn der Bön-Priester darf heiraten. In der Regierung befinden sich auch Bön-Anhänger, und die Regierung erkennt die Bön-Klöster an und gibt ihnen große Zuschüsse wie allen anderen Klöstern auch.

Was nun die Existenz von Geistern und Kräften außerhalb unserer Gedanken und Vorstellungen anbetrifft, so bin ich mir da nicht so recht schlüssig. Es gibt Orte, die eine eigene Kraft auszuströmen scheinen, und die meisten Menschen spüren diese Wirkung in der gleichen Weise. An einigen Orten fühlt man sich wohl, an anderen schlecht. Wenn ich mich in Tibet befinde, möchte ich es nie wieder verlassen. Ich möchte dort immer bleiben, denn dort fühle ich mich wohl.

Einmal besuchte ich den Orakelsee in Tschu Khor yal. Dieses Orakel wird immer angerufen, wenn es um die Wiedergeburt eines Gyalwa Rinpotsche geht, und der See ist die Wohnstatt seiner Beschützerin, der Göttin Pandan Lhamo. Der See heißt Lhamo Lamtso, und um dahin zu gelangen, mußte ich einen mit Schneemassen bedeckten sehr hoch gelegenen Paß überschreiten. Es war furchtbar kalt. Die Berge oberhalb des Passes stiegen wie Riesentreppen immer höher hinan, und der rote Fels war zu steil, als daß sich Schnee daran hätte festsetzen können, und so kahl, daß nicht ein einziger Grashalm dort wuchs. Man war von allen Seiten von den

Bergen eingeschlossen, und nichts, was ich bis dahin gesehen hatte, kam diesem Orte gleich. Jenseits des Passes befindet sich der See, und ich hatte erwartet, daß es mir dort gefallen würde, aber als ich am Seeufer ankam, hatte ich ein sehr sonderbares Gefühl. Es war nicht etwa nur so, daß es mir dort nicht gefiel — ich hatte den Eindruck von irgendeiner auf mich wirkenden Kraft, die ich nicht verstand. Ich fühlte mich nicht gut aufgehoben und zufrieden, wie ich mich in Lhasa fühlte, wenn ich des morgens zum Tempel ging und meine Opfergaben in Form von Butter und Weihrauch darbrachte.

Auf meinen Pilgerfahrten bin ich durch viele Orte gekommen, die von Geistern heimgesucht sein sollen. Ich machte mir niemals deswegen Gedanken, denn ich habe Gebete zur Verfügung, die mich schützen. Es gibt da einen Ort an der Straße nach Indien in der Nähe von Dschelup-la, wo ein mongolischer Mönch ums Leben gekommen ist. Man sagt, er suche die Stätte heim und bestehe darauf, daß die Reisenden vom Pferde steigen und zu Fuß an der Stelle vorübergehen. Manche Reisenden opfern sogar ihr Pferd, um sicher zu gehen, daß ihnen nichts zustößt. Viele, die vorbeizureiten versuchten, sind vom Pferde gefallen oder haben Unfälle gehabt. Man sagt, der Geist des Mönches habe sie vom Pferd gestoßen. Das einzige Mal, daß mir etwas Ähnliches begegnete, war in meinem Hause im Drepung-Kloster in Lhasa. Im ersten Stock gibt es da eine Tür und hinter ihr eine zweite, von der Steinstufen in den Keller führen. Man glaubt, daß sich dort ein Geist aufhält, den es nach einem menschlichen Körper verlangt. In der Dunkelheit wagt keiner an der Stelle vorbeizugehen. Man meint, jeder der dort nach Dunkelwerden vorbeigehe, werde die Treppe hinuntergestoßen. Ich ging einmal dort vorbei und fiel plötzlich ohne allen Grund die Treppe hinunter. Ich weiß wirklich nicht, ob ich gestoßen wurde oder nicht. Ich weiß nur, daß kein Grund für den Sturz vorhanden war; ich hatte keine Geisterfurcht und habe sie nie gekannt, aber ich stürzte.

Wenn wir etwas nicht verstehen, sollten wir es zugeben. Wenn wir etwas nicht verstehen können, besteht kein Grund zu sagen, daß es nicht existiert. Wenige von uns erreichen vollkommenes Wissen. Die meisten verbringen viele Leben lang in Unwissenheit, wenn auch von einem Leben zum anderen die Unwissenheit durch gute

Taten abnimmt. Wir sollten unseren Geist offenhalten, den anderen ihren Glauben lassen, an unserem eigenen Glauben festhalten und ständig nach mehr Wissen streben. Es ist das ein langer und beschwerlicher Weg, aber jeder Schritt bringt uns neue Kraft und neuen Trost. Obgleich es Abkürzungen dieses Weges gibt, wie etwa die tantrischen Praktiken, so glauben wir doch, daß die Erlösung Schritt um Schritt gewonnen werden muß. Abgesehen vom Glauben an den Buddha, ist diese unsere Überzeugung wohl der größte Unterschied zwischen den tibetischen Buddhisten und den Bönpoba. Auch sie bemühen sich um Erlösung, aber sie haben keine Geduld. Sie suchen nach Abkürzungen des Weges und sie versuchen, den Folgen ihrer Taten zu entgehen. Sie spielen mit Kräften, von denen sie behaupten, daß sie außerhalb des Körpers zu finden seien, von denen wir jedoch meinen, daß sie uns nicht kümmern sollten. Manchmal erreichen sie auch nur ihren eigenen Untergang, aber wer wollte bestreiten, daß sie auch manchmal die Erlösung erreichen?

In Khabatschen, im Lande des Schnees, fanden sie ihn, /
Vor der Zeit der Könige, / Bevor die Menschen den
erhabenen Gautama kannten. / Sie fanden ihn in den
südlichen Bergen — / Einen Mann, fremdartig und
wunderbar. / Sie fragten ihn nach seinem Namen. /
»Tschenpo« antwortete er. Es klang, als sagte er:
»Der Große«. / Woher er käme, fragten die Menschen. /
Mit aufwärts weisendem Finger antwortete Tschenpo, /
Aber seine Stimme war nurmehr ein Geräusch, / Und
mehr war nicht zu verstehn. / Vier starke Männer
machten einen Thron aus Holz. / Auf diesem Thron
auf ihren Rücken trugen sie Tschenpo. / Sie trugen ihn
nach Khabatschen als den ihren. / Denn sie glaubten,
er mit dem erhobenen Finger sei ihnen gesandt, /

6. KAPITEL   Sei vom Himmel gekommen, ihr König zu sein.

Aus BUSTON TSCHOSCHBYUNG

DAS ERSTE LICHT

Mangels zuverlässiger Quellen wissen wir nicht, wann der erste
König zu uns kam; aber da ihm mehr als dreißig weitere folgten,
ehe der große Srongbstan gampo den Thron bestieg, läßt sich
schätzen, daß er ungefähr im ersten Jahrhundert christlicher Zeitrechnung in unser Land gekommen sein muß. Er wurde Nya ti
tschenpo genannt, das bedeutet: »er, der im Triumph auf dem
Rücken getragen wird«. Es heißt, er sei hellhäutig und schön gewesen, aber wer er eigentlich war, ist unbekannt. Manche halten
ihn für einen aus Indien ausgewiesenen Verbrecher. Andere behaupten, er stamme aus einer Seitenlinie der Familie Sakya, derselben, die sechs oder sieben Jahrhunderte zuvor den Gautama
Buddha hervorgebracht hatte. Zu jener Zeit gab es keine Priester in
Tibet und selbstverständlich auch keine Könige. Das Volk glaubte
an die Bön-Religion, und das einzige, was sonst noch von Nya ti
tschenpo berichtet wird, ist, daß er zu einem Anhänger der Bön-
Religion wurde.
Andererseits wird auch behauptet, die Bön-Religion sei erst sechs
Generationen später entstanden. Bis zu diesem Zeitpunkt, so be-
hauptet eine Geschichte, brauchten Nya ti tschenpo und seine Nach-

131

folger nicht zu sterben. Er war nach dieser Version mit Hilfe einer Art Strickleiter vom Himmel gestiegen und hatte die Erde auf dem gleichen Wege auch wieder verlassen. Damit erklärt sich, warum weder Nya ti tschenpo noch die sechs auf ihn folgenden Könige irgendwelche sterblichen Überreste hinterließen. Der achte König, Grigrum mit Namen, hatte einen Streit mit einem seiner Minister, der ihn magisch beeinflußte und veranlaßte, die Strickleiter durchzuschneiden, die Himmel und Erde verband. Auf diese Weise erhielt der Tod Macht über den König, und der König mußte sich eine Methode ausdenken, die ihm eine sichere Rückkehr in den Himmel nach seinem Tode gewährleistete. Von diesem Zeitpunkt datieren viele Bönpoba den Beginn eines einheitlichen Hauptrituals, das sich zu einem so großen Teil auf den Tod und die Kräfte, die ihn bestimmen, bezieht.

Es gab jedoch noch einen König himmlischen Ursprungs, der zur gleichen Zeit in der Provinz Ling im östlichen Tibet erschien. Auch sein Auftreten wird mit der Entstehung der Bön-Religion in Zusammenhang gebracht, und Ling ist auch nicht weit von dem Ort entfernt, von dem der Reisende Huc in seiner Erzählung über die alten Bön-Riten der symbolischen Selbsttötung berichtet. Die ältesten Quellen, die wir in Tibet haben und die aus dem siebenten Jahrhundert stammen, erzählen von diesem König. Sie erwähnen Nya ti tschenpo überhaupt nicht, sondern berichten nur von Pu Gye, dem Haarigen Prinzen. Das Volk jenes abgelegenen Bezirkes soll, da ihm ein König fehlte, die Götter seiner Heiligen Berge angerufen und um Hilfe gebeten haben. Ihm wurde ein König in Gestalt eines großen Vogels zugesandt. Die Menschen fingen den Vogel und weigerten sich, ihn freizulassen, ehe er ihnen nicht seinen Sohn als König zuzusenden versprach.

Dieser Sohn wurde ihnen auch gesandt und gab sich dadurch zu erkennen, daß er Tag und Nacht für die Menschen tanzte. Da sein ganzer Körper von Haaren bedeckt war, wollten sie nicht glauben, daß er ein Sohn ihres Gottes sei. Verzweifelt kehrte er in den Himmel zurück und klagte seinem Vater, daß er nicht erkannt werde. Daraufhin wurde er in Gestalt des Sohnes einer armen Bauersfrau auf die Erde zurückgesandt. Bald bewährte er sich, nicht durch Tanzen, sondern durch Kämpfen, und ist seither als einer der größten Helden Tibets verehrt worden. Unter den von diesen ältesten

Quellen berichteten Heldentaten sind auch die Kriege, die Pu Gye oder Kesar — wie er auch genannt wird — gegen China führte, und seine großen Leistungen auf dem Gebiet der Austreibung von Teufeln, deren er eine große Menge dort vorfand. Es ist eine Tatsache, daß China von den frühesten Zeiten an die tibetischen religiösen Lehrer geachtet hat, obgleich der Buddhismus früher nach China als nach Tibet gelangte. Und es stimmt auch — und die Geschichte des Pu Gye erinnert uns daran —, daß die Tibeter der alten Zeit ein kriegerisches Volk waren, das von allen seinen Nachbarn gefürchtet wurde. Sie führten erfolgreiche Kriege gegen China bis zum Zeitpunkt ihrer Bekehrung zum Buddhismus, wo sich eine große Wandlung vollzog. Für ein kriegliebendes und kriegführendes Volk bedeutet es eine bemerkenswerte und dramatische historische Wende, wenn es sich in einigen wenigen Jahren zu einem friedliebenden wandelt. Obgleich das tibetische Volk vor so langer Zeit den Geschmack am Kriegführen verloren und die Kriegskunst vergessen hat, hat es sich die Freude an den Legenden jener ruhmreichen Zeit bewahrt.

Einige Zeit nachdem Grigrum die Himmelsleiter durchschnitten hatte, erschien ein sterblicher König in Tibet, den wir Lhato Thori, König Mächtiger Zarter Turm, nennen. Wie die anderen Könige, war auch dieser ein Krieger, aber er liebte ebenso die besinnliche Stille. Als er sich eines Tages auf dem Dach seines Palastes befand, fiel eine große Schatulle vom Himmel und gerade vor seine Füße. Sie enthielt religiöse Bücher, das Modell einer goldenen Grabstätte und die sechs heiligen Silben, aus denen das tibetische Gebet der ewigen Wahrheit besteht. Der König rief seine Ratgeber zusammen, aber da keiner lesen konnte, wußte niemand, was in den Büchern stand. Heute sind wir der Meinung, daß es sich um buddhistische Schriften gehandelt hat, während die Bönpoba sagen, es seien Bön-Schriften gewesen. Der König sah jedenfalls das Geschenk vom Himmel als etwas Verheißungsvolles an, er verwahrte die Schatulle gut und betete täglich zu den Büchern, obgleich er von ihrem Inhalt keine Ahnung hatte. Eine Legende berichtet, er habe dadurch seine Lebenszeit von sechzig auf zweimal sechzig Jahre verlängert. Der König nannte die Bücher Nyanpo Sangba, was »Verborgene Größe« bedeutet. Wir halten diese Schriften heute für das buddhistische Dunkong Schakgyapa.

Nachdem er mit dem Anbeten der Bücher, der ersten Andacht, die je in Tibet gehalten wurde, begonnen hatte, hatte König Lhato Thori einen Traum. Es erschien ihm der Buddha und eröffnete ihm, daß er das Geheimnis der Bücher nicht erfahren werde, aber nach fünf Generationen werde ein Fremder ins Land kommen und dem Volk die Texte auslegen und das Geheimnis des Geschenkes lüften. Noch ein weiteres Wunder sollte sich zutragen, denn als ein blindgeborener Sohn von Lhato Thori König wurde, betete auch er die Bücher an. Eines Tages, als er nach der Andacht an einem Fenster des Palastes stand, wurde ihm plötzlich das Augenlicht gegeben. Er sah die Berge vor sich liegen, auf denen sich Schafe tummelten. Er ist uns unter dem Namen bekannt, der ihm damals verliehen wurde: »Sehe weiße Bergschafe«.

Diese Könige wohnten alle in der südlichen Provinz Yarlung, die an Bhutan angrenzt, und sie waren sämtlich Anhänger von Bön-Praktiken. Ein wichtiges neues Element war mittlerweile zu jenem Glauben hinzugekommen — die Andacht. Doch waren die Könige deshalb nicht weniger kriegerisch gesonnen, sondern erweiterten ihre Macht, bis Tibet als Königreich die höchste Machtfülle seiner Geschichte erreicht hatte. Vier Generationen nach König Lhato Thoris Anbetung der Schriften, einte König Namri Srongbstan ganz Tibet, das einen Durchmesser von mehr als 1500 Kilometer aufwies, und erwarb sich ein solches Ansehen, daß sogar die Chinesen ihn wegen seines Mutes und wegen der Stärke und des Erfolges seiner Armeen fürchteten. Nun konnte Tibet den nächsten Schritt tun. Nachdem es sich zu einem mächtigen, wenn auch primitiven Königreich zusammengeschlossen hatte, war es zur Aufnahme von Beziehungen zu den Nachbarstaaten bereit. Die Tibeter hatten eingesehen, daß es ihnen an einer entwickelten Kultur nach Art der chinesischen im Osten oder der indischen im Süden noch fehlte, und sie waren entschlossen sich zu bilden. Während sie jedoch fast alles, was sie an materieller Kultur entlehnten, von China übernahmen, wandten sie sich nach Indien, um Bildung zu erlangen.

Im zweiten Jahrzehnt des siebenten Jahrhunderts bestieg der fünfte König nach Lhato Thori den Thron. Bei seiner Thronbesteigung erhielt er den Namen Srongbstan gampo, zu deutsch »Er, der mächtig, gerecht und gedankenreich ist«. Wie seine Vorfahren, war Srongbstan gampo ein Anhänger der Bön-Religion, dennoch erfüllte er die Voraussage, daß das Verständnis der Schriften in der fünften Generation kommen werde. Um Nyanpo Sangba, die Bücher der »Verborgenen Größe«, ins Tibetische übersetzen lassen zu können, sandte er Thonmi Sambhota, einen seiner Minister, mit sechzehn Schülern nach Indien. Die Schüler reisten durch ganz Indien und studierten bei großen buddhistischen und hinduistischen Lehrern. Thonmi Sambhota selbst hielt sich hauptsächlich in Kaschmir auf. Zum Schluß war er der einzige Überlebende, denn die anderen waren in dem tiefgelegenen Land mit seiner drückenden Hitze krank geworden und gestorben.

Schließlich kehrte der Minister nach Tibet zurück und verwandte sein ganzes erworbenes Wissen darauf, eine Schrift aus dreißig Schriftzeichen zu entwerfen, die hauptsächlich auf dem *scharada*-Alphabet Kaschmirs und der klassischen *nagri*-Schrift beruhte, die er der andersartigen Phonetik der tibetischen Sprache anpaßte. Nachdem er damit fertig war, sammelte Thonmi Sambhota Schüler und Gelehrte um sich und begann, hinduistische und buddhistische Schriften ins Tibetische zu übersetzen. Diese Schriften gefielen Srongbstan gampo, der sie genau studierte, wenn er auch fürs erste noch ein Bönpoba blieb. In der Zwischenzeit hatte er sich mit Erfolg um die materielle Entwicklung seines Landes gekümmert.

Er fuhr mit den Feldzügen fort, die für die tibetischen Könige zu einer Tradition geworden waren. Da er die Hauptstadt seiner Vorfahren in Yarlung als zu abgelegen vom Mittelpunkt der geeinten Nation empfand, siedelte er nach Lhasa über, wo er sich eine verhältnismäßig bescheidene Festung auf dem Roten Hügel, dem Marpori, erbaute, und zwar auf dem gleichen Platz, wo der Potala später erstehen sollte. Noch kürzlich konnte man im jetzigen Potala ein Bild von Srongbstan gampos Festung sehen. Von diesem zentralen, günstig gelegenen Ort aus konnte er seine Eroberungen weiter ausdehnen und das, was er schon besaß, besser kontrollieren. Er war klug genug, den Wert einer politischen Heirat richtig einzuschätzen und verband sich auf diese Weise zuerst mit Nepal. Die Prinzessin Bhrikuti war eine fromme Buddhistin, die als Teil ihrer Mitgift mehrere kostbare Buddhabilder nach Tibet brachte. König und Königin bauten zusammen einen großen Tempel für diese Bilder, den Tsulag Khang, der heute mitten in Lhasa steht. Der Tempel ist bekannt als der Jo Khang, das Haus des Herrn.

Sein ursprünglicher Name bedeutete »Haus der Weisheit«, vielleicht ist das eine Konzession an die Bönpoba, die schon ein wenig ungehalten über die fremden Einflüsse wurden. Architekten, Maurer und alle anderen notwendigen Handwerker kamen aus Nepal, um an diesem Tempel zu bauen, dem ersten, der überhaupt in Tibet errichtet wurde.

Damit nicht zufrieden, wandte sich Srongbstan gampo nach China, das anfänglich seiner Bitte um die Hand einer Prinzessin, die mehr in der Art einer Forderung vorgebracht wurde, nicht willfahren wollte. Verärgert begann er einen Feldzug, dessen Durchschlagskraft den chinesischen Kaiser T'ai Tsung rasch dazu veranlaßte, seine Haltung zu ändern. Nun wurde ein Gesandter mit Namen Garpa nach China geschickt, der um die Hand der Prinzessin Wong Shen Konjö warb; sie stammte aus der kaiserlichen Familie und war eine fromme Buddhistin.

Als er mit dem König von Nepal wegen der Prinzessin Bhrikuti verhandelte, hatte Srongbstan gampo klar gesagt, daß er kein Buddhist sei und die zehn Tugenden nicht übe, daß er jedoch auf Wunsch des Königs sich zu den zehn Tugenden bekennen wolle und den Buddhismus mit aller Kraft fördern werde. Mit einem wohlüberlegten Programm zum Bau von Tempeln und mit der Übersetzung buddhistischer Schriften hatte er schon einen Anfang gemacht. Aber das überzeugte T'ai Tsung noch nicht davon, daß er eine so wertvolle Prinzessin einem Barbaren zur Frau geben müsse, und sei derselbe noch so mächtig. Widerstrebend fügte er sich endlich Garpas hartnäckigem Zureden unter der Bedingung, daß Garpa selbst sich vier Proben unterziehen müsse, von denen die vierte darin bestand, die Prinzessin unter einer großen Anzahl schöner Mädchen, die alle gleich gekleidet waren, herauszufinden.

Die erste Prüfung betraf hundert Stuten und hundert kleine Fohlen, die getrennt voneinander beiderseits einer Mauer gehalten wurden. Garpa sollte für jedes Fohlen die dazugehörige Stute finden. Das fiel ihm nicht schwer, er öffnete ein Tor in der Mauer, und jedes Fohlen lief schnurstracks zu seiner Mutter.

Als zweite Aufgabe sollte Garpa in einem Hause mit völlig gleichen Zimmern, ohne sich auch nur einmal zu irren, dasjenige Zimmer wiederfinden, in dem er nur einmal genächtigt hatte. Er wurde bei völliger Dunkelheit hineingeführt und frühmorgens fortgeleitet.

Bevor er das Zimmer verließ, hatte Garpa jedoch ein kleines Weihrauchstäbchen angezündet, das ihm den Weg zurück ins eigene Zimmer wies.

Als dritte Aufgabe wurde Srongbstans Gesandtem eine Koralle gegeben, die ein winziges, krummes, gewundenes Loch aufwies. Er sollte einen Faden hindurchziehen. Auch diese Aufgabe bereitete ihm kaum Schwierigkeiten. Er band den Faden einer Ameise ans Bein, die ihn durch die Perle zog.

Die letzte Aufgabe war schwierig, denn Garpa hatte die Prinzessin nie gesehen und wußte nicht, woran er sie erkennen sollte. Er näherte sich daher einer ihrer Mägde, die aber fürchtete belauscht zu werden, denn die Astrologen des Kaisers waren auf einen solchen Schachzug gefaßt. Sie einigten sich schließlich auf eine List und trafen sich später ganz offen am Fluß, Garpa auf dem einen Ufer, die Magd auf dem anderen. Sie hatte herausgefunden, woran man die Prinzessin erkennen konnte, und Garpa hatte einen Trick erdacht, die Astrologen hinters Licht zu führen. Er hatte sich als Affe maskiert und hielt ein langes Stück Bambus vor den Mund gepreßt. Über den Fluß hinweg unterhielten sich die beiden durch das Bambusrohr. Der Kaiser sah das, fand es merkwürdig, schöpfte jedoch keinen Verdacht. Die Magd erzählte Garpa, daß alle Mädchen Blumen im Haar tragen würden, aber nur die Blumen der Prinzessin wären echt. Als Garpa zur Probe erschien, richtete er sich nach dem Flug der Bienen und fand so die Prinzessin.

Wie die Prinzessin Bhrikuti, brachte auch die Prinzessin Wong Schen Konjö heilige Bilder ins Land, von denen zumindest eines noch heute im großen Tempel von Lhasa zu finden ist. Der Bau dieses Tempels, der ersten buddhistischen Andachtsstätte, ist Gegenstand mehrerer Legenden, die sämtlich berichten, daß es an der Stelle seiner Errichtung einen riesigen unterirdischen See gegeben habe, einen See so groß wie ein Meer. Als Srongbstan gampo und seine nepalesische Prinzessin mit der Arbeit begannen, stürzte jeder Bau lange vor seiner Fertigstellung ohne jeden sichtbaren Grund zusammen. Durch Orakelbefragung erfuhr der König, daß ein alter Weiser irgendwo im Osten im Besitz des Geheimnisses sei. Aufgrund dieser ungenauen Antwort sandte der König Suchtrupps aus, die das ganze östliche Tibet bereisen und nach dem alten Weisen suchen sollten. Alle bis auf einen Mann kehrten unverrichteter Dinge wieder heim. Diesem einen war auf dem Rückweg von Amdo das Mißgeschick geschehen, daß ihm der Sattelgurt riß.

In der Nähe befand sich eine kleine Hütte neben einem Teich. In der Hütte lebte ein alter blinder Mann. Der Bote des Königs erklärte dem Alten sein Mißgeschick, und der forderte ihn auf, sich umzusehen, irgendwo müsse ein überzähliger Sattelgurt liegen, den er gerne nehmen dürfe. Während er sich umschaute, sagte der Bote, der selber ein Lama oder Lehrer war, aber seine Mission geheim halten wollte, er sei ein pilgernder Lehrer aus dem Osten. Der alte Mann beglückwünschte ihn dazu, denn, so sagte er, die schönsten Tempel befänden sich alle im Osten. Die Menschen im Westen, im Lande des Schnees, würden niemals so schöne Tempel bauen können. Gerade zur Zeit seien sie dabei, aber sie wüßten nicht, daß unter der Baustelle ihres Tempels sich ein unterirdisches Meer ausbreite. Er beeilte sich, den Boten zur Geheimhaltung zu verpflichten und sagte dabei, daß einem alten Zauber zufolge das verborgene Wasser seinen Ort verlassen und den Platz überfluten werde, auf dem sie gerade standen, wenn das Geheimnis einem Lehrer aus Tibet zu Ohren käme. Denn der kleine Teich sei mit dem großen unterirdischen See verbunden.

Als er das hörte, sprang der Bote auf sein Pferd und rief dem alten Mann zu, sich zu retten, denn er habe soeben das Geheimnis einem Lehrer aus Tibet verraten. Dann ritt er gen Lhasa so schnell er konnte. Auf das Geschrei des Alten kam dessen Sohn herbeigelaufen. In seiner Verzweiflung befahl der Alte ihm, den Fremden aus Tibet zu verfolgen und zu töten, denn er habe einen Sattelgurt reparieren wollen und sei mit seinem Geheimnis davongeritten. Aber das Wort für »Sattelgurt« ist das gleiche wie für »Geheimnis«, und der Sohn glaubte, sein Vater sei verrückt geworden, den Tod eines Menschen für ein so kleines Vergehen wie den Diebstahl eines Sattelgurtes zu verlangen. Aber der Vater blieb unerbittlich, so daß der Sohn sich schließlich auf den Weg machte. Er überholte den Lehrer, entschuldigte sich und erklärte, sein Vater sei so verstört über den Verlust eines Sattelgurtes, daß er ihn sogar zum Mord habe anstiften wollen. Er müsse wohl den Verstand verloren haben, deshalb bitte er, der Sohn, den verehrten Lama, doch so freundlich zu sein, ihm den Gurt zurückzugeben, damit der Vater sich wieder beruhige. Der Lama gab ihm bereitwillig das Gewünschte, befestigte den Sattel mit seinem eigenen Gurt und setzte seinen Weg fort.

Als der Junge nach seiner Rückkehr dem Vater erzählte, was er getan hatte, sah der alte Mann ein, daß alles verloren war. Er befahl dem Sohn zu fliehen, um sich zu retten. Selbst legte er sich auf den Boden der Hütte und wartete. Zur gleichen Zeit gerieten die Menschen in Lhasa in Angst und Schrecken, denn es entstand ein furchtbares Getöse tief im Inneren der Erde und große Erschütterungen. Bald hörte das Getöse jedoch auf, und alles war wieder ruhig. Aber weit im Osten erzitterte der kleine Teich ganz plötzlich, es bildeten sich hohe Wellen, und er begann mit Macht überzulaufen. Der alte Mann und viele, die seinen Warnungen kein Gehör geschenkt hatten, kamen ums Leben. Das Wasser breitete sich hundert Meilen weit aus und bildete das heute als Koko Nor oder Blauer See bekannte Gewässer.

Als der Bote Lhasa erreichte und dort von dem unerklärlichen Getöse erfuhr, wußte er, daß der alte Mann wahr gesprochen hatte. Er unterrichtete Srongbstan gampo vom Gehörten, der daraufhin wieder mit den Bauarbeiten begann. Dieses Mal erwies sich der Boden als fest, und der damals gebaute Tempel steht noch heute.

Der König war es jedoch nicht zufrieden, nur Tempel zu errichten. Er studierte unter Thonmi Sambhota und wurde ein so ausgezeichneter Gelehrter, daß er sich selbst an die Übersetzung einiger Schriften machte. Offen begünstigte er die neuen Lehren, und als die Bönpoba dagegen revoltierten, erließ Srongbstan gampo ein Edikt, das den Glauben an die neue buddhistische Lehre zur Pflicht machte. Die zehn Goldenen Regeln des Buddha wurden zum Gesetz erhoben, ebenso wie eine Sammlung von sechzehn Artikeln, die der König selbst aufgestellt hatte, um seine Untertanen nicht nur dem Namen nach, sondern auch in der geistigen Einstellung zu bekehren. Gleichzeitig mit der neuen Gesetzgebung begann er ein Programm sozialer Reformen. Das Besitzrecht an Grund und Boden wurde geändert und die Tibeter aufgefordert, handwerkliche Geschicklichkeiten und sonstige Kenntnisse zu erwerben, die bisher das Vorrecht von Menschen aus anderen Ländern gewesen waren. Der Ackerbau, der grade begonnen hatte sich auszubreiten, wurde gefördert, und Schulen wurden errichtet, der Bevölkerung das Lesen und Schreiben beizubringen.

Es wurden jedoch noch keine Klöster gegründet, und noch immer bestanden die Bön-Religion und der Buddhismus friedlich nebeneinander, wenn man von dem einen Fall, als die Bönpoba sich erhoben hatten, absieht. Der Grund dafür war wohl gewesen, daß das Verbot, König Srongbstan gampos, Leben zu zerstören, die rituellen Praktiken der Bön-Religion bedrohte. Obgleich der Buddhismus gefördert wurde, konnte er doch noch nicht so richtig Fuß fassen, weil es ihm an einem organisierten Mönchstum fehlte. Dennoch hatte Srongbstan gampo dazu den Grundstein gelegt, indem er die Lhato Thori gemachte Versprechung erfüllte und das Geheimnis der »Verborgenen Größe« lüftete. Es wurde nie wieder zu einem Geheimnis, sondern breitete sich in ganz Tibet aus.

Während seiner Regierungszeit war es diesem bemerkenswerten König jedoch keineswegs gelungen, das ganze Volk zum Buddhismus zu bekehren. Tibet war noch immer ein Land, in dem das Volk sich selbst als wild und grimmig empfand und sich damit brüstete, ungeschliffen zu sein. Ein buddhistischer Kern war vorhanden, aber er umfaßte in erster Linie die königliche Familie und wurde durch den religiösen Eifer der beiden buddhistischen Frauen des Königs am Leben erhalten. Obwohl also das Volk als Ganzes nicht bekehrt war, war doch ein Anfang gemacht und der buddhistische Einfluß breitete sich, wenngleich zunächst nur oberflächlich, bis in die abgelegensten Ecken des Königreichs aus. Abgesehen vom Erziehungsprogramm im Inland, sah Srongbstan gampo darauf, daß einige Kinder einflußreicher Familien zur Ausbildung nach China geschickt wurden. Zusammen mit dem Zustrom von Lehrern und Handwerkern aus China und Indien bereitete diese Maßnahme den Boden für das kraftvolle Eindringen des Buddhismus in Tibet. Wichtiger war vielleicht noch, daß die Bönpoba begonnen hatten, gewisse buddhistische Lehren ihren Zwecken anzupassen und sie als eigene Lehren auszugeben, obgleich Srongbstan gampo das untersagt hatte. Wahrscheinlich war es dabei nicht ihr Ziel, den Buddhismus durch Subversion zu bekämpfen, wie oft behauptet worden ist, sondern sie sahen ihn wahrscheinlich als eine weitere »Kraft« an, mit der es fertig zu werden galt, und vollzogen daher wohl einen Ritus der Besitzergreifung, um Macht über diese neue Kraft zu erlangen und sie ihren eigenen Zwecken dienstbar zu machen. Dieses Vorgehen würde dem Gedankengut der Bön-Religion weit eher entsprechen.

Jedenfalls gab es keine offene Feindschaft zwischen den beiden Religionen, obgleich auch keine Übereinstimmung bestand. Nachdem das Volk Srongbstan gampo als den Begründer des Buddhismus in Tibet anerkannt hatte, verstand es ihn später als die Inkarnation Tschenrezigs, des Herrn der Gnade, Tibets Schutzgott.

Der buddhistische Einfluß hielt Srongbstan gampo nicht von kriegerischen Unternehmungen ab, die nach seinem Tode von seinen Nachfolgern noch ausgedehnt wurden; sie besiegten China und machten es tributpflichtig. Die tibetische Armee war damals schätzungsweise eine viertel Million Mann stark. Drei Generationen nach des großen Königs Tode, ahmte ihn sein Nachfahre Me Agtsom erfolgreich nach, indem auch er um die Hand einer chinesischen Prinzessin anhielt. Sie brachte den ganzen religiösen Eifer einer frommen Buddhistin mit, und die Bewegung, die den Buddhismus zur Volksreligion machen wollte, erhielt durch sie neuen Auftrieb. Während der Regierungszeit dieses Herrschers bezog Tibet seine Bildung weiterhin aus Indien, und es wurden viele neue, wichtige Übersetzungen hergestellt. Zwei berühmte indische Weise befanden sich damals in Meditation versunken auf dem heiligen Berge Kailas im Süden Tibets. Sie wurden durch Boten aufgefordert, nach Lhasa zu kommen, um dort zu lehren. Die heiligen Männer lehnten zwar ab, aber sie lehrten die Boten die fünf Theg Tschen-Sutras. Die Boten lernten die Sutras auswendig und vermehrten so den Schatz der ins Tibetische übersetzten Schriften.

Schon damals war der Buddhismus in zwei Richtungen zerfallen, die sich hauptsächlich in der Auslegung der Lehre des *mying di* und der Idee der Seele unterschieden. Bei religiösen Fragen, zu denen der Buddha sich nicht geäußert hatte, legte die Theg Men-Schule sein Schweigen als Verneinung aus, während die Theg Tschen-Schule meinte, sie wären nur kein Teil des achtfachen Pfades; die Theg Tschen-Schule entwickelte also ein esoterisches wie auch ein exoterisches System. Für den Laien war der Pfad das einzig wichtige; er hatte nichts weiter zu tun, als sich zu bemühen, so zu leben, wie das der Buddha in seinen exoterischen Lehren festgelegt hatte. Für diejenigen, die ihr Leben ganz der Religion widmeten, gab es einen Weg erhabeneren Wissens, der den achtfachen Pfad keineswegs umging, sondern dessen Fortsetzung bildete, zu höherem Verständnis führte und den Menschen die Befähigung verlieh, andere zu lehren. Die Beschäftigung mit Fragen, die das Vorhandensein der Seele oder das Leben nach dem Tode betrafen, konnten einen Laien nur verwirren und ihm Zweifel eingeben, die er selbst nicht lösen konnte, da er ja an das Alltagsleben gebunden war. Daher hatte der Buddha zu diesen Fragen geschwiegen. Nun wurde Tibet zum Mittelpunkt der Theg Tschen-Schule; sie schied die Bevölkerung in Laien und Mönche, die beide verschiedenen Pfaden folgen und dennoch unauflösbar in dem Streben vereint sind, die Erlösung zu erlangen.

In einer Hinsicht war die Tatsache, daß sich Tibet in geistiger Hinsicht an Indien und nicht an China orientierte, von größter Bedeutung. Nordindien war das Zentrum einer blühenden Schule des Tantrismus, einer Schule, die nach Art der Bön-Religion glaubte, daß der Mensch durch entsprechende Disziplin übernatürliche Kräfte entwickeln könne. Die Kasteiungen und die Zucht waren streng und sehr gefährlich, wenn das Studium dieser Praktiken nicht unter der Aufsicht eines erfahrenen Lehrers vorgenommen wurde. Ihrem Wesen nach war es eine geschlossene Schule, in die als Mitglied nur aufgenommen wurde, wer für tauglich befunden und bereit war, sich ausschließlich diesem Studium zu widmen. Das Ziel war nicht nur die Entwicklung übernatürlicher Kräfte, vielmehr waren diese Kräfte das Nebenergebnis einer auf ein höheres geistiges Ziel gerichteten Entwicklung. Trotzdem kamen die Lehren den Praktiken, wenn auch nicht den Lehren, der Bönpoba sehr nahe und fanden daher einen fruchtbaren Boden in Tibet. Ihrem Ursprung nach gehörten sie eher dem Hinduismus als dem Buddhismus an, aber die beiden Religionen hatten sich in Nordindien sehr stark vermischt und erreichten Tibet in Form einer einzigen Religion. Zusammen mit den alten Glaubensvorstellungen der Bön-Religion ergab das die besondere Form des tibetischen Buddhismus.

Die tantrischen Lehren waren dem chinesischen Denken fremd und fanden keine Gnade in den Augen von Me Agtsoms Gemahlin. Obgleich die Lehren von den Bönpoba begrüßt und eifrig studiert wurden, sahen sie doch die indischen Lehrer und diejenigen Buddhisten, die tantrische Riten praktizierten, als gefährliche Rivalen an. Es gab daher während Me Agtsoms Regierung eine wachsende Unzufriedenheit wegen der indischen Lehrer und ihrer Lehren. In dieser Zeit ereignete sich eine verheerende Pockenepidemie, der auch die Königin zum Opfer fiel. Die Epidemie wurde von den Bönpoba so ausgelegt, daß die alten Götter Tibets ihrer Unzufriedenheit mit der neuen Religion und den Lehren der fremden Mönche Ausdruck verliehen hätten. Die öffentliche Meinung war in dieser Zeit leicht erregbar, und so wurden erneut Forderungen nach der Ausweisung aller Mönche erhoben. Der König geriet unter solchen Druck, daß er schließlich gegen seinen Willen nicht nur alle indischen Lehrer aus Tibet verbannen mußte, sondern auch viele ihrer tibetischen Anhänger.

Me Agtsoms Sohn, der als König Tisrong De Tsen bekannt ist, war selbst ein frommer Buddhist und entschlossen, den Lauf der Dinge wieder umzukehren. Er ließ aus China neue Schriften holen, aber sein Onkel, der einer der führenden Minister war, bekämpfte die weitere Übersetzung solcher Schriften auf das leidenschaftlichste, und die Bücher mußten versteckt werden. Der junge Gelehrte Salnang, der die Bücher herbeigeschafft hatte, mußte auch von der Szene verschwinden, weshalb ihn Tisrong De Tsen zum Gouverneur einer an Nepal grenzenden Provinz ernannte. Diese Gelegenheit ließ der junge Gelehrte sich nicht entgehen und besuchte, was wohl Tisrong De Tsens Hoffnungen entsprach, buddhistische Schreine in Indien an Orten, wo der Buddha gelebt und gelehrt hatte. Am wichtigsten war jedoch sein Besuch der großen buddhistischen Universität Nalanda, wo er Santarakischta traf, den damals wohl führenden buddhistischen Gelehrten. Zusammen arbeiteten sie einen Plan zur Wiedereinführung des Buddhismus in Tibet aus.

Der König war sehr dafür, aber sein Minister stand dem im Wege. Ein anderer Minister, Gotisang mit Namen, stellte sich auf die Seite des Königs und erfand eine List. Das Staatsorakel sollte bekannt geben, daß zwei prominente Minister sich an einen geheimen Ort begeben und dort für eine Zeitlang eingeschlossen werden sollten. Die Tatsache, daß Gotisang einer dieser beiden war, verscheuchte jeden Verdacht, den Maschang, der Feind des Buddhismus, hätte haben können, als auch er dazu ausersehen wurde. Aber während Gotisong den Weg in die Freiheit kannte, wurde Maschang eingemauert und seinem Schicksal überlassen.

Nachdem Maschang beseitigt war, hinderte den König nichts daran, öffentlich die Rückkehr des Buddhismus nach Tibet zu betreiben. Er lud Santarakischta ein, Nalanda zu verlassen und nach Lhasa zu kommen. Der große Mann kam und predigte und lehrte in dem Palast auf dem Roten Hügel. Seine Lehren hatten mit dem Tantrismus nichts zu tun, sondern befaßten sich mit den höchsten moralischen Fragen, so auch mit dem Wiederaufleben der Zehn Tugenden, die Srongbstan gampo als verbindliche Lehren angenommen hatte, als er die nepalesische Prinzessin heiratete. Vielleicht sahen die Bönpoba ein, daß diese Lehren die Grundlage zu einem Verhalten legten, das auf dem Mitgefühl und Mitleid mit sämtlichen Lebewesen basierte, und die alte Ordnung noch mehr bedrohte als alles vorherige. Als ein schweres Gewitter aufkam und der Palast auf dem Roten Hügel vom Blitz getroffen wurde, erklärten sie sofort, daß die Götter Tibets erzürnt seien und der neue Lehrer sofort nach Indien zurückgeschickt werden müsse. Santarakischta selbst war von der leidenschaftlichen Feindseligkeit beeindruckt, mit der seine Lehren aufgenommen wurden, und begab sich eilig nach Nalanda.

Nachdem sich alles wieder beruhigt hatte, sandte der unverzagte Tisrong De Tsen einen Boten zu dem Weisen und lud ihn ein, seine Lehren wieder aufzunehmen. Aber Santarakischta hatte genug davon. Er antwortete, die Kräfte des Bösen in Tibet seien zu stark. Wenn der Buddhismus Fortschritte machen sollte, so müsse man zuerst die Dämonen austreiben, die das Land bevölkerten und mit ihren bösen Kräften erfüllten. Ehe das nicht geschehen sei, werde er nicht zurückkehren. Es gab nur einen Mann, der das notwendige Wissen hatte, um diese Aufgabe anzupacken, das war der berühmte tantrische Mönch Lopon Rinpotsche, ein Mann, der sich einen ungewöhnlichen Ruf erworben hatte und von dem es hieß, er sei einem Lotos entsprungen.

Tisrong De Tsen lud Lopon Rinpotsche sofort ein, diese Aufgabe zu übernehmen, und der Meister des Tantrismus nahm an. Durch seinen Einzug nach Tibet wurden die Dämonen tatsächlich vertrieben und die Schleusen geöffnet, durch die der Buddhismus mit aller Kraft ins Land strömte.

7. KAPITEL

Als erstes ergreift seine Hand den Bogen, / Als zweites legt er den Pfeil auf die Sehne, / Als drittes bei gespanntem Bogen / Läßt sein Daumen den Pfeil fliegen — / So schickt er den Pfeil geradeswegs gegen die Brust / Des Königs Langdharma. / »Ich bin der Schwarze Teufel, Ya Scher, / Ausgesandt, einen sündigen König zu töten!« / Nach diesen Worten entfloh er.

Aus BUSTON TSCHOSCHBYUNG

WUNDER UND DUNKLE ZEIT

Schon die Geburt Lopon Rinpotsches, wie wir den Heiligen nennen, der in Indien als Padmasambhawa bekannt ist, wird mit tantrischem Glauben und tantrischen Praktiken (*Gyud*) in Verbindung gebracht, mit der Beziehung des Menschen zu übernatürlichen Kräften, ihrer Aneignung und Beherrschung. Es scheint, daß er in der Gegend zwischen Kaschmir und Afghanistan geboren wurde, einem Gebiet, das wir Urgyen nennen und das ungefähr dem heutigen Swat entspricht. Damals herrschte in Urgyen der Mahajana-Buddhismus, tibetisch Theg Tschen genannt, der aber stark von tantrischen Praktiken durchsetzt war. Die Gegend war dafür berühmt, daß dort Magie und Zauberei in großem Ausmaß praktiziert wurden, und man sprach von geheimen Formeln und Riten, die es den Einwohnern ermöglichten, außerordentliche Kräfte zu erwerben.

Die Geschichte des Tantrismus ist mindestens dreitausend Jahre alt. Er blühte in Nordindien im siebenten Jahrhundert vor Christi Geburt, als der Gautama Buddha als Prinz Siddharta, Sohn des Sakja-Königs Suddhodana, in der Hauptstadt Kapilawastu das Licht der Welt erblickte. Die Überlieferung berichtet nicht ausdrücklich von seiner jungfräulichen Geburt, aber das ist eine stillschweigende Folgerung. Die Königin Maha Maja hatte einen Traum, daß die Sterne auseinandertraten und vom nächtlichen Himmel ein wundervoller Elefant herunterschwebte, der sich mit ihr verband. So wurde der Buddha empfangen. Auch seine Geburt war von allerhand günstigen Vorzeichen begleitet. Eines Tages, als ihre Stunde schon nahe war, lustwandelte die Königin im Lumbini-Park. Da bog sich ein großer Baum herab, um sie mit seinen Zweigen zu schützen, und in dieser Laube gebar sie den Prinzen, der der Buddha werden sollte. Es war eine unbefleckte Geburt, denn Siddharta entsprang ihrer rechten Seite. Er wurde in den Sakja-Tempel getragen, und es heißt, daß sich sogar die Bilder ihm zu Füßen warfen. Als der Priester das Kind sah, erkannte er es sofort als die Inkarnation eines Tschangtschub Sempa, der zum Wohl der Menschheit zurückgekehrt war. Tschangtschub Sempas werden immer mit einer bestimmten Anzahl erkennbarer äußerer Merkmale geboren. Der Priester prophezeite, daß der junge Prinz nur so lange bei den Seinen bleiben werde, wie er vier Dinge nicht gesehen habe: einen kranken Mann, einen alten Mann, eine Leiche und einen, der der Welt entsagt hat. Wenn er diese vier Wahrheiten des Lebens zu Gesicht bekäme, werde er sein Heim und seine Familie auf immer verlassen. Andere Weise, die weniger direkt in ihrer Auslegung verfuhren und dem König schmeicheln wollten, legten die Zeichen so aus, daß Siddharta ein König aller Könige werden würde. Suddhodana schwor, das solle so sein, und gab Befehl, daß wann immer sein Sohn das Palastgrundstück verließe, Wächter vor ihm hergehen und dafür sorgen müßten, daß dem Sohn keine Alten, Kranken, Toten oder Menschen zu Gesicht kämen, die dem Leben entsagt hatten. Er umgab seinen Sohn mit allem nur erdenklichen Vergnügen und bewahrte ihn vor allem Unglück und allem Schmerz.

So wuchs Siddharta auf, genoß das Leben in vollen Zügen und schmeckte jedes seiner Vergnügen. Aber eine unersättliche Neugier trieb ihn, hinter diese Vergnügungen zu schauen, die ihn bald anwiderten und seine Teilnahmslosigkeit bewirkten. Seine Lehrer fühlten, daß er ihnen an Wissen überlegen war, und der Prinz wanderte immer weiter in seiner Suche nach etwas, das die Leere erfüllen könnte, von der er fühlte, daß sie vorhanden war und ihm das Verständnis des Lebens unmöglich machte.

In einem letzten Versuch, seinen Sohn im Schutze des Palastes und seiner Lustgärten zu halten, bereitete Suddhodana die Verheiratung Siddhartas vor, der kaum mehr als ein flüchtiges Interesse an den Tanzmädchen gezeigt hatte, die für seine Unterhaltung sorgen sollten. Auch an den in Frage kommenden Prinzessinnen hatte er kein größeres Interesse. Nur die Prinzessin Jasodhara machte eine Ausnahme. Als der Buddha später einmal gefragt wurde, warum er sich bereit erklärt hatte, sie zu heiraten, antwortete er, daß sie schon in einer früheren Inkarnation Interesse für einander gehabt hätten und daß die Heirat die Erfüllung jener alten Wünsche gewesen sei. Die Ehe war fruchtbar, doch bald nachdem Jasodhara den Sohn Rahula geboren hatte, sandten die Götter die vier Zeichen. Siddhartas vorheriges *lei* war nun erfüllt; es war Zeit für ihn, der Welt zu entsagen. Auf einem Ausflug in seinen Lieblingswald, der ihn durch Kapilawastu führte, sah der Prinz zuerst einen alten Mann, krumm und fast unbeweglich. Dann erblickte er einen Mann, der krank und von schweren Schmerzen geplagt war. Danach wurde eine Leiche über seinen Weg getragen, und zum Schluß sah er noch einen armen Bettler, der der Welt entsagt hatte. In einer Art Glückseligkeit saß dieser Bettler in unbeweglicher Ruhe da, denn er hatte Frieden gefunden.

Siddharta wußte sofort, was ihm an seinem Weltbild gefehlt hatte — die unentrinnbare Wahrheit des Leidens und Vergehens. Und es dämmerte ihm eine Ahnung einer anderen Wahrheit, der Wahrheit der Erlösung vom Leid. Er beschloß, fortzugehen und nach der letzten Wahrheit zu suchen. So nahm er Abschied von Jasodhara und Rahula, während sie im tiefen Schlafe lagen. Obgleich der König den Befehl gegeben hatte, die Palasttore niemandem zu öffnen, auch nicht seinem Sohne, öffneten sie sich von selbst, als Siddharta das Pferd bestieg und weit weg in den Wald ritt. In sicherer Entfernung stieg er vom Pferde, schickte das Tier zum Palast zurück, schnitt sich sodann die Haare ab und zerriß seine schönen Kleider, so daß ihn niemand mehr als königlichen Prinzen erkennen konnte. Nun folgte eine Zeit, in der Siddharta bei mehreren Weisen studierte und sich einer harten Disziplin unterwarf. Von der Intensität und Zielstrebigkeit seiner Suche angezogen, schlossen sich ihm fünf Jünger an. Doch als der junge Mann erlebte, daß er durch rein geistiges Forschen und Bemühen keine weiteren Fortschritte erzielen konnte, versuchte er es mit einer langen Reihe von Fastenübungen und Kasteiungen, die ihm fast das Leben kosteten. Eines Tages fand ihn ein Bauernmädchen, Sujata mit Namen, ausgezehrt und krank unter einem großen Feigenbaum liegen. Sie hatte Reis und Milch als Opfergaben zum Familienschrein bringen wollen, nun gab sie sie stattdessen dem sterbenden Asketen.

Im Augenblick kam es Siddharta zum Bewußtsein, daß er auf diesem Wege die Erleuchtung nie erlangen werde, denn seine physischen und geistigen Kräfte waren schon am Erlöschen. Ihn erwartete nur noch der Tod, und diesem mußte eine Wiedergeburt zu einem neuen Leben folgen, in dem der ganze Kampf sich wiederholen würde. So nahm er Sujatas Gaben an, wurde aber sofort von seinen fünf tief enttäuschten Jüngern verlassen, die ihm seine Schwäche zum Vorwurf machten. Siddharta badete im nahen Fluß und gewann seine Kräfte wieder. Er kehrte zum Bodhi-Baum zurück und beschloß, dort bis zur Erkenntnis der endgültigen Wahrheit sitzen zu bleiben. Nun unterzogen ihn die Kräfte des Bösen einer ganzen Reihe von Versuchungen. Um ihn in seinem Entschluß wankend zu machen, versuchten sie ihn durch Donner und Blitz, Feuer, Wasser und Finsternis zu schrecken, aber er ließ sich nicht beirren, so sehr die Stürme auch um ihn tobten. Danach sandte der Böse seine Töchter aus, den Prinzen zu verführen, aber als alles nichts fruchtete, zogen sich die Kräfte des Bösen schließlich zurück. Danach erlangte Siddharta im Laufe der Nacht immer höhere Stufen der Erkenntnis, bis er in der Morgendämmerung die volle Wahrheit erkannte und zum Buddha, dem Vollkommenen, dem Erleuchteten wurde. Da sang er seinen berühmten Siegesgesang:

> Nun, Häuserbauer, bist du durchschaut;
> Nun wirst du nicht mehr bauen und durch
> Deine Kunstgriffe irreführen.
> Die Balken sind zerschlagen, die Sparren zerstreut.
> Unter all diesem verborgen habe ich die Wahrheit gefunden;
> Frei geworden von allem Begehren, sehe ich nur die Runde
> von Geburt und Tod,
> Die von Leid erfüllt ist.

Noch eine letzte Versuchung nahte sich ihm. Denn im Besitz der vollkommenen Weisheit, war es dem Buddha nunmehr anheim gestellt, die Runde von Geburt und Tod, die Welt des Leidens, zu verlassen oder aber dazubleiben und seine Weisheit zum Wohle der Menschheit zu verbreiten. Er war versucht, die Welt des Leidens zu verlassen, denn wer würde seine Lehren verstehen können? Er war nun fünfunddreißig Jahre alt und hatte zeitlebens niemanden gefunden, der ihn die letzte Wahrheit hatte lehren können... wer würde ihm zuhören wollen? Die Stimme der Versuchung hielt ihm vor, daß die Welt noch nicht reif dafür sei, daß sein Opfer umsonst sein würde. Doch als der Buddha zögerte, weinten die Götter, wie die Legende berichtet, und sie riefen: »Nun ist die Welt verloren!« Da erkannte der Buddha, daß sich sein Opfer schon lohnen würde, wenn er auch nur ein oder zwei Menschen von der Wahrheit überzeugte, und er begab sich nach Benares, einer alten und heiligen Stadt, wo er sicher sein konnte, sehr vielen Menschen zu begegnen, die sich auf der Suche nach der Wahrheit befanden.

Im Wildpark von Sarnath in der Nähe von Benares setzte der Buddha sodann das Rad der Lehre in Bewegung und lehrte die Wahrheit des Leidens und die Ursache des Leidens, die Wahrheit der Erlösung und den Weg zur Erlösung. Die ersten fünf Bekehrten waren seine ehemaligen Jünger, die ihn verlassen hatten, als er Sujatas bescheidene Gaben annahm. Wie diese erkannten auch viele andere Menschen die Wahrheit des Mittleren Pfades, der die Übertreibung in allem meidet, sei es die Übertreibung der Genußsucht, sei es die der Kasteiung. Während der Buddha predigend durchs Land zog, wuchs sein Orden. Er kehrte sogar einmal nach Kapilawastu zurück, wohin sein Ruhm mittlerweile gedrungen war und auch seine Familie erreicht hatte. Jasodhara hatte ebenfalls den Vergnügungen der Welt entsagt und befolgte in ihrer Lebensführung die Lehren des Buddha. Sie sandte Rahula, ihrer beider Sohn, zu ihm und bat, der Buddha möge seinem Sohn sein Erbe geben. Denn auch Suddhodana war mittlerweile bekehrt worden, und so konnte Rahula mit seines Vaters Segen den Thron besteigen. Buddhas Antwort bestand jedoch darin, daß er einen seiner Jünger aufforderte, seinem Sohn das Gelübde der Entsagung abzunehmen, und so trat Rahula die geistige Nachfolge seines Vaters an, indem auch er auf sein Königreich verzichtete.

Bei seinen Lehren vermied es der Buddha sorgfältig, über Gott oder das Leben nach dem Tode zu reden. Seine Lehren waren sämtlich darauf gerichtet, den Menschen zu zeigen, wie sie in dieser Welt leben sollten. Erreichten sie damit auch noch nicht Erleuchtung in diesem Leben, so waren sie der Erleuchtung doch näher gekommen, und durch ständiges Bemühen wurde die Runde immer mehr verkürzt, bis das Ende schließlich erreicht war. Bis zum heutigen Tage ist der Buddhismus eine Lehre der Lebensführung geblieben, die von jedem angenommen werden kann, er sei reich oder arm, hoch oder niedrig. Ordensregeln wurden geschaffen, die noch heute gültig sind und sich auf die Zulassung der Einzuweihenden, ihre Verantwortlichkeiten und ihre Pflichten erstrecken. Der Buddha wollte anfangs keine Frauen in den Orden aufnehmen, aber er konnte ihren ständigen Ausschluß nicht rechtfertigen, ohne ihnen das Recht und die Fähigkeit abzusprechen, ebenso wie alle anderen Menschen Erleuchtung zu erlangen. Als er schließlich seine Einwilligung zu ihrer Aufnahme gab, prophezeite er, daß eine vorzeitige Spaltung des Ordens die Folge sein werde.

Mehr als vierzig Jahre predigte Buddha seine Lehre, und der Orden wuchs und gewann an Macht und Mitgliederzahl. Als der Buddha achtzig Jahre alt war, kam das Ende. Er erklärte, sein Körper sei verbraucht und es lohne sich nicht länger, ihn am Leben zu erhalten. Zu diesem Zeitpunkt befand er sich mit einigen seiner Jünger in der Gegend von Kusinara. Ein Schmied, Angehöriger einer sehr verachteten Kaste, forderte sie auf, sich in seinem Mangowäldchen zu erholen, und bereitete ihnen ein Mahl aus fettem Schweinefleisch. Als der Buddha das fette Fleisch sah, befahl er Cunda, es nur ihm zu geben und was dann noch übrig bliebe zu vergraben, da niemand sonst davon essen dürfe. Kurz nach der Mahlzeit erkrankte der Buddha. Er sagte den anderen, daß seine Zeit nun gekommen sei, und dankte Cunda, daß er ihm zur Ursache seiner bevorstehenden, endgültigen Erlösung verholfen habe. Danach überquerten der Buddha und seine Jünger den Fluß, zogen durch Kusinara und betraten einen Hain. Zwischen zwei Bäumen legte sich der Buddha in der »Haltung des ruhenden Löwen« nieder. Mit einigen letzten ermutigenden Worten an seine Jünger ging er ins Sanggye Sa ein, in die Aufhebung allen Leidens. Er hatte alles gelehrt, was es zu lehren gab, und hatte nichts für sich behalten. Der Pfad, dem es zu folgen galt, lag klar vor jedem, der ihm folgen wollte. Sein Werk war beendet.

So sah die einfache Botschaft aus, die Gautama, der Buddha, der Welt gebracht hatte. Ihre tiefe und direkte Wirkung lag darin, daß ihre Wahrheit nicht bestritten werden konnte und daß der Buddha einen Weg zur Erlösung gewiesen hatte, statt nur das Leiden als Wurzel des Lebens zu erkennen und zu beklagen oder nur um Erlösung zu beten. Dieser Weg verlangte keine lebenslänglichen Übungen, die jede sonstige Betätigung unmöglich machten, wie das bei den meisten großen indischen Yogaschulen der Fall war; auch der Verzicht auf alles Angenehme im Leben wurde nicht verlangt. Dieser Weg konnte von allen sofort beschritten werden; er befürwortete nicht so sehr die Entsagung wie die Mäßigung in allen Dingen, und er führte fast augenblicklich zum Erfolg. Unser Verhalten schwingt wie ein Pendel gleich weit vom Mittelpunkt der völligen Stabilität, der Bewegungslosigkeit, nach beiden Seiten aus. Erlauben wir dem Pendel zu weit nach der einen Seite auszuschlagen, so schlägt er genau so weit auf die andere Seite aus. Auf unmäßigen Genuß folgt unmäßiges Leiden. Diese Feststellung bezieht sich nicht auf moralische Vergeltung, sondern auf die relative Natur unserer Empfindungen. Wenn wir sagen, etwas sei heiß, so hängt unser Hitzeempfinden von unserer Kälteerfahrung ab. Was einem tibetischen Nomaden als heiß erscheint, würde einem Mann aus Südindien recht kühl vorkommen. Viel unangenehmer als Hitze und Kälte ist jedoch ein ständiger Wechsel zwischen beiden. Ebenso geht es mit Eindrücken und Empfindungen. Gautama hat die Beschneidung der Extreme gelehrt, ihre langsame Einengung bis zu dem Punkt der Bewegungslosigkeit, an dem das Leiden zum Stillstand kommt. Jeder kleinste Fortschritt auf diesem Wege bringt eine Verminderung des Leidens.

Die Lehre wandte sich in erster Linie an die Massen, nicht an einige Wenige, und sie richtete sich an jene, die ein Alltagsleben führen müssen, nicht an die, welche die Abgeschiedenheit suchen. Die Idee, die ihr zugrunde liegt, besagt jedoch, daß wir zahllose Leben zu erfahren haben, ehe die endgültige Stabilität erreicht werden kann, wobei jedes dieser Leben, wenn es gut gelebt wird, uns dem Ziel näher bringt. Diese Idee stellte zu große Anforderungen an die Geduld vieler Menschen, die einen abgekürzten Weg zum Paradies zu finden hoffen. Der Buddha hat die Möglichkeit einer solchen Abkürzung nicht verneint, er hat sie nur für die Masse der leidenden Menschheit geleugnet. Der Tantrismus bietet eine solche Abkürzung für diejenigen, die ihr ganzes Leben diesen Praktiken widmen wollen. Man erzählt sich, daß einer der Jünger den sterbenden Buddha gefragt habe, warum er nichts von den Tantras gesagt habe. Buddha antwortete, er sei der Sohn eines Mannes und einer Frau, und kein irdisch Geborener könne eine solche Aufgabe, wie die Jünger sie ins Auge faßten, d. h. die Einführung des Tantrismus für die Massen, auf sich nehmen. Es sei das ein gefahrvoller Pfad, und es erfordere einen Lehrer von absoluter Reinheit, um den Tantrismus einem Laien beizubringen, ohne ihm zu schaden. Schon von einer Frau geboren zu sein, heißt von Unreinheit berührt zu sein, denn es bedeutet die Kenntnis von Schmerz und Leid. Er versprach, daß ein gänzlich Unbefleckter eines Tages kommen werde, nicht um den Menschen ein Entrinnen vor den Folgen ihrer Taten zu ermöglichen, sondern um — wenn die Zeit dazu reif wäre — einen Weg zu weisen, wie die Erlösung rascher erreicht werden könne. Aber bis dahin müßten die Menschen die Lebensführung des Mittleren Pfades gelernt haben.

Mehr als tausend Jahre später kam Lopon Rinpotsche nach Tibet, um ihm die tantrischen Lehren zu vermitteln. Seine Geburt war von Wundern begleitet. Mitte des achten Jahrhunderts christlicher Zeitrechnung sah man irgendwo in der Provinz Urgyen einen Lotos im Indus sich zu ungewöhnlicher Größe entwickeln. Als die Knospe schließlich aufsprang, saß in ihrem Kelch ein achtjähriger Knabe von einzigartiger Schönheit. Der alte, kinderlose König Indrabhuti reiste damals gerade durch die Gegend, weil er nach dem Edelstein *Yishin Norbu* suchte, der alle Wünsche erfüllt. Er hatte den Stein gefunden, und als er nun den Knaben im Lotos sitzen sah, wünschte er ihn sich zum Sohn. Auf diese Weise kam es dazu, daß Lopon Rinpotsche wie der Buddha an einem Königshof aufwuchs und vom Luxus umgeben war. Ähnlich wie der Buddha heiratete auch er, jedoch ohne die Zustimmung der Eltern des Mädchens, die es schon mit einem anderen verlobt hatten. Schließlich beschloß er, sein Leben am Königshof aufzugeben, obgleich sein Vater schon abgedankt und ihn zum König gemacht hatte, denn er wollte sein Leben in religiöser Beschaulichkeit beschließen. Trotz der Proteste seiner Untertanen, bestand der junge König auf seiner Abdankung und erschien auf dem Dach des Palastes, um von seinem Volk Abschied zu nehmen. Er war schon in Lumpen gekleidet, aber wie er so dastand, hielt er plötzlich einen Schädel und einen flammenden Donnerkeil in der einen Hand und einen dreizackigen Speer in der anderen. Als die Menge diese magischen Embleme anstarrte, schlug das Schwert plötzlich zu und tötete einen Mann, während der dreizackige Speer eine Frau und ein Kind berührte und tötete. Die Ehrfurcht der Menge verwandelte sich in leidenschaftlichen Zorn, und sie hätte den

jungen König umgebracht, wäre nicht sein alter Vater aus der Abgeschiedenheit hervorgekommen, um sich dazwischenzuwerfen. Lopon
Rinpotsche wurde aus dem Lande verbannt, in dem er geboren war,
und er begann seine Wanderung auf der Suche nach Erkenntnis.

Es heißt, er habe alle großen religiösen Zentren und Lehrer besucht,
einschließlich der Bönpoba, auch habe er geheimste Belehrungen
von den Göttinen erhalten, die die Bestattungsplätze heimsuchen.
Dort lernte er, sich den fürchterlichsten und schreckenerregendsten
Erfahrungen zu stellen, die sich der Mensch nur vorstellen kann,
und zu erkennen, daß sie, die als teuflische Realitäten erschienen,
nichts anderes waren als durch Gedanken beschworene Unwirklich-
keiten. Er lernte jede Art des Entsetzens kennen, bestand jede Probe
und erlangte so Macht über die Dämonen.

Durch geheime Einweihung auf Bestattungsplätzen lernte er auch
die Mysterien der Himmel kennen und brachte sogar die Planeten
unter seine Herrschaft, denn Wissen ist Macht. An den weltlichen
religiösen Zentren und Universitäten lernte er die irdischen Wissenschaften. Daraufhin begann er das Land zu durchstreifen, die er-
staunlichsten Wunder zu wirken und Dämonen auszutreiben, wo
immer die menschliche Vorstellung sie hervorbrachte. Gerade die
Zurschaustellung der Macht, die von anderen buddhistischen Schulen gänzlich abgelehnt wird, war für das Wirken Lopon Rinpotsches
unumgänglich. Wenn er das von Menschen geschaffene Böse besiegen wollte, mußte er eine Macht demonstrieren, die ebenso furcht-
einflößend wirkte. Nirgends erscheint er als Heiliger im üblichen
Sinne, als milder und freundlicher Mann. Das ist nicht tantrische
Art. Lopon Rinpotsche war ein Meister der Extreme, leidenschaftlich
und gewalttätig, aber er gebrauchte diese Eigenschaften stets, um
Gutes zu wirken. Einmal hielt er an einem Wirtshaus an, um dort
zu trinken. Er trank mehrere Tage lang, ohne etwas zu bezahlen.
Schließlich drohte ihm die Eigentümerin, sie werde ihn bestrafen
lassen, wenn er nicht zahle. Er fragte, ob sie ihm die Summe bis zum
Sonnenuntergang stunden wolle, und sie ging darauf ein. Daraufhin
zog er seinen magischen Dolch oder Phurbu und trieb ihn in den
Boden in der Nähe der Tür, so daß er einen Schatten warf. Aber der
Schatten bewegte sich nicht, und die Sonne blieb Tag um Tag an
ihrem Platz, und die ganze Zeit fuhr Lopon Rinpotsche fort, zu
trinken und die Wirtin an ihr Wort zu mahnen. Als sich die Men-

schen beschwerten, sagte er, wenn sie seine Schale mit Almosen füllten, werde er damit die Rechnung bezahlen und gehen. Das taten sie, er bezahlte die Rechnung und zog den Dolch aus dem Boden, woraufhin die Sonne sank. Die Wirtin wurde seine Schülerin.

In Sahor nahm er Mandarava, die Tochter des Königs, zur Frau. Er machte sie zu seiner geistigen Gemahlin oder *schakti*, denn auch sie war eine Eingeweihte. Ihr Verhalten erzürnte den König, der sie am Pfahl verbrennen ließ — aber das Feuer verwandelte sich in Wasser, und der Pfahl wurde zu einem Lotos, und in diesem Lotos saßen Lopon Rinpotsche und seine *schakti*.

So groß waren die von ihm bewirkten Wunder, und es waren ihrer so viele, daß niemand seine Überlegenheit bezweifelte. Nur er, so hatte Santarakischta dem König Tisrong De Tsen erklärt, konnte die Dämonen besiegen, die Tibet in ihrer Gewalt hatten, und nur er konnte dem tibetischen Volk Wissen und Weisheit bringen. Guru Rinpotsche erkannte, daß ihm mit Tibet eine Aufgabe gestellt war, die er anpacken mußte, und so nahm er die Einladung des Königs an. Er machte sich nach Samye auf den Weg, das zwei Tagereisen südöstlich von Lhasa liegt. Von Nepal kommend, unterwarf Lopon Rinpotsche alle Dämonen, die sich ihm auf seinem Wege entgegenstellten. Außerhalb Lhasas wurde er von einer Eskorte begrüßt, die ihm der König entgegengesandt hatte, um ihn nach Samye zu geleiten, und das gab Anlaß zu einem neuen Wunder. Alle Pferde waren durstig, aber es gab nirgends Wasser. Lopon Rinpotsche schlug mit einem Stock Wasser aus einem Felsen. Diese Quelle habe ich selbst gesehen, es strömt dort noch immer Wasser aus dem nackten Felsen von einer Stelle, die etwas höher liegt als die Augenhöhe eines Menschen. Wir nennen sie *Schongpa Lhatschu* oder »Götterwasser für das Pferd«.

Samye war als Treffpunkt ausgewählt worden, weil der König und Santarakischta dort den Versuch gemacht hatten, das erste buddhistische Kloster zu erbauen. Aber wie sehr sie auch tagsüber arbeiteten, Holz und Steine verbauten, nachts kamen die Dämonen und rissen die Wände um. Der König ritt Lopon Rinpotsche zur Begrüßung entgegen, ließ aber merken, daß er erwartete, jener werde sich vor ihm verneigen. Doch Lopon Rinpotsche sagte, da er gekommen sei, Gutes für Tibet zu tun, die Dämonen zu vertreiben und Wissen zu vermitteln, so müsse der König sich vor ihm verneigen.

Er hob den Finger, es gab Donner und Blitz, und des Königs Gewänder standen in Flammen. Der König und der ganze Hofstaat verbeugten sich vor Lopon Rinpotsche, und vielleicht begann damals die Herrschaft der Religion in Tibet. Lopon Rinpotsche machte sich daran, die Dämonen auszutreiben, die das Beben der Erde bei Samye bewirkten und dadurch die Wände zerstörten, sobald sie aufgeführt waren. Der Boden festigte sich, und das Kloster wurde gebaut. Bis vor kurzem war es noch erhalten, wurde dann aber zum Teil durch ein Feuer vernichtet. Ich besuchte es einmal und sah dort eine Anzahl von Büchern, die damals übersetzt wurden, denn die Übersetzung buddhistischer Schriften ins Tibetische wurde wieder aufgenommen, sobald das Kloster fertiggebaut war.

Das Gebäude, das vielleicht das größte in ganz Tibet gewesen ist, war als Modell des Universums geplant. Der Haupttempel in der Mitte stellte den Berg Rirab dar, während im Norden, Süden, Osten und Westen vier Tempel die vier Welten verkörperten. Kleinere Tempel bedeuteten die Inseln, die die Welten voneinander trennen. Außerdem gab es in einer größeren Entfernung noch zwei Tempel, die den Mond und die Sonne darstellten. Der Haupttempel war Tschenrezig geweiht.

Von hier aus bereiste Lopon Rinpotsche ganz Tibet, manche behaupten fünfzig Jahre lang, um überall die Dämonen auszutreiben und sie zu zwingen, zum Wohle Tibets zu arbeiten statt zu seinem Schaden. In dieser Weise benutzte er die schon bestehenden Glaubensvorstellungen der Tibeter, Vorstellungen die keineswegs der buddhistischen Lehre entsprachen, um die Menschen an das Verständnis der Wahrheit heranzuführen. Er zeigte ihnen, daß das Böse nur das Gegengewicht dessen ist, was wir gut nennen, und daß es sich zum Wohle der Menschheit wandeln läßt. Die vielen heiligen Bilder und Gebetsfahnen in Tibet zeigen Dämonen und grimmige Gottheiten, aber ihre Macht ist zum Wohle der Menschheit umgewandelt worden und wird zur Ausrottung der Unwissenheit gebraucht. Was oft als verschiedene Gottheiten erscheint, sind in Wirklichkeit nur Aspekte ein und derselben Gottheit, und sie alle sind letzten Endes nur Wesensmerkmale der einen einzigen Wahrheit. Die esoterische Lehre war für die einfachen Tibeter zu hoch, so benutzte Lopon Rinpotsche den vorherrschenden Bilderglauben, um sie auf den richtigen Weg zu bringen.

Die Frage nach der Realität von Dämonen oder bösen Kräften ist nicht leicht zu beantworten, und viele Bände buddhistischer Schriften sind ihr gewidmet. Es darf jedoch gesagt werden, daß wir an verschiedene Ebenen der Wirklichkeit glauben, und eine davon ist die äußere Welt. Aber auch diese stellt sich den einzelnen Menschen verschieden dar — denn jedem von uns vermitteln seine Sinne ein anderes Bild —, woraus folgt, daß sie auch nicht ganz das ist, was sie scheint. In einer Hinsicht ist sie nur die Antwort auf Sinnesreize, eine Schöpfung unserer Sinne und unseres Denkens. Damit will ich die Existenz der äußeren Welt nicht leugnen, sondern nur zeigen, wie persönlich die Welt um uns herum durch das wird, was wir als Form und Farbe durch unsere Einbildung in sie hineinlegen.

Warum sollten wir also einen geringeren Grad der Wirklichkeit den Dämonen, Geistern, mächtigen Kräften zubilligen, von denen manche sagen, sie seien nur Schöpfungen unserer Phantasie? Wenn einer sich einen Dämon einbildet, so existiert der Dämon für ihn. Das selbstgeschaffene Bild ist eine andere Ebene der Wirklichkeit, und der Streit entzündet sich oft an der Frage, ob es möglich sei, von einer Ebene zur anderen zu gelangen, von der physischen zur geistigen Welt und umgekehrt. Zweifellos ist für den Adepten, der die Tschöd genannten Riten ausführt, der auf ihn zukommende Dämon, der ihm den Kopf abschlagen will, eine fürchterliche Realität. Eine ähnliche Realität liegt in den Einbildungen eines Menschen, der plötzlich mitten in der Nacht aus einem Alptraum erwacht und die Finsternis mit seinen Blicken zu durchdringen sucht. Er erwartet, eine Gestalt zu sehen, und der Versuch, sie zu sehen, kann sie schon erschaffen, obgleich nur wenige erwarten würden, daß diese Gestalt körperliche Realität besitzt. Aber in seinem Trance oder Halbschlaf befindet sich der betreffende Mensch schon in der anderen Welt, und die Realität seiner Vision ist so stark wie die Wirklichkeit dieser Seite für den wachen Leser. Soweit haben Buddhisten, auch wenn sie tantrische Praktiken nicht vornehmen, keine Schwierigkeit, sich mit den Anhängern des Tantrismus zu einigen. Aber der nächste Schritt für den aktiven Anhänger tantrischer Praktiken besteht darin, eine Kraft zur Materialisierung geistiger Vorstellungen zu entwickeln, die ihn befähigt, den geistigen Vorstellungen physische Substanz in dieser Welt zu verleihen und sogar physische Dinge zu entmaterialisieren und sie in die geistige Welt zu verbannen. Das

erinnert an den Ausspruch des Bischofs Berkeley, daß ein Kastanienbaum aufhört zu existieren, wenn niemand ihn betrachtet, und im
besten Falle zu einer rein geistigen Vorstellung wird. Wenn jedoch
niemand an ihn denkt, verliert er auch noch diesen letzten Rest von
Realität.*)

Hier bestehen nun wirkliche Meinungsverschiedenheiten, die jedoch
für den Buddhisten relativ bleiben, da wir alle daran glauben, daß
es eine endgültige Wirklichkeit gibt, die nur erkennen kann, wer
aus der trügerischen Runde von Geburt und Wiedergeburt erlöst
ist. Lopon Rinpotsche hatte es jedoch mit einem einfachen Volk zu
tun, das seinen Dämonen eigene Kräfte und eine eigenständige Existenz zuschrieb. Es glaubte auch, daß die Dämonen sich jederzeit
materialisieren könnten, um die Nichtsahnenden zu überlisten,
worauf diese sich auf den Zauber verlegten, der nur gegen immate-
rielle Wesen wirksam war. Lopon Rinpotsche war befähigt, mit der
Lage fertig zu werden; durch den Besuch der Schule des Tantrismus
und als Meister ihrer Praktiken konnte er nach seinem Willen Erscheinungsformen schaffen, die den Sieg über die vorhandenen da-
vontrugen. In Übereinstimmung mit der tantrischen Lehre, glaubte
das Volk auch, daß er die Kraft zum Materialisieren und Entmaterialisieren besäße. Nur mit seinem symbolischen Donnerkeil
Dordsche und mit der Kraft seines Geistes vollbrachte Lopon Rinpotsche die von ihm überlieferten Wunder.

Geistige und physische Erscheinungsformen werden bewußt von
den Anhängern tantrischer Praktiken beschworen. Wird ein Ritus
vollzogen, so beschreiben die Hände bestimmte Bewegungen und
nehmen Stellungen ein, von denen jede eine verborgene Bedeutung
hat. Aber in seinem tranceähnlichen Zustand werden diese Symbole
für den Ausübenden zur Wirklichkeit. Dabei kann er es belassen;
wenn es notwendig ist, kann er jedoch auch die Erscheinungsformen
der geistigen Welt in die physische transferieren. Man nimmt an,
daß Lopon Rinpotsche so verfuhr, als er Wasser aus dem Felsen

---

*) Darauf bezieht sich ein bekannter Limerick:

»Es war ein junger Mann,   (Worauf die Antwort kam —)
der sagte, Gott   Junger Mann, die Verwundrung
müsse es merkwürdig finden,   ist lahm,
daß der Kastanienbaum,   denn Ich bin immer im Raum,
auch wenn niemand im Raum,   deshalb besteht auch der Baum,
dennoch weiterhin bestünde.   denn er wird betrachtet von
                                            Deinem sehr ergebenen GOTT«

schlug und die Sonne am Untergehen verhinderte. Es gibt sogar einige tantrische Riten, die solche Taten fordern, doch werden sie nicht als Machtdemonstration, sondern nur als ein Teil der notwendigen Selbstzucht und des eigenen Trainings vollzogen. Solch ein Ritus ist z. B. Rolang. Dabei wird eine Leiche vorübergehend zum Leben erweckt, um einen Kräfteübergang zu erzielen. Die Leiche wird durch einen Dämon belebt, der als Folge des vorgenommenen Ritus in sie eintritt. Verliert der Beschwörer die Herrschaft über den Dämon, so kann dieser mit Hilfe des materiellen Körpers des Toten den Lebenden töten. Das weicht deutlich vom Tschöd-Ritus ab, in dem die schrecklichen Bilder auf die Vorstellungswelt des Adepten beschränkt sind. Obgleich das so ist, glauben wir doch, daß der Adept, falls er auch nur einen Augenblick die Kontrolle verliert, ungewollt den Übertritt der Schöpfungen seiner Vorstellung in die physische Welt bewirken kann. Solcher Art sind die Gefahren des Tantrismus, und das ist der Grund, weshalb diese Lehren nur den begabtesten, frömmsten Schülern zugänglich gemacht werden.

Der Tantrismus ist weder magisch noch mystisch, sondern in erster Linie pragmatisch und sucht eine pragmatische Erklärung für alle Phänomene. Behauptungen, daß er lasterhaften Zwecken diene, ausgedacht, um unerlaubtem Geschlechtsverkehr und anderen Formen der Ausschweifung zu frönen, können nur von Menschen aufgestellt werden, die keine Ahnung vom Tantrismus haben. Es gibt viele Menschen in Tibet, die ihn ablehnen, und meine eigene Sekte, die Gelukspa oder Sekte der Gelben Hüte, verbietet die öffentliche Ausübung tantrischer Praktiken. Das kommt aber nicht daher, daß wir den Tantras absprechen, ein heiliger und wahrhaft geistiger Pfad zu sein — es rührt daher, daß wir diesen Pfad für zu gefährlich halten, und indem wir den Lehren Buddhas folgen, kümmern wir uns um das Wohl der gesamten Menschheit, nicht um dasjenige einiger weniger Adepten, für die die Tantras geeignet sind. Sexuelle Kraft und Anregung durch Narkotika sind Quellen der Kraft in der physischen Welt. Der Geschlechtsakt insbesondere wird als der höchste Schöpfungsakt in dieser materiellen Welt erachtet und als Verkörperung des schöpferischen Prinzips angesehen. Zu diesem Gedanken hat die tibetische Lamèd-Schule des Tantrismus noch das Doppelprinzip der Erhaltung und Zerstörung hinzugefügt. Die dazugehörigen Riten erscheinen den Nichteingeweihten als Aufforde-

rung an die Teilnehmer, sich nicht nur sexuellen, sondern auch Blut-
orgien hinzugeben. In fast jedem Tempel sieht man heilige Figuren
von Göttern und Göttinen bei der geschlechtlichen Vereinigung,
wobei diese und andere Gottheiten sowohl in ihrem friedlichen als
auch ihrem grimmigen Aspekt dargestellt sein können. Diese Bilder
symbolisieren die Prinzipien und sollen es dem Geist des Betrachters
erleichtern, sich auf die Prinzipien zu konzentrieren, nicht aber physisch aktiv zu werden. Die Riten werden ebenfalls symbolisch vollzogen, und lange bevor ein Novize daran teilnimmt, muß er seine
physischen Begierden zu beherrschen gelernt haben. Jeder Gedanke
daran, daß die Riten eine stillschweigende Erlaubnis zu tatsächlichen
sexuellen Ausschweifungen oder echten Blutopfern beinhalten,
würde als die größte Häresie angesehen werden. Das Geschlechtliche
ist eine Macht, die nicht geleugnet werden kann, nicht einmal von
den Prüdesten, denn auch sie verdanken ihr Leben dieser Macht.
Die Tantras versuchen, das grundlegende Prinzip zu begreifen, das
dabei wirksam ist, und kommen so schnell zu einem wirklichen Verständnis der Natur des Seins.
Der Tantrismus beruht auf Yoga-Praktiken. Auch die geringste
Kenntnis dieser Übungen macht das dabei verlangte Ausmaß an
Selbstzucht verständlich, denn der Tantrismus verlangt in dieser
Hinsicht viel mehr als die Yoga-Lehre. Er ist wahrscheinlich die
strengste Form der Selbstdisziplin, die je von Menschen um geistiger
Bestrebungen willen verlangt wurde.
Ein Ton besteht aus »Wellen«, von denen das Ohr nur solche einer
bestimmten Länge hören kann, und die Materie ist auch nur sichtbar
oder fühlbar innerhalb bestimmter Wellenlängen. Kann die Wellen-
länge geändert werden, so ändern sich Sichtbarkeit und Tastbarkeit.
Das ist eine Feststellung in einfachen, vielleicht unbeholfenen Aus-
drücken, die aber ihre Entsprechung in der modernen Wissenschaft
haben. Eine der Kräfte, die durch Yoga-Training erworben werden
kann, ist die Kraft, jene Wellenlängen zu ändern.
In Lhasa habe ich einen Teil der Tantras selbst studiert und das
sehr nützlich gefunden. Ich studierte sie nicht, um Macht zu erlangen oder um damit öffentlich aufzutreten, auch nicht als Methode,
den Pfad abzukürzen, denn die Gelukspa glauben nicht, daß Buddha
das gewünscht hätte. Ich studierte sie nur, um mich selbst mehr zu
disziplinieren, stärker und weiser zu werden. Ich fand diese Übung

sehr gut. Insbesondere studierte ich die Lamèd-Form des Tantrismus; aber obwohl uns nicht verboten ist, den Tantrismus privat zu studieren, dürfen wir ihn nicht öffentlich praktizieren oder andere lehren, ehe wir nicht das letzte Ziel erreicht haben. Ich kann nur sagen, ich habe nichts Schlechtes darin finden können. Die Disziplin und Selbstkontrolle, die dabei gefordert wird, ist noch größer als in anderen, weniger geheimen Disziplinen. Mehr will ich nicht sagen, denn solche Erörterungen sind nur unter Eingeweihten erlaubt; mit anderen dürfen wir über die Tantras nicht sprechen.

Die einleuchtendste und nicht zu leugnende Rechtfertigung für Lopon Rinpotsche liegt in den Erfolgen, die er mit seinen tantrischen Praktiken erzielte. Er hatte längst allen Lüsten des Fleisches entsagt, als er den Königshof verließ, der sein Vaterhaus gewesen war. Die Frauen, die er späterhin nahm, galten ihm als *Yum*, das heißt als das weibliche Prinzip, durch welches die männliche Energie entbunden wird. Sie dienten nicht der fleischlichen Lust, sondern der Manifestation seiner geistigen Kräfte. Er war ein Mann von äußerster Reinheit und Güte, und denen, die seine Methoden anzweifeln, können wir nur antworten, daß während seines Aufenthalts in Tibet das erste buddhistische Kloster gegründet wurde, die niedrigeren — aufs Physische gerichteten — Praktiken der alten Bön-Religion verboten wurden, das tibetische Volk einen gangbaren Pfad zu geistigen Errungenschaften gewiesen bekam und in einer einzigen Generation vom Barbarentum zu einer Kultur gelangte, die zwar materiell noch niedrig, geistig jedoch von so hohem Niveau war, daß ein höheres von Menschen nie angestrebt worden ist. Obgleich er selbst tantrische Praktiken übte, lehrte er nicht, daß der Tantrismus der einzige Weg zur Erlösung sei, und er befürwortete ihn auch nicht als Lehre für die Massen. Der Tantrismus war nur die Waffe, mit der er die bestehende Finsternis bekämpfte, um Licht in sie hineinzutragen. Das ist eine gute Anwendung der durch tantrische Praktiken gewonnenen Kräfte. Dank Lopon Rinpotsche besaßen wir nun den für die Massen geeigneten Mittleren Pfad, dem auch die Mönche folgen müssen, und diesen esoterischen tantrischen Pfad für die Wenigen, die die Kraft hatten, ihn zu gehen, und auf die Verlaß war, daß sie die so erworbenen Kräfte nur zum Wohl ihrer Mitgeschöpfe anwenden würden.

Lopon Rinpotsches Abreise rief große Trauer hervor, so berichten die Historien, und eine große Menschenmenge sammelte sich, um Abschied zu nehmen. Er ließ ein Gefährt vom Himmel kommen, bestieg es mit seinen zwei Gemahlinnen und machte sich nach Süden, dem Yakschwanzkontinent (Indien), auf, um sich der dortigen Dämonen anzunehmen. Viele Tibeter glauben, daß er sich noch heute dort aufhält und seine Kräfte zum Wohle der Menschen einsetzt.

Nicht alle waren jedoch traurig, ihn Abschied nehmen zu sehen, denn Lopon Rinpotsche hatte die Überlegenheit des Buddhismus über die Bön-Religion in einer Weise bewiesen, die jeden Zweifel ausschloß, hatte er doch die Bönpriester in ihrer eigenen Kunst übertroffen. Das große Kloster in Samye, das er mitbegründet und mitgebaut hatte, wurde der Sitz einer Form des Buddhismus, die der Bön-Religion noch feindseliger gegenüberstand als Lopons Tantrismus. Eine Anzahl Mönche des Theg Men-Buddhismus, einer kühlen intellektuellen Richtung, kamen aus Indien dorthin, und unter ihrer Führung wurden die ersten sieben tibetischen Mönche eingeweiht. Ihre Anzahl war anfangs auf sieben beschränkt, um zu erproben, wie gut sich Tibeter ins Klosterleben schickten. Alle bestanden die ihnen gestellten Aufgaben mit Leichtigkeit und Enthusiasmus und zogen dann aus, den Buddhismus weiter zu verbreiten und neue Klöster zu gründen, die ihrerseits wieder zu Zentren des neuen Glaubens wurden.

Der bedeutendste dieser Tibeter war Namnang, der nach Indien ging und dort noch weiterstudierte. Er brachte neue Lehrschriften nach Tibet, die die wachsende buddhistische Literatur vermehrten. Tibet sollte zu einem wichtigen Sammelpunkt buddhistischer Schriften werden. Die Übersetzungen waren einzigartig genau, wie wir durch Vergleich mit noch vorhandenen Originalen feststellen können. Als die Moguln Indien überfielen und die Tempel und Klöster ausraubten und plünderten, ging ein großer Teil der ursprünglichen buddhistischen Literatur verloren oder wurde vernichtet. Doch waren damals viele schon in Form von Kopien nach Tibet gelangt, wo sie in den Klöstern in Sicherheit waren. Obgleich Namnang Literatur mitbrachte, welche die Lehren der damals in Samye herrschenden Theg Men-Sekte unterstützte, bezeichnete er sich selbst als Anhänger Lopon Rinpotsches und wurde deshalb von allen Seiten angegriffen. Die Theg Men-Mönche betrachteten ihn als Ketzer, denn für sie waren sogar die Lehren des Theg Tschen Anathema, von den Tantras ganz zu schweigen. Die Anhänger der Bön-Religion, andererseits, hatten mittlerweile alles, was sie irgend konnten, den tantrischen Lehren entnommen, ihre eigenen Glaubensvorstellungen diesen Erkenntnissen angepaßt und sahen nun in jedem buddhistischen Anhänger des Tantrismus einen möglichen Feind und Rivalen.

Namnangs Tod als Ketzer wurde gefordert, und der König mußte seine ganze Schlauheit aufbieten, um den Mönch zu retten, den er als Schüler Lopon Rinpotsches achtete. Seine eigene Frau fiel ihm in den Rücken, denn die Königin war eine eifrige Anhängerin der Bönpoba. Von dem Augenblick an, als Lopon Rinpotsche ihren Mann Tisrong De Tsen gezwungen hatte, sich vor ihm zu verneigen, war ihr die Gefahr klar geworden, die der Monarchie von der neuen Religion drohte. Schließlich wurde die allgemeine Entrüstung so groß, daß der König Namnang ins östliche Tibet verbannen mußte, wo er seine Arbeit ungehindert weiterführen konnte.

Noch fünf weitere Männer, die von den Theg Men-Mönchen in Samye erzogen worden waren und sich in Indien Lehrer suchen sollten, wählten sich Meister des Tantrismus und ließen sich in die Tantras einführen. Als die Kunde davon nach Tibet drang, wurde ihre Rückberufung verlangt. Nur einer folgte diesem Befehl, wurde aber auf dem Wege von einem Dämon getötet. Als schließlich auch die anderen nach Tibet zurückkehrten, war der König hocherfreut und schloß sich öfters mit ihnen ein, um von ihnen tantrische Praktiken zu lernen. Wieder war es seine Frau, die ihn bloßstellte. Sie wollte nicht glauben, daß er sich nur zum Zwecke tiefer Meditation mit den Mönchen zurückzog. Sie spionierte ihnen nach und berichtete dann alles, was sie gesehen hatte — Menschenschädel und Oberschenkelknochen, Menschenhaut und Gedärme und ein Meer von Blut.

Wieder mußte der König sich geschlagen geben, und diejenigen, die der Bön-Religion anhingen, konnten weiter vordringen. Die Bönpoba wurden nun den Buddhisten offiziell gleichgestellt, und ihre Mönche zogen ebenfalls in das Kloster von Samye ein, wo sie sich gleichfalls mit Übersetzungen, allerdings von aus Schang Schung beschaffter Bön-Literatur, beschäftigten.

Trotz der Größe des Klosters waren sich die beiden Parteien zu nah und ihre religiösen Bräuche wichen zu sehr voneinander ab. Die Buddhisten fühlten sich besonders durch die Sitte des Tieropfers verletzt. Die Priester, denen alles Leben gleichermaßen heilig war, konnten diesen furchtbaren Brauch der Bönanhänger einfach nicht dulden. Sie teilten Tisrong De Tsen mit, daß sie nach Indien zurückkehren würden, woraufhin der König sofort ein Gesetz erließ, das alle Formen von Tieropfern verbot.

Nach dem Tode Tisrong De Tsens muß seine Frau wohl eine tolerantere Haltung ihrer Söhne gegenüber den Bönpoba erwartet haben. Aber der älteste, der seinem Vater auf dem Throne folgte, war ein ebenso überzeugter Buddhist wie seine Mutter eine überzeugte Bönanhängerin war. Muni Tsempo, wie er genannt wurde, war militärisch sehr aktiv, denn der Buddhismus hatte zu jener Zeit noch nicht zur Befriedung des sehr kriegerischen Volkes geführt. Außerdem widmete er sich mit aller Energie sozialen Reformen in seinem Lande. Wieder wurde Land verteilt, und es heißt, Muni Tsempo habe auch alle anderen Formen des Reichtums in den Besitz aller überführt, reich und arm einander angeglichen. Seine Mutter, die als Verkörperung allen Übels angesehen wird, vergiftete ihren Sohn und machte seinen Bruder an seiner Statt zum König. Aber auch der neue König, Sena Lag, fuhr fort, den Buddhismus zu unterstützen, die Übersetzung weiterer Schriften zu fördern und bis zu seinem Tode die Buddhisten in jeder möglichen Weise zu begünstigen. Er hatte zwei Söhne, von denen Lang Dharma dem Bönpfad folgte. Es war jedoch Ralpatschen, der den Thron bestieg und sich als eifriger Verbreiter des Buddhismus betätigte. Er bot all denen Landbesitz und sonstigen Reichtum, die Klöster gründeten oder dem Buddhismus besondere Dienste erwiesen, und ermutigte so die Übersetzung immer weiterer Werke. Diese Literatur hatte mittlerweile solche Ausmaße angenommen und war so unübersichtlich geworden, daß eine Standardisierung der kanonischen Schriften vorgenommen werden mußte, die bis zum heutigen Tage in Kraft geblieben ist. Er veranlaßte die Tibeter, Fertigkeiten und Handwerke zu erlernen, die mit dem Buddhismus in Beziehung standen, wie etwa religiöse Malerei und Bildhauerei, ferner normte er die Maße und Gewichte. Er festigte die politische Lage, indem er einen Nichtangriffspakt mit China unterzeichnete; Tibet schien sich wirklich am Beginn eines goldenen Zeitalters zu befinden, als Ralpatschen Boden zu verlieren begann, weil er sich von seinen religiösen Überzeugungen zu weit hinreißen ließ. Seine Versuche, reich und arm einander gleich zu machen, waren fehlgeschlagen, denn jedesmal waren die Reichen wieder reich geworden und die Armen hatten verloren, was ihnen gegeben worden war. Dennoch wiederholte er diesen Versuch ganze drei Mal. Außerdem begann er, die Bönanhänger zu bedrücken, indem er zuerst darauf bestand, jede Familie, ob buddhistisch oder Bön, müsse zum Lebensunterhalt eines Mönches beitragen, dann, indem er eine Reihe brutaler Strafen über diejenigen verhängte, die sich irgendetwas gegen Buddhisten hatten zuschulden kommen lassen. Sein Hofstaat bestand jedoch hauptsächlich aus Bönanhängern, die nun gegen ihn zu konspirieren begannen. Vielleicht sahen sie das Ende der Monarchie kommen, denn Ralpatschen war soweit gegangen, sich das Haar lang wachsen zu lassen, um es, wenn Mönche ihn besuchten, vor ihnen auszubreiten, damit sie darauf treten und sich darauf setzen konnten, während er sich bis zur Erde vor ihnen verneigte. Diese Erniedrigung des Königtums vor dem Mönchtum war zuviel für Lang Dharma, der sich nun mit den Bönpoba verband. Zuerst wurde ein Bruder des Königs, der Priester geworden war, unter einem Vorwand verbannt. Dann wurde ein Gerücht ausgestreut, daß die Königin ein Verhältnis mit dem höchsten Minister habe, der außerdem der zuverlässigste Mitstreiter des Königs in dessen Kampf für die Sache des Buddhismus war. Der König glaubte dem Gerücht und ließ den Minister hinrichten, während die Königin Selbstmord beging. Nun war der Zeitpunkt gekommen, wo Lang Dharma seinen Bruder durch gedungene Mörder beseitigen lassen konnte, die ihm den Hals umdrehten, als er schlief.

Lang Dharma bemächtigte sich des Thrones, und es begann eine dunkle Zeit, in der es schien, als habe der Buddhismus seinen unter solchen Mühen erworbenen Einfluß wieder verloren. Tempel und Bibliotheken wurden zerstört, Samye geplündert, und es war nur der Umsicht der Mönche zu danken, die die heiligen Schriften versteckten, daß die Früchte der geduldigen Übersetzungsarbeit nicht verloren gingen. Die buddhistische Lehre wurde verboten, und die buddhistischen Mönche mußten entweder außer Landes fliehen oder die Bön-Religion annehmen und aktiv an ihren Praktiken teilnehmen.

Lang Dharma ging in der religiösen Verfolgung noch weiter als Ralpatschen, und viele der fliehenden Mönche wurden eingefangen und zerhackt. Es dauerte nicht lange, und es gab keinen einzigen buddhistischen Mönch mehr im Lande, die buddhistische Andacht wurde bei Todesstrafe untersagt. Aber der neue Glaube ließ sich nicht so leicht ausrotten; wie ein halb ersticktes Feuer glühte er weiter in den Herzen vieler Laien. Nach nur sechs Jahren starb auch Lang Dharma eines gewaltsamen Todes. Ein buddhistischer Mönch, Palgyi Dordsche, der sich, statt zu fliehen, in der Höhle Trag Yarba verborgen gehalten hatte, erfuhr in einer Vision, daß der Zeitpunkt gekommen war, Tibet von dem inkarnierten Dämon Lang Dharma zu befreien. Die Vision verriet ihm auch, was er zu tun habe. Er nahm ein Gewand um, das außen schwarz und innen weiß war. Dann beschaffte er sich ein weißes Pferd und machte es mit Kohle schwarz. Mit dem schwarzen Gewande angetan, ritt er nach Lhasa, wobei er einen Bogen und drei Pfeile in den langen Falten seiner Ärmel verborgen hielt. Dort angekommen, beteiligte er sich an den Tänzen der Schwarzhuttänzer, die vor dem König auftraten.

Es heißt, er habe zweimal versucht, den König zu treffen, habe aber beide Male gefehlt. Mit dem letzten Pfeil traf er Lang Dharma, der tot umfiel. Palgyi Dordsche machte sich die allgemeine Aufregung und die Tatsache zunutze, daß niemand einen Schwarzhuttänzer eines solchen Verbrechens für fähig hielt, und entkam. Als man dahinter kam, daß der Attentäter einer der Tänzer gewesen sein mußte, und den schwarzgekleideten verfolgte, hatte Palgyi Dordsche sein Gewand schon längst umgedreht, war nun weiß gekleidet und ritt auf einem weißen Pferde, denn beim Durchreiten eines Flusses war die Kohle abgewaschen worden. So konnte er seine Verfolger abschütteln und zu seiner Höhle zurückkehren. Schließlich erreichten die Suchenden diese Höhle und schauten nach, ob er da sei. Er versteckte sich in einer der dunkelsten Nischen. Einer der Verfolger, ein Minister, fühlte beim Herumtasten eine menschliche Brust. Er konnte das Gesicht des Menschen nicht sehen, aber das starke Herzklopfen verriet ihm, daß er den Attentäter gefaßt hatte. Doch nun kam ihm plötzlich der Gedanke, daß es vielleicht kein Verbrechen gewesen war, einen derart verruchten Menschen wie Lang Dharma zu töten. So tat er, als habe er nichts gefunden, und ging weiter. Nachdem das ganze Geschrei und die Verfolgung vorüber waren, floh Palgyi Dordsche nach Amdo und verbrachte sein Leben dort in Bußübungen für seine Tat.

Das Land geriet in einen Zustand der Unordnung und Zerrüttung, das Königtum bestand nicht mehr. Das Volk zerfiel wieder in eine Anzahl Stämme, die einander bekämpften. Durch die Vertreibung der Mönche war der Buddhismus schwer getroffen worden, aber in den Herzen der Bekehrten lebte er dennoch fort. Sogar der Minister, der das wild schlagende Herz des Attentäters gefühlt hatte, wurde vom Mitleid ergriffen, und Mitleid war dasjenige, was Tibet im Augenblick am notwendigsten brauchte. Lang Dharmas Exzesse hatten der wachsenden Macht der Bönpoba jedoch am meisten geschadet, denn ihnen wurde die nun folgende Periode des Niedergangs zur Last gelegt.

Siebzig Jahre lang schien es als sei Khabatschen, das Land des Schnees, dem Buddhismus verloren.

8. KAPITEL

Buddhas Lehre, Glutasche gleichend, / Ward zu neuem
Feuer entfacht in Domé. / Durch das erneuerte Mönchtum verbreitete / Die Religion sich wieder im Land. /
Sie gelangte nach U, sie gelangte nach Tsang. / Dafür
gebührt Verehrung und Dank / Des Volkes von
Khabatschen / Dem Hirten La-tschenpo und den *keba
misum*, / Den drei Weisen, den Mönchen Mar, Yo
und Tsang.

Aus DEBTHER DMARPO

DIE WIEDERGEBURT DER RELIGION

Nach der Abreise Lopon Rinpotsches und dem Tode Santarakischtas
gewann der chinesische religiöse Einfluß an Boden. Die indischen
Gelehrten, denen es an einem starken Führer fehlte, sahen sich ziem-
lich hilflos einem Zustrom organisierter chinesischer Mönche gegen-
über, die ihre eigene Form des Buddhismus zu verbreiten trachteten.
Diese war stark vom Taoismus beeinflußt, einer Philosophie, deren
Grundlehre das Nichthandeln ist. Jede Art des Handelns ist die
Schranke, die uns von der Erleuchtung trennt, lehrten diese Mönche.
Nur indem wir Geist und Körper bis zur Empfindungslosigkeit zur
Ruhe bringen, können wir uns der göttlichen Erleuchtung öffnen.
Dann aber wird sie in uns einströmen, plötzlich und vollständig.
Es gibt auf diesem Wege keine halben Maßnahmen, kein schritt-
weises Vorgehen. Vor allem soll es auch keine guten Taten geben,
denn das geistige und physische Handeln, das zur Ausführung einer
guten Tat notwendig ist, ist unserem geistigen Fortschritt genauso
schädlich wie die Begehung schlechter Taten.
Diese Lehre, die an die Wurzeln dessen griff, was die indischen Lehrer erstrebt hatten, verursachte einen solchen Groll zwischen den
Chinesen und den indischen Lehrern, daß es fast zum Kampf gekommen wäre. Der König — Tisrong De Tsen lebte damals noch —
wollte durch eine öffentliche Debatte den Streit schlichten. Die Inder
hatten mittlerweile Kamlaschila überreden können, als ihr Führer
aufzutreten. Er sah die Gefahren der chinesischen Lehre, die eine
Bekämpfung der Leidenschaften nicht zuließ, denn wenn keine An-

167

strengung erlaubt war, konnten die Leidenschaften rasch Körper und Geist überwältigen. Er wies darauf hin, daß, nach einer solchen Auffassung, ein vom Trunk Bewußtloser der Erleuchtung am nächsten sein müsse. Vor der Debatte hatte der König beide Seiten dazu verpflichtet, daß der Verlierer das Land verlassen müsse, da sich die beiden Lehren ausschlössen. Nach dem unbezweifelbaren Sieg der Inder, mußten die Chinesen nun außer Landes gehen. Von diesem Augenblick an gaben sie alle Hoffnung auf die Ausübung eines religiösen Einflusses auf, denn durch Dekret wurde die indische Richtung oder Nagarjuna-Schule als die einzig rechtmäßige Form des Buddhismus in Tibet anerkannt. Und doch sollten auf merkwürdige Weise zwei chinesische Mönche behilflich sein, das Ende der dunklen Zeit, das sich im Osten vorbereitete, herbeizuführen.

Kurze Zeit nachdem die große Verfolgung begonnen hatte, waren drei alleinlebende Mönche des kleinen Klosters von Paltschen Tschubori sehr erstaunt, einen jagenden Mönch vorbeikommen zu sehen. Sie machten ihm Vorwürfe wegen der Sündhaftigkeit seiner Handlung, aber er erzählte ihnen, was sich ereignet hatte, und daß man ihm den Befehl erteilt habe zu jagen, so wie auch alle anderen Mönche gezwungen worden seien, ihren religiösen Überzeugungen zuwider zu handeln. Daraufhin sammelten die Mönche eiligst ihre Maultiere, beluden sie mit allen heiligen Schriften des Klosters und machten sich auf die Flucht. Zuerst flohen sie nach Ngari im westlichen Tibet und zogen dann in langen Reisen ostwärts durch die Mongolei nach Horyul, wo sie den buddhistischen Glauben predigten. Sie hatten jedoch wenig Erfolg, da sie die Sprache nicht beherrschten, und stiegen daher nach Amdo hinab, wohin die Verfolgung noch nicht gelangt war. — Nach Amdo war auch der Mörder Lang Dharmas, der Mönch Palgyi Dordsche, geflohen. — In Amdo bildeten die drei Mönche eine Keimzelle des Buddhismus, indem sie lehrten und lernten und den Schaden zu mindern trachteten, der angerichtet worden war.

Einige Hirten vom Gelben Fluß hörten davon, und einer von ihnen war besonders interessiert, obgleich er, wie es heißt, ein Anhänger der alten Bön-Religion gewesen sein soll. Er begab sich zu den drei Weisen und bat, von ihnen lernen zu dürfen, denn er fühle einen unerklärlichen Drang, Mönch zu werden. Die drei erklärten ihm, daß es dazu eines Studiums bedürfe und sie daran zweifelten, daß er das nötige Wissen erwerben könne. Aber der Hirte La-tschenpo blieb bei seinem Wunsch, und die drei Weisen nahmen ihn als Schüler an. Sie gaben ihm die gesamten Dulwa, die verbotenen Winaya-Schriften, und erklärten, wenn er diese meistern könne, würden sie ihn als Mönch anerkennen. La-tschenpo gab sich allergrößte Mühe, und nach einem Jahr hatte er die Lehren gemeistert und versuchte nun, in den Orden einzutreten.

Zur Aufnahme in den Orden bedarf es nach buddhistischem Brauch der Hilfe von fünf Mönchen, und La-tschenpo mußte sich daher noch zwei weitere suchen. Die Verfolgung war so grausam gewesen, daß die meisten Mönche nach sichereren Orten als Amdo oder Domé, wie es auch genannt wird, geflohen waren. La-tschenpo hörte, daß der alte Mönch, der Lang Dharma getötet hatte, in der Nähe wohnte und in der Abgeschiedenheit seine Sünde sühnte. Er begab sich zu Palgyi Dordsche und erbat seine Hilfe, doch der alte Mann erwiderte, daß er nicht als Mönch handeln könne, weil er, wenn auch in der guten Absicht, sein Land vom Bösen zu befreien, die Sünde des Mordes auf sich geladen habe. La-tschenpo wurde dann der Rat gegeben, sich an zwei chinesische Mönche zu wenden, die sich in der Nähe befanden, denn Amdo liegt ja an der chinesischen Grenze. Diese zwei erklärten sich schließlich bereit, und zusammen mit den drei Mönchen, die der Verfolgung entgangen waren, weihten sie den ersten tibetischen Mönch in dieser schweren Notzeit. Von diesem Augenblick an ging es wieder aufwärts. Die Nachricht verbreitete sich, daß Mönchsweihen wieder in der entfernten Provinz Amdo vorgenommen würden, und der Zustrom von Laien setzte ein. Fünf Jahre nach seiner Ordination, half Gonpa Rabsal, wie La-tschenpo nun genannt wurde, schon bei der Ordination von zehn weiteren Tibetern.

Da sich die politische Situation mittlerweile verschlechtert hatte und die Macht der antibuddhistischen Bönregierung nur noch Lhasa umfaßte, wurde beschlossen, trotz der Gefahr in die Heimat zurückzukehren. Die Mönche schlugen ihr Hauptquartier in Samye auf und begannen mit der Verkündigung der buddhistischen Botschaft, wobei sie sich bemühten, sie von den Häresien zu reinigen, die sich eingeschlichen und zu moralischer Laxheit, ja sogar zur Zügellosigkeit geführt hatten.

Als das Bönregime in Lhasa schließlich innerlich zerfiel, zog ein Urenkel Lang Dharmas nach West-Tibet, um dort sein Glück zu versuchen. Er gründete ein Reich von beachtlicher Größe, das nach seinem Tode in drei Teile geteilt wurde, von denen einer das Land Guge war. Derjenige seiner Söhne, der Guge erbte, wurde zum zweiten Helden der Wiedererweckung des Buddhismus in Tibet. Er wurde Mönch ebenso wie zwei seiner Söhne. Unter dem Namen Lhalama Jescheho berief dieser königliche Mönch wieder Gelehrte aus Indien nach Tibet und entsandte Tibeter an die indischen Universitäten von Wikramaschila und Nalanda. Wie Gonpa Rabsal war auch Jescheho sehr besorgt wegen einer dritten buddhistischen Bewegung, die unter den Laien entstanden war, nachdem sie nun schon mehr als zwei Generationen lang ohne priesterliche Führung gewesen waren. Diese Laien waren allerhand doktrinären Erfindungen, von Scharlatanen »entdeckten« Schriften, einer korrupten Form des Tantrismus und falschen Auslegungen der an sich schon fragwürdigen Lehren unorthodoxer Formen des Buddhismus, wie sie von den Chinesen vor ihrer Vertreibung gelehrt worden waren, zum Opfer gefallen und hatten natürlich manche von den Praktiken der Bön-Religion übernommen.

Jescheho war es klar, daß ein wirklich großer Lehrer herbeigeschafft werden mußte, um diese Entwicklung zu bekämpfen, und er schickte einen Gesandten nach Nordindien, einen berühmten Übersetzer, dem er ein Goldgeschenk und eine Einladung an den großen indischen Pandit Dipankara Srijnana mitgab, als Lehrer nach Tibet zu kommen. Der Pandit, der in Tibet besser als Atischa bekannt ist, lehnte ab. Er war so berühmt und ein so wichtiges Mitglied der Universität von Wikramaschila, daß seine Anhänger ihn nicht gehen lassen wollten. Lhalama Jescheho ließ sich jedoch nicht entmutigen und begann sofort mit einer Geldsammlung in Tibet, die es Atischa ermöglichen sollte, seinen Posten zu verlassen. Er führte selbst eine solche Expedition ins Land Garlog, wohl das heutige Nepal, als er mit seinem Gefolge angegriffen und gefangen genommen wurde. Alles Gold wurde ihm abgenommen, der König von Garlog hielt ihn als Geisel gefangen und verlangte als Lösegeld Jeschehos Körpergewicht in Gold.

Der Bruder des königlichen Mönches begann mit dem Sammeln dieses gewaltigen Lösegeldes. Als er es beisammen hatte, brachte er es persönlich in die Hauptstadt Garlogs, wo Jescheho gefangen gehalten wurde. Der König sagte, es sei um das Gewicht des Mönchshauptes zu wenig und daher werde der königliche Mönch nicht entlassen. Er gestattete jedoch das Zusammentreffen der Brüder. Jescheho war durch Mißhandlung alt und krank geworden und beschwor seinen Bruder, seine Rettung nicht weiter zu betreiben, da er nicht mehr viele Jahre zu leben habe. Er ordnete an, daß das schon gesammelte Gold dazu verwandt werden sollte, Atischa nach Tibet zu bringen, das werde mehr Gutes bewirken als die Rettung seines verlöschenden Lebens. Es war unmöglich, ihn umzustimmen, und nachdem sein Bruder mit Gefolge abgereist war, angeblich um das noch fehlende Gold zu beschaffen, wurde Jescheho hingerichtet.

Schließlich gelangte sein Bruder mit seinen Begleitern nach Wikramaschila und überreichte Atischa das Gold, wobei er ihm vom Opfer des königlichen Mönches berichtete und ihn dringend aufforderte, nach Tibet zu kommen und dem Buddhismus wieder zum Durchbruch zu verhelfen. Atischa wollte diesem Wunsch nur zu gerne willfahren, aber wieder ließen ihn seine Jünger an der Universität nicht gehen. So gebrauchte er das Gold zur Errichtung von Schulen in anderen Landesteilen und sandte diejenigen Tibeter, die sich bei ihm einfanden, an diese und andere Schulen. Unter dem Vorwand, diese Schulen inspizieren zu wollen, begann Atischa damit, kurze Reisen zu machen. So schläferte er den Argwohn seiner Jünger ein, bis es ihm schließlich möglich war, mit wenigen Begleitern nach Guge zu entweichen. Er hinterließ, daß er nach Wikramaschila zurückkehren werde, aber dazu sollte es nicht kommen. Atischa widmete Tibet sein Leben und starb auch dort nach siebzehnjährigem Wirken mit über siebzig Jahren.

Wie so viele andere der großen Lehrer, stammte auch Atischa aus einer vornehmen und reichen bengalischen Familie. Er lernte an mehreren Schulen sowohl die Sutras (*Mdo*) als auch die Tantras (*Gyud*). Dann bereiste er Burma im Osten und Afghanistan im Westen auf seiner Suche nach Erkenntnis, und es heißt, er sei dreißig Jahre alt gewesen, als er schließlich Mönch wurde. Er war genau der Mann, den Tibet brauchte. Ganz anders als Lopon Rinpotsche, der für seine Zeit der Richtige gewesen war, war Atischa ein Mann von Welt, denn er hatte ungefähr die Hälfte seiner Jahre in der Welt gelebt, bevor er sein Gelübde ablegte, und war Vater von neun Kindern. Er war ein Mann von einzigartigem Wissen und großer Erfahrung und besaß außerdem großen Charme und allumfassendes Mitleid. Kaum war Atischa nach Tholing, dem klösterlichen Mittelpunkt West-Tibets gelangt, als ihm auch schon Schüler und Gelehrte aus ganz Tibet zuströmten. Er arbeitete eng mit dem großen Übersetzer Rintschen Sangpo zusammen, und seine Lehren stellten die goldene Mitte zwischen Sutras und Tantras dar. Zwar sah er den fürchterlichen Niedergang, der durch das Mißverstehen der Tantras entstanden war, aber er weigerte sich, denen nachzugeben, die sie gänzlich abschaffen wollten. Er machte sich vielmehr daran, die Tantras in einer Weise zu lehren, wie das nur ein Philosoph seines Schlages konnte; er erhob sie in den höchsten geistigen Bereich und ließ sie nur als Symbole gelten. Dennoch gab er den Rat, daß nur zwei der vier tantrischen Initiationen durchgeführt werden sollten, da die beiden anderen den Schüler zu Mißverständnissen verführen könnten. Trotzdem gab es viele Gegner Atischas, und seiner Unterstützung des Tantrismus wurde mit Argwohn begegnet. Verleumdungen wurden verbreitet, aber er hielt trotzdem auf seinem Posten aus. Während er den Tantrismus unterstützte, lehrte Atischa jedoch auch die reine Theg Tschen-Doktrin ohne jede Beimengung tantrischer Elemente. Einer seiner größten Beiträge zur tibetischen buddhistischen Literatur ist ein in reiner Theg Tschen-Tradition gehaltener Diskurs über die Ziele, die sich der Mensch setzen kann, und ihren relativen Wert. In dieser Arbeit setzt er sich auch mit der Theg Men-Lehre und dem tantrischen Buddhismus auseinander und zeigt, wie jede dieser Richtungen dem Menschen je nach seiner Entwicklungsstufe von Nutzen sein kann. Hier sagt er auch ganz klar, daß die Tantras nur von denen befolgt werden sollen, die durch die vorherigen Stadien ethischer Vorbereitung (Theg Men) und philosophischer Betrachtung (Theg Tschen) gegangen sind und daß die Ausübung tantrischer Praktiken eine rein geistige Sache ist, zu der es keines weiblichen Gegenspielers bedürfe, auch nicht des Gebrauchs von Narkotika, und daß sie keinesfalls zum eigensüchtigen Zweck der Selbsterhöhung benutzt werden darf.

Trotz seiner großen Arbeit in Tholing, wo er seine Schüler belehrte, Schriften übersetzte und die Grundlagen des tibetischen Buddhismus erneut systematisierte, fand Atischa noch Zeit, im Lande herumzureisen, den Laien zu predigen und Hilfe zu leisten. Immer versuchte er, Extreme zu vermeiden. Fragte ihn ein intellektuell besonders strebsamer Schüler um seinen persönlichen Rat, so sprach er ihm nicht von den höchsten Problemen der Theg Tschen-Philosophie, sondern lehrte ihn Reinheit und Liebe. Ein Frommer, andererseits, der sich in dem Verlangen nach gefühlsbetonten Andachten verzehrte, erhielt Nahrung für seinen Geist. Atischas Lehren strebten die Entwicklung des ganzen Menschen, seiner physischen wie seiner Gefühls- und Verstandeskräfte an. Nur das Zusammenspiel aller dieser Kräfte ermöglicht wirklichen geistigen Fortschritt.

Diese zusammenschauende Behandlung des Problems arbeitete er bei der Belehrung seines wichtigsten Jüngers Dromton aus. Letzten Endes führte sie zu einer Reform der alten Lehren, indem auch eine viel strengere Zucht und Vorkehrungen gegen intellektuellen und physischen Extremismus mit eingebaut wurden. Gleichzeitig begann damit das Sektenwesen. Die von ihm begründete Reformsekte wurde als Kadampa bekannt. Von ihr führt ein direkter Weg zu der vom großen Tsong Khapa später begründeten Reformsekte der Gelukspa.

Überall im Lande wurden Klöster errichtet, und schon bald nach Atischas Ankunft in Tholing war der Buddhismus in Tibet nicht nur wiedererweckt, sondern zählte mehr Anhänger als je zuvor. Nach einer Reihe von Jahren in West-Tibet, reiste Atischa nach Lhasa und arbeitete dort an den vielen Büchern, die wieder in die Bibliothek von Samye zurückgekehrt waren. Dort fand er zu seinem Erstaunen Sanskrit-Schriften, die nicht einmal in Indien zu finden waren. Er fuhr mit seinen Lehren fort, wobei er den Buddhismus auf die höchste Ebene zu heben trachtete, nicht nur für die Mönche, sondern auch für die Laien. Es heißt, Tschenrezig, der Herr der Gnade, sei ihm zweimal erschienen und habe ihm gesagt, er werde Tibet zu seinem Wohnsitz machen, doch war Atischas Leben sonst in einzigartiger Weise frei von Visionen oder Wundern. So tiefgründig seine Lehren in intellektueller Hinsicht auch schienen, so waren sie doch von der echten buddhistischen Liebe zu allem Lebenden erfüllt, und der tibetische Buddhismus und das tibetische Volk haben das, was sie heute sind, wahrscheinlich in erster Linie Atischa zu verdanken.

Als Atischa in der Mitte des elften Jahrhunderts christlicher Zeitrechnung starb, hatte der Buddhismus in Tibet sich so verbreitet, daß ernste Organisationsprobleme entstanden. Es gab keinen König mehr, der zentral Reformen anordnen und durchführen konnte, und die Herrscher der Kleinstaaten, die sich in der Zerfallszeit gebildet hatten, mußten sich nach dem Bön-Adel richten. Es fehlte auch an jeder religiösen Zentralisation. Die von Atischa und Dromton begründete Kadampa-Sekte war nicht die einzige. Zwei andere Schüler Atischas, denen die strenge Zucht nicht behagte und die wenigstens einige der alten Gottheiten übernehmen wollten, hatten die Kargyupa- und die Sakyapa-Sekte gegründet. Diejenigen, die von Atischas Lehren nicht überzeugt waren und beim alten bleiben wollten, gründeten die Nyingmapa- oder Alte Sekte. Die Glaubensvorstellungen und Praktiken der Bön-Religion fanden bereitwillige Aufnahme bei der Alten Sekte, die durch Abwanderung zu Atischa geschwächt worden war. Die Nyingmapa verstärkten ihre Stellung von Zeit zu Zeit durch die »Entdeckung« weiterer Schriften oder Terma, angeblichen Aufzeichnungen Lopon Rinpotsches, die sich an entfernten Orten gefunden hatten. Indem sie sie als buddhistisch ausgaben, führten sie viele alte Bön-Riten auf diese Weise wieder ein, und die Bön-Anhänger fühlen sich auch heute noch den Nyingmapa näher verwandt als irgendeiner anderen buddhistischen Sekte.

Immer wieder wurden die großen Lehren des Tantrismus verdreht und mißbraucht, und dennoch gab es Menschen, die überzeugt waren, daß Atischa in ihrer Zurückstellung zu weit gegangen war, denn ihr geistiges Potential war unbestreitbar. Besonders einer der Schüler Atischas, Marpa mit Namen, wollte ein für alle Mal die Streitigkeiten schlichten, die sich immer wieder wegen dieser Lehren entzündeten. Er hatte Indien dreimal besucht und bei mehreren Meistern gelernt, unter denen sich auch Naropa befand, der Schüler des berühmten Tilopa, der durch die Gönnerschaft des großen Nagarjuna und die Mithilfe einer Zauberin in die höchsten Mysterien eingeweiht worden war. Nirgends wird berichtet, daß Tilopa von einem irdischen Lehrer unterwiesen worden sei. Obgleich seine Jünger — Naropa und nach ihm Marpa — im Gegensatz zu Tilopa eine lange und harte Lehre durchlaufen hatten, verlief ihre Initiation in ähnlich mystischer Weise, und diese Tradition hat sich bis auf den heutigen Tag erhalten. Die durch die Initiation übertragene Macht ist so groß, daß nichts Schriftliches über diese Weihen existiert; sie werden nur mündlich vollzogen und das Wissen, von Geheimhaltungsgelübden geschützt, nur direkt vom Meister an den Schüler weitergegeben.

Die geheime Initiation steht am Ende des längsten und härtesten physischen und moralischen Trainings, das es auf diesem Gebiet überhaupt gibt. Ist sie jedoch erreicht, so muß dieses extreme Asketentum nicht unbedingt weiter fortgesetzt werden. Daher erklärt sich wohl, daß unser Bild von Marpa als Lehrer in Tibet durchaus weltliche Züge aufweist. Er war verheiratet und liebte ein gutes Leben. Häufig wird er als unmäßig dick, nicht immer nüchtern und oft schlechtgelaunt beschrieben. Trotzdem ist er auch heute noch eine hochverehrte Gestalt. Jeder, der sich im Besitz dieser Geheimlehre befindet, ist verantwortlich dafür, daß sie an einen weitergegeben wird, der den allerschärfsten Proben unterzogen wurde. Es liegt in seiner Hand, wie er die Würdigkeit seiner Schüler auf die Probe stellt und den Würdigsten erwählt. Marpas Methode bestand darin, sich im Äußeren und in seinem Verhalten so unheilig wie nur möglich zu geben und gelegentlich sogar gegen die wichtigsten buddhistischen Gesetze zu verstoßen. Nach den Berichten zu urteilen, hat er dabei nie jemandem Schaden zugefügt, aber unter diesen Umständen konnte nur derjenige es bei ihm aushalten, der den unbedingtesten Glauben in ihn setzte. Und es gab auch einen solchen Jünger, einen einzigen. Er sollte zu einer der geliebtesten und verehrtesten Gestalten Tibets werden — der Heilige und Dichter Milarepa.

Bei seinen anderen Schülern wandte Marpa ebenso erfolgreiche, aber nicht so drastische Methoden an, denn sie sollten ja nicht das Geheimnis erfahren, sondern Gelehrte und Lehrer der Kargyupa-Sekte werden. Diese Sekte legt weniger Wert auf die nicht-tantrischen Schriften, als Atischa das befürwortet hatte, und verlangt eine weniger strenge Zucht von den Mönchen als die, auf die Atischa bei seiner Reform besonderes Gewicht gelegt hatte. In der Forderung, daß vor dem Beginn der Einführung in tantrische Lehren oder Praktiken eine ganz besonders rigorose moralische Vorbereitung stehen müsse, ist diese Sekte jedoch genauso streng wie Atischa. Die Belehrung unter Marpas Aufsicht bestand aus einer Kombination der höchsten Formen des Tantrismus, die in vier Stufen angeordnet waren. In der ersten wird die Methode gelehrt, mit deren Hilfe ein Scheinkörper erworben und Bewußtsein übertragen wird als Grundlage der Kunst des Sterbens und des Erlangens einer günstigen Wiedergeburt. Die zweite Stufe lehrt die Methode, mit deren Hilfe die Scheinwirklichkeit aller Phänomene und aller Existenz nicht nur verstandesmäßig begründet, sondern direkt wahrgenommen wird und der Anwärter die Fähigkeit erlangt, sein Unterbewußtsein auch im Traum zu beherrschen. Das zielt auch auf die Erlangung einer besseren Wiedergeburt, denn während des Traumzustandes im Bardo, der Zeitspanne zwischen Tod und Wiedergeburt, kann das Unterbewußtsein allerhand Scheinversuchungen erliegen, wenn es nicht besonders darauf vorbereitet ist. Die dritte der vier aufeinanderfolgenden Stufen des Marpa erschließt die Methode, durch welche die absolute Leere alles Seins, des subjektiven wie des objektiven, wahrgenommen werden kann. Wendet der Anwärter diese Methode zusammen mit der der Erlangung eines Scheinleibes an, so erhält er damit den »Dreifachen Körper der Erleuchtung«. Die vierte und letzte Stufe befaßt sich mit der vielbesprochenen und mißbrauchten inneren Quelle mystischer Kräfte im Menschen, der Tummo-me. Das ist der direkte Weg zum Verständnis der Höchsten Wahrheit und kann nur beschritten werden von einem, der die drei anderen Stufen gemeistert hat.

Um sicherzustellen, daß das Wissen erhalten bliebe und die geistigen Praktiken weitergeführt würden, bildete Marpa seine Schüler entweder für das eine oder das andere aus. Er selbst arbeitete eifrig an Übersetzungen und fuhr fort, sich denjenigen als sehr weltlicher Mann zu präsentieren, die selbst eher intellektuell als geistlich ausgerichtet waren. Vielleicht weil er das so häufig tat, sah er sich veranlaßt, einigen seiner engsten Schüler seine geistigen Kräfte dadurch zu zeigen, daß er seinen Geist in den Leib eines Toten eintreten ließ. Sonst muß sein Leben und sein Beispiel allen, außer einigen wenigen, recht bedeutungslos erschienen sein. So sehr er auch wegen seiner intellektuellen Fähigkeit geachtet worden sein mag, dem geistlich ausgerichteten Anwärter kann er nur wenig geboten haben. Der Mangel an Interesse wurde nur von Milarepa nicht geteilt, der den echten Marpa sah und erkannte.

Bei seiner Geburt war er Töbaga genannt worden, d. h. »erfreulich zu hören«, in Anlehnung an seines Vaters Worte auf die Nachricht von seiner Geburt. Der Name paßte auf ihn, denn Töbaga entwickelte eine schöne Stimme und ein großes Gesangstalent. Als er erst sieben Jahre alt war, starb sein Vater jedoch, und der Onkel, auf den sich die Familie stützen sollte, brachte sie um ihre ganze Habe und ihr Land, so daß sie völlig mittellos wurde. Die Witwe war von einem unstillbaren Rachedurst erfüllt und verstand es, ihrem Sohn die gleichen Gefühle einzuimpfen. Der einzige Weg, das Unrecht zu rächen, so sagte sie ihm, bestünde darin, einen Zauberer aufzusuchen, von dem er die nötigen Kräfte erlangen sollte, um das Haus seines Onkels so zu zerstören, wie der Onkel das ihre zerstört hatte.

Mila machte sich auf den Weg und wurde schließlich von einem großen tantrischen Zauberer angenommen, dem er sein Leben angeboten hatte, da er sonst diesem Mann, der gewöhnt war, die größten Reichtümer für seine Lehren zu fordern, nichts zu bieten hatte. Mila lernte viel und verwandte das Gelernte dazu, Tod und Zerstörung über das Heim seines Onkels zu bringen, wie er es seiner Mutter versprochen hatte. Er beschwor einen riesigen Skorpion, der den tragenden Balken des Hauses umriß, so daß es zusammenstürzte und alle zu einem Hochzeitsfest versammelten Gäste unter sich begrub. Nur der Onkel und die Tante kamen mit dem Leben davon, denn es war ihnen von Mila bestimmt, den ganzen Jammer der Tragödie auszukosten. Außerdem ließ er einen gewaltigen Hagelschlag die Felder vernichten, so daß sie völlig verarmten.

Milas Mutter war hochbefriedigt von der Tat, nicht so Mila selbst. Er wurde von Entsetzen vor seiner eigenen Handlungsweise ergriffen und ergab sich nun völlig einem Leben der Buße. Eine Zeitlang lernte er bei einem Nyingmapa-Lehrer, war jedoch ruhelos und stets auf der Suche nach einem größeren Trost. Er hörte von Marpa, und es heißt, es sei ihm sofort klar gewesen, daß er von ihm den Weg zur Läuterung erfahren werde. Es muß von vornherein eine Glaubenshandlung gewesen sein, denn Mila suchte nicht nach intellektueller Erleuchtung, und Marpa besaß äußerlich keine anderen Vorzüge, die einen Jünger hätten anziehen können. Trotzdem scheint Mila keinen Augenblick gezögert zu haben.

Marpa erklärte sich bereit, Mila als Schüler anzunehmen, lehnte aber ab, sich mit ihm zu befassen, ehe er nicht seine Verbrechen gesühnt habe. Das war ganz in Milas Sinne, und er zögerte nicht, Marpas Befehl auszuführen und von einem bestimmten Platz Steine zum Hausbau auf seinem Rücken herbeizuschleppen. Marpa legte genau fest, was für ein Haus gebaut werden sollte, und langsam,

Stein für Stein, wurde es von Mila aufgerichtet. Doch als es fertig war, behauptete Marpa, das Haus entspräche nicht dem von ihm gewünschten, und gab Mila den Befehl, die Steine wieder zurückzutragen und von neuem zu beginnen. Das nächste Mal erklärte Marpa, das Haus sei am falschen Platz erbaut, und ohne zu murren, machte sich Mila erneut an die Arbeit. Auch als Milas Rücken vom Steinetragen blutete, gönnte Marpa ihm keine Erholung.

Um seinen Schüler noch mehr auf die Probe zu stellen, tat Marpa, als sei er betrunken und zornig, und war ganz unnötig hart und grausam gegen Mila. Ein- oder zweimal machte Mila den Versuch davonzulaufen, doch kehrte er jedesmal wieder zurück. Marpa veranlaßte ihn sogar, die erlernte Zauberei dazu zu benutzen, Menschen zu töten, von denen Marpa behauptete, sie seien seine Feinde. Auch dieser Probe wich der Schüler nicht aus, obgleich ihm klar war, welch eine Art der Wiedergeburt ihm bevorstehen mußte, wenn er noch einmal eine solche Gewalttat beging — und Marpa nicht der Lehrer war, für den er ihn hielt. Er führte die Wünsche seines Meisters aus, und nur durch seinen bedingungslosen Glauben gelangte er ans Ziel. Nachdem er ihn auf jede nur mögliche Weise und sogar zum Schaden seines eigenen Rufes auf die Probe gestellt hatte, war Marpa schließlich von der Aufrichtigkeit seines Schülers überzeugt, führte ihn in die Geheimdoktrin ein und übertrug ihm die Verantwortung, dieses Wissen weiterzugeben. Es heißt, daß sie beide Wein aus dem Symbol der Vergänglichkeit, einem Menschenschädel, tranken — ein Symbol, das auch heute noch bei tantrischen Riten Verwendung findet.

Mila verwendete nun sechs weitere Jahre, um sich zu läutern, wobei er sich der erworbenen Geheimnisse bediente. Diese sechs Jahre verbrachte er in Einsamkeit und Meditation in einer nahen Höhle. Dann beschloß er, nach Hause zurückzukehren, denn in einer Vision hatte er seine Mutter tot, das Haus zerfallen und seine Schwester in Lumpen gesehen. Es war genau so, wie er es erblickt hatte, und von Gram übermannt beschloß er, den Rest seines Lebens als Einsiedler zu verbringen und sich der Askese zu ergeben, um schließlich Erlösung zu finden. Das war nicht selbstsüchtig gedacht, sondern er wollte durch sein Opfer anderen weiterhelfen. Dieser Weg war vom Buddha nicht gelehrt, sondern sogar ausdrücklich abgelehnt worden, wenn er in seinen Predigten den Mittleren Pfad befürwortete. Es hat aber immer Menschen gegeben, die behauptet haben, daß Buddhas Lehren solche Praktiken in besonderen Fällen nicht gänzlich ausschließen.

Mila stieg in die Berge hinauf und begann dort ein Leben der äußersten Askese, denn es war ihm bewußt, daß der Tod jederzeit eintreten und sein Ziel, die Erlösung zu erlangen, zunichte machen konnte. Jede Minute einer jeden wachen Stunde mußte der meditativen Suche gewidmet sein. Anfangs suchte er sich noch wilde Früchte in der Umgebung seiner Höhle, doch dann fürchtete er, daß dieser Zeitverlust ihn um sein Ziel bringen könne, und so aß er schließlich nur noch die Nesseln, die im Überfluß um seine Höhle wucherten. Seine ganze Bekleidung bestand nur aus einem leichten Baumwollgewand, sogar im Winter, wenn er von den wenigen Pilgern abgeschnitten war, die ihm sonst einige Nahrungsmittel brachten. Aus diesem Grunde erhielt er den Namen Mila-Repa oder baumwollbekleideter Mila.

Seine Schwester und seine frühere Braut, die nicht geheiratet hatte, kamen zu ihm und baten ihn, dieses furchtbar harte Leben aufzugeben. Als er dennoch damit fortfuhr, taten sie, was sie konnten, um ihm zu helfen, und brachten ihm Nahrung und was sie sich an Kleidung für ihn absparten. Oft wurden ihre Gaben abgelehnt oder nicht gebraucht, denn Milarepa wußte, wie leicht man sich an die Erde bindet, wenn man sich einen Luxus gestattet. Für ihn war schon eine rauhe Decke ein Luxus, und als seine Schwester ihm eine brachte, damit er seinen nackten Körper damit bedecke, schnitt er sie in kleine Streifen. So erteilte er ihr und allen anderen, die ihn besuchten, eine Lehre. Aber seine Gabe für Dichtung und Gesang verließ ihn niemals, und seine Verse sind aufgeschrieben und aufbewahrt worden und heute das Allgemeingut aller Tibeter. Es würde schwer fallen, einen Bauern oder Nomaden zu finden, der nicht Verse aus den Hunderttausend Liedern des Milarepa auswendig weiß. Trotz seiner asketischen Haltung, hatte er einen sehr stark entwikkelten Schönheitssinn. Mit Liebe und Verehrung beschreibt er die Landschaft rings umher von einer Jahreszeit zur anderen. Tiere, Vögel, Insekten und sogar Pflanzen sind für ihn voller Leben, und doch erinnern sie ihn an die Vergänglichkeit aller Dinge, die Scheinwirklichkeit aller Existenz. Als er eines Tages zu einer anderen Höhle ging, um noch größere Einsamkeit zu finden, zerbrach seine Tonschale. Sogleich verwandelte sich das Erlebnis in ein Lied; er besang die Schale als seinen Lehrer, denn sie hatte ihn wieder einmal an die Vergänglichkeit aller Dinge erinnert.

Er war ein freundlicher Mensch, dem die Leidenschaftlichkeit seines Lehrers gänzlich abging. Dennoch blieb er fest. Als ihn ein Gelehrter eines Tages besuchte, der auf seine Gelehrsamkeit allzu stolz war, sang Milarepa folgendes Lied:

Lang gewöhnt ans Meditieren über die Geflüsterten Ausgewählten Wahrheiten,
Habe ich vergessen, was sich in geschriebenen und gedruckten Büchern findet.
Gewohnt, wie ich es bin, ans Studium der Allgemeinen Wissenschaft,
Hab ich das Wissen um das irrende Nichtwissen verloren.
Lang gewöhnt, meinen Geist im Nichtgeschaffenen Zustand der Freiheit zu halten,
Habe ich die herkömmlichen und künstlichen Bräuche verlernt.
Lang gewöhnt, die Bedeutung des Wortlosen zu kennen,
Hab ich verlernt, den Wurzeln der Verben und dem Ursprung von Worten und Sätzen nachzuspüren.
Möge es dir, o gelehrter Mann, gelingen, diese Dinge in den klassischen Werken aufzufinden.

Milarepa erlangte die Erlösung und starb, wie er es sich gewünscht hatte, in völliger Einsamkeit. Die Liebe, die er allem Lebendigen entgegenbrachte, spiegelt sich in der Verehrung, die die Tibeter diesem Heiligen stets gezollt haben. Einige seiner Jünger fanden die von ihm geübte Askese zu streng, und indem sie sich der alten Nyingmapa-Sekte wieder näherten, gründeten sie Untergruppen der Kargyupa, die als Karmapa, Dikungpa und Dugpa bekannt sind. Es braucht kaum erwähnt zu werden, daß trotz der Einfachheit von Milarepas Leben und Lehre viele Legenden um ihn entstanden sind, die von den von ihm gewirkten Wundern berichten. Ein christlicher Priester, Mitglied einer Mission, die in Tibet während des siebzehnten und achtzehnten Jahrhunderts arbeitete, hörte von Milarepa und war entsetzt über seine angeblichen Taten, die man nur dem Teufel zuschreiben könne. Trotzdem war die Verehrung, die die Bevölkerung dem Andenken Milarepas bewahrte, so groß, daß der Priester voller Scham sagte: »Ich habe Jesus, den einzigen Meister, den einzigen und wahren Lehrer, nicht so geehrt, geliebt und ihm so treu gedient, wie dieses Volk einen Verräter, einen Betrüger, der ihm eine falsche Religion gebracht hat, liebt und verehrt.« Was nun die Wunder betrifft, so glauben wir, daß sie sich, wie alles andere auch, in der Vorstellung der Menschen abspielen und so einen entsprechenden Wirklichkeitswert haben. Mila selbst würde von uns gefordert haben, daß wir nach der Wirklichkeit suchen, die jenseits davon liegt.

Als Milarepa starb sollen die Wolken symbolische Zeichen in den Himmel geschrieben haben, die Götter stiegen herab und wandelten unter den Menschen, und der Himmel weinte Blumentränen. Das mag so gewesen sein oder auch nicht, aber der Glaube daran ist eine Verneigung vor der Wahrheit, Schönheit und Güte von Milas Leben und kann unser Verständnis nur bereichern.

Wer einem anderen schaden will, / Ist kein Sucher nach der Wahrheit; / Wer einem anderen Unrecht tut, / Ist kein Mönch. / Haltet euch fern von allem Übeltun, / Lebt rechtschaffen in der Reinheit von Geist und Körper — / So lautet die Lehre des Buddha. / Verachtet nicht, schadet niemandem, / Lebt nach dem Ordensgesetz. / Nehmt wenig Nahrung zu Euch, / Sucht nicht zu sehr die Gesellschaft anderer, / Beherrscht einen jeden Gedanken durch Meditation — / So lautet die Lehre des Buddha.

9. KAPITEL

Aus DHAMMAPADA

DIE ORDENSGRÜNDUNG

Die auf Lang Dharmas Tod folgende Anarchie wurde durch die Wiedererweckung des Buddhismus beendet, nicht aber durch die Wiederbesetzung des Thrones. Politisch blieb Tibet ein Land, das unter viele, sich gegenseitig bekriegende Führer aufgeteilt war. Diese Zerrissenheit und das ständig wechselnde Waffenglück führte ganz von selbst dazu, daß die Klöster an politischer Bedeutung zunahmen. Sie hatten rasch Landbesitz und andere Reichtümer gewonnen, und da es rechtlose Zeiten waren, hatten die Mönche die Klöster wie Festungen ausgebaut und mit hohen, mehrere Fuß dicken Wällen umgeben. So wurden die Klöster zu Symbolen der Stabilität und zu echten Zufluchtstätten.

Während Samye eine führende Stellung als Zentrum der Gelehrsamkeit und des geistigen Strebens erlangt hatte, war das später erbaute Kloster von Sakya — der Name hat nichts mit der königlichen Familie Sakja zu tun, aus der Buddha stammte — das erste, das politischen Einfluß erlangte und ausübte. Man muß jedoch nicht glauben, daß der politische Einfluß angestrebt worden war oder daß der Politik erlaubt wurde, das religiöse Leben zu überschatten. Der Gründer dieser Schule war Drokmi, ein großer Gelehrter und Übersetzer, der an der Universität von Wikramaschila in Indien mehrere Jahre studiert hatte. Er lehnte die alten Tantras ab, folgte der neuen Richtung des Atischa und errichtete ein Kloster in der

Provinz Tsang. In dieses Kloster trat ein gewisser Kontscho Gyepo ein, der später der eigentliche Begründer des großen Klosters Sakya wurde. Kontscho Gyepo gehörte der alten Schule Nyingmapa an, die sich an die noch nicht von Atischa geläuterte Version der Tantras hielt. Die alte Schule erlaubte ihren Anhängern zu heiraten, und Kontscho Gyepo war verheiratet. Die da heirateten, waren jedoch nur Anwärter, keine Mönche. Weder Nyingmapa- noch Gelukspa-Mönche dürfen heiraten. Kontscho Gyepo war äußerst unzufrieden mit der Art, wie manche Nyingmapa-Anhänger die Geheimhaltungsregeln mißachteten und geheime Riten öffentlich vornahmen. Er sah voraus, daß solche Aufweichungstendenzen zu weiterer Korruption führen mußten.

Kontscho Gyepo wanderte von einem Lehrer zum anderen, immer auf der Suche nach höherem Wissen, und geriet schließlich unter Drokmis Einfluß. Um das Jahr 1071 erbaute er das Kloster Sakya, das nach der grauen (sa-kya) Erde so genannt wird, auf der es steht. Dort lehrte er, daß allzu großer Verlaß auf die Meditation den Anwärter verführen könne, sich im Besitz der letzten Wahrheit zu fühlen, während er in Wirklichkeit nur eine Weiterentwicklung physischer und geistiger Fähigkeiten erzielt hat. Um sich gegen einen solchen Irrtum zu schützen, der nur zu noch größerer Unwissenheit und Selbsttäuschung führe, müsse größtes Gewicht auf ein systematisches Studium der buddhistischen Schriften gelegt werden. Das Kloster Sakya sollte schon bald wegen seiner Gelehrsamkeit und der dort erzielbaren geistigen Höherentwicklung berühmt werden, denn diese Kombination ist nicht eben häufig.

Kontscho Gyepos Sohn folgte seinem Vater im Amt, und da Kontscho Gyepo keinen Grund gesehen hatte, den Zölibat für Mönche zu befürworten, bürgerte sich am Kloster Sakya der Brauch ein, daß die Abtwürde vom Vater auf den Sohn oder vom Onkel auf den Neffen überging. Auf diese Weise entstand eine kirchliche Dynastie, die sich bis auf den heutigen Tag erhalten hat, wenn auch Sakya in politischer und wirtschaftlicher Hinsicht längst nicht mehr die Vorrangstellung einnimmt, die es im 13. Jahrhundert besaß.

Kontscho Gyepos Enkel Kunga Gyaltsan, der als Sakya Pandita oder der Große Lama von Sakya bekannt wurde, zeichnete sich wiederum durch die seltene Verbindung von akademischem Wissen und geistiger Höherentwicklung aus. Er betrieb ein genaues Studium nichtbuddhistischer Schriften und erwarb dadurch die Fähigkeit, dem Buddhismus in Tibet zu einer Vorrangstellung zu verhelfen. Berühmt ist die Niederlage, die er einem berühmten Brahmanen-Philosophen bei einer Debatte über Wedanta, die brahmanische Lehre, beibrachte. Durch diese Niederlage wurde der Brahmane bekehrt und trat als Mönch in den buddhistischen Orden ein. Sein bei der Weihe abgeschnittenes Haar wurde zum Schmuck eines von Kunga Gyaltsan gestifteten schwarzen Banners verwandt, ein Brauch, der auch heute noch geübt wird.

Die politische Vorrangstellung der Sakya-Dynastie bildete sich während Kunga Gyaltsans Amtszeit heraus. Wegen seines Wissens und seiner geistigen Errungenschaften genoß er einen solchen Ruf, daß er vom Mongolenherrscher Godan, einem Nachfahren des großen Tschingis Chan, eingeladen wurde. Durch die Kraft seiner Persönlichkeit und die Macht seiner Lehre gewann der Große Lama von Sakya viel Anerkennung am Hofe Godans. Dieser Eindruck verstärkte sich noch, als es ihm gelang, Godan von einer ernsten Krankheit zu heilen. Mit dem Lama war sein Neffe Phakpa in die Mongolei gereist, und beide zusammen bearbeiteten die Uigurenschrift, so daß es mit ihrer Hilfe möglich wurde, die buddhistischen Schriften ins Mongolische zu übersetzen, das zu jener Zeit noch keine Schrift kannte. Die Herstellung freundschaftlicher Beziehungen zum mächtigen Nachbarn im Norden befestigte die Vorrangstellung Sakyas noch mehr, denn kein anderes Kloster und keine andere Sekte hatte eine ähnliche Unterstützung aufzuweisen. Damals war der militante Charakterzug im Wesen der Tibeter noch keineswegs zurückgedrängt, und es kam durchaus vor, daß ein Kloster das andere aus Rivalität angriff und plünderte.

Als die Herrschaft der Mongolen über China errungen war und Kublai Chan Kaiser wurde, erhielt Phakpa eine Einladung an den kaiserlichen Hof. Kublai war wißbegierig und hatte genügend von der Welt gesehen, um zu erkennen, daß es den Mongolen trotz ihrer militärischen Überlegenheit an Bildung, insbesondere an religiöser Bildung, fehlte. Er selbst hatte sich mit dem Christentum, dem Islam und der chinesischen Schule des Tao befaßt. Phakpa bekehrte ihn zum tibetischen Buddhismus, verkehrte aber als völlig Gleichrangiger mit ihm. Sein Beharren auf der Gleichrangigkeit führte zu einer historischen Debatte, wobei Phakpa anhand von chinesischen Dokumenten Kublai bewies, daß Tibet früher schon einmal China unterworfen hatte. Kublai erkannte Phakpa als seinen Lehrer an, verlieh ihm eine Reihe sehr ehrenvoller Titel und setzte ihn als politischen Herrscher Tibets ein. Das war keine leere Geste, denn die Mongolen hatten unterdessen die letzten Spuren tibetischer Macht in den Händen der rivalisierenden Anführer getilgt und Tibet unter mongolischer Herrschaft geeint. Die Verwaltung des Landes wurde nun in Sakya eingerichtet, und der Große Lama von Sakya wurde das nominelle und tatsächliche Oberhaupt des Landes. Der Kaiser wollte sogar noch weitergehen und durch Edikt die Sakya-Sekte zur einzig rechtmäßigen buddhistischen Sekte Tibets machen. Phakpa bestand jedoch auf völliger Religionsfreiheit.

Die Reichtümer, die Phakpa vom kaiserlichen Hof zuflossen, dienten der Vergrößerung und Verschönerung des Klosters Sakya, und so wurde es zum größten religiösen Schatzhaus des Landes. Der Haupttempel enthielt eine goldene Statue des Gautama, die nicht weniger als 35 Fuß hoch war, und unzählige andere goldene Figuren. Die Wände und Säulen waren mit den kostbarsten Brokaten behängt — was zeigt, welche Bedeutung der tibetischen religiösen Führung vom kaiserlichen Thron beigemessen wurde. Zur gleichen Zeit konnte Sakya damit rechnen, notfalls von der mongolischen Armee verteidigt zu werden, die auch öfters eingriff. Gerade diese Mongoleneinfälle führten jedoch im Lande zu einer wachsenden Unzufriedenheit mit der Vorherrschaft Sakyas. Als die Macht der Mongolen dahinschwand, verging auch die Macht der Sakya-Dynastie. Andere Klöster und Sekten, die mittlerweile eigene Anhänger gesammelt hatten, stellten die politische Autorität Sakyas ernstlich in Frage. Außerdem gab es auch Abtrünnige innerhalb der Sakya-Sekte, und es ist ein Fall bekannt, wo der Lama von seinen eigenen Ministern ermordet wurde.

Delegationen anderer Klöster waren ebenfalls an den kaiserlichen Hof gelangt und hatten um Unterstützung im Austausch gegen religiöse und geistige Unterweisung nachgesucht. Auch das hatte die Vorrangstellung Sakyas untergraben, und in der Mitte des 14. Jahrhunderts war es mit seiner Vorherrschaft vorbei. Obgleich von kurzer Dauer, hat diese Herrschaft doch einiges Wichtige zustande gebracht. Sie einte Tibet unter einer politisch-religiösen

Spitze; sie setzte das Beispiel eines vererbbaren Führungsanspruchs; sie errichtete eine zentrale Verwaltung, die sich über dreizehn Provinzen mit je einem Gouverneur an der Spitze erstreckte. Diese Gouverneure waren Laien und brauchten nicht der Sakya-Sekte anzugehören. Schließlich führte die Vorrangstellung des Klosters Sakya auf politischem Gebiet zur Aufnahme internationaler Beziehungen mit den beiden mächtigen Nachbarreichen, China und der Mongolei. Die Basis dafür war die politische Gleichberechtigung; Tibet tauschte sich Schutz dafür ein, daß es religiöse Lehrer und Ratgeber entsandte. Und dieser Schutz war eine Notwendigkeit, denn der Buddhismus mit seiner Betonung der Heiligkeit allen Lebens hatte schon begonnen, im Volk die letzten Reste des Militarismus auszulöschen.

Während dieser Zeit hatte Sakya dem Buddhismus zu einem beträchtlichen Aufschwung verholfen, indem es nicht nur selbst auf eine höhere geistige Stufe gelangte und neue Klöster im ganzen Lande errichtete, sondern auch das Betätigungsfeld des tibetischen Buddhismus erweiterte. Zu alledem trat noch im Inneren die Bekämpfung degenerativer Tendenzen durch die Betonung akademischen Wissens und der Notwendigkeit des geistigen Fortschrittes. Das Reformwerk, das Atischa begonnen hatte, wurde vom Kloster Sakya aufgenommen und weitergeführt und sollte die Grundlage für die noch ausstehende große Reform und die damit Hand in Hand gehende Errichtung des späteren theokratischen Staates bilden.

Der Buddhismus hatte sich zwar im ganzen Lande verbreitet, aber solange er in rivalisierende Sekten und unabhängige Klöster aufgespalten blieb, gab es keine wirksame Kontrolle über die Priester- oder die Laienschaft. Der indische Einfluß war noch immer stark, insbesondere fanden die niederen Formen des Tantrismus bei den wenig gebildeten Volksmassen viel Anklang. Auch unter der Priesterschaft gab es Leute, die unter dem Vorwand, daß diese tantrischen Schriften echte Buddhalehren seien, sich den gröbsten Ausschweifungen hingaben. Andere, die ein strengeres Leben führten, taten das nur, um magische Kräfte zu erwerben. Auch heute sieht man noch Nagpa, asketisch lebende Magier mit Halsbändern aus Menschenknochen, die menschliche Schädel als Trinkgefäße benutzen. Das sind keine Mönche, sondern Menschen, die die tantrischen Lehren nur zu dem Zweck gelernt haben, sich persönliche

Macht zu verschaffen. Abgesehen davon, daß die meisten ihr Wissen in harmloser Weise anwenden und kaum mehr als Wahrsager sind, haben sie sich selbst großen Schaden zugefügt, indem sie sich auf die Erlangung von Macht konzentrierten und dadurch für die höheren Ziele blind geworden sind, nach denen sie eigentlich streben sollten.

Als die Vorrangstellung Sakyas verloren ging, fehlte es sehr an einer geistigen Führung, die nicht nur die von Atischa eingeführten Reformen aufs neue betont, sondern auch die Befolgung der mönchischen Regeln durchgesetzt hätte. Diesem Notstand machte Tsong Khapa ein Ende, dem das ganze Gebäude buddhistischer Herrschaft in Tibet, wie es sich bis in die Gegenwart erhalten hat, zuzuschreiben ist. Er wurde in der Provinz Amdo als Sohn eines Nomadenpaares geboren, das lange keine Kinder gehabt hatte. Das Paar hatte sein Zelt in der Nähe einer Tränke aufgeschlagen, und der Wunderknabe wurde in diesem Zelt geboren. Der Ort befindet sich heute im Zentrum des großen Klosters von Kumbum, wo ich erzogen wurde und später zum Abt aufstieg. Ein großer Baum wächst an dem Platz, der vom Blut der Mutter getränkt gewesen sein soll.

Nur wenige Jahre alt, begann der Knabe schon mit seinen religiösen Studien und lernte im Kloster Schardzong das Lesen und Schreiben. Während er noch dort war, reiste eines Tages ein Gelehrter aus Zentraltibet durch, der großes Interesse an Tsong Khapa bekundete. Er hatte die außergewöhnlichen Fähigkeiten des Knaben gleich erkannt, der ihn anflehte, die mönchischen Gelübde ablegen zu dürfen. Rolpai Dordsche, der reisende Priester, schnitt ihm die Haare ab als Zeichen der Entsagung, und Tsong Khapa legte die fünf ersten Gelübde ab: nicht zu töten, die Ehe nicht zu brechen, nicht zu lügen, zu stehlen oder Berauschendes zu trinken. Das abgeschnittene Haar warf der Priester auf den Felsen neben Tsong Khapas Höhle, wo ein Wacholderbaum erwuchs, der bis zum heutigen Tage merkwürdig nach menschlichem Haar riecht. Als Tsong Khapa sechzehn Jahre alt war, hatte er seine Lehrer in Amdo geistig schon überflügelt und wurde nun zu weiteren Studien in die großen Klöster Zentraltibets geschickt.

Seine Ausbildung war sehr vielseitig und schloß auch die Tantras ein; da jedoch tantrische Initiationen geheim gehalten werden, wissen wir nicht, bis zu welchem Grade Tsong Khapa oder sonst ein Lehrer tantrische Praktiken ausgeübt hat. Auf allen Wissensgebieten erwies er sich bald als Meister der Debatte wie der Auslegung und schrieb zahlreiche wichtige Werke, welche die grundlegenden Lehren verschiedener Systeme neu formulierten; dabei ließ er alles weg, was die Bearbeiter im Laufe der Zeit an Änderungen eingefügt hatten, um ihren eigenen Zwecken zu dienen. Genau wie Atischa war auch Tsong Khapa sich des Wertes der Tantras bewußt, aber er sah die Gefahr, die der mönchischen Zucht von ihnen drohte, noch deutlicher als Atischa. Tsong Khapa meinte, daß tantrische Praktiken auf den einzelnen Lehrer und Schüler beschränkt bleiben sollten. Der Lehrer sollte den Schüler nur dann einweihen, wenn er überzeugt war, daß der Schüler nach vielen Jahren äußerster Selbstdisziplin und strengster Askese dazu reif war. Dann erst sollten dem Schüler die geheimen Lehren zugänglich sein, von denen viele niemals schriftlich niedergelegt worden sind, sondern nur vom Lehrer mündlich vermittelt werden. Die höchsten Lehren werden überhaupt nur an einen einzigen Schüler weitergegeben, der sie hütet, bis er sie vor seinem Tode wiederum nur an einen einzigen seiner Schüler weiterleitet. Auf diese Weise werden die höchsten Lehren niemals Allgemeingut und können auch nicht mißbraucht werden. Es gibt zu jeder Zeit nur einen, der sie kennt und so mit ihrer Hilfe aus seinem derzeitigen Leben als Lehrer das beste machen kann.

Auch die Initiationen auf einer niedrigeren Stufe sind eine sehr persönliche Sache. Dem Eingeweihten ist nicht nur verboten, ohne ausdrückliche Erlaubnis seines Lehrers etwas von dem Gelernten weiterzugeben, er darf nicht einmal merken lassen, daß er ein Eingeweihter ist. Der Zweck der Initiation ist nur in zweiter Linie die persönliche Entwicklung des Initiierten. Der Endzweck ist ein viel höherer, denn der Eingeweihte entwickelt Fähigkeiten, die dazu dienen sollen, anderen zur Erlösung zu helfen. Die einsamen Jahre, die diese Entwicklung braucht, dienen nicht eigennützigen Zwecken. Vielmehr verlangen sie die äußerste Selbstverleugnung. Viele Anwärter haben sich in winzigen Zellen eingeschlossen, um jede Ablenkung auszuschließen, oder sich in Höhlen einmauern lassen, die nur einen Schlitz zur Lüftung und zum Hindurchstecken kleiner Mengen von Lebensmitteln aufwiesen. Manche dieser Öffnungen sind so eingerichtet, daß man Essen hinstellen kann, ohne von dem Anwärter bemerkt zu werden, der sich in absoluter Dunkelheit der völligen Abgeschlossenheit hingibt. Es heißt, daß dieses strenge Training und die Absage an alles Weltliche schon in einer einzigen Lebenszeit dazu führen kann, daß der Anwärter das Wissen um die Vergänglichkeit aller Dinge, die Scheinwirklichkeit der Existenz, erlangt. Mit dieser Erkenntnis kommt die Kraft zur Befreiung, so daß der nun vollendete Meister noch zu seiner Lebenszeit, also während noch Atem in ihm ist, seinen Körper willentlich verlassen und aus seiner Zelle fortgehen kann, sei es durch den Lüftungsspalt, sei es direkt durch die Wand. Er kann frei umherschweifen und sich anderen zeigen, entweder in der gewöhnlichen, ihm sonst eigenen oder in anderer Gestalt, aber er kann auch in andere Körper eintreten. Das wird jedoch nur in wichtigen Fällen getan, so wenn es um die Übertragung von Wissen geht.

Einige der Anwärter sterben auch in ihrer Abgeschiedenheit, aber nach buddhistischem Glauben ist ihr Bemühen nicht umsonst gewesen. Ein einziger, der nach Vollendung strebt, strahlt Vollendung aus. Der Wunsch, ähnlichen Idealen nachzufolgen, verbreitet sich, wenn man hört, daß es einen solchen Menschen gibt, und sei er auch tausend Meilen entfernt. Bei seinem Tode hat er schon eine höhere Stufe erreicht, ist dadurch bei seiner Wiedergeburt der Vollendung schon näher und so für seine Mitmenschen von größerem Wert.

Die Tantras, die einem die Mittel in die Hand geben, auf diesem abgekürzten Wege Erleuchtung zu gewinnen, verlangen äußerste Selbstaufopferung und Hingabe. Tsong Khapa sah, daß sie somit nicht ein Teil des Klosterlebens sein konnten, denn ein Kloster ist eine Gemeinschaft und wirkt als solche; sie hat zwar dasselbe Ziel, aber eine andere Methode. Ein Kloster dient der Laienbevölkerung durch das Vornehmen kultischer Riten und religiöser Handlungen, durch Belehrung und in vielen anderen Hinsichten. Schon zu Tsong Khapas Zeiten hatten echt buddhistische Klöster ihren Einfluß bei der Bevölkerung dazu benutzt, bei der Aufrechterhaltung von Ruhe und Ordnung mitzuwirken und durch Landverteilung an die Bauern zu helfen ... zusätzlich zu der religiösen Hilfe, die der Bevölkerung durch wandernde Mönche geboten wurde, wenn sie als Prediger und Lehrer herumreisten und priesterliche Funktionen ausübten, wo das nötig war.

In Tsong Khapas Augen waren die tantrischen Lehren, wenn sie dem höchsten Ziel und damit dem einzig legitimen Zweck dienen sollten, unvereinbar mit dem Klosterleben, wo der einzelne von hunderten oder sogar tausenden anderer umgeben ist. Ein Kloster, das bestehen will, muß eine von allen seinen Angehörigen befolgte Disziplin oder Ordnung aufweisen, während die Tantras verlangen, daß der einzelne den ihm gemäßen Weg unter der Aufsicht seines Lehrers geht und sich dabei in die völlige Abgeschiedenheit begibt. Die Tatsache, daß Tsong Khapa sein Leben der Klosterreform weihte und in seinem eigenen Kloster tantrische Lehren und Praktiken verbot, ist nur darauf zurückzuführen, daß er die Unvereinbarkeit dieser beiden Einrichtungen einsah; sie bedeutet nicht, daß er die eine über die andere stellte. Es ist mehr als wahrscheinlich, daß er selbst in die tantrischen Lehren eingeweiht war. Seine Betonung der Disziplin, die von vielen so ausgelegt wird, daß er nur ein intellektuelles und administratives Genie gewesen sei, bedeutet nicht, daß es ihm an geistigen Fähigkeiten gefehlt hat. Er hätte kaum all das, was er erreicht hat, durchsetzen und eine so große Zahl von Anhängern gewinnen können, wenn seine Entwicklung auf religiösem Gebiet seinen intellektuellen Fähigkeiten nachgestanden hätte.

Mit dem Verfall vor Augen, der sich seit Atischas Zeiten in Tibet breitgemacht hatte, kam ihm der Schaden zum Bewußtsein, der entstehen konnte, wenn die tantrischen Lehren leichter zugänglich gemacht würden, wenn diese ihrem Wesen nach esoterischen Lehren allen, womöglich im Gruppenunterricht, offenstünden. Da er selbst in den Tantras ausgebildet war, muß ihm bekannt gewesen sein, daß in den Anfangsstadien der durch diese Lehren bewirkten Selbstentwicklung physische und psychische Veränderungen mit dem Anwärter vor sich gehen, die ihn leicht glauben machen, er habe einen viel höheren Grad der Vollendung erreicht, als er in Wirklichkeit mit diesem ersten Schritt erlangt hat. Diese Gefahr ist besonders groß, wenn er sich nicht in der Abgeschiedenheit befindet und sich daher mit anderen vergleichen kann. Die Praxis des Tantrismus verlangt die völlige Aufhebung des Bewußtseins seiner selbst, und das kann nur erlangt werden, wenn das Bewußtsein der Existenz einer Außenwelt ausgeschaltet ist. Ohne die durch die völlige Abgeschiedenheit gewährte Hilfe wäre es für den Anwärter eine übermenschliche Aufgabe, das erreichen zu wollen.

Tsong Khapas diesbezügliche Lehren brachten ihm viele Anhänger, die gleich ihm über den Mißbrauch entsetzt waren, der mit diesen großen Lehren getrieben wurde. Tantrische Praktiken, die nicht mit Selbstverleugnung und sogar Selbstentäußerung verbunden sind, können bestenfalls nur zu noch größerer Täuschung und Unwissenheit führen, schlimmstenfalls zu gröblichen Ausschweifungen. Zu jener Zeit erlaubten und unterstützten die Klöster überall tantrische Praktiken und verletzten so ihre Pflichten sowohl dem einzelnen Anwärter als auch der Laienschaft gegenüber. Statt nun Reformen in einem dieser Klöster einzuführen, gründete Tsong Khapa sein eigenes, das als Ganden oder Ort der Freude (im Sinne der Vollendung) bekannt wurde, während seine Anhänger Gelukspa oder »die dem Pfad der vollendeten Tugend folgen« genannt werden. In Ganden konnte Tsong Khapa, ohne sich um alte Ordnungen kümmern zu müssen, von Anfang an die Klosterdisziplin einführen, die er für richtig hielt.

Das Studium war eklektisch; es wurde eine gründliche Kenntnis nicht-buddhistischer philosophischer Systeme ebenso verlangt wie die der verschiedenen buddhistischen Richtungen. Die Tantras wurden nicht in der Absicht gelehrt, sie auszuüben, sondern um das rechte Verständnis für sie zu entwickeln. Daher wurde das Symbol der geschlechtlichen Vereinigung mit Nachdruck als Symbol der Vereinigung von Wissen und Handeln dargestellt, die zur richtigen Anwendung des Wissens oder der Macht führen soll. Die Lehren einiger alter Sekten, daß die Ausübung des Geschlechtsverkehrs zu geistigem Fortschritt führe, wurden aufs schärfste abgelehnt. Um dem Nachdruck zu verleihen, verlangte Tsong Khapa den absoluten Zölibat von allen Mönchen, die dem Gelukspa-Orden beitraten, während die meisten anderen Orden damals — und manche auch heute — die Ehe oder auch den Geschlechtsverkehr für die niederen Ränge der Mönche zuließen. Die Sakyapa-Sekte erlaubte ihrem Abt nicht nur zu heiraten, wie wir gesehen haben, sondern verlangte die Ehe des Abtes, um so nicht nur die Weitergabe von Wissen, sondern auch die Erbfolge in der Führung des Klosters zu sichern, ganz im Gegensatz zu dem Meister/Schüler-System der Sukzession, die bei den Mystikern üblich ist.

Der Genuß von Alkohol und Narkotika ist allen Gelukspa-Mönchen ebenfalls verboten; wieder hielt Tsong Khapa es für gut, die symbolische Bedeutung der Trunkenheit und des Fleischgenusses zu betonen — denen einige alte Sekten ebenfalls geistigen Wert beimaßen. Ihnen jeden Wert abzusprechen, hätte nur zu einem begrenzten Erfolg bei seinen Anhängern geführt. Durch die symbolische Auslegung hoffte er, langsam Reformen in anderen Sekten in Gang zu bringen. In ähnlicher Weise wandte er sich den alten Göttern und Dämonen, den Bildwerken und Malereien zu, die damals alle Tempel und Klöster füllten und von denen fast alle nicht-buddhistischen Ursprungs waren, und lehrte seine Schüler, die symbolische Bedeutung eines jeden zu verstehen. Äußerlich erscheint es daher auch heute noch so, als unterschieden sich die Gelukspa nicht viel von den Nyingmapa, der unreformierten Sekte. Der Unterschied liegt in der Einstellung der Mönche.

Während Tsong Khapa höchste akademische Ausbildung als Vorbedingung für fortgeschrittene geistige Übungen verlangte, die auch die Meditation als Grundlage des persönlichen geistigen Fortschritts miteinschlössen, betonte er die Notwendigkeit, ein geistiges Ziel vor Augen zu haben, das über allem anderen stehen müsse. Er bestand auf einem gewissen Zeitraum, den jedes Ordensmitglied in einer Einsiedelei zubringen müsse, damit ihm dieses geistige Ziel möglichst stark zum Bewußtsein käme und der Orden als ganzes dadurch gefördert werde. Außerdem führte er eine Reihe von Gelübden ein, 253 an der Zahl, die von den Mönchen beim Übergang von einer Stufe zur anderen abzulegen waren, wobei die jeweils höhere Stufe immer höhere Grade der Entsagung von den Mönchen verlangte. Die vier Hauptgelübde oder Tsawa Schi beziehen sich auf das Nichttöten, Nichtstehlen, Nichtlügen und die Keuschheit. Seine ganze Lehre war stufenförmig aufgebaut, so daß jeder Novize beim Eintritt in den Orden wußte, daß ihm viele Jahre harter Arbeit und strenger Zucht bevorstanden und daß die Früchte dieses Lebens nicht in einer plötzlichen blendenden Enthüllung der Wahrheit bestehen würden, wie das der kurze Pfad versprach, sondern in einer unendlich viel sichereren, schrittweisen und stetigen Entwicklung seines ganzen Wesens in geistiger, physischer und religiöser Hinsicht. Die Klosterzucht lenkte seine Aufmerksamkeit beständig auf die Bedürfnisse anderer, so daß er nie das Tschangtschub Sempa-Ideal aus den Augen verlor, das Ideal, welches das höchste Opfer verlangt, das Opfer der eigenen Erlösung, für das Wohl des Mitmenschen. Hier ist die Grundlage für die Theorie der Reinkarnation religiöser Lehrer zu suchen, die dazu geführt hat, daß in Tibet geistige Dynastien wie die des Gyalya Rinpotsche und des Pantschen Rinpotsche anerkannt werden. Zu Tsong Khapas Zeiten wurde die Grundlage dieser Dynastien gelegt.

Der große Reformer vermied es, Anhänger durch das Wirken von Wundern anzulocken, so wie er auch davon abstand, den Novizen eine überraschende und übermenschliche Entwicklung ihrer Kräfte zu versprechen. Daher ist die Gelukspa-Sekte auch manchen Tibetern und all jenen Ausländern recht nüchtern erschienen, die unser Land und unsere Religion mit wunderbaren und mystischen Kräften in Verbindung bringen. Aber Tsong Khapas Überzeugungskraft war doch so groß, daß er bald eine zahlreiche Anhängerschaft gewann, und die übrigen Sekten verschiedentlich Anstrengungen machten, den Aufstieg der Gelukspa zu bremsen. Tsong Khapas Ruhm ereichte sogar China, und er erhielt eine dringende Einladung an den kaiserlichen Hof. Damit war ihm die ideale Möglichkeit gegeben, die weltliche Macht um Unterstützung zu ersuchen, die seiner reformierten Sekte zu einer beherrschenden Stellung in Tibet verholfen hätte. Tsong Khapa lehnte jedoch ab. Er gebrauchte die Ausrede, daß seine Reise mit dem für diese Gelegenheit notwendigen großen Gefolge eine Härte für die kleinen Dörfer am Wege bedeuten würde, da die Kontributionen an Geld und Lebensmitteln, die sie für einen angemessenen Empfang beisteuern müßten, für sie kaum tragbar seien. Letzten Endes sandte er einen Beauftragten nach China, der dort seine Lehren erläutern, aber nicht um die materielle Unterstützung nachsuchen sollte, die er gerade damals so dringend nötig gehabt hätte.

Sowohl die religiösen Sekten als auch die weltlichen Machthaber im Lande fürchteten sich vor Tsong Khapas Reformbewegung, weil ihr Wert nicht zu leugnen war. Während er noch am Leben war, wuchs seine Anhängerschaft so sehr, daß seine Schüler noch zwei große Klöster in der Nähe von Lhasa gründen mußten, um die ständig wachsende Anzahl von Mönchen unterzubringen. Es waren Sera und Drepung, die auch äußerlich wie Ganden sich von den üblichen burgähnlichen Klöstern auf den Bergen schon dadurch unterschieden, daß sie im Tal erbaut wurden. Tsong Khapa begann auch mit der Übung, das Neujahrsfest mit dem Großen Gebet zu verknüpfen, bei dem für das Wohl der ganzen buddhistischen und nichtbuddhistischen Welt gebetet wird. Bei dieser Gelegenheit strömten tausende von Gelukspa-Mönchen aus den drei Klöstern in den großen Tempel von Lhasa, um dort zu beten.

Am meisten wirkte Tsong Khapa durch sein eigenes untadeliges Leben, durch das vollendete Beispiel, das er allen gab, und durch sein absolutes Vertrauen in die Lehren des Buddha. Eben darauf beruht die Überzeugungskraft der Gelukspa-Sekte. Noch immer ist die Zucht zu streng für solche, die den leichteren, aber vielleicht auch weniger sicheren Weg der Nyingmapa gehen wollen. In dieser Stärke liegt noch mehr verborgen, denn die vom Reformer verlangte Zucht schließt auch das Ideal des Dienstes an anderen mit ein. Tsong Khapa wie auch Atischa berücksichtigten die Tatsache, daß den Menschen verschiedene Fähigkeiten und Möglichkeiten gegeben sind, und zogen daraus die Folgerung, daß auch für die Laien verschiedene Wege zur Erlösung gegeben sein müßten, d. h. Pfade unterschiedlicher Schwierigkeit. Doch müßten alle diese Pfade auf dem Wort Buddhas gegründet sein. Dieses Wort auszulegen, ist die Pflicht des Mönchtums, das sich erst durch lange Jahre des Studiums und der Selbstaufopferung dafür qualifiziert. Auf diese Weise wird das Mönchtum unentbehrlich, solange es den eigenen Lehren und den Geboten Buddhas treu bleibt. Sobald es von diesen Geboten abweicht, legt es die Saat zur Selbstvernichtung. Die Drei Kostbaren Wahrheiten: der Buddha, Sein Wort und das Mönchtum sind nicht nur die Grundlage der buddhistischen Kirche, sondern auch die Grundlage aller buddhistischen Praxis. Indem er die Drei Kostbaren Wahrheiten zu einem wesentlichen Teil der Gelukspa-Lehre machte, sicherte Tsong Khapa der Sekte und seiner Doktrin den Erfolg.

Wahrscheinlich hätte er keinen Erfolg gehabt, wenn er versucht hätte, die alten Sekten zu untergraben oder zu reformieren. Der Erfolg kam nur durch sein lebendiges Beispiel. Ein weiterer Vorteil bestand darin, daß sich die anderen Sekten im Laufe der Zeit dem Gelukspa-Ideal angenähert haben, während sie an ihren eigenen Traditionen festhielten. So besteht heute kein Hader zwischen den Sekten, und sogar die Bön-Religion, die heute stark vom Buddhismus beeinflußt ist, besteht weiter und verträgt sich mit den buddhistischen Sekten.

Die Ausdrücke »Rotmützen« und »Gelbmützen« (Rote Hüte und Gelbe Hüte), die sich außerhalb Tibets so stark eingebürgert haben, verwirren die Lage, da sie den Anschein erwecken, als bestehe eine Rivalität zwischen den Sekten und als übe die eine teuflische Praktiken, während die andere erhaben und rein sei. Der wirkliche Unterschied besteht darin, daß die eine sich an die alten Übersetzungen hält, während die andere den neuen Übersetzungen anhängt, aus denen das meiste Nicht-Buddhistische entfernt worden ist. Eine bessere Bezeichnung für die Sekten wäre also Schule der alten Übersetzung und Schule der neuen Übersetzung. Vor Tsong Khapas Reformen trugen alle Mönche rote Hüte. Da er seine Anhänger kenntlich machen und ihren Bruch mit der alten Schule betonen wollte, führte der Reformer die gelben Hüte ein, vielleicht weil gelb in Tibet mit der Vorstellung von Reinheit und Wachstum verbunden ist. Rot wird mit physischer Kraft und Macht oder Autorität in Verbindung gebracht. Schwarz ist die Farbe der Gewalt, ist mit kriegerischen Vorstellungen verbunden, während man weiß mit dem Frieden in Zusammenhang bringt. Manche Menschen verwenden die Farben, um bestimmte Wirkungen zu erzielen. Wollte ein Mönch Ungläubige einschüchtern und beeindrucken, so trug er wohl bei seinen Meditationen einen roten Hut, ein rotes Gewand, verwandte einen roten Rosenkranz, saß auf einem roten Teppich und schmückte seinen Altar mit roten Blumen. Schwarze Hüte werden bei manchen Tänzen getragen, die den Kampf gegen das Böse darstellen. Der weiße Hut der Sakyapa-Sekte soll seinem Träger zu einem gehobeneren Geisteszustand verhelfen und wird mit innerem Frieden in Zusammenhang gebracht. Aber nicht nur die Farben, sondern auch die Formen der Hüte haben ihre symbolische Bedeutung.

Gehört ein Mönch oder Priester einer Sekte an, so bedeutet das nicht, daß er von allen anderen geschieden ist. Ein Gelukspa-Mönch kann jederzeit einen roten Hut tragen, wenn er meint, daß das seinem Fortschritt zuträglich ist.

Ich habe oft Nyingmapa-Klöster besucht. Sie sind unseren Klöstern sehr ähnlich, wenn sie auch manchmal statt rot gestrichener Wände, wie wir sie haben, vertikal gestreifte Wände aufweisen, etwa in den Farben rot, weiß und schwarz. Als ich das zum ersten Mal sah, kam es mir sehr sonderbar vor, vielleicht weil ich an das einfache dunkle Rot meines Klosters gewöhnt bin. Auch gibt es kleine Unterschiede im Ritual, in der Art, wie die Nyingmapa ihre Opfer darbringen und ihre Gebete hersagen. Die tantrischen Praktiken, die bei ihnen vorkommen, erscheinen dem ungemütlich, der sie nicht gewöhnt ist. Bestimmte tantrische Riten verlangen den Gebrauch menschlicher Knochen. In einem Gelukspa-Kloster wird dieser Gebrauch nicht gestattet, außer in sehr speziellen Kultverrichtungen und an dafür vorgesehenen Orten. Manche Initiationen sehen den Gebrauch menschlicher Knochen vor. Auch kann ein einzelner eine Schutzgottheit haben, der das Opfer unter Verwendung menschlicher Knochen dargebracht werden muß. So etwas ist jedoch nicht allgemein üblich, wie manche anzunehmen scheinen. Es gibt viele lächerliche Erzählungen, daß Menschenfleisch gegessen und Menschenblut aus Schädeln getrunken werde. So etwas gibt es nur in der Einbildung gewisser Leute.

Der Schutzgott Tibets ist zum Beispiel Tschenrezig, der Herr der Gnade. Er hat aber noch eine andere Gestalt, die wir Gonpo nennen. Während Tschenrezig milde ist, ist Gonpo schrecklich. In dieser schrecklichen Gestalt zerstört er das Böse. Er wird als schwarzer Riese mit einem Halsband aus Menschenschädeln dargestellt, der auf eine Leiche tritt und in der Hand einen Menschenschädel hält. Das rituelle Opfer, das Gonpo dargebracht wird, muß in einer Schale gereicht werden, die aus einem Schädel gefertigt ist. Wir tun Weihwasser hinein, aber was einer sieht, hängt davon ab, was in seinem Herzen ist. Ein Reiner sieht Milch und glaubt, daß ein Milchopfer dargebracht werde. Einer, der viele böse Taten angesammelt hat, glaubt, es sei Blut. Manche sind so böse, daß sie Körperteile sehen, etwa ein Herz oder ein Auge, und glauben, das Opfer habe darin bestanden. Bei der Gonpo-Initiation dürfen wir Fleisch essen, aber wir denken dabei an die Vernichtung des Bösen. Nicht das Fleischessen an sich ist schlecht, nur der Gedanke, der dabei auftritt, kann schlecht sein. Hat man ein Vergnügen daran, so hat man ein Vergnügen am Töten — und das ist schlecht. Ißt man das Fleisch nur, weil es, wie gewöhnlich in Tibet, nichts oder so wenig anderes gibt, und weil man ohne den Fleischgenuß nicht leben könnte, dann ist das nicht schlecht, aber auch nicht gut, und man muß es mit dem Gedanken essen, daß vielleicht das Tier, das sein Leben für den Menschen lassen mußte, durch dieses Opfer auf einer höheren Stufe wiedergeboren wird. Man muß immer Mitleid haben. Die Gelukspa erlauben den Fleischgenuß aus Notwendigkeit, aber es gibt einige Menschen, die lieber davon absehen. Manche ziehen die Einführungszeremonien vor, die Tschenrezig in seiner milden Gestalt meinen. Bei dieser Initiation werden die Opfer in Form von Früchten, Reis und Milch dargebracht. Wir selbst leben auch nur davon, und es ist uns verboten, Fleisch auch nur anzurühren. Auch dürfen wir keine Gewürze verwenden, die Nahrung muß weich und milde sein, und statt an Tschenrezig als Gonpo zu denken, der das Böse vernichtet, denken wir an seine andere Gestalt, in der er gekommen ist, um uns von unserer Not zu erlösen.

Das Mitleid ist alles in unserer Religion. Wir mögen völlig keusch leben, niemals Fleisch anrühren, jeden Tag im Tempel beten, im Kloster lehren oder in unserer Zelle meditieren — wenn wir nicht aktives Mitleid mit allen lebenden Wesen fühlen und ihr Los lindern wollen, ist unser Leben leer. Ein goldener Tempel ist nichts wert, wenn das Gold nicht mit religiöser Hingabe dargebracht wurde und wenn die sakralen Funktionen innerhalb der goldenen Wände und vor einem goldenen Bilde nicht mit Mitleid im Herzen, d. h. mit Liebe zu allem Lebenden, vorgenommen werden. Hat man Gerste ausgesät, so braucht man Wasser und Sonnenschein, bevor sie aufgeht. Man kann ein untadeliges Leben voller guter Taten führen, aber hat man es ohne Mitleid gelebt, so trägt es keine Frucht, die Taten sind leer.

Manchmal werden wir als Heuchler betrachtet, weil wir vorgeben, soviel Ehrfurcht vor dem Leben zu haben, und dennoch Fleisch essen. Wir Buddhisten töten keine Tiere, aber wir erlauben den Muslim-Schlächtern, Hunderte von Tieren täglich allein in Lhasa zu töten. Das ist uns bewußt, und wir wünschten, es wäre anders, denn der Fleischgenuß bedeutet, daß Leben zerstört wurde. Essen wir aber kein Fleisch, so müssen wir sterben. Manche glauben, daß wir in diesen schlimmen Zwiespalt hineingeboren worden sind, weil wir in vergangenen Leben böse Taten begangen haben. Das bedeutet, daß wir uns doppelt anstrengen müssen, durch gute Taten und Mitgefühl diese Schuld wieder zu tilgen. Wenn wir in dieser Weise unser Mitgefühl für alle Formen des Lebens steigern und unsere Anstrengungen verdoppeln, das Leiden, das wir um uns sehen, zu lindern, dann haben wir zumindest bis zu einem gewissen

Grade für die Schuld des Fleischessens gebüßt, und wir haben auch den Tod des Tieres in ein Opfer verwandelt, das ihm selbst zugute kommt. Das ist nicht nur eine bequeme, vernunftmäßige Darstellung, denn es kann sich wirklich so auswirken, wie ich selbst gesehen habe. Das ist jedoch leider nicht immer der Fall, und dasselbe Argument wird von manchen dazu benutzt, ihre Gier zu entschuldigen. Sie tun uns leid, so wie diejenigen uns leid tun, deren Geschick schwerer ist als unseres und die gezwungen sind, Tiere zu töten. Wir beten alle um eine Wiedergeburt in einem Leben, wo wir nicht zu töten brauchen, um am Leben zu bleiben.

Meine frühe Jugend verbrachte ich an dem gleichen Ort, wo Tsong Khapa die seine verbracht hatte. Lesen und Schreiben lernte ich im gleichen winzigen Bergkloster von Schardzong und pflegte dort auch das Grab seines Karmapa-Lehrers Rolbai Dordsche zu besuchen. Höchstwahrscheinlich war auch der Unterricht sehr ähnlich, denn auch zu meiner Zeit gab es weder Federn noch Bleistifte oder Papier. Ich benutzte eine mit Kreide bestrichene Holztafel, auf der die Schrift dunkel erschien, wenn man sie mit einem gespitzten Holzstäbchen in die Kreideschicht einritzte. Oft saß ich neben dem Felsen, aus dem der Wacholderbaum wuchs, und wunderte mich über den starken Geruch nach menschlichem Haar, der ihm entströmte. In Kumbum wiederum, wohin ich zur weiteren Ausbildung geschickt wurde und wo ich meine Stellung als Haupt der Tagtser Labrang einnehmen mußte, befand sich der große Tempel, der zu Ehren Tsong Khapas an der Stätte seiner Geburt errichtet worden ist. Seine Außenwände bestehen aus grün glasierten Ziegeln, und sein Dach ist vergoldet. Innen steht ein dreistöckiger Tschorten, eine silberne Pagode, die mit Türkisen und anderen Edelsteinen besetzt ist. Die Innenwände sind bemalt und zeigen Szenen aus dem Leben berühmter Gelehrter, die in Kumbum studiert haben, und die an den Wänden umlaufenden Balkone machen es dem Besucher möglich, die Pagode ausgiebig zu betrachten.

Der Tschorten ist von Standbildern und Reliquien umgeben. Die Asche der alten Äbte von Kumbum wird dort auch in besonderen tschortenähnlichen Miniaturschreinen aufbewahrt, ferner gibt es da silberne und goldene Butterlampen, die ständig brennen. Die Räume der Tempelwächter befinden sich hinter dem Balkon im ersten Stock, während im zweiten Stock ein großer Raum für besondere religiöse Studien liegt. Im obersten Stockwerk gibt es keine Räume, sondern nur den Balkon, der um die Spitze des silbernen Tschorten herumläuft. In diesem Tschorten wächst der heilige Baum, der dort entsprang, wo das Blut von Tsong Khapas Mutter zur Erde tropfte, als sie ihren Sohn gebar. Bis vor ungefähr hundert Jahren stand der Baum noch im Freien und zeigte viele wunderbare Eigenschaften. Es hieß, es gäbe nirgends einen Baum seinesgleichen; auch schlugen alle Versuche fehl, Ableger von ihm anzupflanzen oder seine Saat zum Keimen zu bringen. Die berühmteste und bemerkenswerteste Tatsache war jedoch, daß jedes seiner Blätter mystische Zeichen und deutliche Buchstaben des tibetischen Alphabets aufwies. Auch seine Rinde war mit solchen Schriftzeichen bedeckt, und Reisende versuchten die äußere Rinde abzukrazten, um zu sehen, ob die Zeichen von Menschenhand stammten; aber auch die innere Rinde wies die gleichen Zeichen auf. Der schon einmal erwähnte berühmte Lazaristen-Priester Abbé Huc besuchte das Kloster Mitte des 19. Jahrhunderts und verlangte mit einiger Skepsis den Baum zu sehen. Damals war er nur von vier Wänden umgeben, die ein silbernes Schutzdach, ein Geschenk des Kaisers Khang Hsi, trugen. Der Abbé untersuchte den Baum in jeder nur möglichen Weise, riß sogar einen Teil der Rinde ab, und hat uns einen Bericht über den Baum und über Kumbum als Wallfahrtsort hinterlassen, der folgendermaßen lautet:

»Es wird natürlich von uns erwartet, daß wir etwas über diesen Baum sagen. Gibt es ihn wirklich? Haben wir ihn gesehen? Hat er besondere Eigenschaften? Was hat es mit den Wunderblättern auf sich? Unsere Leser sind berechtigt, uns diese Fragen zu stellen. Wir wollen uns bemühen, sie so eindeutig wie möglich zu beantworten.

Ja, der Baum existiert tatsächlich, und wir hatten soviel während der Reise über ihn gehört, daß wir einigermaßen neugierig waren, ihn zu sehen. Am Fuße des Berges, auf dem sich die Lamaserie befindet, und nicht weit vom Haupttempel der Buddhisten, gibt es eine große viereckige Umfriedung aus Ziegelsteinwänden. Innerhalb dieser Umfriedung konnten wir den Wunderbaum in Ruhe betrachten, dessen Zweige zum Teil schon oberhalb der Mauer zu sehen gewesen waren. Unsere Augen richteten sich zunächst in ernster Wißbegierde auf die Blätter, und wir waren äußerst bestürzt und erstaunt zu finden, daß sich tatsächlich auf jedem Blatt wohlausgeprägte tibetische Buchstaben befanden, die alle heller oder dunkler grün gefärbt waren als das eigentliche Blatt. Unser erster Eindruck war, daß die Lamas vielleicht irgendeinen Betrug begangen haben könnten; aber nachdem wir alle Einzelheiten einer genauen Untersuchung unterzogen hatten, stand fest, daß es dafür keine Anhaltspunkte gab. Die Buchstaben erschienen uns als Blattteile, von den gleichen Adern und Nerven durchzogen wie das übrige Blatt. Die Lage der Buchstaben war verschieden, bei einigen Blättern an der Spitze, bei anderen in der Mitte, an der Seite oder in der Gegend des Stiels. Die jüngeren Blätter zeigten die Buchstaben nur in unvollendetem Zustand. Die Rinde und die Äste des Baumes, die an eine Platane erinnern, sind auch mit den Schriftzeichen bedeckt. Entfernt man einen Teil der äußeren Rinde, so zeigt die junge Rinde darunter die undeutlichen Umrisse von sich formierenden Buchstaben und, was sehr merkwürdig ist, diese Buchstaben unterscheiden sich nicht selten von denen, die sie später ersetzen werden. Wir untersuchten alles mit der größten Aufmerksamkeit, um jedem denkbaren Trick auf die Spur zu kommen, aber wir konnten nichts derartiges entdecken, und unter dem Eindruck dieses höchst erstaunlichen Schauspiels brach uns buchstäblich der Schweiß aus. Profunderen Geistern als wir es sind mag es gelingen, eine zufriedenstellende Erklärung für die Mysterien dieses einzigartigen Baumes zu finden, wir müssen den Versuch aufgeben. Unsere Leser mögen über unsere Unwissenheit lächeln, doch kommt es uns nur darauf an, daß die Aufrichtigkeit und Wahrheit unseres Berichts nicht angezweifelt wird.

Der Baum der Zehntausend Bilder schien uns sehr alt zu sein. Sein Stamm, den drei Mann mit ausgestreckten Armen kaum umspannen konnten, ist nicht mehr als acht Fuß hoch. Die Zweige schießen nicht in die Höhe, sondern breiten sich wie ein Federbusch aus und sind dazu noch sehr buschig. Einige abgestorbene Zweige sind auch darunter. Die Blätter sind immer grün, und das rötlich gefärbte Holz hat einen besonderen Duft, der an Zimt erinnert. Die Lamas erzählten uns, daß der Baum im Sommer, etwa im achten Monat, große rote Blüten von besonderer Schönheit trägt. Sie erzählten uns auch, daß es einen zweiten Baum dieser Art nirgends gibt und daß in den Lamaserien der Tartarei und Tibets viele Versuche gemacht

worden sind, den Baum durch Samen oder Ableger weiterzuver-
mehren, die sämtlich fehlgeschlagen sind.«

Die ständige Aufmerksamkeit der Andenkenjäger muß dem Baum
wohl schlecht bekommen sein, so daß er vor ihnen geschützt werden
mußte. Am Fuße des Tschorten befindet sich eine Tür, die versiegelt
wurde, als der Bau vollendet war, und nur einmal seither geöffnet
worden ist. Sogar wenn ich als Abt das Siegel hätte entfernen
wollen, hätte ich das nicht ohne die Zustimmung des gesamten
Klostervorstands tun können. Vor siebzig Jahren wurde die Tür
einmal zu Reinigungszwecken geöffnet, und als der Mönch, der
diese Arbeit ausführte, herauskam, fand er ein Blatt des Baumes
auf seiner Schulter. Es trug ein ausgeprägtes Schriftzeichen, das von
vielen gesehen wurde, denn der Mönch bewahrte das Blatt auf und
zeigte es anderen.

Alle diese Eindrücke gaben mir ein Gefühl der Vertrautheit und
des Respekts für Tsong Khapa. So ist es vielleicht verständlich, daß
mir so viel daran liegt, die reformierte Schule zu unterstützen, die
von ihm begründet wurde und zu der ich gehöre. In Kumbum kam
ich auch zum ersten Mal in Berührung mit den Vorstellungen der
alten Sekte, ihren schreckenerregenden Gottheiten und tantrischen
Praktiken sowie mit Tsong Khapas Auslegung derselben. Als der
große Reformer an dem Ort geboren wurde, wo der Tschorten
heute steht, gab es in der Nähe nur zwei kleine Gebäude, die das
damalige Kloster Kumbum darstellten. Die jetzige riesige Klosterstadt hat sich zu Ehren von Tsong Khapa und zur Bekräftigung
seiner Lehren derartig entwickelt. In allen Klöstern gibt es einen
besonderen Tempel, der keine Fenster hat und in dem es völlig
finster ist. Das ist der Tempel des Hüters des Gesetzes, und die
Zugänge zu ihm, die dunklen Korridore und der Schrein sind mit
Bildern geschmückt, welche die Götter in ihrer fürchterlichsten Gestalt darstellen. Überall gibt es Todes- und Vernichtungsszenen,
Leichen und menschliche Körperteile, Herzen, Augen, Fleisch und
Blut — all die Dinge, mit denen die weniger gebildeten Anhänger
des Tantrismus Mißbrauch getrieben und sich selbst und andere
in die Irre geführt haben, weil sie sie buchstäblich statt symbolisch
auffaßten. Es ist eine furchterregende Erfahrung, in einem solchen
Tempel zu stehen und daran erinnert zu werden, wieviel Vernichtung, Elend und Leid es in der Welt gibt. Es soll einen auch daran

erinnern, wieviel Elend einem in zukünftigen Leben noch bevorsteht, wenn man nicht ständig den Pfad der Erlösung sucht und ihm folgt. In Kumbum waren wir jedoch nicht damit zufrieden, unseren Tempel des Hüters des Gesetzes nur im Gedanken an die schrecklichen Seiten des Lebens zu verlassen. Wir wurden gelehrt, solche Bilder nicht mit Furcht oder bösen Gedanken zu betrachten, sondern in dem Bewußtsein, daß die Wahrheit uns überall umgibt, daß sie überall gefunden werden kann, wenn man ernstlich nach ihr sucht. Die Vernichtung ist ein unumgänglicher Teil der Existenz in unserer Welt, und es hilft nichts, sich davor verstecken zu wollen. Durch sie erfahren wir die Lehren der Vergänglichkeit und des Leidens. Die Kraft der Vernichtung als solche kann zum Guten gewendet werden, wenn sie gegen das Böse, gegen die Unwissenheit, gerichtet wird. Solch einen Tempel sollte man mit dem Gefühl des Mitleids für alles Leiden in der Welt verlassen; das ist sein Zweck. Es war diese seelisch-geistige Kraft des Mitleids, der Liebe zu allem Lebenden, die Tsong Khapa durch seine Reformen wiedereinführen wollte, und es ist diese Kraft, die wir auch heute zum Herzstück des Buddhismus in Tibet machen wollen.

10. KAPITEL

Erhabener, / Die Menschen haben kein Wissen / Und
keinen Geist. / Sie zur Heiligkeit zu führen, ist schwer /
Und verlangt ein Meer an Weisheit. / Möge der Sieg
durch meine Handlungen errungen werden.

Dritter Gyalwa Rinpotsche
BSODNAMS RGYAMTSO (Sonam Gyatso)

EINE HIMMLISCHE DYNASTIE

Nach Tsong Khapas Tode wurde sein Platz als Abt des Klosters
Ganden und Führer der reformierten Sekte der Gelukspa zuerst
von Gyal Tsab und dann von Khadrub eingenommen. Diese beiden,
die einst seine größten Gegner gewesen waren, hatten sich zu
seinen eifrigsten Schülern entwickelt. Khadrub war als Gelehrter
fast so bedeutend wie Tsong Khapa, und ihm wurde die Aufgabe
zuteil, den jüngsten Schüler des großen Reformers, Gedundrub, zu
unterweisen. Wie Tsong Khapa so stammte auch Gedundrub aus
Osttibet und war Sohn einer Nomadenfamilie. In der Nacht, als er
in einem Viehpferch geboren wurde, kam er nur durch den wunderbaren Schutz eines großen Raben davon, denn es fand ein Überfall
auf das kleine Gehöft statt. Im Alter von sieben Jahren trat er in
das Kloster Nartang ein und erregte bald die Aufmerksamkeit
einiger Gelukspa-Gelehrter. Innerhalb von zwölf Jahren durchlief er
die zwölf Stufen des Mönchtums und erhielt die höchsten Weihen.
Tsong Khapa war auch noch sein Lehrer gewesen, aber es war in
der Hauptsache Khadrub, der ihn im Buddhismus unterwies. Als
Khadrub starb, und Gedunbrub Führer der reformierten Sekte
wurde, war es eine seiner ersten Taten, mit dem Bau eines Klosters
zu Ehren seines verstorbenen Lehrers zu beginnen. Er war doppelt
vorsichtig bei diesem Unternehmen; nicht nur, daß er tiefe Fundamente für die Klostergebäude und die sie umgebenden Mauern
legen ließ, er suchte auch die örtlichen Götter günstig zu stimmen,
denn die reformierten Gelukspa wagten es damals noch nicht, die
Glaubensvorstellungen der alten Bön-Religion allzu offen zu mißachten. Nach fünf Jahren war der Bau des großen neuen Klosters

beendet, das den Namen Taschi Lunpo oder Berg der Segnungen erhielt. Es sollte später Sitz des Pantschen Rinpotsche werden, der nur dem Gyalwa Rinpotsche im Rang nachsteht.

Tsong Khapas Lehren wurden von Gedundrub während seines langen Lebens weit über Lhasas Grenzen hinaus verbreitet. Der Bau des Taschi Lunpo bei Schigatse in der Provinz Tsang war nur ein Schritt in der allgemeinen Ausbreitung des Gelukspa-Einflusses. Wie der Reformer vor ihm, so bestand auch Gedundrub auf strenger Klosterdisziplin mit dem Erfolg, daß bei seinem Tode um 1475 die neue Sekte für diejenigen, die nach weltlicher Macht strebten, eine größere Bedrohung darstellte als je zuvor. Die Familie Phakmodru, welche die Klosterdynastie der Sakya verdrängt hatte, zerfiel gerade damals infolge innerer Streitigkeiten. Die Macht wurde ihr von den eigenen Ministern entwunden. Einer der Minister setzte sich in den Besitz Schigatses, das nahe bei Taschi Lunpo liegt, und begann von dort aus mit der Eroberung der Provinz Tsang. Er gründete die gelukspa-feindliche Dynastie der Tsangpa-Könige. Unter solchen widrigen Umständen war es für die Sekte lebenswichtig, fest zusammenzustehen. Durch ihr Festhalten am Zölibat war ihr die Möglichkeit der erblichen Machtweitergabe nach Art der Sakya-Lamas verwehrt. Da außerdem die Gelukspa-Doktrin keine Geheimlehre war, konnte der Führungsanspruch auch nicht nach Art anderer Sekten, etwa der Kargyupa, aufrecht erhalten werden, wo die höchsten Lehren als Geheimnis und heiliges Vermächtnis vom Lehrer an den Schüler nur mündlich weitergegeben werden.

Die Gegenmaßnahme der Gelukspa bestand in der Lehre von der Reinkarnation. Durch diese Lehre sollte ihre führende Stellung in den folgenden Jahrhunderten sichergestellt und gleichzeitig eine Verschmelzung der weltlichen und geistlichen Führung und Autorität zustande kommen, durch die Tibet aus einem von politischem und religiösem Kampf zerrissenen Lande in eine einige Nation unter einer zentralen theokratischen Regierung verwandelt worden ist. Die Vorstellung, daß Götter von Zeit zu Zeit in menschlicher Gestalt geboren werden, war damals schon alt, desgleichen war es ein Herzstück der buddhistischen Doktrin, daß alle Lebewesen der ständigen Wiedergeburt unterworfen sind, bis es ihnen gelingt, die Erlösung zu erlangen. Bei der Wahl von Gedundrubs Nachfolger Gedun Gyatso wurde die Vorstellung der aufeinanderfolgenden

Reinkarnation zum ersten Mal auf das rein Menschliche beschränkt, indem man behauptete, Gedun Gyatso sei die Reinkarnation Gedundrubs, der zurückgekommen wäre, um seine Arbeit als Lama oder Lehrer fortzusetzen.

Auf diese Weise sammelte sich auf Gedun Gyatso alle die Loyalität und Hingabe, die Gedundrub genossen hatte, und die neue Sekte blieb festgefügt wie eh und je. Während der Zwischenzeit übernahm ein älterer Mönch, der Gedundrub sehr nahe gestanden hatte, die Regentschaft für den Knaben. Er wurde von den Mönchen des Taschi Lunpo für dieses Amt gewählt. Unterdessen wurde der junge Gedun Gyatso auf seine Rolle vorbereitet und mußte sich der strengen Ausbildung und der Disziplin unterwerfen, die von einem Novizen des Gelukspa-Ordens erwartet werden. Er studierte hauptsächlich in Drepung und wurde schließlich als der Drepung-Lama bekannt, als er das Zentrum religiöser Autorität von Taschi Lunpo wieder nach Lhasa zurückverlegt hatte. Während seiner Lebenszeit fuhr die Gelukspa-Sekte fort, an Größe und Einfluß zuzunehmen, und es mußte ein besonderer Beamter eingesetzt werden, der sich mit der Überwachung der inneren Verwaltung zu befassen hatte. Obgleich die Sekte noch keinerlei politische Macht ausübte, entwickelte sie doch einen inneren Verwaltungsapparat, dessen Direktor oder Depa auch ein Laie sein konnte.

Als Gedundrub starb, sagte er seinen Jüngern, daß sie für ihn nicht zu beten brauchten, denn er hatte schon die Erleuchtung oder das Buddhatum erreicht, das von der Runde der Wiedergeburten erlöst. Aber er beschloß dann doch, in der Gestalt des Gedun Gyatso in die Welt zurückzukehren, um seine Arbeit fortzusetzen, die darin bestand, anderen bei der Erreichung desselben Zieles zu helfen. Als Gedun Gyatso einige 70 Jahre später im Sterben lag, drückte er sich noch deutlicher aus. Er äußerte den Wunsch, in einem neuen Körper zurückzukehren, um seine Lebensarbeit fortsetzen zu können. Nach buddhistischem Glauben bleibt die Seele nach dem Tode 49 Tage lang im Zwischenzustand des Bardo und kann nach diesem Intervall jederzeit wiedergeboren werden. Ein Jahr nach Gedun Gyatsos Tode wurde ein Knabe geboren, der die physischen Kennzeichen zukünftiger Größe aufwies und bald die Aufmerksamkiet auf sich lenkte. Er behauptete selbst, er sei Gedun Gyatso, konnte sich leicht an Ereignisse seines vergangenen Lebens

erinnern und Menschen, die er gekannt, und Dinge, die ihm gehört
hatten, wiedererkennen. Ohne Zögern wurde er offiziell als Gedun
Gyatsos Reinkarnation anerkannt und erhielt den Namen Sonam
Gyatso.

Die neue Inkarnation überflügelte bald alle ihre Lehrer in Wissen
und Weisheit und entwickelte ungewöhnliche Geisteskräfte. Sonam
Gyatso achtete darauf, nicht durch allzuviel akademische und administrative Dinge abgelenkt zu werden, und zog sich gleich seinen
Vorgängern häufig für einige Zeit in die Abgeschiedenheit und zur
Meditation zurück. Es wird manchmal behauptet, die Gelukspa
seien nicht so sehr religiös als vielmehr moralisch und intellektuell
ausgerichtet, aber das stimmt nicht. Von ihren Anfängen an, von
ihren Ursprüngen im Gefolge der Lehren Atischas und Dromtons,
hat die Gelukspa-Sekte die Notwendigkeit betont, daß Geist und
Gemüt Hand in Hand gehen müssen und den Körper miteinbe-
greifen.

Infolge seines eigenen Rufes und der wachsenden Stärke der von
ihm geführten Sekte, erhielt Sonam Gyatso bald eine Einladung
an den Hof des großen Mongolenherrschers Altan Chan. Obgleich
Kublai Chan von dem Sakya-Lama bekehrt worden war, hatte
sich sein Land und der Hof nach seinem Tode wieder dem alten
animistischen Glauben zugewandt, der der Bön-Religion ähnelte.
Altan Chan war ein schlauer Staatsmann, und seine Motive mögen
anfangs eher politisch als religiös gewesen sein, aber seine Einladung
sollte nicht nur zu seiner eigenen Bekehrung, sondern der des
ganzen Volkes der Mongolei führen. Die Mongolen sind schließlich
fast so eifrige Buddhisten geworden wie die Tibeter.

Anfangs lehnte Sonam Gyatso ab, vielleicht weil er fürchtete, als
politisches Faustpfand dabehalten zu werden. Aber er entsandte
einen seiner Schüler, der ihm über die tatsächliche Lage der Dinge
berichtete. Als Altan Chan ihm eine zweite Einladung schickte,
nahm er sie an, denn er hatte mittlerweile die großartige Gelegenheit erkannt, die buddhistische Religion in der Mongolei zu verbreiten. Da er wußte, wie stark die Mongolen an ihren bestehenden
religiösen Vorstellungen hingen, benutzte Sonam Gyatso die lange
und schwierige Reise, um seine Kräfte und seine Überlegenheit
über die örtlichen Dämonen zu beweisen. Altan Chan, der mittlerweile schon durch die Lehren des Schülers beträchtlich beeinflußt

war, hatte alle seine Unterführer angewiesen, dem heiligen Mann auf seiner Reise durch ihr Land Ehrerbietung zu erweisen. Das taten sie auch, setzten aber keinen Glauben in die neue Religion und brachten ihr auch keinen Respekt entgegen. Es heißt, daß Sonam Gyatso, um einige von ihnen zu überzeugen, nicht nur einen reißenden Gebirgsbach anhalten, sondern ihn sogar kurzfristig den steilen Abhang bergauf fließen lassen mußte. Es würde nicht stimmen, wenn wir behaupteten, solche Wunder — denn so erschienen ihnen diese Taten — hätten die Menschen bekehrt. Ein Zurschaustellen rein physischer Kräfte gewinnt die Herzen der Menschen nicht. Die wirkliche Bekehrung zum Buddhismus kommt nur durch die Kenntnis und das Verständnis der Worte des Buddha. Alles, was Sonam Gyatso durch seine Taten erreichen konnte, war der Eindruck, daß er und seine Religion Kräfte waren, mit denen man rechnen mußte und denen zu lauschen es sich lohnte. Mehr bedurfte es auch nicht, denn keine Macht ist so groß wie die des Tschö, der Lehre des Wortes. Hat sich ein Mensch diesem geöffnet, so ist sein Herz so gut wie gewonnen. Sonam Gyatso gebrauchte seine Kräfte und Altan Chans Einfluß, um die ganze Mongolei dem Dhamma zu erschließen, obgleich diese Lehre, die doch auf der Gewaltlosigkeit besteht, allem zuwiderlief, was der große Chan repräsentierte.

Die Mongolei war zur damaligen Zeit die weitaus größte politische Macht im Osten. In China wurde die Ming-Dynastie immer schwächer und konnte den ständigen Einfällen der mongolischen Armeen nur wenig Widerstand entgegensetzen. Die Mongolen erinnerten in ihrem Volkscharakter an die Tibeter vor ihrer Bekehrung zum Buddhismus. Für Mitleid mit ihren Mitmenschen, von Tieren ganz zu schweigen, war in ihrem Leben wenig Raum. Sie hätten solche Gefühle für beinahe verbrecherische Schwäche gehalten. Dennoch verkündete Sonam Gyatso seine Botschaft ohne Abschwächung und ohne Kompromiß. Er erklärte, für die Mongolei sei nun die Zeit gekommen, den Buddhismus anzunehmen; Tieropfer dürften nicht mehr gebracht werden, die Bilder der alten Götter seien zu zerstören, die Opferung der Witwen auf den Scheiterhaufen der verstorbenen Männer habe aufzuhören, jegliches Töten sei verboten, ganz gleich aus welchem Anlaß — es dürfe also weder Tier noch Mensch getötet werden —, und auch mit allen militärischen Unternehmungen müsse Schluß gemacht werden. Dieses letzte Gebot war von nicht geringer Wichtigkeit für Tibet und China, denn auch Tibet hatte jahrelang unter den Mongoleneinfällen in seine nördlichen Territorien gelitten.

Es ist nicht leicht zu verstehen, warum eine so wenig anziehende Botschaft überhaupt achtungsvolles Gehör fand; aber sie wurde nicht nur gehört, sondern sogar befolgt. Altan Chan selbst trat zum Buddhismus über und erklärte ihn öffentlich zur Staatsreligion der Mongolei. Sonam Gyatso sagte, Altan Chan sei in einem früheren Leben der große von Sakya zum Buddhismus bekehrte Kublai gewesen und daher sei sein Schicksal und das der Mongolei unlösbar mit dem Buddhismus verknüpft. Sonam untermauerte seine eigene Stellung als Altan Chans geistlicher Mentor durch die Behauptung, er selbst sei jener Sakya-Lama, der vor mehr als dreihundert Jahren Kublai Chan zum Buddhismus bekehrt hatte. Als Zeichen seiner Erkenntlichkeit verlieh Altan Chan seinem Lehrer Sonam Gyatso den Titel Dalai Lama, wobei Dalai die mongolische Übersetzung des Wortes Gyatso (Ozean) ist. Der Titel Dalai Lama bedeutet also »Ozean der Weisheit«. Dieser Titel ist dem Führer der Gelukspa-Sekte seitdem verblieben; in China und in der westlichen Welt ist er darunter bekannt, aber die meisten Tibeter würden nicht einmal wissen, was die Worte bedeuten. In Tibet wird jedem Haupt der Gelukspa-Sekte das Wort Gyatso zu seinem Namen hinzugefügt, meistens wird er als der Gyalwa Rinpotsche oder »der Siegreiche« bezeichnet oder auch als Kyabngon Rinpotsche, »der teure Beschützer«.

Die Chinesen überredeten Sonam Gyatso, den kaiserlichen Hof zu besuchen. Er tat das auf der Rückreise aus der Mongolei und hinterließ in China einen besonderen Beauftragten für die Aufrechterhaltung freundschaftlicher Beziehungen zwischen dem Gelukspa-Orden und dem chinesischen Hof. Gleichzeitig bot die Reise die Gelegenheit, die Sache der Gelukspa im östlichen Tibet zu fördern, das immer unter dem Einfluß der unreformierten Nyingmapa-Sekte und der alten Bönpoba gestanden hatte. Zu dieser Zeit wurde auch das große Kloster von Kumbum gegründet, um den Geburtsort von Tsong Khapa hervorzuheben, der der Begründer der neuen Sekte gewesen war.

Noch immer besaß die Gelukspa-Sekte keinerlei politische Macht

und hatte damals auch keinerlei politische Interessen. Ihr lag nur
an der Verbreitung ihrer Lehren, der Ausmerzung des alten animistischen Gottesdienstes und der Reinigung des Buddhismus von
ihm fremden Praktiken, die sich immer wieder einschlichen und
den Buddhismus verfälschten. Sonam Gyatso lag besonders die
Arbeit am Herzen, die er in der Mongolei begonnen hatte, wo
Klöster in bemerkenswerter Schnelle errichtet wurden. Er machte
daher eine zweite Reise dorthin, und seine Zufriedenheit muß groß
gewesen sein, als er sah, wie sehr sich die Mongolen der neuen
Religion ergeben hatten. Sie hatte schon begonnen, sich dahin aus-
zuwirken, daß die Überfälle auf tibetisches und chinesisches Gebiet
viel seltener geworden waren, wenn sie auch noch nicht völlig
aufgehört hatten. Altan Chan war gestorben, aber sein Sohn hatte
die buddhistische Sache weiterhin tatkräftig unterstützt. Während
seiner zweiten Reise in die Mongolei wurde Sonam Gyatso aufgefordert, in einem kleinen Grenzstreit zwischen Chinesen und Mongolen zu vermitteln, und das ist vielleicht das erste Mal gewesen,
daß der Gyalwa Rinpotsche oder Dalai Lama seine Autorität rein
politisch einsetzte. Es kann sein, daß China durch die Erkenntnis
des politischen Potentials der Gelukspa-Sekte dazu veranlaßt wurde,
nochmals eine Einladung an ihren religiösen Führer ergehen zu
lassen, den Ming-Hof zu besuchen. Der Kaiser sandte ihm selbst
viele Geschenke, aber Sonam Gyatso war mittlerweile krank geworden und ist in der Mongolei gestorben.
Sonam Gyatsos Schüler in der Mongolei hatten ihn dringend gebeten zu bleiben, da sie noch weiter der religiösen Führung bedürf-
ten, und er versprach ihnen, sie nicht im Stich zu lassen, sondern
in der nächsten Reinkarnation als einer der ihren in der Mongolei
zu erscheinen. In dem auf seinen Tod folgenden Jahr wurde dem
Mongolenkönig ein Sohn geboren, der alle Kennzeichen einer Reinkarnation aufwies und schließlich als Sonam Gyatsos Reinkarnation anerkannt wurde. Er erhielt den Namen Yönten Gyatso. Nach
anfänglichen Studien in mongolischen Klöstern mußte der junge
Gyalwa Rinpotsche jedoch seine Heimat verlassen und sich seinen
Pflichten in Lhasa widmen. Ein Stellvertreter wurde in die Mongolei entsandt, der dort eine Dynastie mongolischer Inkarnationen
begründete und über die mongolische Kirche herrschte.
Die wachsende Freundschaft zwischen den mongolischen Königen

und den tibetischen Lamas mißfiel den Chinesen sehr, die im Norden unter dem starken Druck der Mongolen standen und der nur schlummernden Kampfeslust und Kriegskunst der Tibeter mit Wachsamkeit zu begegnen suchten. Während die Mongolen die Geluskpa während der Regierung Yönten Gyatsos unterstützten und sogar den Versuch machten, einige Nyingmapa-Klöster mit Gewalt zum neuen Glauben zu bekehren, lieh die Ming-Dynastie ihre ganze, wenn auch schwache Unterstützung den Tsangpa-Königen, die zu jener Zeit die mächtigsten der kleinen Territorialherren Tibets waren. Die Tsangpa waren von niedriger Herkunft und unterstützten aufs eifrigste die alte Karmapa(Schwarzhut)-Sekte. Aus religiösen und politischen Gründen waren sie erbitterte Gegner der Geluskpa. Sie luden sogar christliche Missionare ins Land, wahrscheinlich in der Hoffnung auf eine religiöse Macht, die der Geluskpa-Sekte die Stirn bieten könnte. Aber ihre eigenen Priester waren den Christen von vornherein feindlich gesonnen, und es gelang der Mission nicht, Fuß zu fassen. Als die Tsangpa-Herrscher ihren Einfluß auch auf ganz Zentraltibet ausdehnten, trugen sie den Krieg ins Herz des Geluskpa-Gebietes und überfielen die Klöster Drepung, Sera und Kumbum.

Während der Regierungszeit des Nachfolgers von Yönten Gyatso mußten sich die Ming den Mandschus unterwerfen. Damit war es auch mit der Macht der Tsangpa zu Ende, und die Geluskpa wurden mit der Zeit zur weltlichen und geistlichen Autorität, die sich über ganz Tibet erstreckte und einen gewaltigen politischen Einfluß auf China und die Mongolei ausüben konnte. Zunächst galt die Hauptsorge der Sekte jedoch noch immer rein religiösen Fragen, obgleich sie überall mehr und mehr als politischer Faktor anerkannt wurde. Vielleicht waren gerade die Sorgfalt und die Aufmerksamkeit, welche die Geluskpa der inneren Ordnung und Disziplin zuwandten, der Grund für den Aufstieg der Sekte zu einer machtvollen politischen Einheit, obgleich das Motiv dafür rein religiöser Natur gewesen war.

Ihrem religiösen Glauben entsprechend, hatten die Geluskpa auch ein System der Sukzession eingeführt, das sich als erfolgreich erwies und alle möglichen Übel eines Erbfolgesystems, insbesondere den Nepotismus, ausschloß, indem es eine wohlüberlegte Ungewißheit miteinschloß; denn es gibt keine Möglichkeit vorauszusehen, wer der nächste Gyalwa Rinpotsche sein wird. Er wird durch eine lange und sorgfältige Suche unter der Oberaufsicht einer ausgewählten Gruppe von Mönchen nach dem Tode des Vorgängers festgestellt. Bis zum heutigen Tage hat es 14 solcher Inkarnationen gegeben, und nur ein einziger der Erwählten, der Enkel Altan Chans, stammte aus einer einflußreichen Familie. Alle anderen kamen aus bescheidenen Verhältnissen und aus Familien, die nicht untereinander verwandt waren. Betrugsversuche sind jedoch nicht unbekannt, und die Chinesen haben sich mehr als einmal bemüht, die Wahl zu beeinflussen, um politischen Gewinn daraus zu ziehen. Aber das System der Kontrollen und Gegenkontrollen ist so engmaschig, daß alle solche Versuche immer entdeckt worden sind, und der Glaube der gewöhnlichen Tibeter ist so groß, daß sie einen Kandidaten, der nicht alle Proben besteht, einfach nicht anerkennen würden.

Dieser Glaube und das gesamte System beruhen auf der buddhistischen Lehre der dreifachen Gestalt des Buddha — zwei geoffenbarte (eine irdische und eine geistige) und eine nicht geoffenbarte. Insbesondere glauben die tibetischen Buddhisten, daß die ersten beiden Gestalten sich unzählige Male zum Zwecke der Erlösung aller Lebewesen offenbart haben. Im Augenblick seiner Erleuchtung brachte der Buddha das größte Opfer, indem er gelobte, seine eigene Erlösung solange aufzuschieben, bis das Leiden in der Welt aufhörte. So kam es zum Ideal des Tschangtschub Sempa (Bodhisattwa), dem höchsten Ziel, nach dem ein Mönch streben kann. Der Mönch strebt nach Erleuchtung und wünscht dennoch aus reinem Mitleid für die Welt zur Runde der Wiedergeburten zurückzukehren und sich allen ihren Gesetzen zu unterwerfen. Ebenso wie es drei Gestalten des Buddha gibt, gibt es drei Gestalten des Tschangtschub Sempa: Mitleid, Weisheit und Macht. Jede buddhistische Sekte in Tibet erkennt eine Reihe von Inkarnationen einer dieser Gestalten des Tschangtschub Sempa an.

Die Geluskpa-Sekte erkannte Tschenrezig, den Herrn der Gnade, an, und das System, das seine endgültige Ausprägung unter Yöntens Nachfolger erfuhr, stellte fest, daß der Gyalwa Rinpotsche oder Dalai Lama die jeweilige Reinkarnation Tschenrezigs sei, der zu dem ausdrücklichen Zweck gekommen sei, Erlösung vom Leiden zu bewirken. Obgleich Sonam Gyatso der erste gewesen war, der den

Titel tatsächlich geführt hatte, wurde Gedundrub, der erste dieser Reihe, als erster Gyalwa Rinpotsche anerkannt, wodurch Sonam Gyatso zum dritten Dalai Lama wurde. Der Buddha selbst hatte vorhergesagt, daß er jenseits der im Norden Indiens liegenden Berge in einer neuen Inkarnation wiederkehren werde, und das erklärt die besondere Ehrerbietung, die dem Gyalwa Rinpotsche von allen tibetischen Buddhisten entgegengebracht wird.

Tschenrezig wird auf Bildern und in Bildwerken meist als unaussprechlich schön dargestellt. Gewöhnlich hat er vier Arme. In dieser Gestalt denkt man ihn sich in Tibet als Hirten, dessen Herde alle Lebewesen der Welt umfaßt. Wie ein Hirte führt und leitet er seine Herde und bringt sie sicher in den Schutz der Hürde zurück. Selbst sucht er keinen Schutz, ehe nicht das letzte seiner Schafe in Sicherheit ist. Erst dann ist seine Arbeit beendet, und erst dann kann er an sich denken. Manchmal wird Tschenrezig jedoch auch mit elf Köpfen dargestellt. Diese Gestalt soll auf andere Weise das unendliche Mitleid des Tschangtschub Sempa verdeutlichen. Als solcher ist er ein Vollendeter und zu jeglicher Art von Sünde unfähig, wenn auch sein Körper in dieser Inkarnation den Leiden irdischer Körper unterliegt. Als Vollendeter kann er jedoch jederzeit aus dieser Welt des Leidens hinweggehen. Als der Buddha sich das erste Mal als Tschenrezig manifestierte, um allen Lebewesen auf dem Wege zur Erlösung weiterzuhelfen, war sein Mitleid mit dem Leiden, das er um sich her erblickte, so groß, daß sein Haupt in tausend Teile zersplitterte und er ins *mying di* heimkehrte. Als er sein Haupt dort wiedererhielt, war er verzweifelt, daß er die selbstgestellte Aufgabe nicht bestanden hatte und kam zur Erde zurück, wo sich derselbe Vorgang wiederholte. Das geschah elfmal, erst dann war sein Mitleid so groß, daß es die Leiden der ganzen Welt aufnehmen konnte und er selbst die Kraft erhielt, in der Welt zu bleiben und seine Aufgabe zu erfüllen.

Obgleich das Wort Gyalwa »Sieg« bedeutet, ist es nicht offensiv, sondern defensiv zu verstehen. Als Titel wird es gewöhnlich durch das Wort »Beschützer« übersetzt; die tibetische Vorstellung dieses Schutzes wird am besten durch »Zuflucht« gekennzeichnet. Ein Mensch, der Schutz vor seinen Feinden sucht, erwartet nicht, daß sie auf magische Weise veranlaßt werden, von ihm abzulassen, sondern er sucht nach einem Mittel, sie abzuwehren. Hat er sie abgewehrt oder ist er besiegt worden, so denkt er nur daran, neue Feindschaft zu vermeiden, denn das ist der sicherste Schutz. Schutz entsteht nicht durch Eingriffe von außen, sondern durch inneres Handeln.

Obgleich der Gyalwa Rinpotsche als der große Beschützer des tibetischen Volkes angesehen wird, glaubt doch keiner, daß er die Macht habe, Menschen durch so einfache Mittel wie das Handauflegen oder die Vermittlung heiliger Geheimnisse zu retten, etwa durch Gebete, deren endlose Wiederholung zur Erleuchtung führt. Solche Möglichkeiten sind für Tibeter undenkbar, denn als Buddhisten glauben wir, daß wir den Folgen unserer Taten, dem Gesetz des Lei, nicht entgehen können. Die Aufgabe des verkörperten Tschangtschub Sempa ist viel schwieriger. Er kann die Erlösung der ganzen Menschheit und damit seine eigene nur dadurch erreichen, daß er die Menschheit zu rechtem Handeln infolge der Erkenntnis der Wahrheit veranlaßt, d. h. durch die Lehre der drei kostbaren Wahrheiten, die da sind: der Buddha, Sein Wort und das Mönchtum.

Da der Gyalwa Rinpotsche ein verkörperter Tschangtschub Sempa ist, kann er der Lehre Buddhas, durch die die Menschen errettet werden, ganz besonderen Nachdruck und besondere Kraft verleihen. Schon seine Anwesenheit wirkt sich zum Segen aus, denn er verkörpert alle nur erdenklichen menschlichen Tugenden und wirkt daher als das lebende Beispiel der Vollendung. Der Mensch erringt das Heil durch harte Arbeit und bewußtes Streben, nicht durch Flucht. Die tibetischen Buddhisten glauben, daß die aufrichtige gute Absicht von großer Wichtigkeit ist und die Anwesenheit des Gyalwa Rinpotsche wirkt als ständiger Anreiz, den Lehren des Buddha zu folgen. Während dieses Versuchs verlieren sich nach und nach die Auswirkungen unserer früher begangenen bösen Taten und gleichzeitig sichern wir uns durch die gute Tat der guten Absicht eine günstigere Wiedergeburt und kommen damit dem Ziel der letztlichen Erlösung ein wenig näher.

Die völlige Hingabe und Treue, die das tibetische Volk dem Gyalwa Rinpotsche entgegenbringt, wurzelt in seiner Dankbarkeit für das Opfer, das er diesem Volk gebracht hat, als er freiwillig in die Welt des Leidens zurückkehrte und gelobte, solange darin zu verweilen, bis er allen die Seligkeit gebracht hätte, die er für sich selbst schon erlangt hatte.

11. KAPITEL

Solange noch irgendwo ein Lebewesen atmet, / Wird
der wiederverkörperte Buddha, / Wo immer er sich
aufhält, / Aus Mitleid dort erscheinen.

Aus MNGON RTOG RGYAN

INKARNATION UND NACHFOLGE

Der Gyalwa Rinpotsche oder Dalai Lama ist zwar der höchste ver-
körperte Tschangtschub Sempa Tibets, aber keineswegs der einzige.
Es ist das höchste Ideal jedes Mönches, die eigene Erlösung zu erlangen, sich dann aber nicht ihrer zu freuen, sondern zum Wohle
anderer auf sie zu verzichten und zur Erde zurückzukehren. Manchmal, so im Falle des Gyalwa Rinpotsche, erfolgt diese Wiederkehr
regelmäßig und erkennbar in einer Reihe von Wiedergeburten in
menschlicher Gestalt. Beinahe jedes Kloster in Tibet beherbergt
einen inkarnierten Lama oder Lehrer, der oft als wiederverkörperter
Begründer des Klosters angesehen wird. Solche Inkarnationen oder
Trülku werden in vier Stufen eingeteilt. Aus der höchsten werden
die Kandidaten für die Regentschaft Tibets während der Minder-
jährigkeit des Gyalwa Rinpotsche ausgewählt. Während einige der
Trülku über große Ländereien und viel Geld verfügen, sind andere
verarmt, haben aber dennoch große Verantwortlichkeit zu tragen.
In jedem Fall überlassen die Gelukspa-Inkarnationen die Verwaltung ihres Erbes dazu bestimmten Beamten ihres Klosters.
Bei den Inkarnationen der niederen Stufen wird die Nachfolge
meist durch die übereinstimmende Meinung innerhalb der örtlichen
Gemeinde bestimmt, wobei die örtlichen Orakel befragt, auf Wahrzeichen geachtet und göttliche Hilfe angerufen wird. Der Name des
so ermittelten Kandidaten wird dann dem Gyalwa Rinpotsche zur
Bestätigung vorgelegt. Falls mehr als nur ein Kandidat ermittelt
wurde, muß er die Entscheidung treffen. Auch hier geht es um eine
feierliche Angelegenheit, die nach rein geistlichen und nicht nach
politischen Gesichtspunkten entschieden wird.
Geht es jedoch um die Wahl eines neuen Gyalwa Rinpotsche, so
hat man es mit einer Frage von allerhöchstem religiösen Gewicht

zu tun. Die Tatsache, daß dieses Amt die höchste religiöse und weltliche Macht in Tibet in sich vereinigt, gibt der Nachfolgefrage trotzdem keine politische Färbung, zumindest nicht bei den Tibetern. Die Chinesen haben oft versucht, die Wahl aus politischen Gründen zu beeinflussen. Für die Tibeter ist das religiöse Wohlergehen gleichbedeutend mit dem politischen. Da der Gyalwa Rinpotsche der wiederverkörperte Tschenrezig ist, der Schutzgott und die Zuflucht Tibets, so muß jede nur denkbare Maßnahme gegen mögliche Irrtümer, Betrügereien und Intrigen ergriffen werden. Es besteht ein kompilziertes System von Sicherheitsvorkehrungen, deren beste jedoch im Gebet des Volkes besteht. Während dieser Zeit betet das Volk Tag und Nacht um göttliche Erleuchtung für diejenigen, die mit der Suche nach dem neuen Gyalwa Rinpotsche beauftragt sind. Dabei kann es Jahre dauern, bis er aufgefunden wird.

Stirbt ein Gyalwa Rinpotsche, so kehrt er gewöhnlich innerhalb eines Jahres in der Gestalt eines Neugeborenen wieder. Die Suche setzt fast sofort ein, denn die Tibeter fühlen sich verloren ohne ihren religiösen Führer. Irgendwo in Tibet gibt es einen Knaben, der untrügliche Zeichen seiner Identität mit Tschenrezig aufweist und den Beweis dafür unmißverständlich erbringen kann. Nach Gestalt und Körperform muß er einer feststehenden Vorstellung entsprechen, auch die Form seines Kopfes, die Form und Größe seiner Ohren sind festgelegt, und es müssen sich Anzeichen für rudimentäre Ansätze eines zweiten Armpaares finden, da Tschenrezig zwei Paar Arme hatte. Während die Inkarnationen der niederen Stufen sich nicht unbedingt an ihr voriges Leben zu erinnern brauchen, muß ein Knabe, der seine Identität als Gyalwa Rinpotsche beweist, im zarten Alter von nur wenigen Jahren schon schwierige Proben bestehen und sich gründlich vertraut mit Dingen aus zurückliegenden Leben zeigen.

Manchmal wird die Suche dadurch erleichtert, daß der sterbende Gyalwa Rinpotsche angibt, wo er höchstwahrscheinlich wiedererscheinen wird. Manchmal wird ein Knabe mit so untrüglichen Kennzeichen seiner Größe geboren, daß die kirchlichen Behörden sofort benachrichtigt werden und Abgesandte schicken, die den Fall überprüfen. Es ist vorgekommen, daß Knaben sich selber meldeten, verlangten, in ihr Kloster zurückgebracht und anerkannt zu werden. Ein mir bekannter Reinkarnierter, die Wiederverkörperung

Schidés und Oberhaupt von Redreng, das eines der wichtigsten aller Klöster in Tibet ist, wurde wegen seiner wunderbaren Kräfte schon als Kind sehr schnell erkannt. Er erhob nie den Anspruch, der wiederverkörperte Schidé zu sein, aber er wußte zukünftige Ereignisse immer im voraus. Er stammte aus einer armen Familie, die nicht gewöhnt war, hohen Besuch zu empfangen. Eines Tages kam der Knabe jedoch sehr aufgeregt zu seinen Eltern und verlangte, sie sollten Tee bereiten und ihre besten Kleider anziehen. Er selbst lief hinaus und schlug einen Holzpflock ein, damit der unbekannte Gast sein Pferd anbinden könne. Der Besucher kam vom Kloster Redreng, weil er Erzählungen über den Knaben nachprüfen wollte, die ihm zu Ohren gekommen waren. Nun war er rasch überzeugt, den wiederverkörperten Schidé vor sich zu haben. Dieser Knabe wurde zu einem Mann von außergewöhnlichen Fähigkeiten, und als der dreizehnte Gyalwa Rinpotsche gestorben und mein Bruder als der vierzehnte noch nicht ausgewählt worden war, wurde er zum Regenten bestimmt, obgleich er noch nicht ganz zwanzig Jahre alt war.

Bei der Suche nach dem neuen Gyalwa Rinpotsche wird mit größter Heimlichkeit verfahren. Es machen sich mehrere Gruppen in alle Landesteile auf und achten darauf, sich nicht zu erkennen zu geben. Manche prüfen Behauptungen oder Gerüchte über Wunderkinder nach, andere durchsuchen Gegenden, die von Orakeln und Wahrzeichen als wahrscheinlicher Wohnort angegeben worden sind. Ein besonderes Orakel, ein hoch oben in den Bergen gelegener See, wird immer befragt, wenn es um den wahrscheinlichen Wohnort des neuen Gyalwa Rinpotsche geht, denn die Hüterin dieses Sees ist die Schutzgöttin Pandan Lhamo, die Gedundrub, dem ersten Gyalwa Rinpotsche, kurz vor seinem Tode erschien. In dieser Vision erhielt er von ihr das Versprechen, daß sie alle seine Nachfolger schützen werde. Der See, Lhamo Latso, wird vom jeweiligen Gyalwa Rinpotsche mehrmals im Laufe seines Lebens aufgesucht, und wenn er stirbt, begibt sich der Regent dorthin, um sich der Führung durch die Schutzgöttin anzuvertrauen. In den Tiefen des Wassers kann man wunderbare Dinge sehen. Manchmal entdeckt der See dem Regenten die genaue Lage des Ortes, an dem sich der kindliche Nachfolger befindet, oder er gibt ihm Hinweise oder zur Identifikation notwendige Beweise. Beim Tode des 13. Gyalwa Rinpotsche sah der Regent Redreng Rinpotsche im Wasser eine Landschaft, die zweifellos Osttibet darstellte, und hatte darauf noch eine Vision des Gehöfts, meines Elternhauses, wo der Knabe zu finden sein würde. Als die Delegation, die damals den Landstrich untersuchte und von sich aus zu dem Schluß gekommen war, daß mein jüngerer Bruder mit beinahe absoluter Sicherheit die neue Reinkarnation sei, dem Regenten eine Beschreibung des Hauses gab, deckte sie sich so genau mit dem, was der Regent gesehen hatte, daß sogar die Farbe unseres weißbraun gefleckten Hundes in Vision und Wirklichkeit übereinstimmte.

Natürlich war auch diese Delegation verkleidet, und ihr Führer, der Abt des Klosters Sera, stellte einen Diener dar. Ich war damals in Kumbum, und weder ich noch meine Eltern hätten je gedacht, daß der Knabe als neuer Gyalwa Rinpotsche ausgewählt werden könnte. Die Fremden, die um Unterkunft gebeten hatten, wurden willkommen geheißen. Man hielt sie für Pilger, und meine Eltern versuchten, den Knaben von den Besuchern fernzuhalten, damit sie nicht gestört würden. Am zweiten Tage ging er jedoch in das Zimmer, in dem sie sich befanden, und zeigte große Freude, sie zu sehen, so als begrüße er alte Freunde. Er identifizierte einige von ihnen, besonders den in Dienerkleidung steckenden Abt von Sera. Für eine gewöhnliche Inkarnation hätte dieser Beweis schon ausgereicht, für einen Gyalwa Rinpotsche war das erst der Beginn der Eprobung. Mein Bruder wurde dann in ein Gespräch verwickelt und setzte jedermann dadurch in Erstaunen, daß er die offizielle Hofsprache verstand, die niemand sonst in der Familie sprach. Dann kam die Probe, die von so vielen Kindern nicht bestanden wird. Jede Delegation, die sich auf die Suche nach dem neuen Gyalwa Rinpotsche begibt, nimmt eine Anzahl von Gegenständen mit, die dem alten gehört haben, außerdem aber noch Nachbildungen derselben oder ähnliche Gegenstände. Wenn ein Kandidat zur Wahl steht, werden ihm diese Gegenstände hingehalten, und der Knabe muß ohne Zögern nur diejenigen ergreifen, die dem letzten Rinpotsche gehört haben. Als der Abt von Sera zwei Rosenkränze hervorzog, nahm mein Bruder, ohne aufgefordert zu sein, den richtigen und sagte, der gehöre ihm und warum der Abt ihn in seinem Besitz habe. Ebenso ging es mit allen möglichen anderen Gegenständen. Die Delegation war völlig überzeugt, den Richtigen vor sich zu haben, sandte einen Bericht nach Lhasa und begab sich dann nach Hause, um auf weitere Befehle zu warten.

Gerüchte begannen in der Gegend umzulaufen, aber meine Eltern waren einfache Leute, und der Gedanke, daß ihnen eine solche Ehre widerfahren könnte, kam ihnen gar nicht. Das Staatsorakel des Netschung, des Schutzgottes des Klosters Drepung, bestätigte jedoch die Meinung der Delegation. Es wurde noch eine Probe veranstaltet, bei der nach Art einer Lotterie mehrere Namen aufgeschrieben wurden, die mit einer besonderen Zeremonie geweiht und dann vor einigen hohen wiederverkörperten Lamas gezogen wurden. Auch bei dieser Auslosung gewann mein Bruder. Außerdem wird es wohl noch viele andere Proben gegeben haben, von denen ich nichts weiß.

Man muß nicht glauben, daß diese Proben mechanisch vor sich gehen. Der ganze Prozeß der Auswahl hängt nicht nur von den Gebeten der Priester, sondern von denen des ganzen Volkes ab. Im ganzen Lande werden Gebetsveranstaltungen abgehalten und besondere Kultverrichtungen vorgenommen, um die für die richtige Wahl notwendige Erleuchtung zu erflehen.

Die Befragung der Orakel ist gleichfalls eine religiöse Angelegenheit. Jedes der drei großen Zentren religiöser Unterweisung — Ganden, Sera und Drepung — hat sein eigenes Orakel, aber das als Netschung bekannte Orakel Drepungs wird als das kraftvollste betrachtet. Dieses Orakel, wie so viele andere auch, bedient sich eines Mönchs, der als Medium wirkt und im Trancezustand die Sprüche Netschungs verkündet. Er muß ein sehr sorgfältig geregeltes Leben führen, sich im Essen ganz bestimmten Beschränkungen unterwerfen, damit er immer bereit und fähig ist, mit Netschung in Verbindung zu treten, wenn der Gyalwa Rinpotsche das wünscht.

Es gibt viele Orakel in Tibet, fast jedes Dorf hat eines. Obgleich das Orakel oft durch den Mund eines gewöhnlichen Dorfbewohners, etwa des Schreiners oder eines Bauern, spricht, glaubt doch jeder im Dorf, die Stimme des angerufenen Gottes oder Geistes zu vernehmen. Der als Medium wirkende Mann muß sich einer besonderen Vorbereitung unterziehen und eingeweiht werden. Wird er um Hilfe angegangen, so zieht er seine Gewänder an, die gewöhnlich bunt und fröhlich sind, und seine Gehilfen beginnen mit dem Singsang, mit dem der Gott oder Geist gebeten wird, herab-zusteigen, in das Medium einzutreten und zu reden. Der Hilfe-heischende verbrennt unterdessen Weihrauch und bringt Opfer in Form von Butterlampen oder Nahrungsmitteln dar. Dann beginnt das Medium zu zittern und sich zu schütteln und verfällt in Trance. Während des Trancezustandes wird jede gestellte Frage von dem angerufenen Gott oder Geist beantwortet. Die Stimme des im Trance befindlichen Mannes und oft auch sein ganzes Aussehen ist völlig verändert, so daß man ihn kaum als den erkennen könnte, der er sonst im Leben ist, den guten Nachbarn oder Bauern des gleichen Dorfes. Bei den Nomaden habe ich bemerkt, daß sie vor jeder Jagd ein Orakel befragen. Der im Trance Befindliche hält dabei ein schweres Schwert, das schwingt und zittert und schließlich in eine Richtung weist, in die sich die Jäger dann begeben.

Es gibt dabei natürlich manchmal Betrügereien, so wie auch bei den Astrologen und den Wahrsagern, von denen viele einfach Bettler sind. Meistens glauben jedoch diejenigen, die als Medium wirken, an das, was sie tun; diejenigen, die sie um Hilfe bitten, glauben auch daran — und darauf kommt es an. Wenn eine Frage im Glau-ben an eine Antwort und mit der rechten Ehrfurcht gestellt wird, so glauben wir, daß sie eine Antwort finden wird, sogar ohne Orakel.

Wird das Staatsorakel oder das Orakel des heiligen Sees wegen der Geburt des neuen Gyalwa Rinpotsche befragt, so wird der Regent immer von einer Anzahl hoher Beamter der hauptsächlichen Gelukspa-Klöster begleitet. Oft beten sie mehrere Tage lang, ehe sie an das Orakel mit ihrer Frage herantreten. Manchmal wird auch das Orakel einer Probe unterzogen und zum Beweis veranlaßt, daß es tatsächlich mit der nötigen Autorität spricht. So werden manch-mal Fragen auf Rollen geschrieben und versiegelt und stillschwei-gend dem Orakel ausgehändigt, das nun antworten muß, ohne die Fragen gelesen zu haben. Das geschah zum Beispiel, als sich bei der Wahl meines Bruders noch ein zweiter Anwärter zur Wahl anbot.

Daß außer dem Regenten noch andere Personen beteiligt sind, soll nicht nur verhindern, daß ein einzelner das Resultat zu seinem Vorteil manipulieren kann — dieser Gefahr sind wir uns stets be-wußt —, sondern es soll durch die vereinte Kraft der Gebete aller ein besseres Ergebnis erzielt werden, denn das Orakel ist damit einer verstärkten geistigen Kraft ausgesetzt. Manche Orakel, wie etwa der See, enthüllen jedem Menschen ein anderes Geheimnis, und daher wird eine Gruppe von Personen, die sich alle auf dasselbe Ziel konzentrieren, eine vollständigere Antwort auf die eine Frage erhalten: Wo ist der neue Gyalwa Rinpotsche zu finden?

Wird der heilige See konsultiert, so wird der Regent von Regierungsbeamten und Mitgliedern der Nationalversammlung begleitet. So bilden die Suchgruppen immer einen Querschnitt durch die Bevölkerung, da sie ebenso Mönche wie auch Laien umfassen. Es kommt auch vor, daß das Staatsorakel zuvor befragt wird, wer an der Suche teilnehmen soll. Es wird solche Sorgfalt auf diese Suche verwandt, daß die Delegationen oft erst nach drei bis vier Jahren zurückkehren und oft mehr als nur einen Kandidaten vorzuschlagen haben. Nach so umfangreichen Vorbereitungen ist es kaum denkbar, daß die endgültig Erkorenen falsch gewählt sein können. Sie sind vielleicht Reinkarnationen anderer großer geistlicher Führer, oder es mag vorkommen, daß der vorherige Gyalwa Rinpotsche aus irgendeinem Grunde seine Wiedergeburt auf drei oder zwei Körper verteilt hat, und nun im Körper des einen, in der Rede des anderen und dem Geist eines dritten wiedererscheint, denn wir glauben, daß dies drei voneinander unabhängige Elemente sind, die zusammen eine Person ergeben. In einem solchen Fall wird derjenige Knabe ohne zu zögern gewählt, der den Geist der vorigen Inkarnation besitzt, denn der Geist beherrscht die Rede und den Körper und wird den ihm nun gegebenen Körper und die Rede zur Übereinstimmung mit sich bringen können.

Der Gyalwa Rinpotsche ist das Haupt der Gelukspa-Sekte, aber er ist auch der geistliche und weltliche Herrscher Tibets, der als solcher von allen Sekten anerkannt wird. Die Sekten schließen sich nicht in irgendeiner Weise gegenseitig aus; der Unterschied zwischen ihnen ähnelt dem Unterschied zwischen verschiedenen akademischen Schulen, von denen jede einen anderen Aspekt der gleichen Disziplin betont. Während die Berechtigung der anderen Schulen nicht angezweifelt wird, hält doch jede Schule die von ihr verfochtene Richtung für die wichtigste. Menschen, die nach Temperament, religiöser oder akademischer Neigung sich mehr für eine Schule oder Sekte eignen, werden sich zu dieser Schule oder Sekte hingezogen fühlen. Dahin gehören sie dann auch; das schließt aber nicht aus, daß sie auch in eine der anderen eintreten oder dort lernen.

Ein Gyalwa Rinpotsche kann z. B. sehr wohl in einer Nyingmapa-Familie geboren werden. Sobald er alt genug dazu ist, meistens im Alter von sechs oder sieben Jahren, wird er nach Lhasa gebracht und beginnt sein Studium in den dortigen Gelukspa-Schulen, denn es ist seine vornehmlichste Pflicht, sich die reformierte Lehre zu eigen zu machen. Man muß jedoch bedenken, daß alle großen Reformer sämtliche Schriften einschließlich der Tantras studiert haben. Die Reform gründete sich darauf, was sie als gut für das Volk ansahen, nicht darauf, was für den einzelnen Mönch gut sein mochte. Jeder einzelne Mönch muß seinen eigenen Pfad finden. So auch jeder Gyalwa Rinpotsche. Einige neigen mehr zu der einen, andere mehr zu einer anderen Richtung. Der fünfte Gyalwa Rinpotsche, der in mancher Hinsicht der größte war, neigte stark zur Nyingmapa-Lehrmeinung, befürwortete aber für die große Masse der Laien die Lehren der reformierten Sekte, und zwar mit größter Festigkeit. Er wird meistens mit dem *phurbu* oder mystischen Dolch dargestellt, einem der Hauptsymbole des Tantrismus, den die Mitglieder der Gelukspa-Sekte öffentlich weder tragen noch gebrauchen dürfen. Wenn sie wollen, können sie jedoch die nötigen Initiationen durchmachen und die Tantras privat praktizieren und dann den Dolch tragen, wenn sie die letzten der Gelukspa-Weihen hinter sich haben.

Die für den Gyalwa Rinpotsche vorgeschriebene Ausbildung sieht vor, daß er sich auch in alle anderen Richtungen einführen läßt, sobald er in die Gelukspa-Lehre völlig eingeweiht ist, damit er alle religiösen Gemeinden verstehen und führen und das ganze Land leiten kann. Wir glauben, daß dieses System Tibet zur religiösesten Regierungsform verhilft, die denkbar ist. Nicht der Gyalwa Rinpotsche als Person regiert, es ist die Religion selbst, die in Tibet herrscht. Während des Großen Gebets und des Kleineren Gebets, die beide das tibetische Neujahr einläuten, wird die Rechtsprechung, Aufrechterhaltung der öffentlichen Ordnung und die ganze Verwaltung in Lhasa in die Hände der zwei höchsten Lamas des Klosters Drepung gelegt. Während des Großen Gebetes legen die Mönche die Examen für die höchsten Grade ab, während des Kleineren Gebetes werden die Examen für die zweithöchsten Grade abgelegt.

Während dieser ganzen Zeit werden die Gebete um Frieden für die ganze Welt und für Tibet unablässig wiederholt, und sogar der Gyalwa Rinpotsche beugt sich der Herrschaft der Religion, die durch die beiden Drepung-Mönche versinnbildlicht wird, da sie für diese ganze Zeit über die absolute Macht verfügen.

Außerhalb Tibets nimmt man oft an, daß wir Tibeter den Gyalwa Rinpotsche als einen heiligen und unberührbaren Gott betrachten. Das stimmt nicht. Der Gyalwa Rinpotsche ist zweierlei: Er ist die Reinkarnation Tschenrezigs, und er ist ein Mensch wie jeder andere auch. Wir verehren den Geist Tschenrezigs, der seinen Körper beseelt. Wir sind dankbar, daß Tschenrezig sich in menschlicher Gestalt verkörpert hat und uns so die Führung angedeihen lassen kann, deren wir bedürfen. Es ist der Buddha in seiner Gestalt als Tschenrezig, den wir anbeten, nicht der Körper oder das Wesen eines Menschen. Wir glauben, daß der Körper, die Gestalt des Gyalwa Rinpotsche zwar in mancher Hinsicht anderen überlegen, aber dennoch ein menschlicher Körper ist. Das ist auch der eigentliche Sinn von Tschenrezigs Opfer. Der Körper, in dem er zu unserem Wohle Wohnung nimmt, ist der Vergänglichkeit genauso unterworfen wie alle anderen Dinge. Er unterliegt der Krankheit, dem Leiden, der Schwäche, und der Tod tritt im natürlichen Zeitablauf genauso an ihn heran wie an alle anderen menschlichen Körper.

Durch den Versuch, den Körper des Gyalwa Rinpotsche zu berühren, kann nichts gewonnen werden, es tritt keine Heilswirkung durch die Berührung ein. Die einzige Heilswirkung, die durch körperliche Berührung eintreten kann, ist an die bewußte Segnung durch den Gyalwa Rinpotsche geknüpft, bei der er etwas vom Wesen Tschenrezigs auf den Gläubigen überträgt. Teile der Kleidung oder des Körpers eines Gyalwa Rinpotsche sind wertlos, wenn sie nicht von ihm mit seinem Segen gegeben wurden. Sie sind jedoch nicht ganz wertlos, wenn sie unabsichtlich zu guten Gedanken Anlaß gegeben haben, denn gute Gedanken sind gute Taten. Es kommt darauf an, was der Besitzer eines solchen Stoffstückchens oder einer Haarlocke in diese Dinge hineinlegt. Werden seine Gedanken dadurch zu Tschenrezig geführt, so wird er für seine Andacht belohnt werden, so mißleitet er uns erscheint. Glaubt er, er könne eine Wunde dadurch heilen, daß er sie mit einer solchen

Reliquie berührt, so hängt die Heilung von der Stärke seines Glaubens und davon ab, ob sich sein Glaube auf die Reliquie konzentriert oder auf Tschenrezig. Denkt er jedoch, die Reliquie besäße eine eigene Kraft, die er für seine eigenen Zwecke nützen könne, dann werden durch diesen Irrglauben seine Leiden nur noch verstärkt werden.

Der Körper des Gyalwa Rinpotsche kann sehr wohl Anzeichen von Schwäche oder eines Leidens aufweisen, ohne daß deshalb der Verdacht entsteht, er sei falsch gewählt worden. Es wird nicht erwartet, daß er körperlich besser ausgestattet sei als ein beliebiger anderer Mensch. Was erwartet wird, ist, daß seine Handlungen vollkommen sind, denn da er die Inkarnation Tschenrezigs ist, sind seine Taten vom Geist Tschenrezigs beseelt und können deshalb nur gut sein. Ich habe von niederen Inkarnationen sagen hören, daß sie wohl falsch gewählt worden seien, als diese Männer Neigungen zu schlechten Taten zeigten. Und das ist durchaus möglich. Manchmal heißt es auch, daß geheime Absprachen im Spiel sind, daß dem Kinde vorher die Antworten angelernt wurden, damit es die notwendigen Erinnerungen an frühere Verkörperungen produzieren konnte. Es gab da einen solchen Fall, als die Delegation in Amdo nach dem Nachfolger des dreizehnten Gyalwa Rinpotsche suchte. Ich weiß nicht, ob die Delegation meine Familie in Tengtser zu diesem Zeitpunkt schon besucht hatte oder nicht, denn ich befand mich damals in Kumbum und hatte keine Ahnung, daß mein Bruder zur Wahl stand. In der Nähe befand sich eine mir bekannte Familie, die einen Sohn im richtigen Alter hatte und ihn als Kandidaten anmeldete, da er angeblich alle möglichen Zeichen aufwies und allerhand Wunder gewirkt hatte. Jede solche Behauptung, und sei sie noch so fadenscheinig, muß untersucht werden, und die Delegation besuchte also diese Familie. Die Eltern hatten das Kind sorgfältig vorbereitet, denn sie waren es, die Vorteil daraus schlagen wollten, nicht das Kind. Der Knabe hatte seine Lektionen anscheinend gut gelernt, aber als die Delegation ihm Fragen stellte, brach er in Tränen aus und lief davon. Weit davon entfernt, sich zu der Delegation hingezogen zu fühlen, wie es für ihn natürlich gewesen wäre, floh er sie in höchstem Schrecken, und jedermann lachte über die Familie, die sich derart zum Gespött gemacht hatte.

Der Knabe war jedoch ein guter Mensch und hatte keinen wissentlichen Anteil an dem Betrugsversuch. Er wurde schließlich Mönch und studierte in Kumbum, als ich dort Abt war. Ich sah ihn recht häufig, und er kam zum Essen zu mir, nicht wegen dieses Geschehnisses, das niemand von uns je berührte, sondern einfach, weil er einer der besten Schüler war und seine Klasse vertrat. Niemand hat ihm je etwas wegen dieser Geschichte nachgetragen.

Auch in Lhasa gab es einen falschen Prätendenten, denn eine sehr einflußreiche Familie versuchte dort, ihren kleinen Sohn als neuen Gyalwa Rinpotsche aufzustellen. Sie manipulierte sogar die Wahrzeichen, indem sie die Pferde des dreizehnten Gyalwa Rinpotsche dazu brachte, auszubrechen und zu den Ställen dieser Familie zu laufen, als ob sie eigentlich dorthin gehörten. Wegen des großen Einflusses der Familie wurde es sogar für nicht unmöglich gehalten, daß sie das Staatsorakel bestochen haben könnte. Dieser Verdacht hatte eine sehr strenge Untersuchung zur Folge, und die Wahl meines Bruders wurde nochmals mit größter Genauigkeit überprüft und durch zusätzliche Maßnahmen bestätigt.

Vielleicht sollte man uns Tibeter schärfer als andere wegen solcher Betrugsversuche kritisieren, da wir doch soviel über Religion sprechen und über sie nachdenken. Aber wir haben nie den Anspruch erhoben, besser zu sein als die anderen Völker. Wir glauben vielmehr, daß Tschenrezig uns gesandt wurde, weil wir ein so wildes und barbarisches Volk waren. Wir sind noch immer sehr weit von der Vollendung entfernt; trotzdem ist es richtig, wenn wir unser Leben soweit wie möglich unter die Führung der Religion stellen; so können wir zumindest für uns anführen, daß wir uns bewußt bemühen, uns zu bessern. Mir ist das ganz besonders stark bewußt, weil ich selbst als eine Reinkarnation ausgewählt — oder wie wir sagen: erkannt — worden bin und als solche dem Volke ein geistiger und religiöser Führer sein soll. Dennoch habe ich keine Erinnerung an meine früheren Existenzen und kann nur denken, wie unvollkommen ich mit allen meinen Fehlern für die Aufgabe geeignet bin, die mir gestellt worden ist. Auch bin ich mir sehr stark dessen bewußt, einen menschlichen Körper zu haben.

Da ich selbst nur zu den Inkarnationen der mittleren Stufe gehöre, war meine Wahl nicht so wichtig, und wenn ich überhaupt geprüft worden bin, so habe ich jedenfalls nichts davon bemerkt. Als die vorherige Inkarnation Tagtsers starb, war bekannt, daß er irgendwo in unserer Nachbarschaft wiedergeboren werden würde. In Tagtsers Kloster in Kumbum machten die Mönche daraufhin eine Liste aller Knaben, die innerhalb von ein bis zwei Jahren in dieser Gegend geboren wurden und sandten sie an den dreizehnten Gyalwa Rinpotsche. Zufällig stand mein Name nicht auf der Liste. Vielleicht hatten sie auch schon Anzeichen dafür erhalten, daß ich der wahrscheinlichste Kandidat war, und wollten die Probe darauf machen. Ich weiß das nicht, in jedem Fall schaute der Gyalwa Rinpotsche sich die Liste mit etwa zwanzig bis dreißig Namen an und sagte, der rechte sei nicht darunter. Es steht oft in seiner Macht, die Identität der niederen Inkarnationen zu erkennen, sei es durch Gebete oder durch die Befragung von Orakeln, und wenn er eine Entscheidung fällt, wird sie anerkannt. Die Priester des Tagtser-Labrang machten eine neue Liste mit mehr Namen, aber noch immer ohne den meinen, und wieder wurde sie ihnen zurückgesandt. Als beim dritten Mal mein Name auf der Liste stand, drückte der Gyalwa Rinpotsche sein Siegel neben meinen Namen und sandte die Liste ans Kloster zurück. Nachdem alle Priester von Tagtser-Labrang zusammengerufen worden waren, wurde der Brief des Gyalwa Rinpotsche geöffnet, und alle sahen, daß das Siegel auf meinen Namen gedrückt war. Daraufhin machten sich einige sofort mit Geschenken nach dem Dorfe Tengtser auf den Weg.

Ich war damals sechs oder sieben Jahre alt und kann mich gut daran erinnern, wie ich auf dem Felde in der Nähe eines kleinen Baches spielte. Meine Schwester kam gelaufen, um mir zu sagen, daß Mönche zum Besuch gekommen seien und mich zu sehen wünschten. Sie führte mich nach Hause, und im Hof sah ich schon eine Menge schöner Pferde und im Hause waren die Mönche. Sie gaben mir schöne Kleider aus Seide und von gutem Schnitt, schöner als alles, was ich je gesehen, geschweige denn getragen hatte. Dann erzählten sie mir, daß ich die Reinkarnation des Mönches Tagtser sei und daß ich mein Heim verlassen und zum Lernen ins Kloster Schardzong übersiedeln müsse. Ich weiß nicht, ob sie erwartet hatten, daß ich beim Gedanken, mein Elternhaus zu verlassen, weinen würde. Aber damals weinte ich keineswegs, ich war überglücklich und wollte am liebsten gleich aufbrechen. Schon lange hatte ich ins Kloster entlaufen wollen, es war das mein liebstes Spiel und mein liebster Traum.

Auch meine Eltern waren sehr glücklich, denn es war eine große Ehre für sie. Die Mönche blieben mehrere Tage bei uns; sie gaben einen Empfang für alle unsere Freunde im Dorf und beschenkten einen jeden, wobei sie erzählten, daß ich die Reinkarnation des Mönches Tagtser sei. Während der nächsten zwei Jahre erhielten wir Besuche und Geschenke, und gelegentlich kamen auch Priester zu uns, die mich Gebete lehrten, und auch meine Mutter nahm sich Zeit dafür, mich noch mehr Gebete zu lehren. Dann stellten die Astrologen den günstigsten Tag für meine Abreise nach Schardzong fest, und die Mönche erschienen, um mich und meine ganze Familie ins Kloster zu bringen. Ich weiß noch, wie schön es mir erschien, hoch oben auf einer steilen Klippe, und wie ich mir nicht vorstellen konnte, unsere Pferde könnten es je erreichen. Oben angelangt, mit dem Blick über die bewaldeten Täler, schien es mir noch schöner. Das Kloster bestand aus wenigen sauber und gut gebauten Häusern, von denen einige unter blühenden Kletterpflanzen verschwanden. Teile des Klosters konnten nur auf einem schmalen Holzsteg erreicht werden, der sich um den nackten, steilen Fels wand, und ich war außer mir vor Furcht, meinen Eltern dadurch Schande zu machen, daß ich mir anmerken ließ, was für eine Angst ich hatte. Dann nahm mich jemand bei der Hand, und bald konnte ich ganz frei über die wacklige Brücke hin und herlaufen, so als handle es sich um eine breite feste Straße.

Nach zwei oder drei Tagen verließen meine Eltern mich. Meine Mutter ging als erste fort, und ich dachte, sie käme gleich wieder. Als ich am nächsten Morgen erwachte, war auch mein Vater fort, und mir kam langsam zum Bewußtsein, daß ich allein im Kloster bleiben mußte und mein Elternhaus und meine Familie endgültig verlassen hatte. Das gefiel mir gar nicht, und ich weinte zum ersten Mal. Aber mein früher Wunsch, in ein Kloster einzutreten, war echt gewesen, und bald nahm ich lebhaft am Klosterleben anteil, schloß neue Freundschaften und begann mit einigen einfachen Schreib- und Lesestunden. Die meiste Zeit verbrachte ich jedoch im Spiel. Es gab noch eine ganze Reihe anderer Knaben im Kloster, die etwas älter waren als ich, und wir verbrachten viel Zeit miteinander, obgleich sie bestimmte Pflichten hatten, ihre Zimmer selbst reinigen, Yakdung auf den Bergwiesen sammeln und noch manches andere tun mußten. Ich selbst hatte keine Pflichten, denn da ich eine Inkarnation war, die zu einem reichen Kloster gehörte, war mir ein Diener zugeteilt, der aufzuräumen und für meine Ernährung zu sorgen hatte. Er war es auch, der mir das Schreiben beibrachte, und er wurde mein bester Freund.

Mit der Beachtung, die mir geschenkt wurde, und mit meinen schönen Kleidern war ich so zufrieden und glücklich, daß ich mir über die Bedeutung des Ganzen gar keine Gedanken machte. In jenen ersten Monaten kam mir das Leben wie ein einziges, glückliches Spiel vor. Ich erinnere mich aber, gedacht zu haben, wie schön es doch sei, im Kloster zu sein und Lesen und Schreiben dort zu lernen, wo der große Tsong Khapa als Kind unterrichtet worden war. Obgleich ich noch so klein war, wußte ich einiges über Tsong Khapa und seine Bedeutung und fühlte mich um so glücklicher, in Schardzong sein zu dürfen.

Nach einigen Monaten kam der Tag, an dem die Astrologen verkündeten, ich müsse nun in mein eigenes Kloster Tagtser Labrang in der Klosterstadt Kumbum übersiedeln und dort als die neue Reinkarnation eingeführt werden. Ich war viel zu aufgeregt, um über den Abschied von Schardzong zu trauern, wo ich doch so glücklich gewesen war. Ich war auch noch zu jung, um zu verstehen, daß ich nun mit acht Jahren dabei war, meine sorglose Kindheit hinter mir zu lassen. Eine große Kavalkade entführte mich nach Tengtser, wo das ganze Dorf auf den Beinen war, um mich zu begrüßen, und wo wir zu meiner großen Freude einige Tage in meinem Elternhaus verbrachten. Dann zogen wir weiter, wobei die Prozession immer größere Ausmaße annahm, und begaben uns in die riesige Klosterstadt Kumbum.

Etwa ein Kilometer vor Kumbum trugen sich gleichzeitig verschiedene Dinge zu. Eine neue Mönchseskorte zu Pferde erschien, während Mönche in ganz anderen Gewändern am Straßenrand standen, Fahnen trugen oder bunte Schirme hielten. Andere machten Musik, indem sie geräuschvoll Trompete oder zehn Fuß lange Hörner bliesen. Diese Hörner sind aus reich mit Silber verziertem und mit Türkisen eingelegtem Kupfer. Insgesamt müssen etwa dreitausend Mönche dort gewesen sein, die den neuen Tagtser-Lama begrüßen wollten; außerdem waren auch meine Familie und die meisten Dorfbewohner von Tengtser bei der mich begleitenden Prozession.

In Kumbum wurde ich gleich zum Tagtser Labrang gebracht, einem

schönen, geräumigen Bau, und dort zum Thron im Versammlungssaal getragen. Auf diesem Stuhl hat Tagtser gesessen und nach ihm
alle seine Reinkarnationen, aber niemand sonst. Selbst ein Regent
darf auf diesem Thron nicht sitzen. Es gab da eine kleine Stufe, mit
deren Hilfe ich hinaufklettern konnte, und kaum hatte ich Platz
genommen, als auch schon die Menschen herankamen und mir die
weißen Schals brachten, die zu jeder Begrüßung bei uns verschenkt
werden. Darauf beteten die Mönche um langes Leben und fortwährend gute Gesundheit für mich.

Nachdem das alles vorbei war, wurde ich zu meinen Räumen geführt, meine Freunde kamen mich besuchen, und einige Knaben
meines Alters wurden mit mir bekannt gemacht. Mit ihnen unter-
hielt ich mich großartig, denn sie führten mich überall herum und
zeigten mir Dinge, die ich nie gesehen hatte, wie Kuckucksuhren
und Spieldosen. Der Abt von Kumbum kam, um mich zu besuchen
und willkommen zu heißen, und am nächsten Tage mußte ich ihm
und anderen hohen Geistlichen einen förmlichen Besuch machen
und selbst Schals zum Geschenk mitbringen. Ich mußte zu den einzelnen Tempeln und besonders zum Geburtsort Tsong Khapas
pilgern, und wieder war das Leben viel zu ausgefüllt, als daß ich
hätte darüber nachdenken können, was eigentlich mit mir geschah.
Ich mußte nun ein wenig mehr lernen, aber ich hatte noch immer
sehr viel Zeit zum Spielen, und das Leben schien mir womöglich
noch schöner als zuvor.

Es gibt Inkarnationen der höchsten Stufe, die ziemlich mittellos
sind und nicht einmal genug für ihre eigene Ernährung haben, ganz
zu schweigen von dem, was ihr Kloster eigentlich brauchte. Die
Stufe, der eine Inkarnation zugerechnet wird, hängt nicht vom
Reichtum ab, sondern von der Weisheit und Tugend, die die aufeinanderfolgenden Inkarnationen des betreffenden Heiligen an den
Tag gelegt haben. Obgleich Tagtser nur zur mittleren Stufe gehörte, war das Kloster eines der reichsten, da es viele reiche Gönner
gehabt hatte. Dieser Reichtum wird keineswegs verschwendet; auch
eine Inkarnation muß sich an die Vorschriften eines einfachen
Lebenswandels halten, sobald sie zum Priester geweiht ist. Das war
mit mir noch nicht der Fall, und so durfte ich verwöhnt werden.

Andere Inkarnationen mußten wohl auch die Wohnung des Lehrers zum Unterricht aufsuchen. Tagtser Labrang konnte es sich gut

leisten, Nahrung und Wohnung für einen persönlichen Lehrer zur
Verfügung zu stellen, und das machte mein Leben sehr viel bequemer und angenehmer. Mein Lehrer war ein wundervoller Mensch,
der mich wie sein eigenes Kind behandelte. Jeden Morgen kam er
vor Tagesanbruch zu mir, las Gebete mit mir, und wir lernten bis
ungefährt neun Uhr. Im Winter arbeiteten wir im gleichen Zimmer,
in dem ich auch schlief, denn obgleich meine Wohnung mehrere
Räume hatte, heizten wir nur einen. Nach dem Lernen aßen wir
zusammen unser Frühstück aus Tee und Butter und Yakkäse. Danach ging mein Lehrer seinen eigenen Studien nach, während ich
draußen mit den anderen Kindern spielte. Wir pflegten im Kloster
herumzulaufen und Verstecken zu spielen, oder wir machten Figuren und Häuser aus Ton. Im Sommer durften wir auch am Berghang
spielen, wenn wir zu fünft oder sechst beieinander blieben.
Um zwölf Uhr Mittags gab es eine Kleinigkeit, und am Nachmit-
tag fand die größte Mahlzeit des Tages statt mit Fleisch, Tee und
Tsampa. Danach war die Zeit zum Spielen nur noch kurz bemessen,
denn um fünf Uhr mußte ich wieder lernen und beten, bis es Zeit
zum Schlafengehen war, also bis etwa acht oder neun Uhr abends.
Man erwartete von mir nicht, daß ich dem Tempeldienst beiwohnte,
aber ich ging von mir aus gern in den Tempel und betete dort, und
an besonderen Tagen, wie dem 15. eines jeden Monats, ging ich
manchmal mit meinem Lehrer zum Gottesdienst. Noch war ich kein
Mönch, da ich keine Gelübde abgelegt hatte. Das war dann der
nächste Schritt.
Nachdem ich sechs oder sieben Monate in Kumbum gewesen und
nach meiner Schätzung etwa zehn Jahre alt war, eröffnete man mir,
die Astrologen hätten gesagt, nun wäre es Zeit für mich, die ersten
Gelübde abzulegen. Ich hätte das natürlich ablehnen können, aber
mir lag so sehr daran, daß ich fragte, ob ich nicht zwei Serien von
Gelübden gleichzeitig ablegen dürfe. Das wurde mir gestattet.
Ein weiterer Knabe von Tagtser Labrang sollte dasselbe tun, und
drei Tage vor der Zeremonie wurden unsere Köpfe kahlgeschoren
und nur ein kleines Büschel Haare mitten auf dem Kopf stehen-
gelassen.
Am festgesetzten Tage wurden wir zum Tempel geführt, um dort
auf den inkarnierten Lama zu warten, der uns die Gelübde ab-
nehmen sollte. Dieser Lama war Tscheschö Rinpotsche, ein alter

blinder Mann. Er kam mit seinem Diener und vier anderen Mönchen, entzündete seine Butterlampen vor dem Buddhabild und betete etwa eine Stunde lang. Danach wurden ich und der andere Knabe hineingerufen. Wir verneigten uns vor dem alten Rinpotsche, und er segnete uns mit Weihwasser. Er stellte uns einige Fragen, um sicher zu gehen, daß wir die Gelübde wirklich ablegen wollten und wußten, was wir taten. Dann schnitt er uns mit einer Schere die letzte Haarlocke ab, die uns noch an die Welt band.

Daraufhin fragte er nochmals, ob wir wirklich die Gelübde ablegen wollten, und als wir das bejahten, las er uns jedes Gelübde einzeln vor, und wir mußten zu jedem einzelnen unsere Zustimmung geben. Während wir uns in dieser Weise vorbereiteten, waren wir Rapjung oder Novizen, d. h. wir hatten den Pfad betreten, waren aber noch keine Vollmönche. Nach den ersten sechsunddreißig Gelübden zählten wir zu den Getsul oder jüngeren Mönchen. Danach legten wir alle anderen Gelübde bis zum 253. ab, um damit Gelong oder Vollmönche zu werden. Von diesem Zeitpunkt an durften wir das einfache Gewand des Mönches tragen, das mir so viel anziehender erschien als all die schönen Seidengewänder, die ich getragen hatte. Und dann begannen die langen, langen Jahre eines ernsten Studiums. Sieben Jahre harter Arbeit lagen vor uns, erst danach konnten wir die Examina ablegen, die uns berechtigten, an der Mönchsversammlung teilzunehmen. Das war unser nächstes Ziel, hinter dem noch viele weitere Studienjahre lagen, bis wir daran denken konnten, unser Studium an der Gelukspa-Schule zu beendigen. Danach stand uns dann frei, uns durch weitere Studien zu vervollkommnen — aber das lag vorläufig außerhalb unseres Gesichtskreises in der fernen Zukunft.

Ich hatte an anderes zu denken, denn allmählich ging mir auf, was es bedeutete, als Inkarnation erkannt worden zu sein. In Schardzong hatten einige der Mönche mit mir darüber gesprochen, aber ich hatte sie nie richtig verstanden. Ich fragte nur immer wieder, wo Tagtser sei und wann er zurückkommen werde. Sie versuchten, mir klar zu machen, daß er gestorben war, und das verstand ich. Wenn sie mir aber erklärten, daß er in meinem Körper zurückgekehrt sei, verstand ich sie nicht mehr. In Kumbum pflegte dann jeder, der mich herumführte, auf etwas zu deuten und zu sagen: »Hier pflegtest Du zu sitzen« oder »Dieses Ding hast Du in dem und dem

Leben benutzt«. Dann begann ich zu verstehen, daß dieser Teil
von Kumbum, der Tagtser Labrang, mir gehörte und daß auch
Schardzong mir gehörte, denn es ist ein Zweigkloster von Tagtser
Labrang. Einige behaupten, es sei auf dem Platz erbaut, wo Tagtser
zu meditieren pflegte. In einer sehr kindlichen Weise hatte ich begonnen zu verstehen, daß diese Klöster, der Reichtum und in gewisser Weise auch die Menschen mir gehörten und ich ihnen. Erst
in Kumbum begriff ich, daß all das nicht mir gehörte, weil es mir
auf eine unerklärliche Weise geschenkt worden war, sondern weil
es in einer noch viel merkwürdigeren Weise mir gehört hatte, bevor
ich geboren wurde, und daß ich tatsächlich Tagtser war.
Dann merkte ich bald, daß die Menschen, die mir meinen früheren
Besitz zeigten, nach Zeichen des Wiedererkennens bei mir suchten.
Es wird nicht gerade erwartet und es ist auch ungewöhnlich, daß
Inkarnationen sich an ihr früheres Leben erinnern, aber es wird
doch immer darauf gehofft. Ich begann selbst darauf zu hoffen,
aber kein einziges Ding sah mir bekannt aus, kein einziger Ort beschwor irgendwelche Erinnerungen herauf. Im Herzen von Tagtser
Labrang, auf dem Throne Tagtsers, regte sich nichts in mir außer
der fortschreitenden Erkenntnis, daß mir eine große Verantwortung
aufgeladen worden war. Alle diese Menschen schauten zu mir auf,
zu dem ungebildeten Kind einer Bauernfamilie, um sich von mir
religiös führen zu lassen, und alle erwarteten heimlich ein Wunder.
Und draußen im Lande, auf den Gütern meines Klosters, verließ
sich das Landvolk auf meine Hilfe und Führung, erwartete, daß ich
mein Wissen, meine Macht und meinen Reichtum zu seinem Wohle
einsetzte. Es hätte mir sehr geholfen, hätte ich mich auch nur auf
ein einziges Ereignis aus meinem früheren Leben besinnen können,
aber ich, der ich mich oft nicht daran erinnern kann, was gestern
passierte, wie kann ich erwarten, mich an Dinge aus einer früheren
Existenz zu erinnern?
Es wäre sonderbar, denke ich, wenn ich nicht daran zweifelte, ob
ich auch wirklich die Reinkarnation Tagtsers bin. Der Gyalwa
Rinpotsche glaubt es, alle anderen glauben es auch, aber ich weiß
es einfach nicht. Ich kann nur annehmen, daß, wenn es wirklich so
ist, schlechte Taten aus meinem früheren Leben verhindern, daß
ich auch nur eine einzige Erinnerung habe. Wenn ich jedoch durch
einen sonderbaren Zufall falsch ausgewählt worden und nicht

Tagtser bin, dann muß ich dankbar dafür sein, daß ich in meinem unbekannten vorigen Leben das Glück hatte, so viele gute Taten anzusammeln, daß ich — wenn auch irrtümlich — nach Tagtser Labrang gelangte. Die Delegation kann sich geirrt haben, sogar der Gyalwa Rinpotsche kann sich geirrt haben, gute Taten irren sich nie. Und ich könnte mir kein größeres Glück denken, als was mir widerfahren ist, daß ich nämlich schon so früh im Leben mit all den heiligen und wahrhaft gläubigen Menschen in Berührung gekommen bin, die mir seitdem so viel bedeutet haben.

Ihren Glauben an mich als Tagtser mußte ich hinnehmen und versuchen, die Rolle so gut ich konnte auszufüllen. Vielleicht ist der Zweifel, den ich in bezug auf mich selbst verspüre, das Leid, das ich in diesem Leben zu tragen habe. Abgesehen davon erfüllt mich das Leben, so hart es manchmal gewesen ist, noch immer mit der gleichen Freude, die ich als Kind empfand, wenn ich spielte, daß ich davonlief, um Mönch zu werden.

12. KAPITEL

Der Potala ist das Paradies der Buddhas, / Tschenrezigs
Palast. / Im Osten, Westen, Süden und Norden / Gibt
es einen Potala auf dieser Erde; / Vom Lande des
Schnees bis zum Lho Potala, / Dem Potala der Südlichen Meere.

TIBETISCHES SPRICHWORT

REGIERUNG DURCH DEN KLERUS

Ngawong Gyatso, der fünfte Gyalwa Rinpotsche (1617—1682), ist
bei den Tibetern als der »Große Fünfte« bekannt, und zwar aus
mehreren Gründen. Wegen seiner militärischen Großtaten, die zur
weltlichen Einigung Tibets führten, ist er ebenso berühmt wie wegen seiner politischen Klugheit, der es zuzuschreiben ist, daß die
Unabhängigkeit Tibets trotz der Schachzüge der Mongolen und
Chinesen bewahrt werden konnte. Er hinterließ ein von ihm ent-
worfenes und erbautes Denkmal, das sogar im Ausland als Symbol
der Größe Tibets gilt — den großen Palast des Potala, dessen Name
auf die geistige Heimat Tschenrezigs hinweist. Für die Tibeter ist
der Potala der Mittelpunkt des religiösen und politischen Lebens
ihres Landes, und der Ruhm des fünften Gyalwa Rinpotsche ist für
sie ebenso sehr durch seine religiöse wie seine weltliche Größe
bedingt.

Unter Ngawong Gyatso wurde die Herrschaft der Religion aufgerichtet, und auch für den Laien, den Nomaden oder Bauern, hat
er dadurch den größten Anspruch auf den Ehrentitel »der Große«
erworben. Bei dieser Herrschaft der Religion geht es nicht so sehr
um die Vormachtstellung der Gelukspa Sekte oder den Sieg des
Buddhismus über die Glaubensvorstellungen der alten Bön-Religion,
sondern vielmehr um die Tatsache, daß sich ein ganzes Volk einem
religiösen Prinzip unterstellte und daß der seither ununterbrochene
Versuch, dieses Prinzip zu verwirklichen, zur größten Kraftquelle
Tibets geworden ist. Es hat in Tibet niemals eine Polizei gegeben
und keinerlei physische Gewalt, um die Befolgung der Gesetze zu
erzwingen. Die Herrschaft der Religion hat sich immer nur auf die
religiöse Inbrunst des Volkes gestützt; das ist nicht etwas, was von

außen aufgezwungen werden kann. Indem er die Gesetze des Landes befolgt und die Herrschaft der Religion akzeptiert, folgt der Tibeter nur seinen eignen religiösen Neigungen, und indem er das tut, erkennt er, daß sich daraus Gutes für das Volk insgesamt und für ihn als einzelnen ergibt. Um ein guter, vaterlandsliebender Bürger zu sein, braucht ein Tibeter nicht mehr und nicht weniger als ein guter Buddhist zu sein.

Als Ngawong Gyatso zur Macht kam, war die Lage jedoch keineswegs so einfach. Es gab Rivalitäten unter den Sekten und weltliche Kämpfe, und die alte Bön-Religion versuchte erneut, den Buddhismus zu besiegen. Nachdem sie selbst lange verfolgt gewesen waren, hatten die Bönpoba des nordöstlichen Tibets langsam an Macht gewonnen und dann die Provinz Beri erobert, wo sie nun alle buddhistischen Mönche entweder gefangen setzten oder vertrieben. Indem er sich der schon vorhandenen starken Bande zwischen der Mongolei und Tibet bediente, wandte sich Ngawong Gyatso an Guschri Chan, der auch sofort eine Amee nach Beri entsandte und die rebellischen Bönpoba unterwarf. Wenn sie auch seitdem nie wieder zur Macht gelangt sind, so ist diese Gegend doch bis zum heutigen Tag ein Bollwerk des Bön-Glaubens geblieben.

Etwas weiter westlich hatte der junge Gyalwa Rinpotsche es mit dem König von Tsang, einem noch weit mächtigeren Feinde, zu tun. Er war der weitaus stärkste weltliche Territorialherr im damaligen Tibet, gehörte der Nyingmapa-Sekte an und war aus religiösen Gründen ein erbitterter Feind der Gelukspa. Er fürchtete ihre mögliche Rivalität und tat alles, sie in seiner Provinz völlig zu unterdrücken. Er machte sogar den Versuch, den jungen Führer der Gelukspa ermorden zu lassen. Ngawong Gyatso wandte sich jedoch wieder an Guschri Chan, der dieses Mal eine noch größere Armee entsandte, die nach Zentraltibet vordrang, raubte und plünderte und die vertriebenen Gelukspa-Mönche gewaltsam wieder in ihre Klöster einsetzte. Die Armeen des Königs von Tsang wurden geschlagen, er selbst und der Adel des Landes verwiesen.

Guschri Chan festigte seine Stellung, und bald hatte er seine Macht über das ganze Land ausgedehnt. Er behielt sich selbst aber nur einen Ehrentitel vor und legte die tatsächliche Herrschaft feierlich in die Hände von Ngawong Gyatso. Von diesem Zeitpunkt an ist der Gyalwa Rinpotsche immer der unbestrittene weltliche Führer ebenso

wie das geistliche Oberhaupt des Landes gewesen. Der Mongolen-
fürst hatte so willig und erfolgreich eingegriffen, weil er einerseits
persönlich mit dem jungen inkarnierten Lama befreundet war, andererseits der Nyingmapa-Sekte feindlich gegenüberstand und die
Gelukspa-Sekte in Tibet ebenso gedeihen sehen wollte wie in seinem
eigenen Lande. Ngawong Gyatso hätte die militärische Stärke der
Mongolen zur vollständigen Vernichtung der Nyingmapa-Sekte
heranziehen können, wenn er das gewollt hätte. Stattdessen sorgte
er nur dafür, daß ihre politische weltliche Macht nicht mehr bestand,
und gab sich dann die größte Mühe, Nyingmapa-Lehren und -Prak-
tiken zu übernehmen.
Er unterzog sich der ganzen Ausbildung, die von einem Führer der
Gelukspa-Sekte verlangt wird und erwies sich als einzigartiger Gelehrter. Danach widmete er sich jedoch dem Studium der Nyingmapa-Lehren, und es wird behauptet, daß er eingeweiht und Mitglied der Nyingmapa-Sekte geworden sei. Auch als solcher wäre er
an den Zölibat gebunden gewesen, es sei denn, daß er kein Voll-
mönch wurde; dennoch heißt es, daß der Mann, den er zum Regenten ernannte und dem er einen Großteil seiner weltlichen Macht
übertrug, sein Sohn gewesen sei. Andere bestreiten das und behaupten, er habe alle Gelübde abgelegt und den Zölibat gehalten. Wie
dem auch sein mag, Tatsache ist, daß er, dem es ein Leichtes gewesen
wäre, die Nyingmapa den Gelukspa völlig zu unterwerfen, es nicht
tat, sondern sie geistlich und religiös gleichberechtigt bestehen ließ.
Ferner steht fest, daß er seine weltliche Macht als Gyalwa Rinpotsche
an einen Regenten delegierte, obgleich er sie ohne weiteres in der
Hand hätte behalten können. Diesem Beispiel sind fast alle seine
Nachfolger gefolgt.
Unter Ngawong Gyatso wurde die Verwaltung des Landes zentralisiert, und das hat sich mit geringen Änderungen bis zum heutigen
Tage so erhalten. Die Regierungsgewalt wurde dabei gleichmäßig
zwischen Mönchen (Gelukspa und Nyingmapa) und Laien verteilt,
aber die höchste Gewalt blieb dem Gyalwa Rinpotsche vorbehalten.
In der Regierung sitzen die gleiche Anzahl Mönche und Laien, so
daß für ein Gleichgewicht der Interessen gesorgt ist. Das Große
Neujahrsfest, das auch vom fünften Gyalwa Rinpotsche eingeführt
wurde, soll jedoch unter anderem jedermann, den Klerus genau so
wie die Laienschaft, daran erinnern, daß die Regierung Tibets und

das Wohlergehen des Volkes auf unserem Glauben und unserer Religionsausübung beruhen. Ngawong Gyatso verfügte, daß zu dieser Zeit die absolute Macht in die Hände der ältesten Prokuratoren des Klosters Drepung bei Lhasa übergehen sollte. Die feierliche Zeremonie umfaßt auch öffentliche Reden, bei denen der Adel und der Klerus aufgefordert werden, sich an die Gebote der Religion zu halten.

Ngawong Gyatso war ein fähiger Politiker, der während seines ganzen Lebens an der engen Freundschaft zum mächtigen Mongolenfürsten Guschri Chan festhielt und gleichzeitig herzliche Beziehungen zur neuen Mandschu-Dynastie in China herstellte. Er besuchte den kaiserlichen Hof zu Peking, erwirkte für Tibet dieselben Konzessionen, welche die Ming-Dynastie vergeben hatte, und erreichte für das Amt des Gyalwa Rinpotsche die Anerkennung absoluter Unabhängigkeit für seinen Machtbereich.

Da es der neuen Zentralregierung an einem entsprechend großen Gebäude fehlte und andererseits wohl auch, weil er sie nicht als ein Monopol der Gelukspa-Mönche erscheinen lassen wollte, beschloß Ngawong Gyatso, aus dem Gelukspa-Kloster Drepung auszuziehen und den neuen Hof des Gyalwa Rinpotsche als geistliches und weltliches Oberhaupt Tibets auf Lhasas Rotem Hügel dort aufbauen zu lassen, wo Srongbtsan Sgampo vor langer Zeit seinen Palast erbaut hatte. Nur wenige Menschen haben ein solches Denkmal, wie der Potala eines ist, hinterlassen, und das ist wohl zusammen mit anderen weltlichen Erfolgen der Grund dafür, daß der fünfte Gyalwa Rinpotsche oft und besonders im Ausland in erster Linie oder sogar ausschließlich als Staatsmann und Politiker oder als Gelehrter angesehen wird. In Tibet denken wir an ihn mit gleichem Respekt als einen Mann von religiöser Bedeutung, der uns unter anderem das Lhasa Mönlam, das Große Gebet von Lhasa, hinterließ, das einen jeden Jahresbeginn einleitet. Wir denken an ihn als den Mann, der uns erlaubte, vom Paradies zu träumen und die Welt in dem fröhlichen Butterturmfest an unseren Träumen teilhaben zu lassen. Er selbst hatte einen solchen Traum, der ihm die unendliche Schönheit der Welt der Buddhas zeigte, und er ließ die Szenen in gewaltigen Modellen aus harter Butter ausführen, damit alle sie sehen und staunen konnten. Einmal im Jahr tun wir das gleiche, und mein Kloster in Kumbum ist besonders berühmt wegen der Schönheit und vorzüglichen Ausführung seiner Buttertürme. Wir arbeiten angestrengt an diesen Schöpfungen, die bis zum Abend des 15. Tages des 12. Monats geheim gehalten, dann aber durch die Straßen getragen und von allen angestaunt werden. Zum Schluß werden sie als bittere Mahnung an die Vergänglichkeit aller Dinge angezündet, und bevor die Sonne am 16. Tage aufgeht, haben sich alle unsere Träume in Flammen aufgelöst.

Belesen wie er war, erkannte Ngawong Gyatso die Beschränktheit rein akademischer Studien und zog sich daher mehr und mehr in ein Leben religiöser Kontemplation zurück. Als er einmal vom Potala hinabblickte, sah er einen alten Mann seine Runde durch die heilige Stadt machen, gefolgt von einer Frau, in der er sofort Dolma, die himmlische Gemahlin Tschenrezigs erkannte. Jeden Tag um die gleiche Zeit tauchte der alte Mann auf seinem Pilgergang auf, und jedes Mal folgte ihm die Gestalt der Dolma. Ngawong Gyatso ließ den Alten rufen und fragte ihn aus, aber der wußte nichts von Dolma und belustigte den Hof durch seine Unwissenheit und offensichtliche Dummheit. Er führe nur den vorgeschriebenen Pilgergang aus und spreche dabei das heilige *ngag* oder Gebet, das er gelernt habe. Als er es vor allen Anwesenden wiederholte, wurde er wegen der vielen Fehler ausgelacht, die er dabei machte, und man brachte ihm sorgfältig den richtigen Wortlaut bei.

Am nächsten Tage beobachteten Ngawong Gyatso und einige Mitglieder seines Hofstaats vom Potala aus den Alten auf seinem Rundgang. Aber dieses Mal war er allein, die Göttin Dolma war nirgends zu sehen. Wieder ließ der Gyalwa Rinpotsche den Alten kommen. Dann erklärte er ihm in Gegenwart aller, daß er mehr Glück gehabt habe als diejenigen, die es unternommen hatten, die Fehler in seinem Gebet zu verbessern, denn in seiner Unwissenheit habe er unter dem Schutz der Göttin Dolma gestanden, habe ihn aber durch die Belehrung verloren. Er wies den Alten an, seine Pilgerfahrt so fortzusetzen, wie er sie begonnen hatte, mit gläubig auf sein Ziel gerichtetem Herzen und Sinn, denn es sei die religiöse Hingabe und nicht die Gelehrsamkeit, die zum Heil führe. Der Alte verfuhr, wie ihm geraten worden war und dieses Mal folgte ihm auf seinem Rundgang durch die Stadt, bei dem er sein fehlerhaftes Gebet vor sich hinmurmelte, Dolma als seine Beschützerin.

Der Potala ist für die Tibeter das Symbol der religiösen Größe des fünften Gyalwa Rinpotsche, und er steht allen als Wallfahrtsort offen, Buddhisten und Andersgläubigen. Sein Name bezieht sich auf Tschenrezigs himmlisches Haus, und so sprechen wir vom Potala in Lhasa im allgemeinen als Phobrang, dem Palast der irdischen Inkarnation Tschenrezigs. Man sagt, es gäbe auch andere Potalas — Wohnstätten für andere irdische Inkarnationen. Der Lho Potala der Südlichen Meere soll sich in der Nähe von Schanghai befinden. In der Provinz Schensi ist der Rio Tsen ga oder »Palast der fünf Gebirgsgipfel« die östliche Wohnstatt Tschenrezigs. Im Westen liegt das Land Urgyen, von dem wir glauben, daß es Kaschmir mit einschließen könnte, und dort steht der westliche Potala. Im Norden befindet sich Schambhala, von dem manche meinen, es liege in Tibet und andere sagen, es könne sogar Moskau damit gemeint sein.

Wir wissen nicht genau, wo, aber wir glauben, daß die vier Potalas irgendwo in dieser Welt zu finden sind, und in jedem befindet sich ein Tschangtschup Sempa, eine Inkarnation Tschenrezigs, der zum Wohle der Menschheit herabgestiegen ist. Für uns Tibeter ist der Potala in Lhasa die Wohnstatt Tschenrezigs, der im Körper des Gyalwa Rinpotsche wiederverkörpert ist. Darin liegt für uns die Hauptbedeutung des Potala, und es kommt nicht so sehr darauf an, daß er Sitz der Regierung ist und seine historische Bedeutung hat. Manche sagen, er sei die irdische Wohnstatt Tschenrezigs gewesen, bevor Tibet eine Bevölkerung hatte.

Berittene Pilger müssen ihre Pferde am Fuß des Roten Hügels zurücklassen. Sie haben eine steile Kletterei vor sich über Pfade und Stufen, die in die Bergwand eingeschnitten sind. Hoch oben erhebt sich der Weiße Palast und noch höher hinter diesem der Rote Palast. Der Rote Palast enthält die Tempel und die Räume der Mönche sowie das private Kloster des Gyalwa Rinpotsche. Seine Wohnräume liegen im obersten Stockwerk. Im Weißen Palast sind die weltlichen Büros und die Wohnungen aller weltlichen Mitglieder des Beamtenstabs. Hier befindet sich auch eine Schule für Staatsbeamte.

Nachdem er die steilen Stufen hinaufgeklettert ist, betritt der Pilger das eigentliche Gebäude. Es ist beinahe 300 Meter lang und dreizehn Stockwerke hoch und von einer verwirrenden Menge von Korridoren und Treppen durchzogen. Als ich den Potala zum ersten Mal besuchte, ging ich durch den Eingang für Pilger und kam dabei aus dem hellen Tageslicht in einen so dunklen Raum, daß ich anfangs überhaupt nichts sehen konnte. In diesem Raum befindet sich ein gewaltiges Gebetsrad, wohl über sechs Meter hoch, und mit einem Durchmesser von zweieinhalb Meter. Auf einer Seite des Rades ist ein Holzstab; setzt jemand das Rad in Bewegung, so beschreibt der Stab einen Kreis und schlägt an eine tiefdröhnende Glocke. Jeder Pilger muß das Rad drehen. Von dort aus stieg ich innerhalb des Potala immer höher hinauf. Bei fortwährendem Steigen ging ich durch dunkle Korridore, die von Butterlampen oder kleinen Oberlichtern erhellt waren. Hin und wieder gelangte ich auch ins Freie, so als ich in den gewaltigen Hof unterhalb des Roten Palastes hinaustrat, wo so viele Festlichkeiten stattfinden, insbesondere die religiösen Tänze und Spiele.

Auf einem solchen Gang gewahrt man zahlreiche Tempel und Schreine. Im Hintergrund befinden sich die Grabmäler aller Gyalwa Rinpotsches, vom fünften angefangen, aber mit Ausnahme des sechsten, dessen Tod so außergewöhnlich war wie sein Leben. Die Grabmäler sind in verschiedenen Höhen angeordnet und reichen hoch hinauf, besonders das des Ngawong Gyatso. Sein Grabmal innerhalb des Potala ist drei Stockwerke oder fast 20 Meter hoch und schließt oben mit einem goldenen Baldachin, der auf dem Dach des Potala neben den Baldachinen der anderen Grabmäler sichtbar ist. Bei gutem Wetter werden die Läden im Potala geöffnet, und es ist dann hell genug, um den in der Mitte stehenden Tschorten zu sehen, der die sterblichen Überreste des Rinpotsche enthält. Bei geschlossenen Läden ist das Grabmal von Butterlampen beleuchtet, so daß auch dann der vergoldete, mit vielen Edelsteinen verzierte Tschorten gut zu erkennen ist. Die Überreste des Rinpotsche befinden sich darin, werden also nicht zur Schau gestellt, wie manchmal behauptet wird; auch gibt es keine mumifizierten Körper in diesen Grabstätten. Die Vorstellung, daß der Potala ein geheimnisvoller Ort, voller verborgener Gänge und Kammern sei, ist uns völlig fremd; ebenso stimmt es keineswegs, daß wir nur tibetischen Buddhisten den Zutritt zum Potala gestatten. Wir haben zu keiner Zeit ein Interesse daran gehabt, andere Nationalitäten von Tibet fernzuhalten, und jeder Besucher Lhasas, einerlei welcher Religion er angehörte, ist stets im Potala willkommen gewesen. Im vorigen Jahrhundert haben sich sowohl die Chinesen als auch die Briten bemüht, Ausländern die Einreise nach Tibet zu verwehren, aber wir hatten nie einen Grund dazu.

Nur eines der im Potala befindlichen Heiligtümer ist wirklich dunkel, das ist der Tschenrezig geweihte Tempel. Sein Bild ist klein, kaum 50 Zentimeter hoch, und steht auf einem langen Altar mit vielen anderen Bildern. Davor brennt stets eine einzige goldene Butterlampe, bei deren Schein man gerade noch gewahr wird, daß der Tempel auch mit schirmähnlichen Baldachinen und religiösen Fahnen geschmückt ist.

Es gibt im Potala so viel zu bewundern, daß ein Pilger sich dort den ganzen Tag aufhalten kann, ohne doch alles zu sehen. Die meisten Tibeter bringen sich ihr Essen mit und halten ihre Mahlzeit auf einem der Dächer, denn der Besuch im Potala ist nicht nur eine Wallfahrt, sondern auch eine Gelegenheit, sich zu freuen und glücklich zu sein. Die Bewohner des Potala sehen diesem Treiben manchmal mit gemischten Gefühlen zu, denn die zahlreichen Toiletten sind schließlich nichts anderes als Öffnungen, durch die der Kot auf den darunter befindlichen Fels fällt und vom Regen weggewaschen wird. Bei Regenmangel kann deshalb das Leben in einigen Räumen des Potala recht ungemütlich werden.

Wer im Potala Freunde oder Verwandte hat, kann sie besuchen; er wird dann gastlich aufgenommen und bewirtet. Ist ein Pilger sehr hungrig oder durstig, so kann er sich auch an einen Mönch wenden, der ihm etwas geben wird. Auch während der höchsten religiösen Feiern steht der Potala dem Publikum offen, so daß wir ihn wirklich als uns gehörig betrachten und nicht als das Eigentum eines fernen, uninteressanten Autokraten. Es ist immer unsere Überzeugung gewesen, daß der Gyalwa Rinpotsche als Tschenrezigs Verkörperung zu unserem Wohl da ist, und unser Vertrauen in ihn ist niemals erschüttert worden.

Manche Menschen scheinen anzunehmen, daß die Herrschaft der Religion in Tibet der einer Kirche oder Sekte gleicht und daß diese Kirche etwas Exklusives sei. Weit davon entfernt. Jedermann, unabhängig davon, aus welcher Familie er stammt, kann zu jeder Zeit seines Lebens in ein Kloster eintreten und Mönch werden; er kann jung oder alt, reich oder arm sein, das spielt keine Rolle. Je nach Fähigkeit und Neigung kann er sich als Mönch den Studien widmen, lernen und lehren, oder seine Lebensaufgabe im Dienst für das Kloster sehen, denn auch die allerniedrigste Arbeit wird von Mönchen verrichtet. Ungefähr jeder sechste Tibeter tritt in ein Kloster ein. Das ist aber keineswegs ein Parasitendasein oder ein Faulenzerleben. Vom Niedrigsten bis zum Höchsten in der Klosterhierarchie gilt eine strenge und harte Disziplin, die jeden Schwächling zurückschrecken läßt. Ebensowenig wie die Klöster leben die Mönche für sich selbst, sie leben vielmehr, um anderen zu dienen. Wie niedrig die Arbeit eines Mönches auch sein mag, sie wird nicht geringer geachtet als die eines Gelehrten, denn das Dienen als solches wird als verdienstvoll angesehen. In der gleichen Weise wird auch ein Kloster wegen seines Dienstes am Volk geachtet und ist daher der Mittelpunkt jeder Gemeinde in Tibet, sei sie auch noch so ländlich, abgelegen und bescheiden.

Vielleicht gibt das Wort Kloster zu Mißverständnissen Anlaß. Manche Klöster in Tibet erinnern an Schardzong, wo ich als Kind lebte. Sie sind klein, bestehen aus vier oder fünf eng beieinander stehenden Gebäuden mit einem Tempel und einem Versammlungssaal und Wohnräumen für die Mönche. Diese Klöster dienen der Zurückgezogenheit, der Meditation und dem Studium, und es werden dort regelmäßige Gottesdienste zum Wohl der Menschheit abgehalten. Andere, wie etwa Kumbum, die weit draußen im flachen Lande liegen, können Städten oder sogar Großstädten ähneln. Kumbum ist am Schnittpunkt einiger Täler gebaut, die von verschiedenen Seiten das Gebirge zerschneiden. An diesem Schnittpunkt befinden sich mehrere hohe Vorberge und auf ihnen verstreut liegen die etwa dreitausend Gebäude der Klosterstadt Kumbum. Dazwischen verlaufen Straßen, die recht belebt sein können und zu bestimmten Tageszeiten einen außerordentlich dichten Verkehr aufweisen. Die Gebäude sind ganz uneinheitlich, von verschiedener Größe und Form. Das nimmt nicht weiter Wunder, denn in einer solchen Klosterstadt gibt es viele halbselbständige Klöster, die ganz verschiedene Stifter haben und daher in ihrer Größe und Pracht stark voneinander abweichen. Manche Klosterstädte, wie etwa Drepung bei Lhasa, sind sogar noch größer. Drepung hat ungefähr zehntausend Mönche, während Kumbum nur etwa 4000 beherbergt. Die Bevölkerung solcher Gelukspa-Klöster besteht ausschließlich aus Mönchen; es gibt dort keine Nonnen und auch keine Laien, wenn auch Besucher stets willkommen sind.

Eine Klosterstadt hat ihre Hauptgebäude, insbesondere ihren Tempel und ihre Versammlungshalle, die groß genug sein müssen, die ganze Gemeinde aufzunehmen. Von diesem Zentrum aus regiert der Abt mit seinem Stab, und von hier aus wird die Einheit der ganzen Klosterstadt aufrecht erhalten. Es ist aber niemals die Art des Buddhismus und schon gar nicht des tibetischen Buddhismus gewesen, Einheit durch Einheitlichkeit herstellen zu wollen, und so besteht der Rest der Klosterstadt aus praktisch unabhängigen kleineren Einheiten, auf teils religiöser, teils regionaler Basis. So gab es zum Beispiel in Kumbum viele kleine Klöster, von denen eines mein Kloster Tagtser Labrang war.

Das kleine, aber reiche Kloster, als dessen Oberhaupt ich geboren wurde, liegt auf der Spitze des nördlichsten Hügels der Klosterstadt Kumbum. Das Kloster ist etwa 400 Meter lang, aber schmal, und besteht eigentlich aus einer Reihe von Höfen, von denen jeder an den nächsten anschließt. Alle diese Höfe sind auf allen vier Seiten von zweistöckigen Gebäuden umgeben. Man geht in den ersten Hof hinein, der von Ställen für unsere Pferde und Maultiere umgeben ist und auch einen Stall für unsere wenigen Kühe aufweist. An demselben Hof liegen Scheunen für das Stroh und Futter für unsere Tiere und Räume für diejenigen Mönche, denen die Pflege der Tiere obliegt. Berittene Besucher lassen ihre Tiere auf diesem Hof und gehen dann durch das dem Eingang gegenüberliegende Tor in den mittleren Hof. Hier befindet sich die Hauptküche, die das Essen für alle im Labrang lebenden Mönche bereitet, und die Räume des Hauptverwalters. Auf der anderen Seite neben dem Eingang stehen das Lagerhaus und eine kleine Molkerei, die Yoghurt, Butter und Käse herstellt. An diesem Hof liegt auch die Kornkammer, wo wir Gerste, Hafer und Weizen, alles selbst geerntet, und etwas getrocknetes Gemüse aufbewahren. Jedes Labrang in Kumbum hat so für seine eigenen Bedürfnisse zu sorgen, und wenn auch mein Labrang größere und besser beschickte Kornkammern hatte als die meisten anderen, lebten wir doch kaum anders als die übrigen. Kein Mönch darf sich irgendeinem Exzess oder Luxus hingeben, einschließlich des Essens, und nach buddhistischem Glauben sind wir dazu verpflichtet, das, was wir haben, mit anderen zu teilen. Auch das ärmste Labrang muß einen Teil seines Besitzes an die Zentrale in Kumbum abtreten, und Tagtser Labrang steuert natürlich sehr viel bei. Von der Zentralstelle aus werden dann die eingegangenen Nahrungsmittel und das Geld wieder verteilt, so daß jeder zu seinem Recht kommt.

In der entferntesten Ecke des mittleren Hofes befinden sich die Zimmer für die Gäste; der Hauptraum ist so groß, daß er als Versammlungssaal für die Gebetsveranstaltungen an unseren Festtagen am 9. Tage des 11. Monats und am 15. Tage des 1. Monats dienen kann. In diesen Räumen werden unsere Gäste, Mönche und Laien, untergebracht. Sie kommen aus ganz Tibet und aus der Mongolei zu uns, und es freut uns, ihnen nach der langen Reise eine gewisse Bequemlichkeit bieten zu können. Kämen aber meine eignen Eltern, wie sie das auch getan haben, so würden sie im ersten Hof bleiben, da sie nur eine kleine Gruppe aus einem nicht so fernen Landesteil sind.

Gegenüber den Gasträumen in der anderen Ecke befinden sich die Räume meines Lehrers und meines Dieners, und hier werden gelegentlich auch besonders wichtige Besucher untergebracht. In der gleichen Ecke liegt auch ein kleiner Innenhof von ungefähr 10 Meter Länge mit zwei kleinen Zimmern zu beiden Seiten. Hier lebe ich, und hier befindet sich auch meine kleine Küche. Von hier kann ich den dritten Hof erreichen, ohne durch den zweiten gehen zu müssen, denn in dem dritten Hof liegt unser Tempel und unsere Schatzkammer. Der Tempel ist auf der Ostseite des Hofes im ersten Stock. Hier bewahren wir alle unsere Heiligenbilder und unsere Schriften auf, außerdem bietet er als Versammlungsraum Platz für fünf- bis sechshundert Mönche. Im zweiten Stock desselben Gebäudes befindet sich die eigentliche Schatzkammer mit unseren kostbarsten Gegenständen und Edelsteinen. Auf der Nordseite des Hofes gibt es noch weiteren Lagerraum für Getreide im ersten und Fleisch im zweiten Geschoß. Von diesem Getreide dürfen wir zu Saatzwecken an Bedürftige etwas verleihen. In einer Ecke liegt Holz und Material für die Instandhaltung und Ausbesserung der Klostergebäude, in der anderen wird Brennmaterial aufbewahrt. Auf der Westseite des Hofes befinden sich meine Amtsräume, wo ich mich aufhalten muß, wenn ich Besuch empfange oder Gäste habe. Sie bestehen aus einem Empfangs- und einer Art Warteraum und meinem Schlafzimmer. In der Nähe des Eingangs zum Mittelhof ist ein weiterer kleiner Innenhof, ähnlich dem meinen, um den herum diejenigen Mönche wohnen, die den Tempeldienst versehen, die Butterlampen entzünden und die täglichen Kultverrichtungen vornehmen.

Alle Außenwände bestehen aus Stein und Ziegeln, die Innenwände aus Holz, das Dach ist manchmal aus Ziegeln und manchmal nur aus hartgebranntem Lehm. Als Schutz vor Dieben gehen die Fenster des Erdgeschosses nie auf die Straße, sondern nur in den Hof, aber der zweite Stock hat Fenster nach beiden Seiten, wodurch die Räume hell und luftig werden. Unsere Fenster sind groß und bestehen aus einem Holzgeflecht, das entweder mit einem feinen weißen Stoff oder mit lichtdurchlässigem Papier bespannt ist. Die Wände sind verputzt und gewöhnlich mit bunten Malereien bedeckt. In den Gasträumen wird meist die Gründungsgeschichte des Klosters dargestellt sowie Szenen aus Buddhas Leben. Im Tempel und in der Versammlungshalle zeigen die von Mönchen gemalten Bilder Szenen von Buddhas Erleuchtung oder seiner Weltentsagung. In der Versammlungshalle haben wir auch Bilder der acht buddhistischen Symbole, die da sind: das Rad, der Fisch und die Muschel, die Vase und die Blume, der Schirm, die Gebetsfahne, und das gewebte Symbol der Acht, das Palbu.

Jedes Jahr sind die ersten zwei Wochen des neunten Monats, kurz bevor der Schnee kommt, dem Weißen aller Gebäude gewidmet. Dann haben die Regenfälle aufgehört, und in den übrigen Monaten bis zum Jahresende strahlen die Klöster im schönsten Weiß. So leben wir also in Gebäuden, die weiß in der Sonne leuchten und im Inneren hell und farbig sind.

Erst in der Zeit des fünften Gyalwa Rinpotsche haben Mönchsgemeinschaften wie diese angefangen, sich unter einer Organisation und mit gemeinsamer Regel zusammenzuschließen. Die Gelukspa haben stets großen Wert auf ein intensives akademisches Studium der Schriften gelegt und darauf bestanden, daß ein Mönch einen sehr hohen Grad erreicht haben mußte, ehe ihm erlaubt wurde, sich auch dem Studium der Tantras zu widmen. Wenn ein Gelukspa-Mönch in Gyume oder Gyuto, den zwei berühmtesten Zentren esoterischen Studiums in Tibet, studieren will, muß er erst den Doktorgrad oder Geschi an einer der drei Gelukspa-Hochschulen in Ganden, Drepung oder Sera erworben haben. Erst dann wird er für geeignet gehalten, sich mit okkulten Studien und Praktiken zu befassen. Gelukspa-Klöster jeder Größe sind also als Universitäten zu betrachten und nach den von Ngawong Gyatso im 17. Jahrhundert festgelegten Prinzipien aufgebaut.

An der Spitze der Organisation steht der Latschi, ein akademischer Rat, der sich aus den Oberhäuptern der verschiedenen Colleges der Universität, einem Schatzmeister und einem oder zwei weiteren Beamten zusammensetzt. Ihre Büros befinden sich meistens in der Nähe der Versammlungshalle inmitten der Klosterstadt. In seiner Art ist der Latschi auch ein koordinierendes Komitee, das eine gewisse Einheitlichkeit der akademischen Anforderungen gewährleistet, denn jedes College hat große Freiheiten bei der Zusammensetzung seines Studienplans. Einige Colleges oder Dratsang spezialisieren sich auf bestimmte Schriften, und außerdem gibt es noch Unterschiede in der jeweils vorgeschriebenen Regel. Während der Student sich ziemlich frei wählen kann, welches Dratsang er besuchen will, wird ihm seine Unterkunft oder Khamtsan je nach seinem Geburtsort zugewiesen. Die Khamtsan sind auf regionaler Basis organisiert, wenn auch in den einzelnen Klöstern, je nach ihrer Größe, bestimmte Abweichungen in der regionalen Gruppierung vorkommen können. In seinem Khamtsan findet der junge Student also Studenten aus seiner Heimat, die seinen Dialekt sprechen. Es ist sogar ziemlich wahrscheinlich, daß er Verwandte unter ihnen trifft. Die Mitgliedschaft in einer solchen heimatgebundenen Unterkunft behindert den Studenten keineswegs, denn bei seinen täglichen Studien im College trifft er Leute aus allen Teilen Tibets, und schließlich lebt er unter Studenten anderer Colleges derselben Klosterstadt und erweitert in dieser Weise seinen Horizont.

Ein Knabe mit sieben kann genauso in ein Kloster eintreten wie ein Mann mit siebzig. Die Prozedur ist stets die gleiche. Er muß einen Freund oder Verwandten haben, der für ihn bürgt und ihm einen Lehrer und eine Unterkunft besorgt. Gewöhnlich tun dies die Eltern des Knaben, und wenn alles erledigt ist, wird der Knabe ins Kloster gebracht und zur Annahme vorgestellt. Wenn nicht sehr gute Gründe dagegen sprechen, wird er angenommen. Sogar wenn ein Junge seinen Eltern davonläuft und selbst um Aufnahme im Kloster bittet, finden die Beamten jemanden, der als Bürge und Vormund für ihn eintritt. Er wird bei einem College oder Dratsang zugelassen und erhält einen Schlafplatz im Khamtsan seiner Landsleute. Hier ißt und schläft er und erledigt seine Aufgaben, und für die meisten ist das der Ort, wo sie bis zu ihrem Lebensende bleiben.

Die Khamtsan-Gebäude sind genauso gebaut wie alle anderen. In einigen Gegenden, wo es viel Holz gibt, wird Holz verwendet, meistens sind jedoch Wände, Fußböden und Dächer aus Stein, und Holz wird nur für die Hauptbalken, Querbalken und für Türen und Fenster verwandt. Die Steine werden gebrochen, auf Stroh gelegt und mit Lehm und noch mehr Stroh vermischt und unter Zusatz von Wasser gestampft. Es entsteht eine Art Zement, der geglättet und mit Öl gerieben wird, bis er einen sehr schönen Glanz erlangt. Gebäude aus diesem Material können fünf oder sechs Stockwerke hoch sein, und in jedem Stockwerk befinden sich die Räume für die Studenten und die Lehrer sowie die Küchen. Jeder Student hat sein eigenes Zimmer, das nur zwei oder drei Meter im Quadrat messen mag oder auch doppelt so groß sein kann und hinter dem die Küche liegt, denn jeder muß für sich selbst kochen. In dem Zimmer befindet sich eine Matratze, auf der man nachts schläft und tagsüber sitzt und vor der ein niedriger kleiner Tisch steht, der als Schreibtisch benutzt werden kann. Eine kleine Truhe reicht völlig für die geringe Habe eines Mönches aus, und der Deckel dieser Truhe dient gewöhnlich als Altar. Das einzige andere Möbel ist ein kleiner Holzkohlenofen oder ein Kamin, um den Tee warm zu halten.

In der Küche befindet sich ein Wasserkessel für alle Koch- und Waschzwecke, ein wenig Küchengerät, sowie ein Herd, in dem Yakdung und Holz gebrannt werden. Diese Herde sind hochgebaut und die Asche wird darunter aufbewahrt, denn sie soll auf den Feldern Verwendung finden. Alle drei Tage ungefähr wird die Asche herausgenommen und in die Toilette geschüttet. Jedes Stockwerk hat eine einfache Toilette ohne Wasserspülung, die von den Studenten und Lehrern peinlich sauber gehalten wird. Sie besteht gewöhnlich aus einem kleinen über die Außenwand hinausgebauten Raum mit einer Rutsche, durch die der Kot in eine darunter befindliche gedeckte Grube fällt. Die Asche aus den Herden bindet den Geruch und Abwasser wird dazu benutzt, die Toiletten und Rutschen zu säubern, so daß die Belästigung wirklich nicht schlimm ist. Die Dorfbewohner kommen alle paar Monate, um die Abfallgruben zu leeren und den Dünger auf ihre Felder zu fahren.

In jedem Gebäude gibt es einen Beamten, den wir Rakor Gonpa nennen, der auf die Sauberkeit der Bewohner achtet. Jeder Student, der seinen Raum nicht sauber hält oder zuviel Küchengerüche verbreitet, muß Strafe zahlen. Den Studenten wird aber nicht vorgeschrieben, was sie kochen oder essen sollen. Arme Studenten können sich Geld für ihr Essen verdienen, indem sie den Bessergestellten allerhand Dienste leisten, denn jeder Student hat bestimmte Pflichten, die oft sehr niedrig sind, zu erfüllen. Diese Aufgaben werden ihm als sein Beitrag zum Klosterleben auferlegt, es ist jedoch in erster Linie eine Maßnahme, die sicherstellen soll, daß alle notwendige Arbeit auch tatsächlich getan wird. Ist ein Student so sehr mit seinen Studien beschäftigt, daß ihm keine Zeit bleibt, und besteht für ihn eine Möglichkeit, einen anderen Studenten gegen Zahlung damit zu beauftragen, so hat das Kloster nichts dagegen. Ein Student, der fürs Examen arbeitet, wird mit Sicherheit versuchen, einen anderen zu finden, der sein Zimmer für ihn räumt und andere unangenehme Aufgaben erledigt. Als Entgelt wird er gerne sein Mahl mit ihm teilen. Manchmal verteilt das Kloster Almosen in Form von Geld an die Mönche, und dieses Geld wird dann zum Einkauf von Lebensmitteln außerhalb der Klostermauern verwandt — in einer nahegelegenen Stadt oder einem Nachbardorf. Einige Mönche legen dieses Geld beiseite, um sich dadurch von ihren Pflichten freizukaufen.

Meistens werden die Almosen jedoch in Form von Lebensmitteln verteilt. Sogar ein kleines Kloster tut dies an 10 bis 15 Tagen eines jeden Monats, die größeren an zwanzig oder mehr Tagen. An diesen Tagen ehren wir unsere Stifter, die dem Kloster Schenkungen gemacht haben, und alle Mönche versammeln sich in der Haupthalle und wohnen einem Gottesdienst bei, in dessen Verlauf Speisen verteilt und gegessen werden. In den Falten unseres Gewandes tragen wir immer unsere hölzerne Eßschale bei uns, und die jüngeren Mönche verteilen dann Tee und Tsampa und vielleicht noch süße Kuchen oder andere Delikatessen. Einige Mönche leben einzig und allein von diesen Almosen und kaufen sich niemals etwas für die Tage, an denen keine Verteilung stattfindet.

Das Jahr ist in Semester geteilt, zwischen denen es Ferien oder Tschötscham gibt. Während der Semesterferien dürfen die Mönchstudenten das Kloster verlassen, und die meisten gehen in den Dörfern und bei den Bauern arbeiten. Was sie bezahlt bekommen, brauchen sie für Lebensmittel oder andere Notwendigkeiten für das nächste Semester. Oder sie leisten davon ihren Beitrag für die Lehrer. Da sie noch nicht alle Gelübde abgelegt haben, dürfen sie das tun. Mönche brauchen nicht mehr zu studieren, und diejenigen, die weder Studenten noch Vollmönche sind, sondern nur dem Kloster dienen, pflegen sich in dieser Weise durchzubringen.

Von einem jeden, der ins Kloster eintritt, wird erwartet, daß er die ersten Gelübde abgelegt und Rapjung wird. Das ist die niedrigste Stufe in der Hierarchie der Mönche, darauf folgt Getsul und dann Gelon. Diese drei werden als Trapa oder Mönche bezeichnet und sind bei den Gelukspa an den Zölibat gebunden. Diejenigen Mönche, die nicht studieren, können zu Handwerkern oder Kunsthandwerkern ausgebildet werden oder sie können die Felder des Klosters bestellen. Außerdem gehen aus ihnen die Beamten des Klosters hervor, die mit allen geschäftlichen und finanziellen Angelegenheiten zu tun haben. Weniger Begabte arbeiten in den Küchen des Klosters, sind aber keineswegs vom religiösen Leben abgeschnitten, sondern werden oft in Kultverrichtungen ausgebildet und dann hinausgeschickt, um unter der örtlichen Bevölkerung religiöse Handlungen vorzunehmen. Almosen, die sie dabei erhalten, geben sie dem Kloster.

Diejenigen, die beschließen, Rapjung zu bleiben und keine weiteren Gelübde abzulegen, tun das manchmal, weil ihnen das strengere Leben als Getsul oder Gelong nicht behagt, das beispielsweise vorschreibt, nach der Mittagsmahlzeit nichts mehr zu essen, höchstens noch Tee zu trinken. Oder sie bleiben Rapjung, weil der Khanpo oder Abt sich gegen ihren weiteren Aufstieg, zumindest im gegebenen Zeitpunkt, ausspricht. Bevor er zusätzliche Gelübde ablegt, muß ein Rapjung-Mönch sich an seinen Lehrer wenden, der ihn dann in die Privaträume des Abtes führt. Stimmt der Abt zu, so kann die Zeremonie vor sich gehen. Vor jedem zusätzlichen Gelübde befragt der Abt den Mönch, ob er auch wirklich weiß, was das Gelübde bedeutet, ob er es aus eigenem freien Willen ablegen will und ob er überzeugt ist, es auch halten zu können. Um Rapjung zu werden, müssen 16 Gelübde abgelegt werden, die das Vermeiden bestimmter Sünden und das Festhalten an bestimmten Vorschriften zum Inhalt haben. Ein Getsul hat noch weitere 20 Gelübde abgelegt und ein Gelong alle 253.

Es gibt dabei keine zeitliche Begrenzung, nur muß man über zwanzig Jahre alt sein, um Gelong werden zu können. Ist man beim Eintritt ins Kloster älter als zwanzig, so könnte man mit Einwilligung des Abtes die gesamten Gelübde der drei Stufen auf auf einmal ablegen, aber gewöhnlich lassen sich die Menschen Zeit. Es kann vorkommen, daß ältere Männer, die ins Kloster eintreten, alle Gelübde auf einmal ablegen wollen, denn als Rapjung würden sie unter lauter Jugendlichen studieren müssen. Legen sie alle Gelübde ab, so stehen ihnen die Privilegien der älteren Männer zu, unter denen sie sich frei bewegen können, obgleich sie noch Studierende sind. Sie tragen dann die Gelong-Gewänder, sitzen auf den Ehrenplätzen bei den Versammlungen und essen zu besonderen Zeiten. Das sind die Hauptunterschiede zwischen dem Dasein eines Rapjung und eines Gelong. An Stiftertagen müssen die Rapjung bei der Almosenverteilung die anderen Mönche bedienen und ihnen ihren Tee und ihr Essen bringen.

An jedem 15. und jedem 30. eines Monats gibt es besondere Gottesdienste, die von den verschiedenen Stufen zu verschiedenen Zeiten besucht werden, wobei die Gelong die Versammlungshalle als erste betreten. Während dieses Gottesdienstes soll jeder Mönch prüfen, wie gut oder schlecht er seine Gelübde in den letzten zwei Wochen gehalten hat. Hat er gefehlt, so muß er das vor allen anderen bekennen. Der Abt, oder wer immer die Versammlung leitet, braucht nichts dazu zu sagen, aber wenn es eine schwere oder wiederholte Sünde ist, kann er darüber sprechen und die Versammlung bitten, für den Sünder zu beten, daß er die Kraft haben möge, seinen Fehltritt nicht zu wiederholen. Es werden keine Strafen verhängt, sondern es wird nur gebetet. Bloß wenn es sich um eine sehr schwere Sünde handelt, ein Sakrileg oder eine völlige Mißachtung des buddhistischen Glaubens, beispielsweise Mord, wird gegen den Mönch vorgegangen, und er wird ausgestoßen.

Die Studien zerfallen in fünf Gruppen, von denen jede eine mehrjährige Lehrzeit verlangt. Als erstes wird Logik oder Namdrel studiert, denn es ist für den Studenten am wichtigsten zu lernen, wie man richtig, vernünftig und folgerichtig denkt. Dann kommt Parchin, das vergleichende Studium buddhistischer Schriften, das den Studenten mit den verschiedenen Schulen oder Richtungen bekannt macht. In Lhasa dauert das Studium von Namdrel und Parchin je fünf Jahre. Darauf folgt Oumah, die Lehre der Vermeidung von Extremen, die den Studenten in das schwierige, zweijährige Studium des Tong pa nid einführt, das im Westen besser als Sunyata bekannt ist — das Studium des Nichts, der Nicht-Existenz. Wir tibetischen Buddhisten behaupten nicht, wie manche das tun, daß der Tod allem ein Ende setzt, auch stellen wir uns Sangye Sa nicht als völlige Zerstörung der Existenz vor, obgleich wir natürlich sagen können, daß es sich nicht um eine Existenz bekannter Art handelt. Danach folgt Dzö oder das Studium der Metaphysik, das ein Jahr dauert. Danach kommt eine Wiederholung alles Gelernten und der letzte, Dulwa genannte, Kursus. Dabei wird die Vinaya-Philosophie erklärt, die die Basis aller Klosterdisziplin bildet. Das Dulwa-Studium dauert mindestens neun Jahre zusammen mit der Wiederholung des bisher Gelernten. Erst dann können die höheren Grade erworben werden, aber auch danach stehen den Interessierten weitere Studienmöglichkeiten offen.

Nach Absolvierung der Hälfte der Studienjahre am Ende des Parchin kann der Rabgyemba-Grad erworben werden, wobei der Student vor der ganzen Versammlung einen Bericht über das von ihm Gelernte ablegt und in diesem Rahmen Fragen der Versammlung zu beantworten hat. Nach Beendigung des Oumah kann der Grad eines Kaju erworben werden, und gegen Ende des gesamten Studiums kann man sich für die drei höchsten Grade Lharampa, Tsogrampa und Dorampa examinieren lassen. Die ersten beiden Grade werden nur den Absolventen von Lhasa verliehen, die am Mönlam-Fest teilnehmen. Dorampa ist ein niedrigerer Grad, der auch von anderen Mönchsuniversitäten verliehen werden kann, aber nicht ganz soviel Kenntnisse verlangt und an Gewicht und Prestige die beiden anderen nicht erreicht.

Von Anfang an wird von den Studenten erwartet, daß sie möglichst selbständig studieren. Jeder wählt sich seinen Lehrer, der den geeigneten Lesestoff vorschlägt und die gelesenen Schriften dann mit dem Schüler diskutiert. Das Hauptkennzeichen des akademischen Studiums an einem Kloster ist die Debatte. Jeden Tag versammeln sich alle Klassen im Hof außerhalb der Versammlungshalle und treten dann der Reihe nach vor dem Abt an, der ihnen Ratschläge, Worte der Ermutigung und Hinweise auf die einzuschlagende Richtung gibt. Daraufhin zieht sich die Klasse auf den ihr zugewiesenen Platz im Hof zurück und beginnt laut zu debattieren. Während der Debatte kommen ältere Studenten hinzu, die ihre eigenen Kenntnisse auffrischen oder den jüngeren durch freundliche Kritik behilflich sein wollen. Diejenigen, die in der Debatte das Interesse einer großen Zuhörerschar zu wecken und zu fesseln verstehen, gelten als besonders vielversprechende Studenten, und dieses Ziel wird von jedem angestrebt. Dabei werden allerhand Tricks angewandt, insbesondere werden gern wilde und drohende Gebärden benutzt, denn die Debatte findet innerhalb der vorgeschriebenen Abgrenzung im Freien statt, wo die Kontrahenten nach Belieben sitzen oder auf und abgehen können. Bewegungslos dazusitzen kann den Gegner genauso aus der Fassung bringen wie die wildeste Gymnastik, aber kein Trick kann den Mißton etwaiger Unwissenheit vor den kritischen Ohren der Zuhörer verbergen.

So also betreiben wir unser Studium, so lernen wir, gelehrt zu werden, ohne stolz zu sein, und so erwerben wir uns das Verständnis für Disziplin. In dem Maße wie unser Geist langsam diszipliniert wird, wird es auch der Körper. Dafür, wie auch für das ganze System des Mönchtums und die Herrschaft der Religion in unserem Lande, haben wir dem fünften Gyalwa Rinpotsche Ngawong Gyatso zu danken.

13. KAPITEL

Lhasa ist dicht bevölkert, nicht nur von den Einheimi-
schen, sondern auch von einer großen Anzahl von
Ausländern verschiedener Nationalität wie Tartaren,
Chinesen, Moskowitern, Armeniern und Menschen aus
Kaschmir, Hindustan und Nepal, die alle als Kaufleute
hier wohnen und sich große Vermögen erworben
haben.   FR. IPPOLITO DESIDERI (C. 1714)

SAAT DER ZWIETRACHT

Fr. Desideri, der im ersten Viertel des 18. Jahrhunderts aus Lhasa
schrieb, war nicht der erste christliche Missionar gewesen und, wie
man aus seinem Bericht ersieht, war er auch keineswegs der einzige
Ausländer. Die Umstände und nicht das tibetische Volk sind schuld
daran gewesen, daß das Land von der übrigen Welt isoliert wurde,
und das Einreiseverbot wurde immer von fremden Regierungen
erzwungen, niemals vom tibetischen Volk. Wir haben ganz im
Gegenteil Ausländer stets willkommen geheißen, und der große
fünfte Gyalwa Rinpotsche lud selbst christliche Missionare nach
Lhasa ein, die Glaubens- und Lehrfreiheit haben und mit ihm über
ihre Religion diskutieren sollten. Es hatte schon lange Muslime in
Lhasa gegeben, aber zu Ngavong Gyatsos Zeiten kam ein sehr berühmter heiliger Muslim nach Lhasa, der den Gyalwa Rinpotsche
zu besuchen pflegte. Sie hatten dann lange Gespräche miteinander
und aßen sogar zusammen. Eines Tages, als sie auf dem Dach des
Potala standen, sagte der heilige Mann, er hätte so gerne ein ruhi-
ges Plätzchen, wo er seine Religion ausüben könnte. Der Gyalwa
Rinpotsche ließ Pfeil und Bogen bringen und sagte, wo der Pfeil
zur Erde fiele, solle ein Platz für die Religionsausübung aller Muslime entstehen. Er schoß den Pfeil ab, der auf den Gyangdrag Lingka,
einen nahegelegenen Platz, fiel. Bis zum heutigen Tage steht dort
eine Moschee, in der Generationen von Muslimen seit dem 17. Jahrhundert ihrer Religion nachgegangen sind. Viele der Kostüme, die
bei unseren religiösen Festlichkeiten getragen werden, erzählen von
dem Kontakt, den die Tibeter durch so lange Zeit mit mohamme-
danischen Völkern des Westens gepflogen haben.

Noch bemerkenswerter ist die Geschichte der Christen in Tibet. In Hemis soll es bis vor kurzem ein Dokument gegeben haben, das davon berichtete, wie Jesus Christus nach einem Streit mit seinen Eltern nach Indien floh und dort einige Jahre verbrachte. Während dieser Zeit soll er die heiligen Schriften studiert und zuletzt im Kloster Hemis in Ladakh gelebt haben und Buddhist geworden sein, ehe er in sein Land zurückkehrte und dort eine neue Religion verkündete. Ein russischer Reisender namens Notwitsch nahm das Dokument an sich und sandte später eine Übersetzung an das Kloster, die jedoch von einem fremden Reisenden entwendet wurde.

Es gibt keine weiteren Beweise für diese Geschichte, die wahr oder auch nicht wahr sein kann. Es besteht jedoch viel Ähnlichkeit zwischen den Lehren beider Religionen und ihren kirchlichen Organisationen. Das kann aber nicht die Folge der Anwesenheit christlicher Missionare in Tibet im 17. Jahrhundert sein, denn die ersten Missionare, die überhaupt kamen, wunderten sich schon über diese Ähnlichkeit.

Christliche Missionare zogen schon im 7. Jahrhundert durch Asien, und um das 13. Jahrhundert hatten sie nicht weit von den nördlichen und östlichen Grenzen Tibets Fuß gefaßt. Es gibt eine Legende, die sich an die Jugend Tsong Khapas heftet; sie ist bemerkenswert, weil dieser mehr als alle anderen dazu beitrug, die Grundlagen für den Gelukspa-Orden zu legen, der besonders viel Ähnlichkeiten mit christlichen Lehren und der christlichen Kirche aufzuweisen scheint. Noch als Kind kehrte Tsong Khapa sich von der Welt ab, um nach der Wahrheit zu suchen, und begann eine Fastenzeit in den wilden Bergen seiner Heimat Amdo. Man erzählt, daß damals gerade ein ungewöhnlicher Lama oder Lehrer aus dem fernen Westen in Amdo erschien. Der Knabe, der von der Weisheit und Güte des Fremden sehr beeindruckt war, bat, sein Schüler werden zu dürfen. Der Lama aus dem Westen unterwies Tsong Khapa, und nachdem er ihn alles gelehrt hatte, was er wußte, starb er hoch oben in den Bergen. Der Lama war nicht nur wegen der Bedeutung seiner Lehren, sondern auch wegen seines fremdartigen Aussehens berühmt, denn er hatte brennende Augen und eine ungewöhnlich große, scharfe Nase. Zwei europäische Lazaristen, die Tibet in der ersten Hälfte des 19. Jahrhunderts besuchten, hielten sich in Kumbum, also dem Ort, an dem Tsong Khapa seine Kindheit verbracht hatte, auf und hörten dort häufig, wie ihr Aussehen mit dem von Tsong Khapas Lehrer verglichen wurde. Einige meinten sogar, sie kämen wahrscheinlich aus demselben fernen Lande im Westen. Wenn wir Tibeter von Tsong Khapa sprechen, nennen wir ihn oft mit seinem Spitznamen Amdo Nawotschi was »Große Nase von Amdo« bedeutet. Wir wissen aber, daß unter seinen Lehrern der große Karmapa Lehrer und Dongrub Rintschen gewesen sind, die beide aus dem Westen stammten.

Erst aus dem 17. Jahrhundert gibt es zuverlässige Überlieferungen über das Erscheinen christlicher Missionare in Tibet, doch sind diese auf die Berichte anderer Missionare hin, die vor ihnen da waren, ins Land gekommen. Anfangs wurden die Missionen in den Außenbezirken um Leh und Ladakh herum eingerichtet, wo sie eine Zeitlang sehr freundlich behandelt und gern gesehen wurden. Ebenso erging es ihnen, als sie nach Zentraltibet kamen, aber mit der Zeit erschien ihre Anwesenheit als Bedrohung der Autorität der buddhistischen Mönche, und bald sahen sie sich der zunehmenden Feindseligkeit einiger Klöster ausgesetzt.

Die ersten, die eine Mission in Lhasa errichteten, waren die Kapuziner. Sie bestand nicht lange und wurde bald durch die Ankunft des Jesuiten Fr. Ippolito Desideri abgelöst. Desideri fand eine besonders herzliche Aufnahme, weil er ein großer Gelehrter und willens war, unter tibetischen Lehrern zu studieren. Der Regent, der damals am Ruder war, gab Desideri jede Freiheit, sagte aber, falls er lehren wolle, müsse er zuerst die Überlegenheit seiner Religion beweisen. Das wird in Tibet immer durch eine öffentliche Debatte entschieden, und so machte sich Desideri daran, die tibetische Sprache und die heiligen Schriften zu studieren. Im Kloster Sera erhielt er Privaträume und durfte einen davon als christliche Kapelle einrichten. Man erwartete von ihm, daß er sich den Klosterregeln anpaßte und sich an den täglichen Debatten aktiv und passiv beteiligte. Er verfaßte in tibetischer Sprache eine umfangreiche Darlegung des Christentums, die er dem Hof übergab. Er stellte auch mehrere wichtige Übersetzungen tibetischer Schriften her und gab sie an die Kapuziner weiter, die schließlich nach Lhasa zurückgekehrt waren. Die einzige Schwierigkeit, die er hatte, bezog sich auf den Kern der Geluksua-Doktrin, den Tangyur, der die Lehre von der Nicht-

Existenz und Illusion umfaßt. Desideri verstand das als eine Verneinung des Vorhandenseins einer geistigen Realität, was es nicht ist. Es ist eher die Verneinung einer nichtgeistigen Realität. Wir glauben, daß alle Dinge nur durch den Buddha existieren. Der Buddha hat nur, um uns zu lehren, die äußerliche Form des Lebens angelegt, die wir kennen. Die Theg Men-Schule denkt da anders: Buddha wurde als Mensch geboren und lebte und litt als Mensch.

Wir Tibeter glauben das ganz und gar nicht. Der Buddha hat nur die Gestalt eines menschlichen Körpers angenommen, den Anschein des Leidens — denn der Buddha ist wirklich, und der Körper und das Leiden sind unwirklich. Durch den Buddha können wir erfahren, was Wirklichkeit ist, nicht aber durch den Körper. Alle Buddhisten wollen diese wahre Wirklichkeit erreichen, erfahren, was das ist, und wir glauben alle, daß die Existenz nicht so ist, wie sie uns scheint. Soweit bestehen keine großen Unterschiede. Aber während andere Buddhisten wie die Theg Men im Süden glauben, daß es das Bestreben eines jeden sein müsse, selbst die Erleuchtung zu gewinnen, glauben wir in Tibet, daß wir einander helfen sollen. Wenn einer das bestimmte Gefühl hat, daß er sich abschließen und auf seine Erlösung hinarbeiten muß, dann ist das natürlich gut, und wir respektieren es und ehren ihn. Durch sein Bemühen, das an sich gut ist, erweist er auch uns Gutes. Aber das gilt nur für einige wenige; bei den übrigen wäre ein solches Verhalten Selbstsucht.

Auch glauben wir hier in Tibet, daß jeder von uns eine individuelle Seele (Namsches) hat und daß wir sie beibehalten, bis wir zu Buddhas geworden sind. Aber was dieser Zustand der Erleuchtung eigentlich ist, was die Natur der Wirklichkeit ist, das kann nicht gelehrt oder erklärt, sondern nur von jedem einzelnen für sich erfahren werden. Daher ist für uns die Religion nicht eine Verkündung der Wahrheit, sondern ein Weg zur Wahrheit, den jeder für sich selbst finden muß. Alles dieses konnte Desideri nicht leicht verstehen, denn er glaubte an eine sehr entschieden ausgesprochene Wahrheit und außerdem, daß es eines besonderen Glaubensaktes bedürfe, um die Erlösung zu erlangen.

Es gab auch anderes, was ihm und den übrigen christlichen Missionaren, die uns besuchten, Sorge machte; aber so etwas ist meist auf Mißverständnisse zurückzuführen. Oft werden symbolische

Handlungen als tatsächliche genommen oder Geschichten mit symbolischem Gehalt buchstäblich aufgefaßt und die wunderbaren Kräfte der handelnden Personen dann der direkten Einwirkung des Bösen zugeschrieben. Die Missionare wollen uns glauben machen, daß Tibet voller Wunder ist, von Mönchen bewohnt, die Jahrhunderte lang leben, und von Magiern, die ihre Gestalt ganz nach Wunsch ändern und ihre Körper im Augenblick von einem Landesteil zum anderen versetzen können. Wir glauben schon, daß solche Dinge möglich sein können, aber nur sehr selten; und wenn sie passieren, dann muß es dafür schon einen guten Grund gegeben haben.

Hätte Desideri länger bleiben und seine Debatten mit den Mönchen von Lhasa länger fortsetzen können, so hätte er unsere Lehren besser verstanden, und auch seine Lehre würde besser verstanden worden sein, und dann gäbe es vielleicht heute eine christliche Kirche in Lhasa, so wie es eine Moschee gibt. Als die Kapuziner jedoch zurückkehrten, gab es Rivalitäten zwischen den beiden Orden, und Desideri wurde vom Vatikan zurückbeordert. Die Kapuziner, die kein so tiefes Interesse an unserer Religion hatten und sich durch ihre Lebens- und Arbeitsverhältnisse behindert fühlten, verließen bald nach ihm das Land.

Die Berichte der Vergangenheit sind in diesem Punkt unklar, aber es scheint, daß einige frühe christliche Missionare in den Machtkampf hineingerieten, der sich zwischen den beiden hohen Rinpotsche der Gelukspa-Sekte, dem Gyalwa Rinpotsche und dem Pantschen Rinpotsche, entwickelte. Diese Rivalität wurde von den Chinesen rasch aufgegriffen und ist von ihnen bis zum heutigen Tage zu dem Versuch benutzt worden, unser Land zu spalten. Das Amt des Pantschen Rinpotsche ist aber von einem der Gyalwa Rinpotsche ins Leben gerufen worden und verdankt ihm alles, einschließlich seines Besitzes. Wieder haben die Ausländer nicht verstehen können, was für uns so klar ist, und ihre Versuche, eine politische Rivalität zu schaffen, sind fehlgeschlagen, weil dem Pantschen Rinpotsche niemals eine politische Autorität verliehen worden ist, und als geistliche Autorität ist er einer unter vielen, die alle der Führung des Gyalwa Rinpotsche unterstehen.

Das Amt wurde geschaffen, weil der fünfte Gyalwa Rinpotsche sich seinem Lehrer Losang Tschögyan dankbar erweisen wollte, der eine sehr einflußreiche und verehrte Reinkarnation von Opagmé war. Es wurde auch behauptet, daß der große Lehrer eine Reinkarnation von Khadrub sei, also von Tsong Khapas Schüler, was ihm noch größeres Ansehen verlieh. Der fünfte Gyalwa Rinpotsche gab ihm Land und Bauernhöfe bei Schigatse, wo das Kloster Taschi Lunpo gegründet wurde. Aus diesem Grunde heißt der Pantschen Rinpotsche besonders im Westen oft auch der Taschi Lama. Losang Tschögyan, dem alle diese Ehren zugefallen waren, überlebte Ngawong Gyatso und war der Lehrer seines Nachfolgers. Er war es auch, der die von Bhutan kommenden Christen so gastfreundlich aufnahm und hoffte, eine christliche Kirche in Schigatse errichten zu können. Das hatte seinerseits nichts mit Machtstreben zu tun, sonst hätte er auf die Einwände gehört, daß diese Ausländer gekommen seien, die buddhistische Religion zu untergraben. Jedenfalls ließ er ihnen jede erdenkliche Hilfe zukommen und bestellte einen besonderen Beamten, der sich ihrer annehmen sollte.

Die Chinesen, die die unbestreitbare Macht des Gyalwa Rinpotsche fürchteten, versuchten, sie zu zerschlagen. Sie luden den sechsten Pantschen Rinpotsche nach Peking ein und erwiesen ihm dieselben Ehren, die sie sonst dem Gyalwa Rinposche erwiesen hätten. Der Pantschen Rinpotsche schlug die Einladung aus, solange er konnte, und gab als Grund seine Furcht vor den Pocken an, an die man überall in Tibet bei der Erwähnung Chinas denkt. Schließlich nahm er an und begab sich mit einem gewaltigen Gefolge nach Peking, wobei er bei jedem Halt von Vertretern des kaiserlichen Hofes begrüßt wurde. In Peking wurde er mit Reichtümern und Ehren überhäuft, aber das führte zu nichts, denn er erkrankte an der von ihm gefürchteten Seuche und starb.

Unerwarteterweise führte das zu einer Invasion Tibets von ganz anderer Seite, und zwar von Nepal aus. Der Bruder des Pantschen Rinpotsche, Dza Marpa, hatte gehofft, etwas von den gewaltigen Reichtümern zu erben, mit denen sein geistlicher Bruder in Peking überhäuft worden war. Voller Enttäuschung verbündete er sich mit den Nepalesen, die eine Gurkha-Armee 1768 nach Tibet entsandten, um Schigatse zu erobern. Dza Marpa hielt jedoch seine Versprechen nicht, und nach drei Jahren kehrten die Gurkha wieder zurück, um das zu fordern, was sie als ihren Anteil ansahen. Sie trafen auf geringen Widerstand. Erst als die Chinesen von der Invasion erfuhren und Truppen schickten, gelang es den Tibetern, mit ihrer Hilfe die Nepalesen zu vertreiben. Nun waren die Chinesen in der Lage, einen direkteren politischen Einfluß auf Tibet auszuüben. Sie hatten schon zwei ständige Vertreter in Lhasa, und diese Ambams erhielten nun politische Befugnisse, die ihren Rückhalt in der Macht der chinesischen Armee fanden. Sie wurden mit der Überwachung der Auswahl der jeweiligen neuen Inkarnation des Gyalwa Rinpotsche betraut. Die Chinesen schlugen vor, daß die endgültige Wahl durch das Ziehen von Losen aus einer goldenen Urne stattfinden sollte, die sie Tibet schenkten.

Das gab ihnen die Möglichkeit, eine ihnen genehme Inkarnation auszuwählen, doch scheint das System ihren Erwartungen nicht entsprochen zu haben; jedenfalls mußte jeder weitere Gyalwa Rinpotsche, angefangen vom achten und einschließlich des zwölften, noch vor Erreichen des Mannesalters sterben — an Gift, wie viele behaupten — so daß die Macht ununterbrochen in den Händen der von den Chinesen ernannten Regenten verblieb. In diese Zeit fällt auch die Abschließung Tibets von der Außenwelt durch die chinesischen Ambams in Lhasa, die den Tibetern jeden von ihnen nicht genehmigten Kontakt mit Ausländern verwehrten. Der Einfluß der Chinesen wurde schließlich durch den 13. Gyalwa Rinpotsche gebrochen, aber auch während seiner Regierung und vor allem während der Regierung des jetzigen Rinpotsche haben die Chinesen alles getan, die Autorität des Gyalwa Rinpotsche durch Unterstützung des Pantschen Rinpotsche zu untergraben, den sie zu ihrer Marionette machen wollten. Für solche Fälle kennt das tibetische Volk jedoch eine alte Legende, die davon handelt, wie eine gewisse Schlange sich zwischen die beiden Inkarnationen drängt.

Irgendwo im Süden lebte ein König mit zwei Frauen, von denen jede ihm einen Sohn geboren hatte. Die beiden Brüder liebten einander und spielten zufrieden miteinander, aber zwischen den Frauen herrschte große Eifersucht. Das Volk wollte den Sohn der ersten Frau als Thronfolger haben. Die zweite Frau stieg aufs Dach des Palastes und befragte das Volk im Süden, Norden, Westen und Osten und erhielt von überall die gleiche Antwort: der Sohn der ersten Frau sollte König werden.

Die zweite Frau tat daraufhin so, als sei sie schwer krank. Ihr Arzt konnte sie nicht heilen, und schließlich sagte sie, sie könne nur gesund werden, wenn man ihr das Herz des Stiefsohns zu essen gäbe. Um seine Frau zu retten, schickte der König seinen ältesten Sohn zum Fleischer, aber der Fleischer veranlaßte ihn, sich zu verstecken, schlachtete einen Hund und sandte das Hundeherz in den Palast. Die junge Königin aß es und schien zu gesunden. Aber die beiden Brüder hingen so sehr aneinander, daß der ältere zum Spielen zurückkehrte und dabei gesehen wurde. Wieder erkrankte die zweite Frau und verlangte den Tod des älteren Königssohnes. Daraufhin riet das Volk den Kindern zu fliehen und verhalf ihnen zur Flucht in die Berge. Aber in den Bergen gab es nichts zu essen, und der jüngere brach vor Erschöpfung zusammen. Dondrup, der ältere, riet ihm, sich auszuruhen, während er selbst sich auf die Suche nach Nahrung und Wasser machte. Er suchte lange Zeit, fand jedoch nichts, und als er zurückkehrte, war sein kleiner Bruder gestorben.

Dondrup beerdigte seinen Bruder unter einem Steinhaufen im Schatten eines Obstbaums und grub eine kleine Rinne bis zu den Steinen zu Häupten seines Bruders, damit der abfließende Regen zu ihm gelange und sein Bruder trinken, Früchte essen und wieder zum Leben erwachen könne.

Daraufhin setzte der ältere Königssohn seinen Weg fort, bis er selbst fast vor Entkräftung umkam, doch da hörte er plötzlich menschliche Stimmen. Es war ein Mönch, der seinen Schülern eine Predigt hielt. Der Mönch fragte Dondrup, ob er ein Teufel oder ein Mensch sei und wo er herkäme. Der Knabe antwortete, er sei ein Bettler, habe sich verirrt und sei am Verhungern. Er sagte nichts davon, daß er aus dem Königreich jenseits der Berge stammte. Der Mönch gab ihm Obdach und Nahrung und unterwies ihn, aber als er hörte, daß Dondrup im Drachenjahr geboren war, beschwor er ihn, das niemandem zu erzählen. Dondrup begab sich bald in die umliegenden Dörfer, um Nahrung für seinen Lehrer zu erbetteln.

Manchmal spielte er auch mit den Dorfjungen, aber einmal, als er sich besonders im Ringen hervorgetan hatte, rief er stolz aus: »Ihr könnt mich nie besiegen, ich bin im Drachenjahr geboren und unbesiegbar wie ein Drache!« Er erzählte dem Mönch voller Stolz von seinen Erfolgen, aber der Mönch war entsetzt. Er befahl ihm, fortzugehen und sich zu verstecken, denn es bestand dort die Sitte, jedes Jahr einen im Drachenjahr geborenen Jungen in einen See zu werfen, um die Dämonen zu versöhnen und eine reiche Ernte zu erzielen. Wurde dieses Opfer nicht gebracht, so gab es immer Unglücksfälle, Krankheit unter den Menschen und vom Hagel zerschlagene Felder.

Aber es war schon zu spät. Die von Dondrup besiegten Knaben hatten ihren Eltern davon erzählt, und der König sandte Männer aus, die den Drachenjahrjungen fangen und zum Opfer vorbereiten sollten. Der Mönch und Dondrup waren schon geflohen und lebten in einer Höhle, und als die Leute kamen, versteckte der Mönch den Knaben im Stroh seines Lagers, auf das er noch seine Kochtöpfe stellte. Er weigerte sich, den Aufenthaltsort des Knaben zu nennen, und wurde deswegen geprügelt. Auf seine Schreie hin kroch der Knabe aus dem Stroh und bat, man möge aufhören, seinen Lehrer zu schlagen, er sei zum Opfer bereit.

Nun wurde Dondrup zum Opfer vorbereitet, wie ein König behandelt und im königlichen Haushalt untergebracht. So lernte er die Königstochter kennen, und beide hatten sich so gern, daß es den König erbarmte und er Befehl gab, daß ein anderer Knabe gefunden werde. Aber seine Minister weigerten sich und sagten, eine einmal getroffene Wahl könne nicht rückgängig gemacht werden. Am festgesetzten Tage wurde der Knabe zum See gebracht und hineingeworfen. Er sank tiefer und immer tiefer und gelangte schließlich zum Palast der Nagas, der Wassergeister. Als die Nagas ihn sahen, waren sie sehr froh, denn er hatte sie lebend und gesund erreicht. Sie baten ihn zu bleiben und versprachen für so gute Ernten zu sorgen wie nie zuvor, denn bisher waren die Jungen immer tot oder sogar blutend angekommen und hatten das ganze Wasser verschmutzt. Dondrup müsse jemand ganz besonderes sein, daß er lebend zu ihnen gelangt sei, sagten sie.

Dondrup lebte einige Monate mit den Nagas in ihrem Unterwasserpalast, doch dann sagte er, er müsse nun wieder hinauf, um nach seinem alten Lehrer zu sehen. Er erzählte ihnen, wie der Mönch versucht hatte, ihn zu schützen, und geschlagen worden war, und die Nagas gaben ihm viele Geschenke mit und erlaubten ihm, sie zu verlassen. Dondrup ging geradeswegs zu seinem Lehrer, der gleich erkannte, daß er ein Tschangtschub Sempa sein müsse, der gekommen sei, der Menschheit zu helfen. In diesem Jahr war die

Ernte besser als je zuvor, und es gab im ganzen Lande keinen Krankheits- oder Todesfall. Der König lud den Mönch zu einer Feier ein und schickte ihm ein Reitpferd. Aber das Pferd war so wild, daß der Mönch den Knaben anwies, eine Maske vors Gesicht zu nehmen und das Pferd am Zügel zu führen. Bei seiner Ankunft erklärte er dem König, das Gesicht des Knaben sei stark verbrannt, und er müsse es durch eine Maske vor Verunreinigung schützen. Ferner erzählte er dem König und seiner dabeisitzenden Tochter von seinen Meditationen in den Bergen und von allem, was er gelernt hatte. Als er noch sprach, erhob sich plötzlich ein großer Wind und riß dem Knaben die Maske vom Gesicht. Sofort erkannten das Mädchen, der König und schließlich auch alle anderen den im Drachenjahr geborenen Knaben, und es wurde ihnen klar, daß er ein Tschangtschub Sempa sein müsse. Der Knabe erzählte ihnen von den Nagas im See und sagte, von nun an dürften keine Menschenopfer mehr gebracht werden, wenn sie weiterhin gute Ernten haben wollten. Auf diese Weise hörten die Menschenopfer auf. Dann erzählte Dondrup seinem Lehrer von seinem jüngeren Bruder, und zusammen machten sie sich auf die Suche nach dem Ort, wo der Knabe unter einem Steinhaufen im Schatten eines Obstbaums bestattet war. Nach vielem Suchen fanden sie ihn, aber vom Knaben war unter den Steinen nichts zu finden, kein Haar und kein Knochen seines Körpers.

Jedes Jahr kehrte Dondrup zu diesem Ort zurück, und als er einmal seines Bruders Namen rief, hörte er ein Geräusch und plötzlich sah er seinen jüngeren Bruder, dessen Mutter ihn zum König hatte machen wollen, und der nun von Haaren über und über bedeckt wie ein Tier aussah und tierische Laute von sich gab. Dondrup und der Mönch nahmen den Knaben zwischen sich und führten ihn zum Palast zurück, aber unterwegs trafen sie auf neun zusammengerollte Giftschlangen, die mitten auf dem Wege lagen. Der alte Priester bestand darauf, vorauszugehen, um die Sicherheit des Weges zu erproben, denn gingen die Knaben voraus, so würden sie gewiß gebissen werden. Er wollte betend vorausgehen, damit die Schlangen sich entweder entfernten oder ihn bissen und danach verschwänden. Er trat sehr vorsichtig auf und sprang dann, stolperte aber und verletzte zwei der Schlangen im Fall. Dondrup sprang zwischen die Schlangen, um zu verhindern, daß sein Lehrer noch tiefer fiele, und rettete sie dadurch vor dem Zerquetschwerden. Sieben Schlangen flohen in eine Höhle, die zwei verletzten priesen zwar den Knaben, aber sprachen doch den Fluch aus, daß immer Streit entstehen solle, wenn der Mönch und sein Schützling, der junge Tschangtschub Sempa, sich vereinigen wollten, um eine Arbeit gemeinsam zu tun.

Wir glauben, daß der Mönch eine Reinkarnation Opagmés war, der auch im Pantschen Rinpotsche verkörpert ist, und daß der Knabe eine Inkarnation Tschenrezigs war, der im Gyalwa Rinpotsche verkörpert ist, und daß es deshalb soviel Schwierigkeiten zwischen beiden gibt. Wenn Ausländer Uneinigkeit zwischen diesen beiden hohen Lamas bemerken, erklären sie sich das als einen Machtkampf und versuchen, es sich zunutze zu machen. Wir respektieren sowohl den Pantschen als auch den Gyalwa Rinpotsche, und wenn es Unstimmigkeiten gibt, denken wir an die Legende und erinnern uns daran, daß alles aus der Sorge füreinander erwachsen ist.

Es wäre vielleicht besser gewesen, wenn es in Tibet mehr Ausländer gegeben hätte und nicht nur die wenigen, die als Lehrer oder Händler hinkamen, und die Mächte, die uns für ihre eigenen Zwecke einspannten. Wären es mehr gewesen, so hätten sie uns vielleicht besser verstanden und wir hätten uns selbst vielleicht auch besser verstanden. Jetzt ist es zu spät. Die Religion, die uns alle Kraft gegeben hat, hat unsere militärische Macht ausgehöhlt, und das mag auch ein Grund dafür gewesen sein, warum die Chinesen unsere Priester stets so geehrt haben. Einesteils war es wohl Angst um ihre eigene Macht oder Angst vor der Macht der Religion über das Volk, andererseits die Erkenntnis, daß der Buddhismus, der das Töten verbietet, kriegerische Unternehmungen nicht zuläßt. Aber wir bedauern es nicht. Noch immer sind wir der Meinung, daß die Religion eine größere Macht darstellt als jede menschliche Gewalt und daß sie letzten Endes siegen wird.

Es ist merkwürdig, daß einige der strengsten Kritiker Tibets Buddhisten anderer Länder gewesen sind, Menschen aus China, Japan oder dem Süden. Und doch konnte der christliche Missionar Desideri, der so fest daran glaubte, daß manche unserer religiösen Errungenschaften dem Bösen zuzuschreiben seien, folgendes schreiben: »Die Tibeter lieben den Dalai Lama, weil er eine unendliche Anzahl von Malen wieder Mensch geworden ist und die Mühsal und das Elend auf sich genommen hat, die das Los des gebrechlichen, hinfälligen, sterblichen Menschen sind.« Derselbe Mann hat auch 1714 die Tibeter als »gar nicht hochmütig, eher unterwürfig, freundlich, fröhlich und höflich unter religiösem Regiment« beschrieben. Man kann dies als Beweis für die Richtigkeit der tibetischen Vorstellungen von der Natur der Wirklichkeit ins Feld führen; denn wie sollte sich eine derartige Beschreibung auf das gleiche Volk beziehen, das von Desideris Mitchristen im gleichen Lande als »unzivilisiert und roh« und »ohne einen Schatten religiösen Gefühls« beschrieben wird? Vielleicht lernen wir von den wenigen Ausländern, die Tibet besucht haben, weniger über Tibet als über sie selbst.

In meinem Palast, dem Ort des Himmels auf Erden, /
Nennt man mich Ringdzen Tsanyang Gyatso, / Den
wiederverkörperten Tschenrezig. / Aber unterhalb
meines Palastes / In der kleinen Stadt Scho, / Nennt
man mich Tschebo Tangsan Wongbo, den Sittenlosen, /
Denn die Zahl meiner Geliebten ist groß.

14. KAPITEL

TSCHANGDBYANGS RGYAMTSO,
sechster Gyalwa Rinpotsche

EIN LIEBESRÄTSEL

Es gibt gewisse Häuser in Lhasa, wie auch anderswo in der Welt,
die von gewissen Damen und ihren Liebhabern frequentiert werden.
Eine ganze Menge dieser Häuser sind äußerlich gelb angestrichen.
Im Inneren servieren tibetische Mädchen ihren Besuchern dampfen-
den Tschang, so wie das auch sonst in diesen Häusern üblich ist,
und die Männer bemühen sich um die Mädchen. Dennoch sind die
gelben ganz besondere Häuser, denn vor langer, langer Zeit wurden sie vom sechsten Gyalwa Rinpotsche, den wir »den Fröhlichen«
nennen, allen anderen vorgezogen. In Lhasa gibt es auch das
Khrungser Khan oder Haus der Geburt, in dem große Tanzfeste
für den sechsten Gyalwa Rinpotsche stattgefunden haben sollen.
Und hinter dem Potala, jenseits des kleinen Fleckens Scho, befindet
sich das wie ein Edelstein im See gelegene Lustschlößchen Lu Khang,
das in seiner Schönheit der des umgebenden Sees und des darüber
aufragenden Potala entspricht. Dieses »Haus der Schlange« war
ein Lieblingsaufenthalt desselben Tsangyang Gyatso, wo er seine
Geliebten treffen konnte, ohne die Heiligkeit des Potala zu ent-
weihen.
Dieses Verhalten der höchsten aller Inkarnationen mag sonderbar
erscheinen, und viele haben Tsangyang Gyatso als zuchtlos und
ausschweifend, völlig ungeeignet für sein hohes Amt und seine
Wahl als ein Beispiel der mangelnden Sorgfalt bei der Durchführung der notwendigen Rituale und Proben zur Auswahl des Gyalwa
Rinpotsche bezeichnet. Die Chinesen versuchten, daraus einen Vorwand abzuleiten, um ihn durch eine von ihnen gewählte »Inkar-

nation« zu ersetzen. Die Tibeter wollten das jedoch in keinem Fall zulassen, und trotz der über ihn umlaufenden Geschichten haben sie bis zum heutigen Tage fortgefahren, ihn zu verehren. Die Geschichten haben wahrscheinlich nur dazu beigetragen, ihn noch populärer und beliebter zu machen; denn uns scheint es ein leichtes zu sein, gut zu leben und zu sterben, wenn man schon groß und gut geboren wird. Nicht so geboren zu sein, als gewöhnlicher Mann mit allen Begierden, der Liebe und dem Haß eines gewöhnlichen Mannes aufzuwachsen und dann groß und gut zu werden, das erscheint uns als eine respektheischende Errungenschaft und ein Beispiel, an dem wir lernen können; denn was können wir von einem lernen, der von Geburt an anders ist als wir?

Manche sagen, der sechste Gyalwa Rinpotsche sei ausschweifend gewesen, weil er anders als die meisten Inkarnationen erst entdeckt wurde, als er schon ein ziemlich erwachsener Knabe war. Auch diejenigen unter uns, die ihn nicht für ausschweifend halten, stimmen darin mit den anderen überein, daß wir den merkwürdigen Ablauf seines Lebens mit den Umständen seiner Entdeckung in Zusammenhang bringen müssen. Die meisten von uns, die als Inkarnationen erkannt werden, sind zu dem Zeitpunkt ein oder zwei Jahre alt. Wenn man uns dann auch noch nicht sofort unseren Eltern wegnimmt, so werden wir doch sofort unter sorgfältige Aufsicht gestellt, und sobald die Klosterbehörden befinden, daß wir alt genug für die Trennung vom Elternhaus sind, werden wir ins Kloster gebracht und beginnen ein Leben der Abgeschiedenheit. So haben wir gar keine Zeit, Geschmack an den Freuden der Welt zu finden, Freuden, die uns von unseren Pflichten ablenken und uns das Einhalten aller von uns geleisteten Gelübde erschweren würden.

Bei der Auswahl des sechsten Gyalwa Rinpotsche war alles anders wegen der besonderen Umstände beim Tode seines Vorgängers Ngawong Gyatso, des Wiedererbauers des Potala. Als Ngawong Gyatso starb, war der Potala nämlich noch nicht fertig. Auch um ihn ranken sich Geschichten, vielleicht wegen seines unorthodoxen Interesses an der Nyingmapa-Sekte. Es gibt ein recht bekanntes Lied über seinen Rosenkranz, der bei einem Hause in der Nähe des Klosters Sera gefunden wurde. Der Rosenkranz hätte nur dahin gelangen können, wenn er vom Gyalwa Rinpotsche dort verloren worden war. In dem Hause wurde ein Knabe geboren, der später der vertrauteste Minister des Rinpotsche war, nämlich Sanggye Gyatso. Viele behaupten, er sei sein Sohn gewesen. Sanggye Gyatso übernahm nach und nach die Macht, während der Rinpotsche sich immer mehr aus dem öffentlichen Leben zurückzog. Er leitete auch den Wiederaufbau des Potala, und aus Treue zu Ngawong Gyatso vertuschte er den Tod des Rinpotsche. Wäre sein Tod nämlich bekannt geworden, so wären die Bauarbeiten mit aller Wahrscheinlichkeit eingestellt worden, und Sanggye war entschlossen, den Potala fertigzustellen. Aus einer in die Steinwand eingeschnittenen Inschrift kann man jedoch ersehen, daß Ngawong Gyatso zu Beginn der 1680er Jahre starb.

Sanggye Gyatso herrschte weiterhin und ließ die Bevölkerung in dem Glauben, daß der Gyalwa Rinpotsche in völliger Abgeschlossenheit meditierte. Es dauerte neun Jahre, ehe die Tatsache seines Todes an die Öffentlichkeit drang, und so wurde die Suche nach der neuen Inkarnation auch erst nach neun Jahren begonnen. Als sie beendet wurde, war der neue Gyalwa Rinpotsche schon zwölf Jahre alt oder älter.

Der Minister Sanggye Gyatso war ein guter Mensch, und er hatte alle notwendigen Begräbnisriten für den toten Gyalwa Rinpotsche durchgeführt. Er tat das ganz öffentlich zum Zeitpunkt des Todes, aber in einer so poetischen Sprache, daß unbekannt blieb, wem sie galten. Um jeden Verdacht zu zerstreuen, verfaßte er auch ein Gebet, das äußerlich das lange Leben des Gyalwa Rinpotsche pries, das aber doppelsinnig war und in Wirklichkeit die Bitte um eine baldige Wiedergeburt Tschenrezigs im Körper des nächsten Gyalwa Rinpotsche enthielt. Er hielt Gottesdienste in jedem der großen Klöster ab und beobachtete dabei, ob jemand in der Gemeinde Verdacht schöpfte, welchem Toten zu Ehren sie abgehalten wurden. In Drepung sah er, daß einer der Mönche sein Haupt verhüllt hatte und weinte. Dieser Mönch war Kunkhyen Ngagwang Tsondru, der Erbauer des Klosters Labrang. Er hörte die Gebete und erriet ihren Sinn und weinte über den Tod des Gyalwa Rinpotsche, während er gleichzeitig um seine baldige Wiedergeburt und Auffindung betete. Der Minister rief ihn zu sich, teilte ihm das Geheimnis mit und sagte ihm auch, warum es ein Geheimnis bleiben müsse.

Es blieb ihm aber noch eines zu tun übrig, und das war die Befragung des Orakels von Nechung über die Wiedergeburt. Als er das getan hatte, war er von der Furcht erfüllt, sein Geheimnis könne auf diese Weise verraten werden; deshalb verkleidete er sich als Bettler und kehrte am nächsten Tage nach Nechung zurück und besuchte die Mutter des Mediums. Als er um Nahrung bettelte, kam die alte Frau zu ihm und hieß ihn stillschweigen, es sei keine Zeit zum Betteln, nun da der Gyalwa Rinpotsche tot sei. Da wußte Sanggye Gyatso, daß das Medium, nachdem es aus der Besessenheit zu sich gekommen war, sich an alles erinnert hatte, was vorgefallen war. Sanggye Gyatso war so entschlossen, sein Geheimnis nicht verraten zu lassen, daß er das Medium und seine Mutter umbringen ließ. Als die Chinesen mehrere Jahre später vom Tode des Rinpotsche erfuhren, ließen sie Sanggye Gyatso hinrichten.

Der neue Rinpotsche wurde dem Pantschen Rinpotsche in Obhut gegeben, der als sein Lehrer wirkte und sein bestes tat, den Knaben zumindest die einem Mönch angemessene Disziplin zu lehren, ganz zu schweigen von dem, was von einer Reinkarnation Tschenrezigs erwartet werden muß. Der Knabe wurde als rechtmäßiger Gyalwa Rinpotsche eingesetzt, aber es lag noch eine sehr lange Lehrzeit vor ihm, ehe man daran denken konnte, ihn als Mönch zu ordinieren. Dem Knaben, der an eine solche Disziplin nicht gewöhnt war und dem an einer akademischen Laufbahn nichts lag, muß diese Ausbildung sehr hart vorgekommen sein. Wir wissen aber, daß er fleißig arbeitete und ein asketisches, einfaches Leben führte. Trotz seiner hohen Stellung lehnte er es ab, die reichen Kleider zu tragen, die ihm als noch Ungeweihtem gegeben wurden. Da er das Gewand der Mönche noch nicht tragen durfte, trug er einfache Kleidung und ging zu Fuß und lehnte ein Pferd und die Begleitung durch eine Beamtenschar mit seinem Kämmerer an der Spitze entschieden ab. Als Teil seiner Ausbildung mußte er Vorlesungen halten, und wenn er das tat, dann hielt er sie im Park, in der Öffentlichkeit, wo er allein und zu Fuß erschien und so angezogen war wie die einfachsten unter seinen Zuhörern.

Auch im Potala, wo ihm jeder Luxus möglich gewesen wäre, wählte er die Schlichtheit. Er lebte ohne Diener. Wollte er Tee, so bereitete er ihn sich selbst, und jeder war willkommen, daran teilzunehmen. Trotzdem gilt dieser sechste Gyalwa Rinpotsche allen Menschen, außer den Tibetern, als ein Beispiel der Lasterhaftigkeit, und zwar nur wegen seines hohen Amtes. Alles, was man ihm nachsagt, könnte jeder andere auch getan haben, ohne als Übeltäter angesehen zu werden. Aber betrachten wir einmal, was wirklich geschehen ist.

Wir wissen, daß er den Potala zur Nachtzeit zu verlassen pflegte. Dann besuchte er die kleinen Häuser in Scho, die späterhin zu seinen Ehren gelb gestrichen wurden. Dort trank er Tschang und amüsierte sich mit den Mädchen. Aber obgleich er der Gyalwa Rinpotsche war, legte er nie die Gelübde eines Mönches ab. So war er überhaupt nicht an den Zölibat gebunden, außer durch die Wünsche der Gelukspa-Beamten. Innerhalb des Potala führte er ein strenges, enthaltsames Leben; trotzdem gibt es Leute, die behaupten, seine Exzesse außerhalb des Potala bewiesen deutlich genug, daß Fehler bei seiner Auswahl gemacht worden seien und daß er nicht die echte Reinkarnation Tschenrezigs gewesen sei. Andere sehen da keinen inneren Widerspruch, denn unabhängig davon, was zwischen Tsangyang Gyatso und seinen Geliebten vorgegangen sein mag, wissen wir sehr gut über seine Einstellung zu ihnen Bescheid, die sich in seinen Gedichten ausdrückt, den neben Milarepas Gedichten schönsten Poesien Tibets. Sie zeigen tiefes religiöses Gefühl, sind also keineswegs rein sinnlicher Natur. Sie drücken auch die Kenntnis dessen aus, was von allen Buddhisten gelehrt wird — daß man nämlich das Gute überall und an jedem Ort finden kann, wenn man nur danach sucht, und daß es nichts auf der Welt gibt, das man nicht zum Guten kehren und dazu benutzen kann, einem auf dem Mittleren Pfad weiterzuhelfen.

Nur die allerbrutalsten Männer sehen in ihrer Beziehung zur Frau nichts anderes als die physische Befriedigung. Es mag aber nur wenige geben, die diese Beziehung zu einer solchen Höhe erhoben haben wie Tsangyang Gyatso, der Mann der vielen Liebschaften, wie er in Scho genannt wurde. Seine Gedichte legen in erster Linie davon Zeugnis ab, sie zeigen aber auch den Kampf zwischen Tsangyang, dem Jüngling, und Tsangyang, der Reinkarnation Tschenrezigs, während der Zeit, da die Klosterzucht langsam versuchte, die Freuden der äußeren Welt auszulöschen.

> Ich ging zu meinem Lehrer, von Andacht erfüllt,
> Um über den erhabenen Buddha zu lernen.
> Aber was er mich lehrte, das verflog nur zu rasch,

Denn mein Sinn war von Mitleid erfüllt,
Erfüllt von jener Mitleidigen, die mich liebt.
Sie hat meinen Sinn betört.

Mitleid, Mitgefühl ist die Eigenschaft, die der Buddhist vor allen
anderen pflegen muß, und Tsangyang, der sich auf seine Studien
nicht konzentrieren konnte, gibt einem Satz hier eine Wendung,
daß sein zerstreuter Geist nicht ganz vom Thema abkommt, wozu
er offensichtlich geneigt war:
In der Meditation denke ich an meinen Lehrer,
Ich sehe sein Gesicht vor mir aufsteigen;
Aber das Gesicht ist meiner Liebsten Antlitz.

Für Tsangyang Gyatso werden seine Liebe und seine Geliebten
immer mehr zu seinen Lehrern.
Meine Mitleidige, sei wie der heilige Berg,
Rirab Lhunpo.
Steh nur da und lass Sonne und Mond um Dich kreisen,
Tag und Nacht.
Treu wie Sonne und Mond will ich Dir sein.
Der Kuckuck aus dem Lande Mön bringt Regen.
Er schwebt vom Himmel und bringt der Erde Segen,
Das Leben grünt und blüht.
Wenn der Kuckuck aus Mön zurückkehrt,
Werden meine Liebste und ich eins sein
In Körper, Herz und Sinn.

Noch weiter von dem Bilde des Wüstlings, das so oft gezeichnet
worden ist, ist der Inhalt zweier anderer Gedichte entfernt:
Abschied nehmen, heißt traurig sein.
Sei nicht traurig, meine Liebste,
Denn auf jede Trennung
Folgt ein Wiedersehen.
Was du schreibst in kleinen schwarzen Lettern,
Kann verloren sein,
Vernichtet durch einen Tropfen Wasser.
Aber was dir im Sinn geschrieben steht,
Bleibt ewiglich erhalten.

Für jeden Kenner Tibets ist klar, daß hier mehr am Werk ist als nur die Liebe eines Mannes zu einer Frau, etwas, das mit der Einfachheit des vom Gyalwa Rinpotsche im Potala geführten Lebens viel mehr im Einklang steht. Es erscheint sehr wahrscheinlich, daß der junge Tsangyang in tantrische Praktiken eingeweiht gewesen ist, die nicht so sehr einen geistigen als vielmehr einen physischen, geschlechtlichen Verkehr mit Frauen vorsehen. Es gibt dabei verschiedene Stufen, der Grundgedanke ist jedoch immer, daß dem Samen eine lebendige Kraft innewohnt, die sowohl physisch wie geistig ist. Durch richtige Verausgabung der physischen kann die geistige Kraft zur weiteren Veredelung des Adepten freigesetzt werden. Die richtige Verausgabung kann darin bestehen, den Samen in dem Moment zurückzuhalten, wo er ausgestoßen werden müßte, oder ihn zwar auszustoßen, dann aber wieder zurückzuziehen — eine Kunst, die nur nach vielen Jahren physischen Trainings gemeistert werden kann. Im letzten Fall kann nach den Lehren einiger der männliche Samen das weibliche Ei mit sich ziehen und so den Adepten bereichern, was jedoch auf Kosten der Frau geht, die sorgfältig ausgewählt wird und ihrerseits etwas vom männlichen Element in sich aufnehmen und es auch in nicht so sehr physische als vielmehr geistige Energie umsetzen kann.

Diese Energie wird gleichsam an der Wirbelsäule entlang bis zur Halsbasis hochgezogen, und wenn sie diesen Punkt erreicht, tritt der Adept in einen Zustand erhöhter Wahrnehmung oder erhöhten Bewußtseins ein. Der normal ausgeführte Geschlechtsakt kann eine leise Ahnung von der Natur dieses gesteigerten Bewußtseins vermitteln, aber auch nicht mehr als das, denn dabei wird die Energie nicht eingefangen und genutzt, sondern verausgabt und physischen Zwecken zugeführt, nämlich der Erschaffung eines physischen Körpers statt der Erlangung geistigen Bewußtseins.

Diejenigen, die das für einen bloßen Vorwand halten, um gröbste Ungebühr zu entschuldigen, sehen an zwei Tatsachen vorbei. Erstens wird ritueller Geschlechtsverkehr viel seltener vollzogen als jeder Laie den ehelichen Verkehr vollziehen kann, ohne als verderbt zu gelten. Es ist für diesen Ritus nicht nur ein langes und spezielles Training erforderlich, sondern seine Ausführung verlangt auch strengste und höchst anstrengende Vorbereitungen, deren Unbequemlichkeit durch einige wenige Augenblicke rein physischer Lust nie wettgemacht werden könnten.

Wichtiger noch ist die Tatsache, daß jeder, der sich darin unterweisen lassen will, schon einen hohen Grad der Disziplinierung erreicht haben und sich einer noch weit schärferen Zucht unterwerfen muß. Sicherlich war der junge Tsangyang, als er ins Kloster eintrat, mit allen physischen Trieben ausgestattet, nicht anders als jeder sonstige Jugendliche. Sicherlich haben auch seine Lehrer, an der Spitze der Pantschen Rinpotsche, alles versucht, ihn von rein physischen Vergnügungen abzubringen. Und aus diesem Grunde ist es um so wahrscheinlicher, daß er in die tantrischen Praktiken eingeweiht wurde, um seine physischen Begierden in geistige Kanäle zu lenken.

Ich kann mich gut daran erinnern, was es für mich bedeutete, als ich als Knabe von neun Jahren als Jungmönch aufgenommen wurde und zum ersten Mal die einfachen roten Gewänder des Ordens anlegen durfte. Ich war so glücklich, daß ich mir keine Gedanken darüber machte, was mir bevorstand. Der nächste Schritt lag noch Jahre vor mir, nämlich die Ablegung jener Examen, die mich berechtigen würden, die Hauptversammlungshalle in Kumbum zu betreten. Anfangs schien das Leben sich kaum irgendwie zu ändern, ich mußte nur des morgens noch früher aufstehen. Ich wurde vor 4 Uhr geweckt, und die auswendig gelernten Aufgaben des Vortages wurden abgefragt. Dann wurde mir eine weitere Aufgabe beigebracht, bevor ich mein Frühstück erhielt. Die Lehrstunden nahmen kaum mehr Zeit als zuvor, aber der Stoff wurde immer schwieriger, so daß ich länger und länger lernen mußte und weniger Zeit zum Spielen mit meinen Freunden hatte. Oft arbeitete ich den ganzen Abend hindurch bis um Mitternacht. Nur des Nachmittags konnte ich manchmal auf zwei bis drei Stunden zum Spiel abkommen. Einmal wurde ich auf zwei Monate in eine kleine Einsiedelei gebracht, um eine bessere Ausbildung in einer besonderen Art von Dialektik zu erhalten, die dort gelernt und gelehrt wurde. Der Ausflug dahin wurde im Winter unternommen, so daß ich keine Lust verspürte, den Unterweisungen zu entfliehen, die mir viel zu hoch vorkamen.

Obgleich ich kein Musterknabe war, fand ich das Leben erträglicher, wenn ich hart arbeitete. Arbeitete ich nicht, so kam mir der Stoff doppelt so schwierig vor, und die öffentlichen Predigten und Debatten, an denen ich teilnehmen mußte, schienen mir dann so langweilig, daß ich Mühe hatte, wach zu bleiben. Ich wollte graduierter Mönch und Vollmitglied der Versammlung werden, und so arbeitete ich so hart ich konnte, um die notwendigen Examina möglichst frühzeitig abzulegen. Bei dem Eintrittsexamen war ich vierzehn Jahre alt. Ich hatte viele Zweige der buddhistischen Lehre studiert und kannte einige zweitausend Seiten der heiligen Schriften auswendig. Das Examen fand in den Privaträumen des Abtes statt. Um ihn herum lagen mehrere Texte, und aus diesen wählte er irgendwelche Stellen, von denen er mir Teile vorlas und die ich dann bis zum Ende auswendig hersagen mußte. Meine Lehrer hatten mich jedoch mehr als ausreichend vorbereitet, und so stockte ich keinen Augenblick. Heute, dreißig Jahre später, wundert es mich, daß ich als Knabe genügend Geduld und Fähigkeit aufgebracht habe, um soviel zu lernen — aber schließlich bin ich ja von frühester Jugend an dazu erzogen worden.

Nach meiner Zulassung zur Versammlung folgten mehrere Feiern und dann begann mein neues Leben. Der Hauptunterschied lag darin, daß ich nun nicht mehr in meinem eigenen Kloster und bei meinem Lehrer lernte. Ich gehörte zu einer Klasse gehobener Studien durch meinen Eintritt in das Institut für Logik. Die Arbeit war schwerer, aber auch interessanter, da wir allen Debatten beiwohnen konnten und die Themen mit allen Mönchen diskutieren durften. Wenn wir in der Mönchsversammlung debattieren mußten, so geschah das vor 4000 anderen, die alle fortgeschrittener waren als wir und uns auslachten, wenn wir Fehler machten. Am Ende jeder Debatte wurde uns vor allen anderen mitgeteilt, wie gut oder schlecht wir abgeschnitten hatten, und dann wurden uns Ratschläge für das weitere Studium erteilt.

Bis zur fünften Klasse werden Debatten nur zwischen Personen derselben Klasse veranstaltet. Sie werden paarweise ausgewählt, und es wird ihnen ein Thema gestellt, über das sie debattieren sollen, nachdem sie es studiert haben. Schon das Examen der fünften Klasse muß jeder allein bestehen und dabei vor alle anderen hintreten. Diese, von der fünften bis zur ersten Klasse, haben alle das Recht, ihm Fragen zu stellen, über welches Thema sie wollen. Jedem einzelnen wird eine Fragezeit von zwanzig bis dreißig Minuten zugestanden, und das Examen für einen Kandidaten dauert auf diese Weise fünf bis sechs Tage. Ich war ungefähr 18 Jahre alt, als ich das Examen der fünften Klasse bestand und den Schritt vom Tsoglang-Grad zum Tamtscha-Grad bewältigte. Von diesem Augenblick an wurde das Leben nicht etwa einfacher, sondern wesentlich schwieriger.

So fällt es mir nicht schwer, mir vorzustellen, wie hart es den 12-jährigen Tsangyang angekommen sein muß, seine Freiheit aufzugeben und in ein derartig diszipliniertes Leben einzutreten, wobei noch zu bedenken ist, daß von ihm sicher viel mehr verlangt wurde als von einer Reinkarnation geringeren Grades. Es wäre verwunderlich, wenn er nicht schwer zu bändigen gewesen wäre; es wäre jedoch ebenso verwunderlich, wenn ihn seine neue Stellung nicht tief beeindruckt hätte, ebenso wie die Lehren, die er vom Zeitpunkt seiner Einsetzung an erhielt. Wir sehen keinen Sinn darin, die Gegebenheiten in Frage zu stellen; man sollte sie lieber nehmen, wie sie sind, und sehen, was sich daraus lernen läßt. Sollte ein Irrtum bei der Auswahl Tsangyangs unterlaufen sein, wie manche meinen, so ist deshalb nicht weniger aus seinem Lebenslauf zu lernen, der uns zeigt, daß das Verhältnis zwischen einem Mann und seiner Frau oder Geliebten mehr enthält als nur sexuelle Befriedigung. Ist er aber die echte Reinkarnation Tschenrezigs gewesen, so können wir daraus dasselbe lernen und unseren Glauben erneuern, daß wir von Tschangtschub Sempa umgeben sind, die sich äußerlich nicht von uns unterscheiden, unsere Schwächen anscheinend teilen und gekommen sind, uns auf die Probe zu stellen und uns zu belehren. Wir sollten immer danach trachten zu lernen, wo immer wir hinschauen. Es ist müßig zu kritisieren und verderblich dazu.

Der Tod Tsangyang Gyatsos ist von ähnlich vielen Legenden umrankt wie sein Leben. Einige behaupten, er habe außer seinen vielen Freundinnen eine ständige Geliebte und von ihr einen Sohn gehabt. Dieselben Leute behaupten auch, die hochgestellten Mönche hätten befürchtet, durch einen solchen Knaben könne das Amt des Gyalwa Rinpotsche eine erbliche Würde werden. Da sie dagegen waren, hätten sie die Frau und das Kind in den Kerker geworfen und den noch jungen Tsangyang Gyatso vertrieben, der danach in der inneren Mongolei als Ziegenhirte den Rest seines Lebens friedlich in den Bergen verbracht habe. Betrachtet man aber die Schwierigkeiten, die die Frage der Nachfolge oft bereitet hat, so wäre es nach der Meinung einiger Leute recht gut gewesen, ein auf der Erbfolge beruhendes System zu haben.

Weit häufiger sind die Quellen, die berichten, die Chinesen hätten in Tsangyangs unorthodoxen Handlungen den Vorwand für eine Intervention gefunden. Sie verbreiteten Gerüchte, daß seine Entdeckung ein Irrtum oder ein Betrug gewesen sei und daß die echte Reinkarnation, die als Nachfolger des fünften Gyalwa Rinpotsche in Frage gekommen wäre, noch nicht gefunden worden sei. Der mächtige mongolische General Lhazang, der in Lhasa wohnte, fand es in seinem ureigensten Interesse, die Chinesen zu unterstützen, und überredete sie, Tsangyang nach Peking einzuladen, damit er unterwegs bequem ermordet werden könne. Es scheint, daß tatsächlich ein Mordplan bestanden hat, der am See Gunga Nor zur Ausführung kommen sollte.

Bevor er Lhasa verließ, hatte der Gyalwa Rinpotsche eine merkwürdige Voraussage gemacht, welche die Menschen später als eine Ankündigung seiner Wiedergeburt auslegten. Er sah einen weißen Kranich ostwärts über die Stadt fliegen und sang:

>»Weißer Vogel am Himmel
> Leih mir nur eine einzige große Schwinge,
> Daß auch ich ostwärts fliegen könnte.
> Bald werde ich aus Litang zurückkehren
> Und dir deine Schwinge wiedergeben.«

Er verließ Lhasa mit einem großen tibetischen Gefolge und einer mongolischen Eskorte. Als er am Gunga Nor auf der nördlichen Hochebene anlangte, kamen die Tibeter zu ihm und sagten, sie wüßten, daß er die echte Reinkarnation Tschenrezigs sei, aber wenn er darauf bestünde, nach Peking zu gehen, so werde es ihrer aller Leben kosten und großes Unheil über Tibet bringen. Sie baten ihn, entweder am Gunga Nor zu sterben oder sie auf irgendeine andere Weise zu retten.

Als Tsangyang an diesem Abend in seinem Zelt lag, kam ein alter Mann herein. Tsangyang Gyatso fragte ihn, wer er sei, und der antwortete »Sengge«, was »Löwe« bedeutet. Daraufhin fragte der Gyalwa Rinpotsche nach dem Namen des Sees, der ihm als Gunga Nor angegeben wurde. Tsangyang Rinpotsche dachte einen Augenblick nach, dann sagte er: »Sengge heißt Löwe, ein Tier, das Macht bedeutet. Gunga heißt Glück. Das ist ein Zeichen dafür, daß es für mich richtig ist, von hier fortzugehen, damit mein Volk glücklich sein kann.« Damit ging er fort; und obgleich es Erzählungen davon gibt, daß er hie und da wiedererschien, hat er keinen Anspruch auf den Thron des Gyalwa Rinpotsche mehr erhoben.

Beim folgenden Neujahrsfest in Lhasa bemerkte der Regent einen Bettler, vor dem er sich plötzlich verneigte, wie er sich nur vor dem Gyalwa Rinpotsche zu verneigen hatte. Jedermann sah das und alle schrien, der Bettler müsse der Rinpotsche sein, und sie versuchten, ihn zurückzuhalten, aber er verschwand. Dann erschien ein Bettler in der Menge der übrigen Bettler vor dem Staatsorakel von Netschung. Das Medium wandte sich um und verneigte sich, und der Bettler verschwand wiederum. Dann tauchte er in Osttibet, im Lande Kham auf. Dort traf er einen Bettler aus Kham, mit dem er nach Indien wanderte und zu allen heiligen Schreinen pilgerte. Als sie nach Kham zurückkehrten, erbat sich der Bettler aus Lhasa ein Andenken und erhielt ein Messer, mit dem er nach Alekcha in der Mongolei wanderte. Dort gab ihm eine reiche Dame Arbeit, indem sie ihn zu ihrem Schafhirten machte. Sie beschwerte sich jedoch eines Tages, er tue seine Arbeit nicht ordentlich, ein Wolf habe ihre Schafe gerissen. Am anderen Tage ging der nur mit dem kleinen Messer bewaffnete Bettler in die Hügel hinauf und kam mit dem lebendigen Wolf zu der Dame zurück, der er sagte: »Hier ist der Wolf, der die Schafe gerissen haben soll, wenn du willst, kannst du ihn selbst bestrafen.« Die Dame sah ein, daß dieser Bettler besondere Kräfte haben mußte, aber sie sagte nichts und ließ ihn ihre Schafe hüten, bis er starb.

Als der Gyalwa Rinpotsche am Gunga Nor verschwand, wurde die Nachricht von seinem Tode verbreitet, und sofort präsentierten die Chinesen zusammen mit Lhazang einen neuen Rinpotsche nach eigener Wahl, von dem sie behaupteten, er sei die echte Reinkarnation des fünften und der sechste habe sich durch sein ausschweifendes Leben als falscher Rinpotsche erwiesen. Die Tibeter glaubten das nicht, denn die hatten Tsangyangs Leben anders beurteilt und hielten ihn für echt. Auch hörten sie Geschichten über einen kleinen Knaben im östlichen Tibet in Litang, der alle Anzeichen einer Reinkarnation aufwies.

Unwillig entsandte Lhazang einen Mönch nach Litang, der die Geschichten nachprüfen sollte. Als sich erwies, daß der Knabe tatsächlich alle Anzeichen eines neuen Gyalwa Rinpotsche aufwies, ließ Lhazang ihn im Kloster von Kumbum einsperren und befahl allen Menschen, denjenigen anzuerkennen, den er für den echten sechsten Gyalwa Rinpotsche ausgab. Die Menschen wollten sich nicht dazu hergeben und wandten sich an Lobsang, einen anderen mächtigen Mongolenhäuptling, und baten um seine Hilfe. Es kam zu langen Kämpfen, und schließlich wurde Lhazang geschlagen und getötet. Die Chinesen, die den Ausgang voraussahen, befreiten daraufhin den Knaben aus dem Kloster Kumbum und geleiteten ihn nach Lhasa, wo sie den Menschen verkündeten, sie sollten den Rinpotsche ihrer Wahl als den neuen siebenten erhalten, wenn sich das tibetische Volk an der Erhaltung und Aufstellung der Armee beteiligte, die zur »Befreiung« Tibets von den wegen der ständigen Plünderungen und Verwüstungen verhaßten Mongolen notwendig sei.

Diese unruhigen Zeiten sind von Fr. Desideri beschrieben worden, der damals in Lhasa lebte. Er entging der Entdeckung, indem er seine Zimmer im Kloster Sera nicht verließ; etwas später floh er in ein südliches Kloster, erhielt aber von den Chinesen den Befehl, sich der tibetischen Armee anzuschließen und dazu ein Pferd, ein Packtier und zwei bewaffnete Diener mitzubringen. Im Widersetzungsfall drohte die Todesstrafe, und nur durch das Einschreiten der örtlichen Behörden gelang es, den Befehl widerrufen zu lassen. Kurz danach wurde Desideri vom Vatikan nach Rom beordert. Aus seinem Bericht geht hervor, daß er die Geschichten über den unwürdigen Gyalwa Rinpotsche glaubte und daß es ihm unverständlich war, wie das von ihm wegen seiner Religiosität geachtete Volk der Tibeter einen solchen Führer noch weiter respektieren konnte. Es mag sein, daß die Chinesen ebenso aufrichtig wünschten, einen geeigneteren Mann im Amt zu sehen, aber es ist auch ganz deutlich, wie rasch sie dabei waren, die Lage zu ihren Gunsten auszunutzen. Ihr Irrtum dabei beruhte vielleicht auf ihrem grundlegenden Zweifel am ganzen System. Als sie dem tibetischen Wunsch nach der Einsetzung des siebenten Gyalwa Rinpotsche nachgaben, mögen sie sich gesagt haben, daß es keinen Unterschied mache, wer das Amt innehabe, wenn nur die chinesischen Ambans die politische Kontrolle behielten. Darin irrten sie, denn wir glauben, daß der siebente Gyalwa Rinpotsche eine echte Reinkarnation Tschenrezigs gewesen ist, und wir glauben das gleiche vom sechsten. Sollte der sechste irgendwelchen Tibetern den Glauben an ihren Führer genommen haben, so hat der siebente diesen Glauben bestimmt wieder gefestigt, denn er einte die Tibeter mehr denn je gegen Einmischung von außen. Als einer der heiligsten unter unseren Gyalwa Rinpotsche hat er viel dazu getan, daß dem sechsten Gyalwa Rinpotsche ein ehrendes Gedächtnis bewahrt geblieben ist. Wenn Nicht-Tibeter den sechsten Gyalwa Rinpotsche kritisieren, dann verstehen sie weder uns noch unseren Glauben, vor allem aber verstehen sie Tsangyang Gyatsos tiefste Lehre nicht, daß nämlich das Leben selbst der größte Lehrmeister ist, einerlei welche Gestalt es annimmt.

15. KAPITEL

Mögen alle Wesen gestärkt werden durch Glück /
Und die Quelle des Glücks; / Mögen alle Wesen vom
Leid erlöst werden / Und von der Ursache des Leids; /
Mögen alle fühlenden Wesen von Lust und Haß befreit
sein / Und geeint im Gedanken der Gleichheit.

Aus TSCHADMED BSCHI

RELIGIÖSE DISZIPLIN

Man kann sich kaum unterschiedlichere Charaktere denken als den
sechsten und den siebenten Gyalwa Rinpotsche (1683—1706 und
1708—1758), und doch sind sie für uns im wesentlichen eins, denn
beide sind die Verkörperung Tschenrezigs. Der sechste kam in der
Verkleidung eines Genußmenschen, der siebente kam und lebte als
Heiliger.

Kalsang Gyatso wurde in Litang nicht weit von meinem Heimatort
in Osttibet geboren. Er kam 1708 gerade zur rechten Zeit und an
dem Ort zur Welt, von dem Tsangyang Gyatso vorausschauend
gesprochen hatte, bevor er Lhasa verließ. Seine Geburt war von
allen günstigen Wahrzeichen begleitet gewesen, und schon bald zog
er durch seine Handlungen und Worte die Aufmerksamkeit der
Menschen auf sich. Er behauptete, sich an seine früheren Inkarnationen zu erinnern, und die Kunde von ihm drang bis zu den Behörden in Lhasa, die auf der Suche nach dem Nachfolger Tsangyang
Gyatsos waren. Der General Lhazang begrüßte die Nachricht aus
Litang keineswegs, denn er betrieb gerade damals mit chinesischer
Unterstützung die Wahl eines anderen Kandidaten. Einigen einflußreichen Männern in Amdo war klar, daß die Sicherheit des
jungen Kalsang in Gefahr war, und so wurde er zu seinem Schutz
nach Kumbum geschickt. Dort begann seine religiöse Erziehung in
vollem Ernst, und als er schließlich anerkannt und zu seiner Einsetzung nach Lhasa gebracht wurde, war er neun Jahre alt und gut
geschult.

Von Anfang an zeigte Kalsang wenig Lust, die Macht zu nutzen,
die ihm so leicht und sicher zugefallen war. Obgleich er nicht nur
die Tibeter, sondern auch die Chinesen hinter sich hatte, waren

seine Interessen viel mehr religiöser als weltlicher Art. Auch als er alt genug war, um ohne Regenten auszukommen, überließ er die meisten weltlichen Angelegenheiten anderen, insbesondere dem Pantschen Rinpotsche. Je mehr sich Kalsang Gyatso ins religiöse Leben zurückzog, um so mehr von der weltlichen Verwaltungsarbeit und politischen Kontrolle ging in die Hände des Pantschen Rinpotsche und der beiden chinesischen Ambams über, die in Lhasa stationiert waren. Dieses System haben die Chinesen bis zum heutigen Tage beibehalten wollen. Sie und andere Nicht-Tibeter haben immer den Fehler gemacht anzunehmen, daß die beiden großen religiösen Führer unseres Landes politische Rivalen sein müßten. Aber keiner der Pantschen Rinpotsche, nicht einmal diejenigen, die nach China gebracht und dort beeinflußt wurden, hat je versucht, dem Gyalwa Rinpotsche seine Macht oder die ihm von den Tibetern als dem Höchsten entgegengebrachte Verehrung streitig zu machen. Auch stimmt es nicht, wenn einige sagen, daß der Gyalwa Rinpotsche das weltliche Oberhaupt des Landes sei und der Pantschen Rinpotsche das geistliche. Sie leiten das daraus ab, daß Opagmé, der Buddha des Unendlichen Lichts, der Lehrer Tschenrezigs war, und daher ordnen sie den Gyalwa dem Pantschen als Schüler dem Lehrer unter. Wir sehen dies jedoch als ein wechselseitiges Verhältnis an. Wenn auch der Pantschen Rinpotsche häufig der Lehrer für den jeweiligen Gyalwa Rinpotsche gewesen ist, so war daran der Zufall des Altersunterschiedes schuld. Der dreizehnte Gyalwa Rinpotsche, zum Beispiel, war der Lehrer des jungen Pantschen Rinpotsche, denn in diesem Fall war das Altersverhältnis umgekehrt. Für uns Tibeter hat es nie einen Zweifel gegeben, daß der Gyalwa Rinpotsche unser weltlicher und geistlicher Führer ist. Sogar ein König muß einen Lehrer haben, aber diese Tatsache erhebt den Lehrer noch nicht über den König. Der Gyalwa und der Pantschen Rinpotsche sind beide zu unserem Wohle Reinkarnierte, so wie das auch auf alle anderen Wiederverkörperungen Heiliger zutrifft. Jeder hat seine Aufgabe und seine Rolle.

Kalsang Gyatso überließ die politische Macht anderen, weil er sah, daß Tibet zu jener Zeit geistliche Hilfe am nötigsten hatte. Die gegen den sechsten Gyalwa Rinpotsche erhobenen Anschuldigungen und die Streitigkeiten wegen seines Nachfolgers hatten zwar keinen ernstlichen Riß im tibetischen Volk zur Folge gehabt, hatten aber der Autorität der buddhistischen Kirche geschadet. Das war eine viel schwerwiegendere Bedrohung als die Anwesenheit mongolischer oder chinesischer Truppen. Kalsang Gyatso wollte diese Autorität nicht durch Machtentfaltung oder politische Schachzüge, sondern durch religiöse Hingabe wiederherstellen. Er führte ein außerordentlich strenges Leben und wanderte lehrend umher; dabei verzichtete er auf die für seine Stellung für schicklich gehaltene Begleitung und hielt sich dort auf und lehrte dort, wo es ihm notwendig schien. Besonders die religiösen Predigten, die er von einem aus Lehm gefertigten Thron im Park hielt, wurden von sehr vielen Menschen besucht. Dieser Park in Lhasa heißt noch Kalsang-Park. Er schrieb auch viele gelehrte Bücher, zog sich jedoch mehr und mehr in ein einsames Leben religiöser Beschaulichkeit zurück.

Wir alle werden in unserem nächsten Leben von den guten Taten, die wir in diesem Leben tun, profitieren. Je weiter wir auf dem Pfad fortgeschritten sind, um so mehr werden unsere guten Taten auch anderen zugute kommen. Die guten Taten eines Tschangtschub Sempa kommen nur anderen zugute, denn er selbst hat die Erleuchtung ja schon erlangt. Das Leben der Entsagung, das der siebente Gyalwa Rinpotsche führte, zielte darauf ab, seinem Volk und seinem Land zu nützen, und alle Härten und Leiden, die er auf sich nahm, nahm er für uns auf sich. Kalsang Gyatso hat sein Land keineswegs im Stich gelassen, sondern er hat auf die direkteste und wirksamste Weise für sein Land gearbeitet. Wie er sollen auch wir alle früher oder später ein Leben religiöser Beschaulichkeit führen.

Die meisten Menschen, die keine Mönche sind, leben zunächst ihr gewöhnliches aktives Leben, gründen Familien und haben Kinder. Danach können sie in ein Kloster eintreten und sich von der Welt zurückziehen, wenn sie das wollen. Aber auch diejenigen, die schon als Kinder in ein Kloster eintreten, brauchen nicht ein Leben der Abgeschiedenheit zu führen. Dafür besteht kein Zwang, denn das Leben eines Eremiten ist schwer und gefährlich und sollte nur von darauf vorbereiteten Personen versucht werden, die sich nichts anderes wünschen. Nachdem ich Mönch geworden war, wurde von mir als einer Inkarnation erwartet, daß ich der normalen akademischen Laufbahn folgte und die verschiedenen Grade der Gelehrsamkeit erwarb.

Ich studierte für das Examen des fünften Studienjahres (Namdrel),

als meine ganze Familie nach Lhasa übersiedelte, um nach alter Sitte
dem Gyalwa Rinpotsche, meinem jüngeren Bruder, nahe zu sein.
Das lenkte mich sehr von meinen Studien ab, denn meine Familie
stand meinem Herzen sehr nahe, und wenn ich auch wenig von ihr
in Kumbum sah, so war sie doch in der Nähe und ein plötzlicher
Besuch nicht ausgeschlossen. Aber Lhasa war nicht ein oder zwei
Tagereisen entfernt, sondern man brauchte mehrere Monate, um
dahin zu gelangen, und ich sehnte mich sehr nach meiner Familie.
Ich glaube, ich hätte größere Sehnsucht empfinden sollen, mein
Leben als Mönch fortzuführen und meine Pflichten in meinem
Kloster Tagtser Labrang zu erfüllen, aber das war nicht der Fall.
Das quälte mich, denn ich hatte keine Erinnerung an vorhergehende
Leben und war unzufrieden, da ich mit dem Zweifel, ob ich auch
wirklich eine Inkarnation sei, fertig werden mußte.
Es gelang mir, das Examen zu bestehen, und ich bat den Abt um
Erlaubnis, mich meiner Familie in Lhasa anzuschließen und meine
Ausbildung dort fortzusetzen. Er lehnte ab und gab sich große
Mühe, mir zu zeigen, wo meine Pflichten lagen. Ich war jedoch starr-
köpfig und drohte sogar, durch China und übers Meer nach Indien
und von dort nach Tibet zu gehen, wenn ich mich nicht einer nach
Lhasa gehenden Karawane anschließen dürfte. Ich mußte nicht nur
mit dem Abt, sondern auch mit meinem Vater kämpfen, der zwar
nur zu gerne seine ganze Familie um sich gehabt hätte, aber gleichfalls sah, wo meine Pflichten lagen. Schließlich erhielt ich die Erlaubnis, und es wurde mit den Vorbereitungen für eine Kara-
wanenreise für mich und noch zwanzig andere begonnen. Als wir
schließlich unterwegs waren, zählten wir etwa dreihundert Köpfe,
und unsere Packtiere beliefen sich auf fünfzehn- bis zwanzig-
tausend. Aus Sicherheitsgründen blieben wir die vier Monate bis
Nagtschukha beisammen, das nur ein paar Tagereisen von Lhasa
entfernt liegt.
Von diesem Augenblick an bis zur Rückkehr nach Kumbum fünf
Jahre später war ich nicht mehr ich, sondern der Bruder des Gyalwa
Rinpotsche, und vieles wurde mir erleichtert, das sonst schwierig
oder unmöglich gewesen wäre. Hätte ich mein Mönchtum aufge-
geben, so hätte ich viele Möglichkeiten gehabt, in Hof- oder Regie-
rungskreisen Stellungen zu erhalten. Hätte ich den Rang meines
Bruders ausnutzen wollen, so hätte ich auch bei materiellem Wohl-

ergehen nichts zu tun brauchen. Obgleich ich dann alles Ansehen verloren hätte, wäre mein Verhalten aus Respekt vor dem Gyalwa Rinpotsche geduldet worden.

Aber all das kam mir nie in den Sinn. Meine Schwäche hatte mich zwar nach Lhasa gebracht, damit ich bei meiner Familie sein konnte, die ich vielleicht allzusehr liebte, aber andere Versuchungen gab es für mich nicht. In Lhasa sah ich auch wenig, was mich hätte in Versuchung führen können. Meine Ausbildung in den letzten zwölf Jahren, seit ich ein Knabe von sieben Jahren war, hatte mir nicht nur die Kraft, die Entschlossenheit und den Willen gegeben, der Versuchung zu widerstehen, sie hatte mich auch mit einer so echten Freude an dem für mich ausgewählten Leben erfüllt, daß eine Versuchung, etwas zu diesem Leben im Gegensatz Stehendes zu tun, für mich kaum bestand. Das Leben eines Mönches ist nicht ein einziger langer Kampf mit sich selbst, ein Leben des Bedauerns und des Wunschdenkens oder ein nur teilweises, verkrüppeltes Leben. Es ist ein volles und reiches Leben und bringt ein solches inneres Behagen hervor, wie es durch nichts anderes, rein Äußerliches hervorgebracht werden kann. Wenn eine Versuchung existiert, so existiert sie innerhalb der Klostermauern und innerhalb der religiösen Disziplin — die Versuchung nämlich, mit dem bestehenden seelischen Zustand zufrieden zu sein, statt sich immer weiter strebend zu bemühen. In gewisser Weise sollte unser Leben dem eines Reichen ähneln, der nie zufrieden ist und nach stets größerem Reichtum strebt. Der Unterschied ist nur, daß seine Bemühungen durch immer größeren materiellen Komfort und äußere Sicherheit bei immer größerem seelischen Mißbehagen und immer größeren Sorgen belohnt werden. Unsere Anstrengungen als Mönche sind zwar von steigenden materiellen Entbehrungen und physischem Mißbehagen begleitet, führen aber zu einer stetigen und sicheren Zunahme des seelischen und geistigen Wohlbefindens bis zu einem Punkt, wo das Physische völlig belanglos wird und körperliches Mißbehagen nicht mehr existiert. Dann sind wir in Reichweite unseres Zieles Sanggye Sa. Dennoch ist Sanggye Sa etwas, das wir nicht als solches begehren können, denn Sanggye Sa ist die Vernichtung jeglichen Begehrens, das Aufhören des Leidens, das durch Begehren entsteht. So müssen wir uns nicht auf das Ziel, sondern auf den Pfad, der zum Ziele führt, konzentrieren.

Nach meiner Ankunft in Lhasa verbrachte ich viel Zeit bei meiner Familie, aber die Stunden, die der Gyalwa Rinpotsche mit uns verbringen konnte, waren natürlich begrenzt. Mir wurde Lhasa so wie jedem anderen Pilger gezeigt, damit ich die heiligen Stätten ehren und meine Neugier als Tourist befriedigen konnte. Ich bewegte mich in höheren Kreisen, als ich es in Amdo je für möglich gehalten hätte, aber ich sah dort nur wenig, was mir Achtung oder gar Neid hätte einflößen können. Keiner muß deswegen besonders geachtet werden, daß er seine Pflicht tut, und die Adligen, die nichts dafür können, daß sie adlig geboren wurden, haben Pflichten wie wir alle. Für die Adligen ist es jedoch leicht, ihre Pflichten zu umgehen und ein lasterhaftes Leben zu führen. Die Politik bringt in Lhasa genauso viel Intrige und Täuschung mit sich wie auch anderswo, denn unsere Regierung ist entgegen der allgemeinen Anschauung nicht nur aus Mönchen zusammengesetzt, sondern besteht zur Hälfte aus Laien. Ein Laie, der ein Regierungsamt innehat, ist ein Adliger, und unter den Söhnen dieser Adligen besteht ein immerwährender Kampf um die wenigen offenen Posten. Für diese Menschen ist es schwerer, ihren Verpflichtungen nachzukommen, als für den einfachen Mönch.

Schon nach wenigen Tagen traf ich mit Hilfe meines Vaters Anstalten, meine Ausbildung weiter fortzusetzen. Es wurde beschlossen, daß ich um Zulassung in Drepung, einem der »drei großen« Klöster von Lhasa bitten sollte, das acht Kilometer vor der Stadt liegt. Die Gemeinde von Drepung besteht aus ungefähr zehntausend Mönchen und ist nach Art anderer Universitäten in eine Reihe von Wohnhäusern, Instituten und Fakultäten aufgeteilt. Es gab in Drepung sechs Äbte, und als ich mit meinen Eltern, anderen Familienmitgliedern und Freunden dort ankam, waren sie in einem großen Zelt versammelt, um mich zu begrüßen und zu meinen Räumen zu geleiten. Zum Willkommen waren auch viele Mönche erschienen, aber die Musik fehlte, die mich in Kumbum begrüßt hätte, denn die strengen Regeln von Drepung erlauben sie nicht.

Meine Wohnung war klein und lag im obersten Geschoß eines der vielen Wohnhäuser, von wo ich einen schönen Blick auf die ganze Klosterstadt hatte. Man teilte mir einen Mönch als Führer und einen großen Gelehrten als Lehrer zu. Es war nun meine erste Pflicht, das Eintrittsexamen in die sechste Klasse zu bestehen, und obgleich ich deswegen besorgt war, behagte mir die wohlbekannte Umgebung und das wohlbekannte alte Leben sehr. Das Studium war wesentlich strenger als in Kumbum. Der Tag begann wie stets mit den Morgengebeten um vier Uhr, aber die Unterrichtsstunden zogen sich mit kurzer Unterbrechung bis zum Abend hin, oft bis drei Stunden vor Mitternacht, so daß für das eigene Lernen, das auch irgendwie bewältigt werden mußte, sehr wenig Zeit blieb. Es kommt mir sonderbar vor, daß in jenen Jahren vier Stunden Schlaf ausreichend für mich waren. Die geistigen und physischen Anstrengungen wurden durch die seelische Ruhe ausgeglichen, die sich schon bei den Morgengebeten in der großen Versammlungshalle einstellte. Man hatte das Gefühl, daß alle Kraft nicht von den kurzen vier Stunden Schlaf, sondern von den Zeiten des Gebets ausging.

Von der sechsten Klasse aufwärts wurden viel weniger Schriften auswendig gelernt, nun stand die Analyse im Vordergrund und die Geschicklichkeit im Argumentieren, besonders in der Debatte. Jedes Jahr soll eine Klasse durchlaufen werden. Hat der Student die 12. Klasse erreicht und will er weiter studieren und den höchsten Grad, der dem europäischen Doktor entspricht, erreichen, dann muß er alles Durchgenommene wiederholen und weitere sieben Jahre lang seine Geschicklichkeit im Debattieren entwickeln. Ein Knabe, der vor seinem 10. Lebensjahr ins Kloster eintritt und erfolgreich lernt, kann ungefähr dreißig Jahre alt sein, wenn er die 12. Klasse absolviert und sich den vierzig nähern, bevor er zum Doktorexamen zugelassen wird. Der Doktor, das höchste aller Examen, kann nur in Lhasa abgelegt werden. Es gibt zwei Arten des Doktorexamens, Lharampa und Tsogrampa, die im ersten und zweiten Monat eines Jahres abgehalten werden. Sie sind gleichwertig, denn sie beziehen sich auf den gleichen Lehrstoff, aber diejenigen, die das Lharampa-Examen im ersten Monat des Jahres ablegen, haben eine viel gelehrtere Zuhörerschaft während der Debatten, denn Tausende begeben sich wegen des Neujahrsfestes zu dieser Zeit nach Lhasa. Unter ihnen befinden sich die größten Gelehrten Tibets; andererseits wird der Kandidat oft durch unerwartete Fragen seitens verhältnismäßig wenig gelehrter Zuhörer in Verwirrung gestürzt. Der Erfolg des Kandidaten wird danach beurteilt, wie er die ihm gestellten Fragen behandelt. Zu diesem Zeitpunkt wird nicht so sehr der Umfang seines Wissens geprüft als vielmehr seine Fähigkeit, dieses Wissen anzuwenden. Manche Fragen enthalten versteckte Fußangeln, einige sollen den Kandidaten vom eigentlichen Thema ablenken, andere können nur einen Teil eines weniger bekannten Zitats enthalten, der für sich allein das eine, im Zusammenhang aber etwas anderes bedeutet.

Ich nahm manchmal zuhörend an solchen Examina teil und stellte selbst auch Fragen; viele von uns taten das aus reinem Vergnügen daran, manchmal aber auch, um schwierige Probleme lösen zu helfen, die uns zu schaffen machten. Jeder Kandidat — und es können zwölf oder mehr sein — wird einen ganzen Tag lang examiniert, vom Morgen an bis beinahe um Mitternacht. In der vierten Woche werden die Resultate bekanntgegeben, und der Gyalwa Rinpotsche kommt in den großen Tempel, um diejenigen zu beglückwünschen, die bestanden haben.

Außerdem gibt es noch Institute in Lhasa und anderswo, die auf bestimmte Gebiete spezialisiert sind, besondere philosophische Richtungen oder die Tantras oder andere esoterische Doktrinen lehren und zu denen nur graduierte Mönche zugelassen werden. Das sind keineswegs nur Gelukspa-Mönche, aber wenn ein Gelukspa-Mönch seine Ausbildung beendet hat, kann er diese Institute auf eigenen Wunsch besuchen, sogar wenn sie zur Nyingmapa-Sekte gehören. Das einzige, was von ihm verlangt wird, ist, daß er keine Nyingmapa-Riten in ein Gelukspa-Kloster einführt; was er persönlich praktiziert, ist seine eigene Angelegenheit. Für manche sind die Nyingmapa-Lehren verlockend, denn während die Gelukspa-Lehren so angelegt sind, daß sie den Mönch langsam, aber sicher zur Erleuchtung führen, gibt es auch kürzere und direktere Wege, so wie die Nyingmapa sie lehren. Nicht jeder ist jedoch für den direkten Pfad geeignet, aber viele können von den einführenden Lehren und Übungen profitieren. Auch ich hatte eine Zeitlang viele tantrische Lehrer. Aber als ich das Examen der 7. Klasse abgelegt hatte, begann ich des akademischen Lernens müde zu werden, und das Leben in Lhasa mit der ganzen Aufmerksamkeit, die mir als Mitglied der Familie des Gyalwa Rinpotsche zuteil wurde, ließ mir wenig wirklichen Frieden.

Ich kam gut in meinen Studien voran und hatte auch Freude daran, aber ich hatte auch das Gefühl, weit genug fortgeschritten zu sein und etwas anderes zu brauchen. Manche Menschen haben eine

Neigung für ein rein akademisches Leben, sie lieben zu denken, zu argumentieren, Schlußfolgerungen zu ziehen und auf intellektuellem Wege zur Wahrheit zu gelangen. Anderen erscheint das zu kalt und zu indirekt; aber auch innerhalb der Grenzen des Mittleren Pfades gibt es Raum für diejenigen, die eine direktere und persönlichere Hinwendung als Notwendigkeit empfinden. Nach fünf Jahren in Lhasa fühlte ich dieses Bedürfnis; auch machte es mir mehr und mehr Sorge, so lange von meinem eigenen Kloster abwesend zu sein. Viele Mönche verbringen jedes Jahr einen Monat in einer Einsiedelei oder schließen sich auch nur innerhalb ihres Klosters ein, um sich in voller Einsamkeit der religiösen Meditation hinzugeben. Manche verbringen lange Zeiträume in der Abgeschiedenheit, andere ihr ganzes Leben. Viele Familien sind glücklich, einen Zuflucht suchenden Mönch aufnehmen zu dürfen. Sie beherbergen ihn für drei Monate oder drei Jahre, ganz wie es dem Mönch gefällt; sie kümmern sich um ihn, ernähren ihn, waschen seine Kleider und geben ihm vor allem ein kleines eigenes Zimmer. Manchmal betet der Mönch auch vor dem Familienschrein für die Familie oder nimmt im Bedarfsfall religiöse Handlungen für sie vor. Aber auch wenn er die ganze Zeit in völliger Abgeschlossenheit bei der Familie lebt, mit niemandem spricht und nie zu sehen ist, fühlt sich die Familie belohnt, denn die Anwesenheit eines meditierenden Mönches kann nur Gutes bringen.

Im Kloster muß man studieren, in der Abgeschiedenheit kann man Übungen durchführen, wie sie etwa von den Tantras gelehrt werden. Ich hatte solche Übungen immer sehr nützlich gefunden, wenn ich auch als Mitglied der Gelukspa-Sekte an die Suche nach dem »direkten Pfad« nicht glauben kann. Ich sehnte mich nach der Abgeschiedenheit, nach Freiheit vom akademischen Leben. Einerseits wollte ich freie Zeit haben, mich um all die Pflichten zu kümmern, die ich so lange anderen überlassen hatte, die aber dennoch zu meiner Verantwortlichkeit gehörten; andererseits wollte ich mich von dieser Welt zurückziehen und den Kontakt mit der Welt des Geistes wieder aufnehmen. Ich beschloß, Lhasa zu verlassen und nach Kumbum zurückzukehren.

Ich war noch gar nicht lange dort, als ich wieder ins akademische Leben zurückgezogen wurde. Die Amtszeit des Abtes lief ab, und verschiedene Namen, darunter der meinige, standen zur Wahl. Der

Abt ließ wissen, daß er mich zu seinem Nachfolger haben wollte, und ich konnte nicht ablehnen. Vieles wird bei einer solchen Wahl in Betracht gezogen: akademische und administrative Fähigkeiten und finanzielle Unterstützung. Ein Abt muß nicht nur sein Kloster verwalten, er muß auch für das Wohl aller Mitglieder sorgen, ihnen Obdach und Nahrung bieten, und dazu muß er entweder Kontributionen von anderen eintreiben oder er muß kräftig aus eigenen Quellen beisteuern, wenn er, wie in meinem Fall, eine reiche Stiftung im Hintergrund hat. Seine akademischen Fähigkeiten müssen zumindest ausreichend sein, denn von einem Abt erwartet man, daß er alle zwölf Klassen beendet. Wieder mußte ich mich dem Bücherstudium widmen und debattieren, denn das Amt eines Abtes enthebt einen nicht der Pflichten eines Studenten. Ich hatte zwei Verwalter, die mir bei der Administration halfen, aber ich mußte trotzdem viel mehr Zeit in den Amtsräumen des Abtes von Kumbum als in meiner Wohnung im Tagtser Labrang verbringen. Wieder wurde ich mehr und mehr in die Geschäfte meiner Umwelt hineingezogen, und die Hoffnung auf eine längere Periode der Abgeschiedenheit schwand dahin.

Die Schriften, die man nach Beendigung der Gesamtausbildung gemeistert haben muß, sind sowohl kanonisch als auch nichtkanonisch. Die kanonischen Schriften umfassen den Kagyur, der hauptsächlich aus den eigentlichen Lehren des Buddha besteht, die in etwa 84 000 Diskursen über Ethik, Disziplin, Administration und Philosophie niedergelegt sind, so daß nicht nur die buddhistische Kirche ihre Gesetze aus den Schriften ableiten kann, sondern auch die Laien je nach ihren Charakteren und Möglichkeiten daraus Belehrung schöpfen können. Der Kagyur enthält einige Auslegungen besonders erwählter Jünger des Buddha, zu denen der Buddha seine Zustimmung gegeben hat. Außerdem enthält er die Vier Großen Tantras: Das Tantra der Tätigkeit, das Tantra der Anwendung, das Tantra der Vollkommenheit und das Tantra der höchsten Vollkommenheit.

Nach dem Kagyur folgt seiner Bedeutung nach gleich der Tangyur, ein Kommentar, der im Zeitraum von vielen Jahren von indischen und tibetischen Gelehrten geschrieben wurde und 225 Bände umfaßt. Dann gibt es noch den Tsanuyi Yiktscha, einen Universitätskursus, den jeder Mönch absolvieren muß, bevor er mit dem Studium der Tantras beginnt. Die kanonischen Schriften umfassen noch zahlreiche andere Bände, auch die der Nyingmapa-Sekte, Richtlinien für das religiöse Studium und die religiöse Praxis, Hymnen, Anrufungen und klassische Erzählungen über vorhergegangene Lebensabläufe Buddhas.

Die nichtkanonischen Texte umfassen Grammatiken des Sanskrit und des Tibetischen, politische und medizinische Wissenschaften, Astrologie und Astronomie, Rhetorik sowie allgemeine Literatur und Geisteswissenschaften.

Diese Schriften sind alle sehr sorgfältig aufbewahrt worden und werden von uns in vielerlei Hinsicht als das wichtigste Mittel zur Erlangung der Erleuchtung angesehen. So sehr wir auch Heilige und Wundertäter verehren, die Schriften erscheinen uns als eine sicherere Zuflucht. Diese Überzeugung findet darin ihren Ausdruck, daß bei uns in den Klöstern und Tempeln die Schriften erhöht auf einem Ehrenplatz oberhalb der Bilder liegen, die als weniger wichtige Hilfsmittel ebenfalls zu rechtem Denken und rechtem Handeln anregen sollen. Das ist verständlich, wenn man sich vor Augen hält, daß der Kern des tibetischen Buddhismus in den Drei Kostbaren Wahrheiten liegt: Sanggye, Tschö, Gedun (der Buddha, das Dharma und Sangha); der Buddha, der immer anwesend ist, um uns zur Erleuchtung zu führen; sein Wort, wie es uns in den Schriften gegeben ist, und die brüderliche Gemeinschaft seiner Mönche. Das ist unsere dreifache Zuflucht, die in allen öffentlichen und privaten Gottesdiensten durch die Bilder, die um und über den Bildern aufbewahrten Schriften und die Gemeinde symbolisiert wird. Und hierin finden wir, der Mönch ebenso wie der Laie, die innere Sicherheit, die so lange Teil des normalen tibetischen Lebens gewesen ist.

Es gibt noch eine vierte Zuflucht, den Lama. Der Lama ist einfach ein Lehrer, aber für jeden Schüler ist sein Lama das wichtigste Wesen der Welt, denn sein Geist, seine Rede und sein Körper entsprechen Sanggyue, Tschö und Gedun. Bei einem Lama lernt man sich zu konzentrieren und danach die Meditation, die zum Sanggye Sa führt. Wendet man die richtigen Methoden an, dann ist die Konzentration einfach eine Ausschaltung physischer und gefühlsmäßiger Unausgeglichenheit, die zur körperlichen und geistigen Ruhe führt. Alle falschen Handlungen und falschen Gedanken müssen völlig ausgerottet werden, was sich nur durch intensives

Training, strengste Disziplin und moralische Kontrolle erreichen läßt. Danach erst kann die Meditation an die Stelle der Konzentration treten und den Meditierenden mit der Wahrheit durchdringen, die immer da ist, die wir aber nicht wahrnehmen, weil wir von persönlichen Empfindungen, Gedanken und Handlungen abgelenkt sind, an die wir uns so sehr klammern, weil wir meinen, ohne sie wären wir nichts. Aber nur ohne sie sind wir alles. Meditation setzt absolute Reinheit von Körper und Geist und Reinheit des Zwecks voraus. Sie verlangt auch Achtsamkeit, Geduld und beträchtliche Anstrengung. Die ersten drei Tantras fordern religiöse Hingabe, Konzentration und Meditation, die auf den Schutzgott des Kandidaten — einschließlich seines *ngag* und seiner Symbole — gerichtet sein müssen, sowie Atemübungen. All das muß sich auf höchstes intellektuelles und moralisches Training stützen. Das vierte Tantra benutzt ebenfalls die Konzentration und Meditation, richtet sich aber auf den Prozeß des Lebens und auf den Tod, Bardo und die Wiedergeburt, und führt zur Manifestation aus dem unwirklichen, dem wirklichen und dem feinstofflichen Körper und die Transformierung in einen noch höheren Zustand. Dann folgen beim vierten Tantra noch sechs Stufen bis zur »Größten Glückseligkeit«; sie machen den Kanal der geistigen Energie, Tummo-me, nutzbar, der darauf wartet, geweckt und richtig zum Zwecke geistiger Schöpfung und nicht zum Zweck physischer Zeugung benutzt zu werden. Diese Stufe verlangt komplizierte Atemübungen und Körperhaltungen und ist die esoterischste von allen, die nur von wenigen gemeistert wird.

Zusammen mit diesen Praktiken entwickeln sich die vielbesprochenen psychischen Kräfte. Wir glauben, daß höchste geistige Fähigkeiten den Körper von den Naturgesetzen befreien können. Dann kann der Körper rechtmäßig zum Erreichen eines noch höheren Zustandes benutzt werden, aber das Ziel ist immer die Erleuchtung, die um aller fühlenden Wesen willen erreicht werden muß. Es ist unsere Pflicht, nach Erleuchtung zu streben, denn ehe wir diesen Zustand nicht erreicht haben, können wir anderen nicht helfen, da wir noch immer in Unwissenheit und Illusion verharren. Je direkter der Weg ist, der zum Ziel führt, desto schwerer ist er. Der Mönch, stehe er nun tief unten oder oben auf der Stufenleiter der Hierarchie, bringt das größte Opfer, wenn er sich dem einsamen Leben der Konzentration und Meditation weiht. Er ist damit nicht nur zu einer entbehrungsreichen Existenz in seiner derzeitigen Inkarnation verurteilt, sondern er verpflichtet sich auch, immer und immer wieder zurückzukehren und ähnliche Leiden zu erdulden, um seinen Mitmenschen helfen zu können.

Der Eremit ist kein selbstsüchtiger Mensch, kalt und ohne Gefühl für andere. Ganz im Gegenteil ist er ein von grenzenloser Liebe, grenzenlosem Mitleid, grenzenloser Freude und grenzenlosem Gleichmut erfüllter Mensch.

16. KAPITEL

Seid ruhig, meine Getreuen, / Lebe in Frieden, mein geliebtes Khabatschen. / In tausend verschiedenen Gestalten / Werde ich in Zukunft wiederkehren / Und Hilfe und Trost bringen.

Aus MANI BKAHBUM

EINE FREMDE WELT

Von allen Gyalwa Rinpotsche respektieren wir Tibeter wahrscheinlich den siebenten, Kalsang Gyatso, am meisten, denn er war ein Heiliger, der sein ganzes Leben den Drei Kostbaren Wahrheiten weihte und nicht für sich selbst, sondern für sein ganzes Volk einen Ausweg suchte. Aber wir ehren den fünften und den dreizehnten ebenfalls ganz besonders, weil sie Tibet nicht nur religiöse, sondern auch politische Kraft gaben, und weil das Land während ihrer Regierung lange Zeit Frieden und Wohlstand genoß.

Während der Regierung des siebenten Gyalwa Rinpotsche versuchten die Chinesen, den Pantschen Rinpotsche durch Bestechung auf ihre Seite zu ziehen, um ihren Einfluß in unserem Lande zu vergrößern. Aber durch die Ehren, die sie ihm bei seinem Besuch in Peking erwiesen, und durch den Respekt, den sie für ihn zur Schau trugen, stärkten sie die Achtung der Tibeter für ihre Religion und ihre religiösen Führer. Gerade diese Hochachtung hatten die Chinesen brechen wollen, denn sie hat der chinesischen Herrschaft über Tibet immer viel stärker im Wege gestanden als militärische Macht.

Nachdem dieser Schachzug sich als verfehlt erwiesen hatte, und das tibetische Volk dem Gyalwa Rinpotsche als seinem Führer weiterhin eigensinnig treu blieb, versuchten die Chinesen, die Wahl des Gyalwa Rinpotsche zu beeinflussen. Es ist wohl mehr als nur Zufall, daß zwischen dem siebenten und dem dreizehnten Träger dieses Amtes nur einer die Großjährigkeit erreichte. Der achte, Gyampal Gyatso, starb, als er in den Dreißigern war; Lungtog Gyatso war elf, Tsultrim Gyatso achtzehn, Khadrup Gyatso ebenfalls achtzehn und Krinla Gyatso auch beinahe in diesem Alter, als sie starben. Die Umstände sprechen sehr stark dafür, daß einige, wenn nicht alle, vergiftet wurden, entweder von loyalen Tibetern, weil sie sie als von den Chinesen eingesetzte Hochstapler ansahen, oder von den Chinesen, weil sie nicht gefügig genug waren.

Viele Tibeter meinen, daß das immer durchgeführt wurde, wenn der junge Gyalwa Rinpotsche nach alter Sitte seinen rituellen Besuch am heiligen See Lamtso machte. In diesem See kann der Rinpotsche sehen, wie er leben soll und wie er sterben wird. Die etwa 160 Kilometer betragende Reise wurde immer mit vollem Pomp unternommen und der Gyalwa Rinpotsche von großem Gefolge begleitet. Am See befindet sich ein besonderer Schrein, der der Beschützerin des Sees und aller Inkarnationen Tschenrezigs, Mogsorma, geweiht ist. Man glaubt, daß ihr Anblick besonders furchterregend ist, und nur der Gyalwa Rinpotsche darf den Tempel betreten, und sogar er sollte sich nur nach langer und geeigneter Vorbereitung dahin begeben. Jeder der jung verstorbenen Rinpotsche starb kurz nach dem Besuch am See. Viele behaupteten, das sei daher gekommen, weil sie keine echten Inkarnationen, sondern von den Chinesen eingesetzte Betrüger waren. Andere erzählen, die Köche des Gefolges, unter denen sich damals viele Chinesen befanden, wären bestochen gewesen, Gift in das Essen des Rinpotsche zu tun. Der dreizehnte Gyalwa Rinpotsche besuchte den See erst, als er 25 Jahre alt war. Er war durch geistliche Übungen genügend vorbereitet und hatte auch treue Köche. Die Chinesen waren enttäuscht, als er nicht so wie seine Vorgänger starb, und er sollte lang genug leben, ihnen noch viel mehr Grund zum Bedauern zu geben.

Die Zeit zwischen der Regierung des siebenten und der des dreizehnten Rinpotsche war fast genauso gefährlich für die Regenten, die von beiden Seiten unter Druck standen, und während dieser ganzen unsicheren Periode machten die chinesischen Ambams in Lhasa die größten Anstrengungen, Tibet noch stärker unter die politische Herrschaft Chinas zu bringen. Als der zwölfte Gyalwa Rinpotsche starb, waren die Umstände für die Wahl seines Nachfolgers andere als sonst, und es blieb kein Raum für Intrigen. Ein hochverehrter Mönch erlebte eine Offenbarung, im See Lamtso zeigte sich eine unmißverständlich klare Vision, und der angegebene Knabe (aus Takpo, in Südtibet) wies alle erwarteten physischen und geistigen Merkmale auf. Die Orakel und Wahrzeichen ließen ebenfalls keinen Raum für Zweifel offen.

Der Knabe wurde fast sofort nach Lhasa gebracht und als Thubten Gyatso, 13. Gyalwa Rinpotsche, um 1878 herum eingesetzt. Als er aufwuchs, entwickelte er gerade jene Fähigkeiten, die er am meisten brauchen sollte. Obgleich er späterhin sehr stark befürwortete, daß die Mönche den Laien die Politik überließen, wurde er selbst zu einem gewiegten und erfolgreichen Politiker, vernachlässigte dabei keineswegs seine religiösen Pflichten. Unterdessen war Tibet jedoch als Spielball in die Gegensätzlichkeiten der internationalen Politik hineingezogen worden.

Die Tibet umgebenden Großmächte Rußland, China und Groß-Britannien hatten ein steigendes Interesse am Handel mit Tibet gewonnen. Die Briten hatten zunächst Chinas Anspruch auf die Oberhoheit über Tibet unterstützt und mehrere Tibet betreffende Verträge mit China unterzeichnet. Das zeigte den Tibetern den Ernst ihrer Lage, denn bis zu diesem Zeitpunkt hatten sie es immer nur mit China zu tun gehabt und es verstanden, China auf Armes-länge zu halten. Die Existenz der beiden Ambams in Lhasa wahrte das Gesicht für China, und die Tibeter sahen keinen Nachteil darin, wenn China so tat, als könne es eine Macht ausüben, die es in Wahrheit nicht besaß. Die Lage wurde jedoch ganz anders, als die Briten die Chinesen unterstützten, denn der britische Einfluß er-streckte sich ja auch auf Nordindien, Nepal, Sikkim, Bhutan und Burma. Der 13. Gyalwa Rinpotsche schickte daher einen Gesandten nach Rußland, der mit dem Zaren verhandeln sollte. Der Zar war sehr interessiert, nicht nur im Interesse des Handels, sondern auch im Gedanken daran, Tibet als bequeme Hintertür nach China zu benutzen.

Geographische Verkehrsschwierigkeiten hinderten ein praktisches Übereinkommen, aber die Briten waren mittlerweile durch die Aussicht auf ein Bündnis zwischen den beiden Völkern alarmiert. Nachdem sie eingesehen hatten, daß Tibet doch nicht, wie ange-nommen, ein Vasall Chinas war, widerriefen sie ihre vorherige Anerkennung der chinesischen Oberhoheit und entsandten eine be-waffnete Expedition unter Sir Francis Younghusband nach Tibet. Angesichts dieser Invasion floh der Gyalwa Rinpotsche über das Kloster Kumbum nach Osttibet und erreichte schließlich Peking, wo er mit der Kaiserin verhandelte. Unterdessen unterzeichneten die Briten in Tibet einen Vertrag mit der tibetischen Regierung und zogen ihre Truppen bis auf eine kleine Kommission zurück. Der Gyalwa Rinpotsche kehrte heim, aber der Kampf zwischen den Großmächten war noch nicht vorüber. Groß-Britannien überredete Rußland, ebenfalls die Unabhängigkeit Tibets von China anzuerkennen und Tibet vor jeglicher fremden Durchdringung zu schützen. China machte einen letzten Versuch und unternahm eine bewaffnete Intervention; wieder überließ der Gyalwa Rinpotsche die Regierungsgeschäfte seinen Stellvertretern und machte sich zu direkten Verhandlungen mit seinen Feinden auf den Weg. Dieses Mal ging er nach Indien und traf sich mit den Briten, die solange zögerten, bis sie sahen, wie sich die Dinge entwickeln würden.

Der Streitfall wurde schließlich durch eine innere Revolte in China beendet. Die tibetischen Truppen, welche die Chinesen bislang in Schach gehalten hatten, konnten sie nun leicht vertreiben. Mit einer pathetischen Geste, die die ganze Hohlheit der chinesischen Oberhoheit nur unterstrich, proklamierte die Kaiserin die Absetzung des Gyalwa Rinpotsche, während Thubten Gyatso nach Lhasa zurückkehrte und Tibet so stark dastand wie nur zu Zeiten des fünften Gyalwa Rinpotsche, Ngawong Gyatso.

Der Gyalwa Rinpotsche erließ eine Unabhängigkeitserklärung, ließ alle Chinesen einschließlich der Ambams vertreiben und machte sich daran, die Stellung seines Landes zu stärken. In den Jahren um 1920 versuchten die Chinesen noch einmal, mit dem Pantschen Rinpotsche zu intrigieren, um dadurch wieder zu Einfluß zu gelangen. Während der Gyalwa Rinpotsche in Indien war, hatten die chinesischen Ambams den Pantschen Rinpotsche nach Lhasa eingeladen und ihn in die Amtsräume und Privatgemächer Thubten Gyatsos eingesetzt. An sich hatte das kein böses Blut gemacht, denn beide Rinpotsche waren hochgeachtet, und als Thubten Gyatso nach Lhasa zurückkehrte, begab sich der Pantschen Rinpotsche einfach wieder heim in sein Kloster Taschi Lhunpo. Zwischen den beiden gab es keine Unstimmigkeiten; aber dann zettelten die Chinesen Streitigkeiten zwischen den Anhängern der beiden an. Die Gefolgsleute des Pantschen Rinpotsche wurden aufgehetzt zu glauben, daß ihr Führer das eigentliche Oberhaupt Tibets sei und nicht der Gyalwa Rinpotsche. Man ermunterte sie, die erhöhten Steuern der Zentralregierung nicht zu bezahlen und eine privilegierte Stellung für sich zu verlangen, die der Unabhängigkeit gleichkam. Die Leute des Gyalwa Rinpotsche ihrerseits beanstandeten die Privilegien, die sich der Taschi Lhunpo schon herausgenommen hatte, und stießen sich noch mehr an dem wachsenden politschen Machtstreben der Anhänger des Pantschen Rinpotsche. Eine Teilung Tibets war genauso undenkbar wie undurchführbar, und als der Pantschen Rinpotsche Tibet mit mehreren Mitgliedern seines Hofstaats zu einem Besuch in Peking verließ, wurde bekannt, daß er nicht zurückkehren würde. Er blieb bis zu seinem 1937 erfolgenden Tode in China. Die alte Legende von der Trennung der beiden Führer hatte sich wieder einmal bewahrheitet. Dennoch hat es nie an gegenseitigem Respekt bei den Rinpotsche gefehlt. Und obgleich der Nachfolger des Pantschen Rinpotsche gänzlich unter chinesischer Aufsicht erzogen und kommunistisch beeinflußt war, wurde er von den Tibetern seiner Stellung entsprechend hoch geehrt, als er mit den kommunistischen Invasionstruppen ins Land kam; er zeigte bald, daß er nicht die Marionette war, zu der ihn die Chinesen gerne gemacht hätten. Die chinesische Erwartung, die beiden Rinpotsche gegeneinander ausspielen zu können, beruhte auf der falschen Vorstellung, daß politische Bedeutung und Bequemlichkeit unserem System zugrunde liegen. Da sie selbst kein religiöses Volk sind, konnten sie nicht verstehen, daß unsere Regierung, die äußerlich politisch erschien, in Wirklichkeit religiös war, und daß die Loyalität der Tibeter nicht politische Treue, sondern ein inbrünstiger, unerschütterlicher Glaubensakt ist. Wie auch andere Nicht-Tibeter haben die Chinesen die Rolle unserer Rinpotsche mißverstanden, da sie ihnen nur als politische Führer erschienen, die sich auf weltliche Macht stützten, während für die Tibeter die erste Pflicht eines Rinpotsche darin besteht, für das religiöse Wohl des Volkes zu sorgen.

Es ist unser unverbrüchlicher Glaube, daß es kein höheres Ziel als das religiöse gibt, und daß nichts mehr wert ist als dieses Ziel, denn alles andere wird uns auf dem Wege dahin zufallen und wertlos erscheinen im Vergleich zu dem, wonach wir alle suchen. Das ist keine Philospohie, die nur von den reichen Tibetern geteilt wird, solchen, die schon materielle Güter in diesem Leben erworben haben; es ist der Glaube jedes Bauern und jedes Nomaden. In Tibet haben die Reichen und die Mächtigen nie das Monopol der Zufriedenheit innegehabt. Das hat immer uns allen gehört.

Tschenrezig ist zum Schutze Tibets ausgesandt und der Gyalwa Rinpotsche ist die Reinkarnation Tschenrezigs. Daher muß dem Gyalwa Rinpotsche natürlich politische Macht zufallen, wenn er das wünscht. Dennoch hat Tibet eine komplizierte Regierungsorganisation, die auch ohne einen aktiven Rinpotsche an der Spitze funktioniert. Die Regierungsmaschinerie läuft genauso gut, wenn der wiederverkörperte Tschenrezig die Einsamkeit sucht, um für den Schutz seines Volkes durch den Glauben zu arbeiten, wie das der siebente Gyalwa Rinpotsche tat. Aber der Gyalwa Rinpotsche ist immer unser nominelles Regierungsoberhaupt, so wie er kraft seines Amtes das Oberhaupt der buddhistischen Kirche ist. Als solchem gebührt ihm Verehrung, wenn es auch unter den Pilgern viele gibt, die der Segnung durch einen anderen Rinpotsche der Gelukspa- oder Nyingmapa-Sekte oder durch den Pantschen Rinpotsche größeren Wert beimessen. Das ist ganz unabhängig von der Autorität, die sie ihm einstimmig zubilligen, und dem Respekt, den sie für ihn empfinden. Ein Pilger auf der Suche nach einer Segnung gleicht einem Schüler auf der Suche nach einem Lehrer oder einem Jünger, der einen Meister sucht. Es ist dies eine Sache der persönlichen Anschauung, und jeder muß sich von seinen eigenen Bedürfnissen leiten lassen. So ist es auch keineswegs eine illoyale Handlung, Anhänger des Pantschen Rinpotsche zu werden, wenn es für Außenstehende auch so aussehen mag.

Als Thubten Gyatso 1912 nach Lhasa zurückkehrte, machte er sich keine Gedanken darüber, daß der Pantschen Rinpotsche ein möglicher Rivale sein könnte. Ihn beunruhigte der Zustand, in den die innere Verwaltung des Landes geraten war, und zwar als Folge der langandauernden Intrigen und des fremden Einflusses. Er veranlaßte eine Reihe von Reformen, die mit den Mißständen aufräumen sollten, auch wenn diese Reformen gegen das Verhalten von Mitgliedern seiner eigenen, der dominierenden Gelukspa-Sekte gerichtet waren.

Es hatte Beispiele von Korruption in einigen Klöstern gegeben, und auch die Verteilung der höchsten Grade der Gelehrsamkeit war kritisiert worden. Thubten Gyatso rief die Äbte der großen Klöster zusammen und bestand auf der Wiederherstellung der alten Disziplin. Ein Kloster soll ein Ort der Arbeit und des Studiums sein, daher sollten müßige Mönche aus dem Orden entfernt werden.

Kandidaten für die höchsten Examen mußten nun zur Prüfung im Potala erscheinen, ehe ihre Graduierung ausgesprochen wurde. Mönche sollten sich fürderhin nicht mehr so viel mit weltlichen Angelegenheiten beschäftigen, daher vermehrte der 13. Gyalwa Rinpotsche die Anzahl der Regierungsbeamten aus dem Laienstand ganz beträchtlich, und dadurch wurde die politische und wirtschaftliche Macht der Klöster über die Bauern entsprechend eingeschränkt. Einmal war es sogar passiert, daß Mönche aus dem Kloster Sera selbst die Schulden in einem Dorf eintreiben gingen. Als die Bauern sich als zahlungsunfähig erwiesen, nahmen ihnen die Mönche einen Teil ihres Eigentums weg und trugen es ins Kloster. Die Bauern beschwerten sich, und der Gyalwa Rinpotsche rief die Äbte von Sera in den Potala. Dort ließ er sie im Vorzimmer zwei Tage lang warten, um sie Demut zu lehren, und bestrafte sie dann schwer für das Verhalten ihrer Mönche.

Mit den Regierungsbeamten ging er ebenso streng um. Es war ganz allgemein Sitte, daß ein reisender Regierungsbeamter von jedem Bauern unterwegs verlangen konnte, daß ihm Pferde oder Yaks gestellt wurden. Das war eine vernünftige Regelung, die zu keinen Härten führte, solange dieses Privilegium nicht mißbraucht wurde. Einige Beamte hatten jedoch in letzter Zeit ganz ungerechtfertigt hohe Ansprüche gestellt, und zwar nicht nur bei Dienstreisen. Thubten Gyatso erließ ein Gesetz, demzufolge solche Ansprüche nur mit schriftlicher Genehmigung der Zentralregierung gestellt werden durften.

Die Adligen hatten sich angewöhnt, nicht nur durch falsche Angaben der Besteuerung zu entgehen, sondern sie hatten ihre Stellung auch dazu mißbraucht, Dienste zu verlangen, ohne dafür zu bezahlen. Dem wurde nun ein Riegel vorgeschoben, Tarife für die Bezahlung von Diensten wurden eingeführt und die Besteuerung im ganzen Lande einheitlich organisiert und vollstreckt.

Alle diese Gesetze, die durch wachsende Laxheit unter dem Adel und den Mönchen notwendig geworden waren, mußten nun mit Hilfe einer Polizei durchgesetzt werden. Bis dahin hatte es keine Polizei in Tibet gegeben, das Regiment der Klöster war streng und gerecht gewesen, die Bestrafungen jedoch häufig übertrieben und schwer. Thubten Gyatso führte ein neues, einheitliches Strafsystem für das ganze Land ein. Die Todesstrafe wurde völlig abgeschafft und die Körperstrafen verringert. Auch die Lebensbedingungen in den Gefängnissen wurden verbessert und besondere Beamte eingesetzt, die auf die Einhaltung der Vorschriften zu achten hatten.

Das ganze Bildungswesen war exklusiv gewesen; nur diejenigen, die sich völlig dem Klosterleben weihten und alle Gelübde ablegten, hatten die Möglichkeit, die höchste Bildung zu erlangen. Sogar die Kinder der Adligen hatten sich mit Beschränkungen abfinden müssen, während Bauernkinder im allgemeinen nur eine rudimentäre Bildung zusammen mit einer strengen religiösen Erziehung erhielten. Nun sollte ein weltliches Erziehungssystem eingeführt, jedoch nicht von der religiösen Erziehung getrennt werden. Es sollte nur eine Art Überbau über dem religiösen Fundament bilden.

Thubten Gyatso war in jeder Hinsicht ein aufgeklärter Regent, und wenn Tibet so feudalistisch und tyrannisch gewesen wäre, wie es von manchen dargestellt wird, so hätte er sich nicht durchsetzen können. So aber hatte er mit wenig Widerstand zu kämpfen, denn die Gerechtigkeit seiner Reformen konnte nicht bestritten werden. Was an Opposition vorhanden war, ging von den Klöstern aus, die bisher große politische Macht und eine fast unbeschränkte wirtschaftliche Kontrolle über große Ländereien ausgeübt hatten. Durch die neuen Reformen wurde das gesamte Regierungssystem überprüft und ein Gleichgewicht zwischen religiösen und weltlichen Kräften hergestellt. Während Thubten Gyatsos Bestreben darauf gerichtet war, fremde Truppen aus Tibet herauszuhalten und allen Versuchen ausländischer Mächte, irgendeine, wenn auch indirekte, Kontrolle über Tibet auszuüben, zu widerstehen, wollte er sich andererseits ein möglichst genaues Bild von der Außenwelt machen. Er schickte Tibeter zum Lernen und Studieren außer Landes und freute sich, wenn Ausländer, wie Japaner, Briten und Amerikaner, nach Lhasa kamen, um ihn zu besuchen. Trotz seines Mißtrauens gegen die Absichten der britischen Regierung, stand er sich mit dem britischen Regierungsvertreter Sir Charles Bell ausgezeichnet und konsultierte ihn häufig in besonders wichtigen Fragen.

In den 1920er Jahren wurde in Lhasa die Elektrizität eingeführt und nicht nur im Potala, sondern in der ganzen Stadt installiert. Es wurden erste Schritte im Wegebau unternommen und das erste Auto mit viel Mühe über die schneebedeckten Gebirge nach Zentraltibet transportiert. Telefonische und telegrafische Verbindungen wurden eingerichtet, und nach einigen wenigen Jahren war Tibet bereit, Teil der modernen Welt zu werden. Aber die moderne Welt zog es vor, Tibet in der Isolierung zu halten, und während draußen die Weltkriege tobten und die Großmächte sich um die Territorien kleinerer Mächte stritten, konnte Tibet nichts tun als abwarten, denn es war schon bei seinem ersten Schritt in den Strudel internationaler Politik gehemmt worden. Tibet glich einer langsam reifenden Frucht, die darauf wartete, gepflückt zu werden.

Die von Thubten Gyatso eingeführten Reformen überdauerten seinen Tod. Während der darauf folgenden Regentschaft wurden sie fortgeführt, und der jetzige Gyalwa Rinpotsche begann mit noch durchgreifenderen Reformen, als er die Regierung übernahm. Alle hatten den praktischen Nutzen erkannt, den Thubten Gyatsos Ideen gebracht hatten, und sogar die aufsässigen Klöster sahen den Segen der neuen Gesetze ein, die die strengste Disziplin für alle diejenigen wieder eingeführt hatten, die dem Orden angehörten. Auch fingen die Klöster die Weisheit zu schätzen an, die darin lag, die weltliche Verwaltung so weit als möglich in die Hände von Beamten aus der Laienschaft zu legen. Dafür gab es zwei gute Gründe. Erstens verlangt jede Verwaltungsarbeit eine besondere Ausbildung, und unausgebildete Mönche hatten, ohne es zu wollen, viel Schaden gestiftet und sich sogar der Unterdrückung schuldig gemacht; außerdem waren die Mönche und sogar ganze Klöster dadurch verweltlicht und hatten sich in steigendem Maße mit Verwaltungsaufgaben und entsprechend weniger mit ihrer religiösen Weiterentwicklung befaßt.

Ich selbst habe davon eine Probe erhalten, als ich zum Abt von Kumbum ernannt wurde. Diesen Posten hatte ich nicht erstrebt, denn ich war nur zurückgekehrt, um mich einem ruhigen, der Meditation geweihten Leben hinzugeben. Ich konnte die Bitte jedoch nicht abschlagen und sollte bald herausfinden, was es hieß, gleichzeitig Mönch und Verwaltungsbeamter zu sein. Teils war ich durch die Regeln unserer Sekte dazu gezwungen, meine Weiterbildung bis zum Doktorgrad voranzutreiben, denn als Abt ist man für eine Art Universität verantwortlich, und es wird daher verlangt, daß man selbst die höchste Stufe erreicht hat. Der Rang spielt dabei eine so geringe Rolle, daß ich als Abt — und infolgedessen ehrwürdig — doch auch Student war und mich daher an den täglichen

Debatten und Streitgesprächen beteiligen mußte. Solch eine Lage kann einen nur zu verdoppelter Anstrengung treiben, aber diese rein akademische Belastung ist dabei nur ein Teil von der, die man als Verwalter eines Klosters zu tragen hat.

Als Abt hatte ich das gesamte Personal unter mir und mußte alle Ernennungen vom Schatzmeister bis zum Koch bestätigen. Ich war letzten Endes für alles verantwortlich, was irgend jemand von diesen Menschen tat, und ich fühlte mich verpflichtet, die Arbeit eines jeden aus eigener Anschauung kennenzulernen. Dann gab es Disziplinarfragen, die mich ganz besonders belasteten, ferner die Aufsicht über die Verwaltung des großen Grundbesitzes an Bauernland, der zum Kloster gehörte, mit den dazugehörigen Pachtverträgen und der Verleihung von Geld und Getreide an andere Klöster oder Einzelpersonen. Eine Aufgabe insbesondere verschlang jeweils einen großen Teil des Tages, und das war die Vorbereitung der Vorlesung, die ich jeden Morgen den viertausend Mönchen in der Versammlungshalle halten mußte. Bei soviel Verwaltungsarbeit und täglicher Routine blieb mir keine Zeit mehr für die Ruhe und den Frieden, die ich so ersehnt hatte und für meine religiösen Ziele auch brauchte. Von einem Abt wird erwartet, daß er mehr als ein Verwalter ist; er soll ein geistlicher Führer sein. Das fliegt einem aber nicht zu. Es genügt nicht, ein gutes Leben zu führen. Will man ein geistlicher Führer sein, so muß man sich auf das Geistige, nicht auf das Materielle konzentrieren Das bedeutet nicht, daß es für einen geistigen Menschen unmöglich ist, ein guter Verwalter zu sein, und auch das Umgekehrte ist nicht unmöglich, aber es verlangt große Gaben und eine spezielle Ausbildung. In Lhasa kann man diese Ausbildung erhalten; die Mönche werden gelehrt, wie sie ihre religiöse Rolle mit der weltlichen vereinbaren können, aber diese Ausbildung wird nur verhältnismäßig wenigen zuteil. War es schon schwer für mich, der ich nur Abt einer religiösen Institution war, wieviel schwerer muß es dann einem Mönch gefallen sein, der für ein Amt bestellt wurde, das mit seinem religiösen Leben überhaupt nichts zu tun hatte. Immer muß dabei eine Seite zu kurz kommen; das führt entweder zu einer schlechten Verwaltung oder aber zur Verarmung auf religiösem Gebiet.

Kurz vor seinem Tode äußerte Thubten Gyatso noch eine Prophezeiung. Eine hohe Inkarnation war in einem Kloster in der Äußeren Mongolei von Kommunisten umgebracht worden. Das Kloster war geschlossen worden, und die Menschen durften nicht mehr beten. Die Priester waren in die Armee gezwungen worden. Der 13. Gyalwa Rinpotsche sagte voraus, daß all dieses sich bald in Tibet ereignen würde und daß wir uns darauf einstellen sollten. Er sagte, es werde eine Zeit kommen, wo es keinen Gyalwa und keinen Pantschen Rinpotsche geben werde und alle übrigen Reinkarnationen würden sterben, aber niemand würde die Erlaubnis erhalten, nach ihren Nachfolgern zu suchen. Die Erinnerung an unsere uralte Vergangenheit würde ausgelöscht werden, Land und Eigentum würde denjenigen genommen werden, die heute noch die Besitzer seien. Es werde eine Zeit kommen, wo es keine Nahrung geben werde und wo Tage und Nächte in Angst verbracht werden würden. Auf diese Zeit, die kurz bevorstünde, sollten wir uns vorbereiten, indem wir unsere physische Widerstandskraft stärkten, unser geistiges Streben steigerten und unser religiöses Leben reinigten. Diese Prophezeiung wurde von Thubten Gyatso in seinem Todesjahr 1933 ausgesprochen, als er 58 Jahre alt war, und bis zum Eintritt des Vorhergesagten dauerte es nur noch zwei Jahrzehnte.

Anderen überlasse den Sieg und die Beute; / Verlust
und Niederlage nimm auf dich.

BSODNAMS RGYAMTSO,
Dritter Gyalwa Rinpotsche

17. KAPITEL

DIE NEUE ORDNUNG

Eine der häufigsten Anschuldigungen gegen Tibet lautet, die buddhistische Kirche sei eine Autokratie, mit dem Gyalwa Rinpotsche
als Despoten an der Spitze. Da Menschen nicht vollkommene Wesen
sind, kann kein menschliches Regierungssystem vollkommen sein.
Es gibt viele demokratische Regierungsformen, die dem Volk viel
weniger Freiheit lassen als das tibetische System, und obgleich die
Führer die Notwendigkeit von Reformen eingesehen und sie auch
durchgeführt haben, sind die Mängel die Folge menschlicher Schwächen und nicht die Folge einer im System begründeten Unvollkommenheit gewesen. Während ich und die meisten Tibeter noch
weitere Reformen gerne sehen würden, hänge ich an der traditio-
nellen Form unseres Staatswesens. Wenn wir eine gute Regierung
haben wollen, müssen wir uns nach guten Männern umsehen, und
wo könnte man die besser finden als unter denjenigen, die die
Mönchsgelübde abgelegt haben und ihr Leben unter ein religiöses
Ideal stellen? Ich glaube auch, daß die größte Stärke unseres Systems
in der unbestrittenen Führung durch den Gyalwa Rinpotsche liegt.
Aber das ist ein Akt des Glaubens, der für Fremde schwer verständlich sein muß. Andere Regierungsmitglieder können schwach
sein, niemals jedoch unser höchster Führer, denn er ist die Reinkarnation Tschenrezigs, die Verkörperung der Vollkommenheit und
der Erleuchtung. Es ist sinnlos, das tibetische System zu kritisieren,
ohne den Glauben in Betracht zu ziehen, denn ohne ihn wird das
ganze zu einem Gespött. Wenn es das wäre, hätte es kaum so erfolgreich arbeiten können, wie es das stets getan hat, denn sogar
in der Niederlage haben wir nie unsere Ideale, unser Ziel, unseren
Glauben und die Dinge verloren, die wir weit höher schätzen als
materielles Wohlergehen und Besitz. Würde uns unser Glaube genommen, dann wären wir tatsächlich besiegt.

Alles was Status und Hierarchie betrifft, hängt ebenfalls von unserer religiösen Haltung ab und kann daher nur von daher verstanden werden. Die soziale Stellung richtet sich nach solchen Dingen wie dem moralischen Charakter, den intellektuellen Fähigkeiten, der religiösen Hingabe und dem Lebensalter eines Menschen. Eine auf diese Weise erlangte soziale Stellung muß respektiert werden. Es gibt keine strenge, durch die Geburt festgelegte Trennung; das Hinaufsteigen von einer Stufe zur anderen hängt ganz von den persönlichen Leistungen ab. Obgleich wir in Tibet von drei Klassen sprechen können — dem Adel, der Mittel(oder Händler-)klasse und den Bauern und Nomaden (abgesehen von den Mönchen, die in gewisser Weise eine vierte Klasse bilden), ist das doch kein richtiges Klassensystem, und die Möglichkeit, von einer Klasse in die andere zu gelangen, macht Klassenvorurteile unmöglich. Es kommt uns merkwürdig vor, daß Ausländer uns deswegen kritisieren, weil wir Höherstehende respektieren, als ob das eine erniedrigende Handlung sei. Wir sehen es als eine der größten Tugenden eines Menschen an, wenn er diejenigen achtet, die ihm in irgendwelchen wertvollen Eigenschaften überlegen sind. Wir sehen nur Ehrenhaftes darin, demjenigen Ehre zu geben, dem Ehre gebührt, und diese Ehre gebührt ihm bei uns wegen persönlicher Leistungen, nicht als erbliches Recht. Die einzigen erblichen Ränge, die es bei uns gibt — die Ränge unserer Reinkarnationen — sind nur in einem geistigen Sinne erblich.

Die Achtung ist ein Teil unseres Lebens; und unsere Grußformen, unsere Rede, die Art, wie wir uns bewegen und unsere Sitzordnung in der Öffentlichkeit, all das hängt von der Stellung und dem Alter des einzelnen ab. Die Achtung vor denjenigen, die fromm und weise sind, liegt unserem Regierungssystem zugrunde, und so wie es eine soziale Stufenleiter gibt, gibt es eine religiöse Hierarchie, die jedem Zweig des Buddhismus und allen zugelassenen Sekten ihren Platz zuweist. Alle diese erkennen die höchste Autorität des Gyalwa Rinpotsche an, der meistens aus der Gelukspa-Sekte hervorgeht, aber nicht unbedingt aus ihr hervorgehen muß. Das Oberhaupt der Gelukspa-Sekte ist stets ein anderer Rinpotsche, der als solches hoch verehrt wird. Der Gyalwa Rinpotsche steht über allen Sekten; und viele von ihnen haben eher den Lehren der Nyingmapa-Sekte als denen der Gelukspa zugeneigt, obgleich sie alle in der Gelukspa-Tradition erzogen worden waren.

Die Rinpotsche oder Reinkarnationen bilden ihrerseits wieder eine Hierarchie, und ihre Stellung kann in jeder Mönchsversammlung aus der Art, wie sie einander begrüßen, oder aus der Sitzordnung ersehen werden. In gewisser Weise sind sie Teile einer weiteren, religiösen Hierarchie, die sich vom Buddha ausgehend durch die Tausende von Tschangtschub Sempa abstuft. Aber auch diese Hierarchie steht jedem offen. Es ist unser vornehmster Glaube und unsere Übung gewesen, jeden, der ein religiöses Leben beginnen wollte, zu ermutigen und ihm, soviel wir konnten und soweit seine Fähigkeiten es zuließen, zu helfen. In meinem eigenen Kloster in Kumbum hatte ich unter meinen Mönchen einen allseits beliebten und geachteten Mann, der als Mörder zu uns gekommen war. Die einzige Voraussetzung für den Eintritt in einen religiösen Orden ist die aufrichtige Absicht und genügendes Verantwortungsgefühl. Danach ist es nur noch eine Frage der persönlichen Leistung und Fähigkeit, denn das Ziel ist für alle das gleiche — die Erleuchtung. Hat man die Erleuchtung erlangt, so hat man zwischen Sanggye Sa und der Rückkehr als Tschangtschub Sempa zu wählen. Als Tschangtschub Sempa hilft man denen, die sich noch in der Unwissenheit befinden, und das Tschangtschub Sempa-Ideal ist das aller tibetischen Buddhisten. So sind also in unserer Gesellschaft alle Türen offen, und jeder Mensch hat Achtung vor seinem Mitmenschen.

Das Oberhaupt jeder Regierung ist der Gyalwa Rinpotsche, die Wiederverkörperung Tschenrezigs. Seine erste und wichtigste Pflicht ist der Schutz seines Landes und Volkes, und dafür muß er in der Weise arbeiten, die ihm die beste scheint. Es gibt keine festgelegten Vorschriften, an die er sich halten müßte. In erster Linie liegt ihm das religiöse Wohl seines Volkes am Herzen, und insofern ist der Gyalwa Rinpotsche vornehmlich ein Lama oder Lehrer. Er lehrt uns die buddhistische Religion im allgemeinen und die Lehren der Gelukspa-Sekte im besonderen. Er regiert jedoch auch das Land durch eine Reihe von Räten. Der Regierung wird durch den Gyalwa Rinpotsche der ihr eigene religiöse Charakter verliehen, aber die Räte, durch die er regiert und die als Zentralinstanz gemeinsam mit den im Bedarfsfall einberufenen Körperschaften verantwortlich für die Gesetzgebung sind, sind sorgfältig zusammengesetzt, so daß weltliche und religiöse Interessen gleichmäßig zum Zuge kommen.

Ungefähr die Hälfte der Beamten sind Mönche, die Hälfte Laien, Die meisten der Mönche, aber nicht alle, werden von den drei großen Gelukspa-Klöstern Drepung, Sera und Ganden gestellt. Sie werden entweder von in den Ruhestand tretenden Beamten vorgeschlagen oder melden sich selbst zum Staatsdienst. Dieser Dienst steht jedem Mönch in jedem Landesteil offen; ist er jedoch angenommen, so muß er eine Sonderschule zur Beamtenausbildung im Potala besuchen. Erst wenn er die dann fälligen Examina bestanden hat, kann er seinen Dienst aufnehmen. Der Yigtsang-Rat trifft alle endgültigen Entscheidungen und Ernennungen. Dieser Rat besteht aus vier Regierungsmitgliedern, die von den übrigen gewählt worden sind und über denen noch der hohe beratende Ausschuß, der Kaschak, steht; ihm gehören vier vom Gyalwa Rinpotsche ernannte Beamte aus dem Laien- und Mönchsstande an, die von der Nationalversammlung vorgeschlagen werden.

Die Beamten des Laienstandes stammen meistens aus adligen Familien, und insofern ist der Beamtenstand in gewissem Sinne erblich. Aber die Zusammensetzung des Adels ändert sich fortwährend, und es gibt in jeder Regierung eine stattliche Anzahl von nichtadligen Beamten aus der Laienschaft. Ebenso wie die Beamten aus dem Mönchsstand von einem Rat, dem Yigtsang, ernannt werden, werden die Beamten aus dem Laienstand von einer ähnlichen beratenden Körperschaft aus vier Beamten des Laienstandes, dem Tsikang, bestimmt. Genau wie die mönchischen Beamten können auch die weltlichen sich zum Staatsdienst melden, und ihre Eignung und ihre Fähigkeiten entscheiden letzten Endes über ihre Aufnahme. Wie der Yigtsang so untersteht auch der Tsikang dem Kaschak. Auf diese Weise wird zwar die Richtung der Regierung eindeutig durch die religiöse Autorität bestimmt, aber die Zusammensetzung der Regierung ist zu gleichen Teilen weltlich und geistlich.

Die Nationalversammlung tritt nur während der größten Krisen zusammen. Sie besteht aus den Äbten der drei größten Sitze der Gelehrsamkeit, dem Yigtsang und dem Tsikang, weiteren Vertretern der geistlichen und weltlichen Beamten der Zentralregierung und Vertretern aller möglichen Berufe, wie Schmiede, Soldaten, Tischler, Bauern, Nomaden, Händler usw. Die meisten sind Buddhisten, aber es gibt auch einige Anhänger der alten Bön-Religion unter ihnen. Die Nationalversammlung kontrolliert den Kaschak und kann sogar

Schritte des Kaschak verhindern, die ihr unvernünftig erscheinen. Sie kann auch eine bestimmte politische Handlungsweise vorschlagen und dem Kaschak zur Ausführung überlassen. Während die Zentralregierung sich hauptsächlich um die inneren Angelegenheiten zu kümmern hat, wird die Nationalversammlung einberufen, wenn es um internationale oder um Fragen geht, die das gesamte Volk betreffen.

In dieser Weise wird die Regierungsarbeit in der Hauptsache vom Kaschak geleistet, während sich der Gyalwa Rinpotsche dabei so viel oder so wenig beteiligt, wie er will. Die Körperschaften werden einberufen, wenn der Kaschak das Volk konsultieren oder das Volk dem Kaschak Vorstellungen machen will. Um die Entscheidungen der Regierung in die Tat umzusetzen, Gesetze durchzuführen und Recht zu sprechen, ist Tibet in eine Anzahl regionaler Distrikte geteilt, von denen jeder der gemeinsamen Verwaltung von zwei Beamten untersteht, einem Mönch und einem Laien. Diese beiden Beamten werden vom Yigtsang und vom Tsikang ernannt. Die Ernennungen gelten im allgemeinen nur für zwei oder drei Jahre, und es gibt viele Kontrollen, die die Gouverneure am Machtmißbrauch hindern. Auch im entlegensten Bezirk, den zu erreichen es Monate braucht und von wo eine Beschwerde Lhasa nach so langer Zeit erreichen würde, daß die Antwort erst in einem Jahr zu erwarten wäre, liegt die beste Kontrolle in diesem Verwaltungsdoppelsystem. Jede Entscheidung verlangt ein Übereinkommen zwischen dem weltlichen und dem geistlichen Gouverneur. Jeder bangt für seine Autorität und für seinen Ruf und fürchtet einen ungünstigen Bericht über seine Amtsführung seitens der Bevölkerung oder seitens des anderen Gouverneurs. Das Volk hat immer das Recht der direkten Beschwerde in Lhasa.

Dieses Doppelsystem hat bis auf wenige Ausnahmen sehr gut funktioniert. Die Dzongpen, wie diese Gouverneure genannt werden, wirken als Volksvertreter, und wenn das Volk Grund zur Beschwerde über die Besteuerung oder in anderen Fragen hat, ist es die Pflicht des Dzongpen solche Beschwerden an die Zentralregierung weiterzuleiten. Die Dzongpen amtieren auch als Richter, wobei sie gemeinsam zu Gericht sitzen und alle Fälle anhören, die ihnen unterbreitet werden. Ihr Urteilsspruch muß einmütig sein, was wiederum ein großes Maß an Gerechtigkeit sicherstellt.

Unter den Dzongpen, also zwischen ihnen und der Bevölkerung, stehen die Ganpo oder Dorfältesten und die Khanpo, die die gleiche Funktion für jedes Kloster ausüben. Macht hat der Ganpo eigentlich nicht, aber er hat viel Einfluß. Er wird von den Dorfbewohnern wegen seiner Fähigkeiten gewählt, muß keineswegs reich sein und braucht nicht einmal aus einer schon lange ansässigen Familie zu stammen. Wenn sich die Dorfbewohner zwischen mehreren Kandidaten nicht entscheiden können, werden die Namen ausgelost. Sie können einen Ganpo auch zum Rücktritt bewegen, aber dieser Fall tritt selten ein, denn ein Gewählter tut meistens alles, was in seiner Kraft steht. Tut er etwas, das den Dorfbewohnern mißfällt, so brauchen sie es ihm nur zu sagen.

Die Ganpo erhalten kein Gehalt, obgleich sie viel für ihr Dorf zu leisten haben und oft zwischen dem Dorf und der Bezirksstadt hin- und herreisen müssen. Sie können zumeist nur auf den Dank ihrer Dörfler rechnen, die ihnen zu Ehren vielleicht einmal ein Fest veranstalten. Die Gouverneure erhalten feststehende Gehälter, und es wird von ihnen erwartet, daß sie nicht nur zu Gericht sitzen, sondern auch in ihrem Bezirk umherreisen, damit sie für jeden direkt erreichbar sind. Die Dzongpen und die Ganpo treten regelmäßig zusammen, und Schwierigkeiten gibt es nur dann, wenn der eine oder andere Dzongpen dadurch Vorteile zu erlangen sucht, daß er Bestechungen annimmt oder ungerechtfertigte Dienste verlangt. Manchmal erheben Klöster einen zu hohen Leihzins. Haben sie Korn an die Bauern verliehen, so haben sie nach der Ernte das Recht, in vernünftigen Grenzen eine zusätzliche Menge Korn bei der Zurückerstattung zu verlangen. Diese zusätzliche Menge Korn soll der Zentralregierung zur Verfügung gestellt werden, die eine Reserve für Notzeiten anlegen und ärmere Bezirke unterstützen muß. Haben die Menschen Verdacht gegen einen Dzongpen, daß er seine Befugnisse mißbraucht, dann beklagen sie sich beim anderen, und kommen sie dann noch nicht zu Ihrem Recht, senden sie ihren Ganpo nach Lhasa. Dzongpen, die sich in dieser Hinsicht etwas haben zuschulden kommen lassen, werden schwer bestraft, einerlei ob es sich um einen weltlichen oder geistlichen Beamten handelt.

Jeder Gouverneur oder Dzongpen hat einen Sekretär und einen Schatzmeister. Sie haben sich um alle Bedürfnisse des Bezirks zu kümmern, um den Bau von Staudämmen oder Bewässerungsgräben, Bekämpfung von Hungersnöten, ärztliche Betreuung, Schutz vor Banditen oder was es sei. Um den Gesetzen Achtung zu verschaffen, hat es in Tibet nie eine Polizei gegeben, aber seit dem 13. Gyalwa Rinpotsche hat Tibet eine ständige Armee von achttausend Mann gehabt, die aus allen Bezirken stammen. In Notzeiten wird die Armee durch Einberufung von Männern zwischen 18 und 40 Jahren verstärkt. Sogar die Klöster entsenden Soldaten, die aus den Mönchen, die nicht die akademische Richtung eingeschlagen haben, und aus Freiwilligen rekrutiert werden. Die Mönche bilden immer eigene Battaillone und müssen während ihrer Dienstzeit von bestimmten Gelübden entbunden werden. Auf diese Weise wird durch die Zusammenarbeit der Bevölkerung und mit einem Minimum an Zwang allen Bedürfnissen des Staates Rechnung getragen. Die Zentralregierung besitzt große Getreide- und Geldreserven, um regionalen und individuellen Härtefällen zu begegnen, und die Steuern, die ihr in fast jeder Art nützlicher Waren bezahlt werden können, sind niemals übertrieben hoch.

Vielleicht lag der größte Fehler des alten Systems in der mangelhaften Aufmerksamkeit, die einer organisierten Ausbildung gewidmet wurde. Bildung war Sache des einzelnen, nur die Reinkarnationen machten davon eine Ausnahme. Der Bildungsweg stand jedem offen, man brauchte nur in ein Kloster einzutreten und seine Bereitschaft, Aufrichtigkeit und Fähigkeit darzulegen. Bildung wurde nie anders als religiöse Bildung verstanden, denn es war und ist unsere Überzeugung, daß es ein höheres Ziel als religiöse Erleuchtung nicht gibt. Eine weltliche Erziehung entspricht nur weltlichen Bedürfnissen, und die sind in Tibet ganz geringfügig. Der Sohn eines Nomaden kennt alles, was ihn in seinem zukünftigen Erwachsenenleben erwartet, wenn er neun oder zehn Jahre alt geworden ist. Genauso verhält es sich mit dem Sohn oder der Tochter eines Bauern. Die Kinder lernen alles von ihren Eltern, mit denen sie von Geburt an alles teilen und die sie zu ihrer Arbeit und ihren täglichen Geschäften begleiten. Lesen und Schreiben sind eigentlich unnötig, denn es gibt in Tibet keine weltliche Literatur, und einer der Vorteile der zahlreichen Priesterschaft besteht darin, daß in jedem Dorf und jedem Landesteil Mönche sind, die aus den Schriften lesen und aus ihnen rezitieren können, auch noch eine

Predigt oder moralische Belehrung hinzufügen oder einen kultischen Ritus vornehmen und für die Dörfler beten können — alles Vorteile, die der Laie durch einfaches Lesen der Schriften nie erlangen könnte. Trotzdem gibt es Laien, die die Schriften so oft gehört haben, daß sie Teile davon auswendig können und sie selbst zu rezitieren vermögen. Übrigens stehen die Mönche auch stets für Todes- und Gedächtnisriten zur Verfügung und vollziehen alle religiösen Handlungen, deren eine Familie bedarf.

Auf diese Weise erhält die Laienschaft eine allgemeine religiöse und moralische Erziehung, die auch viel Landesgeschichte umfaßt. Unsere Menschen wachsen mit einem Wissen auf, das für ihr alltägliches Leben völlig ausreicht, und ihrem Leben ist dabei eine Richtung gegeben, die seine vergleichsweise Härte fast belanglos erscheinen läßt. Was der Laie an intellektueller Entwicklung anstrebt, richtet sich auf ein besseres Kennen und Verstehen der heiligen Schriften, und dieser Weg steht ihm immer offen. Weiteres Wissen ist für den belanglos, der ein so ausgesprochenes Gefühl für den richtigen Weg hat.

In den Klosterschulen werden die Lernenden sowohl für ihre Pflichten als auch im Interesse der eigenen persönlichen Entwicklung ausgebildet, so daß sie ihren Aufgaben als Mönche nachkommen können. Ihr Studium umfaßt auch die Natur- und Geisteswissenschaften. Mathematik, Astronomie und Medizin stehen neben Malerei, Bildhauerei, Logik und Philosophie.

So wie das Schrifttum ist auch die tibetische Kunst religiös. Mit dem Einzug des Buddhismus nahm die Kunst eine bestimmte Stilrichtung an, die sich an indischer und nepalesischer Kunst orientiert, wenngleich im östlichen Tibet ein chinesisch beeinflußter Kunststil vorherrscht. Die Farben werden durch Pulverisieren von Pflanzen und Steinen hergestellt und ermöglichen eine herrliche Malerei in den leuchtendsten Tönen. Die verbreitetste Form der Malerei ist die von Wandfresken und Gebetsfahnen. Auch eine arme Familie wird versuchen, einige Fresken malen zu lassen, und Gebetsfahnen zieren das Zelt eines jeden Nomaden. Der Inhalt dieser Malereien sind immer neue Aspekte des buddhistischen Universums — die Buddhas und Tschangtschub Sempa, die Götter, Geister und Dämonen, die Himmel und Höllen — all das füllt unsere Gebetsfahnen und unsere Fresken. Aber jedes Gemälde trägt außerdem ein eingeschriebenes *ngag* oder Gebet, wodurch es dem erhabenen Buddha geweiht wird, denn jedes Gemälde ist mit dem ausgesprochenen Zweck gemalt worden, dem Beschauer — und dem Maler — in seiner religiösen Entwicklung behilflich zu sein, ihn durch die damit zusammenhängende Geschichte zu belehren, seine Gedanken auf den Buddha zu richten und bei der Meditation zu helfen. Diese Gemälde füllen unsere Klöster wie sie unsere Häuser füllen, und genauso sind unsere Straßen und Gebirgspfade von bemalten Steinen und Felsen gesäumt.

Bestimmte Fertigkeiten, die nicht zur religiösen Kunst gehören, werden natürlich außerhalb der Klöster in den Dörfern gelehrt. Dazu gehören Schmieden, Weben, Töpferei und Schnitzerei; die Bauernkunst der Tibeter, die im ganzen Lande beliebt und anerkannt ist, bereichert das weltliche Leben sehr. Die eigentliche Quelle unseres Reichtums im weltlichen und geistlichen Leben besteht jedoch darin, daß das einzige Gut, dem wir den höchsten Wert zumessen — das religiöse Streben — jedem in dem von ihm gewünschten Umfang zugänglich ist.

Unglücklicherweise hat sich die Lebensweise in Tibet, die es uns ermöglicht hatte, religiöses Streben so hoch zu achten, mittlerweile verändert. Sie hat sich auf eine traurige und drastische Weise verändert und uns in eine Welt hineingezogen, wo ein wenig Gold und Silber mehr zählt als ein Leben voller religiöser Gedanken, wo politische Zweckmäßigkeit höher geachtet wird als religiöse Hingabe, und wo alle Ideale, Ziele und das ganze Leben der Menschen nur auf die derzeitige vorübergehende Existenz auf unserem vergänglichen Planeten gerichtet sind und diese Haltung noch als »vernünftiger« gilt als eine Lebensführung, die auf Erlösung durch religiöse Erleuchtung zielt. Wenn das daher rührt, daß diese Menschen nicht an die vergängliche Natur des Lebens glauben oder nicht glauben können, daß es ein Leben gibt jenseits dessen, was sie mit ihren schwachen Sinnen wahrnehmen oder mit ihrem irdischen Intellekt verstehen können — dann sind sie ihren Wertmaßstäben und ihren Überzeugungen nach im Recht. Aber auch nach ihren Wertmaßstäben leben sie nicht so friedlich und zufrieden, wie wir bislang mit unserem religiösen Glauben in Tibet gelebt haben. Und die Tragödie ist, daß wir weiterhin gläubig sind, uns aber nun unwiderruflich in einer Welt des Unglaubens befinden.

Das tibetische Volk hörte auf die Warnungen des 13. Gyalwa Rinpotsche und schaffte die Regentschaft schon 1939 ab, als mein Bruder Tandzing Gyatso erst 16 Jahre alt war. Die Welt um uns herum hatte sich verändert, aber wir nicht mit ihr. Nun wir mit ihr zusammenstießen, fehlte es an genügender Vorbereitung. Tandzing Gyatso begann eine Reihe von Reformen. Sein Vorgänger hatte eine Anzahl ländlicher Schulen begründet, und nun wurde der Plan, die weltliche Erziehung der Laien auf eine breitere Basis zu stellen, vorwärts getrieben. Sollten die Tibeter mit der neuen Welt, die sich ihnen aufdrängte, fertig werden, so mußten sie zuvor etwas von ihr wissen. Tandzing Gyatso setzte ein Komitee ein, das die ganze Reformfrage studieren sollte. Auch das Besteuerungssystem wurde revidiert, und es wurde den Gouverneuren und Beamten unmöglich gemacht, ihre Stellung durch örtliche Steuererhebungen zu mißbrauchen. Alle Beamten wurden nun direkt von der Zentralregierung bezahlt, hatten über alle Gelder und Waren, die sie erhielten, Rechenschaft abzulegen und sie den Behörden in Lhasa zu überstellen.

Generationen hindurch hatten viele Bauernfamilien bei der Zentralregierung und anderswo Schulden angesammelt. Diese Schulden waren nicht deshalb entstanden, weil die Steuern oder Zinsen übermäßig hoch gewesen wären, denn im allgemeinen waren sie recht niedrig. Man hatte vielmehr den erhöhten Anforderungen einer verstärkten Armee oder steigenden Preisen nicht genügend Beachtung geschenkt. Immer mehr war den Dorfbewohnern an Nebenabgaben abverlangt worden, und die Schuldenlast war auf diese Weise so angewachsen, daß für viele keine Möglichkeit mehr bestand, sie jemals zu tilgen. Das Reformkomitee prüfte alle Schuldtitel, zwang manche Bauern, denen es möglich war, das Kapital samt Zinsen zurückzuzahlen; erließ anderen die Zinsen und verlangte nur die ratenweise Rückzahlung des Kapitals und befreite die Ärmsten von allen Verpflichtungen.

Damit eine ähnliche Lage nicht wieder entstünde, entwarf das Komitee einen Plan für eine Landreform. Beinahe das gesamte Land in Tibet gehörte der Regierung. Die Bauern hatten Land, das ihnen der Staat zugewiesen hatte, waren jedoch so gut wie Freisassen, denn sie konnten es ihren Erben vermachen, es aufteilen, es mit Hypotheken belasten oder das Nutzungsrecht daran weiterverkaufen. Dafür zahlten sie eine kleine jährliche Pacht, gewöhnlich in Korn, durch welche die ärmeren Klöster unterstützt wurden. Man hatte nichts gegen dieses System, und das Land wurde dem Bauern nur in den seltenen Fällen genommen, wenn er sich weigerte, die niedrige Pacht zu zahlen, obwohl er in der Lage dazu war. Das geschah sehr selten, denn jeder Bauer versuchte, soviel wie möglich seinem Boden abzugewinnen, und wenn er seine Pacht regelmäßig bezahlte, konnte er darauf hoffen, in Notzeiten unterstützt zu werden oder Geld zur Erweiterung seiner Wirtschaft oder für kostspielige Verbesserungen zu erhalten. Einige Ländereien waren jedoch von verflossenen Regierungen Familien zugewiesen worden, die sich um das Land verdient gemacht hatten. Diese Ländereien waren groß und in privater Hand reich geworden. Jedes solches große Gut hatte jedoch die Verpflichtung, für die Ausbildung eines Regierungsbeamten aufzukommen, der von der betreffenden Gutsbesitzerfamilie gestellt wurde. Auch das Gehalt des Beamten mußte von dem Gut bezahlt werden. Die meisten Laienbeamten im Staatsdienst wurden auf diese Weise rekrutiert. An sich lag in diesem System noch keine Härte, aber der 14. Gyalwa Rinpotsche war davon überzeugt, daß die Ungleichheit zwischen dem Reichtum in privater Hand und den Pachthöfen der Bauern abgeschafft werden müßte, da sie der buddhistischen Lehre widerspräche. Außer der Ungleichheit gab es auch Ungerechtigkeit, denn der private Gutsbesitz umfaßte Bauernland, das von Dörflern bestellt wurde, die praktisch Vasallen der Gutsbesitzer waren, und dabei hatte die Zentralregierung nicht die geringste Kontrolle über dieses Feudalverhältnis. Das bedeutete, daß der Gutsbesitzer nicht nur das Recht hatte, so hohe Pachtzahlungen zu verlangen, wie er wollte, sondern er konnte auch die Rechtssprechung ausüben, wie es ihm paßte. Obgleich seine Pächter, die kein Einspruchsrecht hatten, theoretisch hätten fortgehen und anderswo Land suchen können, war ihnen der Weg dazu oft dadurch abgeschnitten, daß sie dem Gutsbesitzer verschuldet waren. Es waren nicht viele Gutsbesitzer, die ihre Stellung so mißbrauchten, aber auch die wenigen waren schon zuviel, und die Möglichkeit zum Mißbrauch war unbeschränkt. Die Lage erschien um so bedrohlicher, als die Gutsbesitzer, die ja den tibetischen Adel bildeten, zwar meist aufrechte und ehrliche Menschen waren, die meiste Zeit aber in Geschäften in Lhasa verbrachten und

die Führung ihrer häuslichen Angelegenheiten Verwaltern überlassen mußten, die oft weniger Skrupel hatten.

Nun wurde beschlossen, daß alle diese Ländereien an den Staat
zurückfielen. Die Bauern sollten ihrer Schuldenlast ledig erklärt
werden und die Gutsbesitzer Ausgleichszahlungen erhalten. Die
Staatsbeamten aus diesen Familien sollten ihr Gehalt von der Zentralregierung bekommen, so wie alle anderen Beamten auch, und
die Bauern und Gutsbesitzer das gleiche Land wie bisher bearbeiten,
nur sollten sie es nun direkt von der Regierung zu den gleichen
Pachtbedingungen und bei gleichen Steuersätzen zugewiesen erhalten. Leider fand die chinesische Invasion statt, bevor die Reform
noch richtig durchgeführt werden konnte; sie verhinderte jede wirksame Regierungsarbeit des Gyalwa Rinpotsche.

Während seiner kurzen Regierungszeit tat Tandzing Gyatso alles,
seine Kenntnis der Außenwelt zu erweitern und die Fundamente
für zukünftige Beziehungen mit anderen Völkern zu legen. Wie
sein Vorgänger entsandte er Studenten ins Ausland und nahm
selbst jede Gelegenheit wahr, mit Ausländern in Kontakt zu kommen, denen es gelang, Lhasa zu erreichen. Er hätte es begrüßt,
wenn mehr als nur die paar zufälligen Besucher erschienen wären,
aber wir waren wieder einmal durch unsere Nachbarn von der Welt
abgeschnitten. Indien riegelte nicht nur unsere Grenzen gegen jeden
Reiseverkehr ab, sondern unterbrach praktisch auch alle unsere
Verbindungswege. Wieder waren wir isoliert, aber nicht durch
eigene Schuld oder auf eigenen Wunsch.

Die Exilregierung von Tibet untersteht noch immer dem Gyalwa
Rinpotsche, unter dessen Leitung eine neue Verfassung entworfen
worden ist, die nach dem Ende der chinesischen Herrschaft in Tibet
eingeführt werden soll. Im Vorwort zu dieser Verfassung sagt der
Gyalwa Rinpotsche:

»Noch ehe ich Tibet im März 1959 verließ, war ich zu der Überzeugung gelangt, daß unter den sich verändernden Umständen in
der modernen Welt das Regierungssystem in Tibet so weit abge-
ändert und verbessert werden muß, daß den gewählten Volksver-
tretern ein größerer Spielraum für eine wirksame Rolle in der Be-
ratung und Entscheidung sozialer und ökonomischer Richtlinien
eingeräumt wird. Ich war gleichzeitig davon überzeugt, daß sich
das durch demokratische Einrichtungen durchführen ließe, die auf

sozialer und ökonomischer Gerechtigkeit gegründet sind. Zum Unglück für mich und mein Volk wurden alle unsere Anstrengungen von den chinesischen Behörden zunichte gemacht, die in Tibet die schlimmste Form eines Kolonialregimes eingeführt haben.

Bald nach meiner Ankunft in Indien beschloß ich, einen Verfassungsentwurf auszuarbeiten, um dem tibetischen Volk neue Hoffnung und eine Vorstellung davon zu geben, wie Tibet regiert werden soll, wenn es wieder frei und unabhängig ist ... Diese Verfassung berücksichtigt die vom erhabenen Buddha verkündeten Lehren, das geistliche und weltliche Erbe Tibets und die Ideen und Ideale der modernen Welt. Sie soll für das tibetische Volk ein demokratisches System sicherstellen, das auf Gerechtigkeit und Gleichheit gegründet ist und den kulturellen, religiösen und wirtschaftlichen Fortschritt gewährleistet.«

Wenn es auch klar ist, daß an der Natur Tibets als eines religiösen Staates nicht gerüttelt wird, garantiert die neue Verfassung doch jedem Tibeter, seine Religion und die Formen der Religionsausübung frei zu wählen. Dem Erziehungssystem wird besondere Aufmerksamkeit geschenkt und vorgeschlagen, eine siebenjährige kostenfreie Volksschule für alle Kinder über sechs Jahre einzurichten. Die Errichtung von höheren und technischen Schulen ist vorgesehen, und staatliche Stipendien sollen denjenigen gewährt werden, die zahlungsunfähig sind, aber aufgrund ihrer Leistungen eine Förderung verdienen. Die schon früher beabsichtigten Landreformen sind in die neue Verfassung aufgenommen worden, und es ist dafür gesorgt, daß sich große Ländereien nicht mehr in Privathand ansammeln können.

Die Landesregierung wird reorganisiert und die Sitze anders verteilt, so daß mehr Beamte aus dem Laienstand darin vertreten sind, obwohl die Regierung insgesamt weiterhin unter der direkten und eindeutigen Führung des Gyalwa Rinpotsche verbleibt. Der Gyalwa Rinpotsche bleibt ihr Oberhaupt und ernennt den Kaschak oder das Kabinett, das aus dem Premierminister und nicht weniger als fünf anderen Ministern bestehen muß, von denen keiner ein Mitglied der Nationalversammlung sein darf, obgleich sie als Zuschauer ohne Stimmrecht an deren Sitzungen teilnehmen können. Regelmäßige Sitzungen der Nationalversammlung werden vorgeschrieben und die frühere ungenaue Verteilung der Verantwortlichkeit zwischen den beiden Körperschaften aufgehoben. Die nunmehrige Nationalversammlung besteht aus gewählten und ernannten Mitgliedern. Fünfundsiebzig Prozent werden von den territorialen Wahlkreisen durch allgemeine Wahlen der Erwachsenen gestellt, zehn Prozent von den Klöstern und weitere zehn Prozent von den Bezirksräten gewählt, während die restlichen fünf Prozent vom Gyalwa Rinpotsche ihrer besonderen Dienste oder Fähigkeiten wegen ernannt werden.

Bei den Bezirksregierungen wird eine leicht abgeänderte Form der Verwaltung durch zwei Gouverneure beibehalten. Der Gyalwa Rinpotsche muß jeden Bezirksgouverneur ernennen, aber der Bezirksrat ernennt den stellvertretenden Gouverneur. Die Bezirksräte ihrerseits werden von den Wahlberechtigten gewählt.

Das Justizwesen wird offiziell so zentralisiert, wie das bisher nur mehr zufällig geschah. Es wird jetzt einen Obersten Gerichtshof geben, dessen Mitglieder vom Gyalwa Rinpotsche ernannt werden, aber auch der Nationalversammlung verantwortlich sind. Eine Zweidrittelmehrheit dieses Gerichtshofes kann dem Gyalwa Rinpotsche den Ausschluß eines Richters aus seiner Mitte nahelegen. Dem Obersten Gerichtshof sind eine Anzahl Bezirksgerichte unterstellt. Auf diese Weise wird erreicht, daß Gesetze und Rechtspflege im ganzen Lande einheitlich gehandhabt werden und Landesrecht auch in den Bezirken praktiziert wird. Ein Appellationssystem ist vorgesehen und jede Gelegenheit zur Korruption ausgeschaltet.

Ein unbeabsichtigter Nutzen, den die Chinesen Tibet gebracht haben, besteht in der Verbesserung des Verkehrswesens. Es gibt jetzt große Autostraßen, die Tibet mit China, der Mongolei und Indien verbinden, und eine Anzahl von Landstraßen, die Verwaltungszentren miteinander verknüpfen. Wenn die Chinesen sich eines Tages zurückziehen müssen, werden sie vielleicht diese Straßen ebenso wie das zur Zeit bestehende Telephon- und Telegraphennetz zerstören, aber was die Tibeter ihnen abgeguckt haben, wird bleiben. Bessere Verbindungen werden den Schlüssel zu einer besseren Verwaltung und breiteren Erziehung bilden. Die Chinesen haben schon viele Schulen eingerichtet, aber die darin gebotene Erziehung zielt darauf ab, das Gefühl für das eigentlich Tibetische zu zerstören. Es sollen zur Zeit 60 000 Kinder in Tibet eingeschult sein, und wenn wir auch die Art ihrer Erziehung bedauern, so ist die Gewöhnung an eine Schulung an sich zu begrüßen. In den Schulen, die wir vor der chinesischen Invasion selbst schon eingerichtet hatten, lehrten wir Fächer wie Kunst, Literatur und natürlich Religion. Diese Fächer sind nun alle abgesetzt worden und nach chinesischen Quellen erhalten die tibetischen Kinder nun eine »Erziehung zum Klassenbewußtsein, eine sozialistische Erziehung und eine Erziehung zum Patriotismus, dessen wichtigstes Thema der Klassenkampf ist«. Besondere Lehrgänge sind der Bekämpfung der tibetischen Religion und Tradition gewidmet, deren völlige Ausrottung ein Hauptziel der Chinesen ist, denn ehe sie das nicht erreichen, ist ihnen die Eroberung Tibets nicht gelungen.

Deshalb haben sie nicht nur unsere alten Schreine und Klöster, sondern auch die Mönche, die darin hausten, auf unglaublich schreckliche Weise bekämpft. Die Verluste sind unwahrscheinlich hoch, dennoch läßt sich an ihnen nicht zweifeln, denn die Chinesen veröffentlichen sie selbst als Beweis für den fortschrittlichen Charakter ihrer Regierung in Tibet. Anfangs wurden einige Klöster übriggelassen, die als Museen dienen und den Ausländern die Liberalität der Chinesen vor Augen führen sollten. Es wurde sogar einigen alten Mönchen erlaubt, in diesen Klöstern wohnen zu bleiben. Aber auch das erwies sich als zu gefährlich, und auch diese Klöster sind nun zerstört und das Mönchtum zerschlagen worden. Die Verfolgung der Mönche, die an ihnen verübten Morde, Torturen und ihre erniedrigende Behandlung sind oft geschildert worden. Vielleicht weil die Berichte darüber so grauenhaft sind, hat die Welt es vorgezogen, sie zu ignorieren. Vielleicht glaubt man so etwas nur, wenn es einen selbst berührt. Auch ich fand es anfangs schwer, diese Geschichten zu glauben, bis ich hörte, daß mir bekannte Klöster nicht nur zerstört, sondern sorgfältig abgetragen worden waren, um aus dem Material Kasernen oder Unterkünfte für chinesische Beamte zu bauen. Das Kloster Kundeling bei Lhasa ist nun das chinesische Büro für motorisierten Transport, im Kloster Moru sitzt die Behörde für Lagerung und Beschaffung, und die Klöster Tode Khangsar, Schete und Tsemonling dienen den Chinesen als Schulen für ihre Tanz- und Theatergruppen.

Mönche und Nonnen sind zur Ehe gezwungen worden und haben auch sonst Handlungen begehen müssen, die ihren religiösen Überzeugungen und Vorstellungen widersprechen. Von den 20 000 Mönchen, die es an den großen Klöstern mit Universitätscharakter in Lhasa früher gab, waren 1965 noch 300 übrig. Durch die Roten Garden sind auch diese mittlerweile wohl vertrieben worden. Von den 4000 Mönchen des Taschi Lhunpo waren alle bis auf 200 im Jahre 1962 in Konzentrationslager verschleppt worden, weil sie national-tibetisch eingestellt waren und für das Leben des Gyalwa Rinpotsche gebetet hatten. Taschi Lhunpo ist der Sitz des Pantschen Rinpotsche, den die Chinesen ausgebildet hatten und von dem sie irrtümlich glaubten, daß er ihre Marionette sei. Ich hörte kürzlich, daß mein früherer hochbetagter Lehrer, ein angesehener Mönch des Klosters Kumbum, als Angehöriger einer Straßenbaubrigade den Tod gefunden hat.

Es lohnt sich nicht länger, bei dem Unglück zu verweilen, das unser Volk und Land befallen hat. Es ist schlimm genug, was man darüber weiß, und sehr viel mehr ist bisher noch unbekannt. Es ist sicherlich möglich, irgend etwas Gutes dabei zu finden, wenn es auch dem Großzügigsten schwerfallen müßte, den Nutzen einiger Straßen, Schulen und Krankenhäuser (die in erster Linie für die chinesischen Truppen bestimmt sind) gegen die Zerstörung alles dessen aufzurechnen, das uns als Volk jemals teuer gewesen ist. In einer Art ist das alles auch nicht so wichtig. Es hätte wichtig sein können, wenn die Außenwelt zur Hilfe fähig gewesen wäre. Aber das ist vorüber. Alles, worauf es nun noch ankommt, ist, daß wir uns das eine erhalten, was uns noch verblieben ist — unseren Glauben!

Furchtlos inmitten deiner Armee von Göttern, / Unter
deinen zwölf Divisionen, / Reitest du einher. / Du
wirfst deinen Speer nach der Brust Hanumandas, /
Des Dieners der Kräfte des Bösen, die aufmarschiert
sind / Gegen Schambhala. / So wird das Böse vernichtet.

Aus SCHAMBHALA SMONLAM

DIE LEGENDE VOM ENDE

Wäre die Welt oder ein Teil der Welt vollkommen, so wäre das
ein Paradies und die Frage nach Recht und Unrecht, Gut und Böse
entfiele. Da das nicht so ist, wird niemand, am wenigsten ein
Tibeter, behaupten wollen, daß unser Land vollkommen sei. Im
Gegenteil, die Tatsache, daß wir Tibeter so sehr nach der Erleuchtung suchen und unserem religiösen Ideal nachzuleben trachten,
zeigt, daß wir uns unserer Unvollkommenheit bewußt sind. Wenn
ich aber an das alte Tibet zurückdenke, kann ich dennoch nicht
finden, daß die Verhältnisse dort, was Freiheit und Menschenrechte
betrifft, im Vergleich zu der übrigen Welt schlecht abschnitten.
Während es bestimmte Seiten dieses alten Lebens in Tibet gibt,
mit denen ich und andere Tibeter nicht zufrieden sind, gibt es doch
auch vieles, was ich für gut halte. Viele Nicht-Tibeter haben sich
gegen die Klöster ausgesprochen. Ich habe die größte Zeit meines
Lebens, von meiner Kindheit an, in Klöstern verbracht und sehe sie
als unsere Kraftquelle an. Viele dieser Klöster sind durch große
Stiftungen reich, aber es gibt wenige Menschen, auch unter den
Armen der westlichen Welt, die so einfach und frugal leben wie
die Mönche und Äbte dieser reichen Klöster. Auch bestehen die
Klöster keineswegs nur zum Besten der Mönche. Abgesehen von
ihrer Rolle als Landbesitzer, die es ihnen ermöglicht, den örtlichen
Bauern zu helfen, bieten die Klöster jederzeit allen Besuchern,
Fremden und Pilgern eine Zuflucht. Jeder Besucher wird als Gast
empfangen und, ohne daß dafür etwas berechnet würde, mit Ob-
dach und Nahrung versorgt, die weitaus reichlicher ist als die der
Mönche. Wir haben solche Besucher gern, und obgleich wir keine
Bedingungen stellen, ist es uns natürlich recht, wenn sie unseren

Gottesdiensten beiwohnen, einerlei welcher Religion sie anhängen. Manche Klöster haben besondere Einrichtungen für weibliche Gäste, da die strengen Regeln des Ordens oft eine Unterbringung im Kloster untersagen. Oft werden besondere Gästehäuser oder *chiso* gebaut.

Es stimmt natürlich, daß jede Anhäufung von Reichtum schon an sich eine Versuchung darstellt, und Klagen über Mißbrauch hört man immer wieder, mal aus dem einen, mal aus dem anderen Landesteil. Ich halte es für falsch, daß sich soviel Landbesitz in der Hand der Klöster befindet. Das führt nicht nur gelegentlich zur Korruption, sondern kann insofern lähmend wirken, als wir durch die Verwaltungsarbeit vom religiösen Leben abgelenkt werden. Die meisten Mönche werden daher die neue Reform begrüßen, durch die alles Land an den Staat zurückfällt und von ihm durch weltliche Beamte verwaltet werden soll. Dann wird jedes Kloster wie auch jeder einzelne gerade soviel Land zugeteilt erhalten, wie von ihm benötigt wird.

Obgleich wir immer dafür eingetreten sind, die Klöster als Schulen aufzufassen und ihre Tore jedem Lernwilligen zu öffnen, begrüße ich, daß nun staatliche Schulen für die weltliche Erziehung zur Verfügung stehen sollen. In jeder solchen Schule, meine ich, sollte die religiöse Unterweisung jedoch in der Hand eines Mönchs liegen. Die Klosterschulen und -universitäten werden weiterhin für die höhere religiöse Erziehung bereitstehen. Letzten Endes muß jeder für sich entscheiden, wie er sein religiöses Leben gestalten will, und ob er überhaupt Wert darauf legt. Wenn wir ihm aber nicht die Möglichkeit geben, etwas über die Religion zu erfahren, dann nehmen wir ihm damit auch die Möglichkeit zur Entscheidung. Ich bin keineswegs mit den von den Chinesen vertretenen Ideen einverstanden, die den Menschen die persönlichen Rechte nehmen wollen. Ich halte es jedoch für richtig, wenn dem Staat das gesamte Land gehört und wenn er das Bildungswesen kontrolliert, denn diese Dinge sollten allen Tibetern in gleichem Maße zugänglich sein. Ohne sie können wir nicht leben. Aber die Menschen sind nicht gleich und können niemals einer wie der andere handeln. Manche wollen ihr Leben so gestalten, andere wieder ganz anders. Jeder sollte darüber, wie er leben will, frei entscheiden können, solange er damit niemand anderem schadet. Will jemand um materieller Güter willen schwer arbeiten, so soll er auch die Früchte seiner Arbeit ernten. Will ein anderer lieber arm bleiben, um sein Leben in religiöser Beschaulichkeit zu verbringen, so soll er die Freiheit haben, das zu tun. Aus diesem Grunde hat es bei uns nie Rechtsansprüche auf Erzminen gegeben, obgleich es heißt, daß Tibet reiche Mineralschätze besitzt. Salz ist zum Beispiel ein wichtiges Handelsgut, dennoch kann jeder, der da will, sich aufs nördliche Plateau begeben und dort Salz für Handelszwecke schürfen. Es gibt da keine Kaufrechte oder Lizenzen.

In der gleichen Weise wie jeder Salz aus den Seen und Sanden des Nordens gewinnen darf, darf auch jeder Gold aus den Bergen und Strömen Tibets holen. Manche Leute tun das jedes Jahr. Dazu brauchen sie keinen Claim abzustecken oder viel Ausrüstung mitzubringen. So können auch arme Leute erfolgreich nach Gold suchen, wenn sie das wollen. Um Gold aus den Bergflüssen zu waschen, braucht man nur große Siebe. Die Nuggets werden einfach herausgeklaubt und in weiche Beutel gesteckt, die aus den Blasen oder Nieren von Schafen hergestellt sind. Wenige dieser Goldsucher werden wirklich reich, aber es gibt einige, die genug gewinnen, um Arbeiter anstellen zu können. Diese Arbeiter werden bezahlt und dürfen außerdem das behalten, was sie durch Nachtarbeit sich selbst erwaschen.

Es heißt, daß es in manchen Gebirgsketten Edelsteine gibt, und Türkise findet man vielerorts, aber noch immer ist das Interesse am Bergbau gering, sogar wenn er sich hoch bezahlt machen würde. Das kommt daher, weil den meisten Tibetern an einem Reichtum, der die täglichen Bedürfnisse übersteigt, nichts liegt; aber teils rührt es auch daher, daß viele den Bergbau als Sakrileg, als Entheiligung der Natur, auffassen. Die Tatsache, daß so wenig Gebrauch von der Möglichkeit gemacht wird, zu Reichtum zu kommen, zeigt, wie fremd dem tibetischen Charakter Geiz und Neid sein müssen. Die tibetische Vorstellung über die Gleichheit bezieht sich nicht auf materielles Eigentum, sondern auf religiöse Möglichkeiten, und darin sind alle Tibeter gleich.

Die vom jetzigen Gyalwa Rinpotsche entworfene und bestätigte neue Verfassung zieht in Betracht, daß Tibet und die Tibeter unwiderruflich in eine Welt hineingezogen worden sind, in der materielle Erwägungen vorherrschen. Durch die neue Verfassung wird das politische Gewicht der Laien sehr verstärkt, ihre Vertretung in der Regierung vermehrt, während sich die politische Macht der Klöster verringert. Das wird für die Zeit, wenn die Chinesen das Land endlich verlassen, sehr notwendig sein, da die Regierungsaufgaben dann wieder von den Tibetern wahrgenommen werden müssen. Die Chinesen haben alles verweltlicht und werden das Erbe der Verweltlichung hinterlassen. Es gibt schon heute junge Männer und Frauen, die von Kindheit an im kommunistisch regierten Tibet gelebt haben, wo die Religion verspottet wurde und die neuen Schulen nur dazu dienen, die Jugend zu indoktrinieren. Viele tibetische Kinder sind nach China geschickt worden und leben dort verstreut in den kleinen und großen Städten, wo sie mit der chinesischen Sprache und Lebensweise auch chinesische Gedanken aufnehmen. Solange sie sich erinnern, daß sie Tibeter sind, ist noch Hoffnung, und solange noch einige leben, die das alte Tibet im Gedächtnis haben und ihr Wissen an ihre Kinder weitergeben, wird die Religion nicht sterben. Ich glaube, daß wir uns eben in einer Leidensphase befinden, die wir durchstehen müssen, daß wir aber daraus vielleicht sogar gestärkt hervorgehen können.

Die Chinesen haben mich eingeladen, wieder nach Tibet zurückzukehren, aber obgleich ich das unendlich gerne wollte, konnte ich ihnen doch nicht trauen. Ich hatte das Gefühl, daß sie mich für ihre Zwecke gebrauchen wollten. Im Augenblick müssen wir sie als unsere Feinde betrachten, aber auch sie sind nicht Herren ihrer selbst. Wenn wir diese Zeit der Finsternis überstehen, werden wir beide Sieger sein.

In unseren alten heiligen Schriften wird von einem Land im Norden erzählt, dem Lande Schambhala, wo die entscheidende letzte Schlacht zwischen den religiösen und den atheistischen Kräften stattfinden soll. Schambhala wird als Land beschrieben, das von schneebedeckten Bergen umgeben ist und in dessen Mitte eine gewaltige Stadt mit dem Palast des Königs liegt. Manche behaupten, das große Lamèd-Tantra sei von hier ausgegangen, denn König Sutschandra, der erste der Priesterkönige von Schambhala, hat diese Lehren direkt von Buddha übernommen. Der von den heiligen Schriften vorhergesagte Kampf soll seinen Höhepunkt in etwa dreihundert Jahren von heute an gerechnet erreichen. Die Welt soll mittlerweile immer kälter werden, während die Leidenschaften der

Menschen sich immer hitziger entfalten. Wir glauben, daß es nun beinahe so weit ist. Wenn die Zeit gekommen ist, werden die Menschen sich sogar im Lande Schambhala bekämpfen und töten. Es wird keine Ehrlichkeit, keine Liebe und keinen Frieden mehr geben, nur noch Unehrlichkeit, Haß und Krieg. Bis zum Ende wird die Hauptstadt von Schambhala der einzige Ort bleiben, in dem sich Buddhas Lehren noch halten. Dort wird es friedlich bleiben, bis die Korruption der übrigen Welt die Stadtmauern erreicht. Dann wird der Gottkönig seine Armee von Göttern mobilisieren und aus der Stadt hinausreiten, um die Kräfte des Bösen zum Kampf zu stellen und zu vernichten.

Die Stadt Lhasa wird von Wasser bedeckt sein, wenn sich dieses alles zuträgt. Boote aus Yakhaut werden die Pilger dahin fahren, wo sie die Spitzen des großen Tempels Jo Krang aus dem Wasser ragen sehen. Und zu dieser Zeit, wenn das Böse besiegt ist, wird sich das Grabmal des Tsong Khapa im Kloster Ganden öffnen, und Tsong Khapa wird wieder leben und die Menschen von Schambhala die Religion Buddhas lehren. Weitere tausend Jahre lang wird die Religion noch gelehrt werden, dann aber kommt das Ende der Welt. Auf das Feuer wird der Wind folgen und alles zerstören, was wir gebaut haben. Dann wird das Wasser kommen und alles bedecken, was wir kennen. Nur wenige Menschen werden in Höhlen und auf Baumspitzen überleben. Die Götter aus dem Paradies Ganden werden kommen und diese Menschen mit sich nehmen. Sie werden religiös unterwiesen werden, so daß die Religion nicht stirbt, und wenn die Winde wieder über den milchigen Ozean blasen und sich eine neue Welt bildet, werden diese Erleuchteten, die aus der vorhergegangenen Welt errettet wurden, die Sterne am Himmel sein.

Nur eines wird endgültig ein Ende gefunden haben — das ist die Unwissenheit und das Böse, denn das ist ein und dasselbe. Wir können nicht wissen, wievieler Zyklen des Erschaffens und Vernichtens es dazu bedarf. Wir in Tibet glauben, daß jeder von uns dabei mithelfen sollte, indem er die Unwissenheit vernichtet, die in ihm selbst liegt. Es ist das bewußte Erkennen der eigenen Unwissenheit und das Verlangen nach Erlösung, was den Tibeter kennzeichnet und was für mich das Leben in Tibet so lebenswert macht. Der Buddhismus lehrt, daß unser Nichtwissen Leiden bedeutet, und wir wissen das. Sogar dieses kleine Fünkchen Wissen bringt Schönheit in unser Leben, hilft uns überall, Schönheit zu entdecken, und lehrt uns Weisheit. Ich denke an Tibet als ein schönes Land, und das ist es auch; aber die größte Schönheit Tibets liegt für mich darin, daß die Menschen dort ein der Religion geweihtes Leben führen. Man spürt das, wenn man diese Menschen trifft, auch wenn keiner es einem sagt. Es geht eine Wärme von ihnen aus, die einen anrührt, eine Kraft, die einen mit neuen Kräften erfüllt, ein Friede, der einen milde stimmt. Ich kann mich an solche Menschen erinnern und bin traurig, daß man heute so selten ihresgleichen trifft.

Mir fehlt auch das Land, das Geräusch des sanft wehenden Windes, der in den Wipfeln der Bäume raschelt. Mir fehlt Schardzong, der für mich vielleicht schönste Ort, mein erstes Kloster. Mir fehlt der rote Fels, die Bäume voller Vögel, das Wild und das sonstige Getier. Mir fehlt der Blick von jenem winzigen, abgelegenen Kloster über die Bäume hinweg zu dem Bergbach, der das Tal hinunterspringt. Ich kann den Bach noch vor mir sehen, mit seinem blauen, blauen Wasser. Mir fehlt der unendliche Friede, den ich dort empfand, und die Reinheit der Düfte von Kiefer, Wacholder und wilder Rose

Als ich noch in Tibet lebte, war ich mir dessen bewußt, glücklich und voller Frieden zu sein, aber ich dachte nie an Tibet als an ein besonders schönes Land. Ich kannte nichts anderes und liebte es. Ich glaube, ich wußte gar nicht, wie schön das Land ist, bis ich eines Abends in New York im Fernsehen einen in Tibet gedrehten Film sah. Ich sah die Berge wieder und erinnerte mich, wie ich sie jeden Frühling voll Sehnsucht angesehen hatte, bis ich es nicht mehr aushielt und mich auf den Weg zu ihnen machte, so als wäre ich auf der Suche nach einem Teil meiner selbst. War ich dann dort angelangt und befand ich mich unter all den wilden Tieren, dann war es das gleiche: Beobachtete ich sie, so fühlte ich mich eins mit ihnen, und irgendwie gab mir das das Gefühl inneren Wachstums und einer größeren Nähe zu der von mir gesuchten Wahrheit.

Ich erinnere mich auch an Kleinigkeiten, wie an die Zeitmessung in meinem Elternhaus. Wir brauchten die Tageszeit nicht zu messen, aber wir brauchten ein Maß für die Kochzeit. Eine Methode bestand darin, einen besonderen Topf mit Wasser zu füllen. Er hatte ein ganz kleines Loch, durch welches das Wasser tropfenweise entwich.

Meine Mutter wußte, wieviel Wasser sie einfüllen mußte, damit die richtige Kochzeit für ein bestimmtes Gericht durch das auslaufende Wasser angegeben wurde. Sollten wir zu einer bestimmten Zeit erwachen, so brannte meine Mutter ein Weihrauchstäbchen der richtigen Länge an. War es zu Ende, dann verkohlte ein Faden, an dem ein Stein über einem alten Metalltopf hing, der uns durch seinen tönenden Absturz aufweckte. Sonst wachten wir einfach durch das Krähen der Hähne auf. Am Tage richteten wir uns nach der Sonne, wenn wir die Zeit wissen wollten, in der Nacht nach den Sternen. Unser Leben in Tibet verlief ohne Hast und ohne die Gewalt, die hier die Menschen preßt, so daß es stets so scheint, als wollten sie etwas ganz anderes tun, als sie gerade tun, und als würden sie getrieben wie die Tiere. In Tibet fühlte ich mich freier und lebendiger, und obgleich das Leben härter war, ließ es sich leichter leben.

Es wurde auch dadurch leichter, daß fast alle Tibeter die gleichen Maßstäbe und Ideale haben, so daß alle — reich und arm, Laie und Mönch — sich von diesem Gemeinsamen her von vornherein verstanden. Ich kann mich an niemanden in Tibet erinnern, den ich wirklich nicht leiden konnte oder der eine Abneigung gegen mich zur Schau trug. Damit will ich nicht sagen, daß dort jedermann vollkommen ist; so ist das nicht. Aber indem wir unsere eigenen Schwächen erkennen, gestehen wir anderen ihre Schwächen zu. Wichtiger noch, wir messen der Tatsache die größte Bedeutung zu, daß wir trotz unserer Schwächen nach dem gleichen Ziel streben. Wir beurteilen einander mehr nach der Aufrichtigkeit unseres Strebens als nach der augenblicklichen Stärke oder Schwäche. Die größte Abneigung hatte ich vielleicht gegen solche Leute, die etwas liehen und es dann nicht wieder zurückgaben, sondern behaupteten, sie hätten es gekauft und wären die rechtmäßigen Besitzer. Nach der kommunistischen Invasion traf ich auch mit Leuten zusammen, die ich nicht mochte — aber das war rein politisch, nicht persönlich. In Tibet freut man sich immer, mit Menschen zusammenzukommen, man hat ein angenehmes Gefühl dabei, und die Welt erscheint einem gut. Hier ist das nicht so. Die Menschen scheinen hier nicht so glücklich und zufrieden zu sein und untereinander keineswegs die gleichen Maßstäbe und Ideale zu haben. Ich habe nicht viele getroffen, die mir mein Leben verleidet hätten — man ist nicht unfreundlich oder häßlich zu mir gewesen, man hat mich nicht übervorteilt oder bestohlen. Das hätte auch in Tibet passieren können. Was ich vermisse, ist vielmehr die Wärme, die man fühlt, wenn man jemanden trifft, der sich offen zu den gleichen Träumen bekennt, die einem die liebsten sind.

Es gibt aber auch Menschen hier wie in Tibet, die so gut sind, daß man sich erfrischt, gestärkt, rein und heil fühlt, wenn man ihnen begegnet. Aber in Tibet sind solche Menschen nicht so rar wie hier. Sie sind meistens Gelehrte, die anderen ihre Weisheit mitteilen und Rat und Hilfe bieten. Schon ihre Nähe genügt. Mein Lehrer At Tagtser Labrang war so ein Mensch. Als ich noch sehr jung war, liebte ich ihn, wie ich hätte auch andere lieben können. Als ich um die fünfzehn war, wollte ich immer um ihn sein, und ich lauschte auf seine Worte, als wartete ich darauf, daß mir Edelsteine in die Hände fielen. Jeder Tag, den ich mit ihm verbrachte, erschien mir als einer, an dem ich etwas geleistet hatte, obgleich ich untätig gewesen war. Und jeder Tag, den ich ohne ihn verbringen mußte, erschien mir wie einer, an dem man mir etwas ungeheuer Wertvolles genommen hatte. Es tut mir noch heute gut, an ihn zu denken und mich an sein schmales Gesicht mit der langen Nase und den roten Wangen zu erinnern.

Er war ein sehr stiller Mensch, und obgleich ich ihn so sehr liebte, pflog er wenig Umgang mit mir, da er sehr zurückgezogen lebte. Solche Menschen werden bekannt, oft ohne es zu wollen, und dann von Pilgern aufgesucht. Ich besuchte einmal einen solchen berühmten Heiligen in einem kleinen Kloster bei Lhasa. Er war alt und lebte dort mit fünf oder sechs Jüngern, Dienern und einem Rudel wilder tibetischer Hunde. Ich kam dort mit etwa fünfzehn anderen Pilgern hin, und die Hunde begannen sämtlich zu bellen, bis die Jünger herauskamen und sie beruhigten. Dann wurden wir ins Erdgeschoß geführt und erhielten Tee. Danach brachte man uns in das winzige Stübchen des Heiligen im ersten Stock. Es war mit Gebetsfahnen geschmückt, und der alte Mann, Gonser Rinpotsche, saß auf einem Schaffellteppich vor einem niedrigen Tisch mit seinen Büchern, Papieren und einem Stapel weißer Begrüßungsschals. Wir überreichten ihm unsere Schals und erhielten seinen Segen. Wir setzten uns zu ihm, und er sprach eine Zeitlang mit uns. Er sprach mit leiser Stimme und fragte uns, wo wir herkämen und was unsere

Beschäftigung sei. Was er sagte, war nichts Besonderes, ebenso wie sein Aussehen nicht irgendwie ungewöhnlich war. Er war ungefähr sechzig Jahre alt und hatte sehr weißes Haar. Er war ziemlich untersetzt, hatte kein interessantes Gesicht, und es fehlten ihm alle Zähne. Aber wenn ich bei ihm war, und ich besuchte ihn noch oft, war mir bewußt, daß ich einem ganz besonderen Menschen gegenübersaß, und während wir anscheinend über nichts Bedeutendes sprachen, waren mir diese Gespräche wertvoller als noch so viele Predigten und Vorlesungen. Wer in der Hoffnung auf ein Wunder zu ihm ging, mußte enttäuscht sein, denn er hätte nicht gewöhnlicher aussehen können, wie er da saß in ein abgetragenes, braunes Tuch gehüllt auf einem öligen Schaffell in einem kahlen Raum. Aber die meisten, die ihn besuchten, hatten das Gefühl, von einem Wunder berührt worden zu sein.

Weil ich als Reinkarnation Tagtser Rinpotsches anerkannt bin, pflegten die Menschen zu mir zu kommen und um meinen Segen zu bitten. Ich sagte ihnen dann immer, daß ich dazu gar nicht die Macht hätte, daß ich nichts besonderes sei und vielleicht eines Segens noch mehr bedürfe als sie. Ich pflegte ihnen zu raten, zu ihrer persönlichen Gottheit oder zum erhabenen Buddha zu beten. Aber sie gaben dann immer zur Antwort, daß es nicht darauf ankäme, was ich selbst von mir dächte, sondern daß es ihre Überzeugung sei, ich müsse ein großer Heiliger sein, da ich mir eine so hohe Wiedergeburt erworben habe. Dann sprach ich wohl ein Gebet mit ihnen, aber mir war immer nicht ganz wohl bei dem großen Glauben, den sie in mich setzten und den ich selbst doch so gar nicht teilen konnte.

Es gibt einige Orte in Tibet, wo man das Gefühl hat, hier ist gut sein. Manchmal ist es das Haus eines Privatmannes, manchmal ein Kloster oder eine Einsiedelei. Es kann auch ein Berg oder ein Fluß sein, und solche Orte werden berühmt wie gute Menschen und zu Wallfahrtsorten. Ich glaube, daß dabei immer das gleiche wirksam ist: Es kommt nicht so sehr darauf an, wie der Ort wirklich ist, sondern was der Pilger in ihm sieht; legt er Gutes hinein, so erwächst ihm daraus auch Gutes. Eine besonders starke Erinnerung habe ich an den heiligen See Lhama Lamtso. Er befindet sich zwei oder drei Tagereisen südöstlich von Lhasa und ist für die Zukunftsvisionen berühmt, die er einem vermittelt. Dieser See wird immer bei der Suche nach einem neuen Gyalwa Rinpotsche von den Ministern zu Rate gezogen. Da er sehr hoch gelegen ist, schoben wir einen Rasttag ein, bevor wir die letzte Steigung nahmen. Hoch oben, umgeben von den schneebedeckten Zinnen, befindet sich ein kleines, tiefeingeschnittenes Tal, an dessen tiefstem Punkt der heilige See liegt. Es war Juni oder Juli, aber während unseres Aufstiegs schneite es die ganze Zeit, und wir dachten, wir würden von der Höhe den See nicht einmal sehen können. Wie hielten unterwegs an und verbrannten etwas Weihrauch, und als wir die höchste Höhe erreicht hatten, brachten wir Opfer, brannten wieder Weihrauch ab und beteten, denn es schneite noch immer sehr stark. Das Kloster Tschokorgyal lag schon vier Stunden hinter uns.

Plötzlich war es, als hätte es überhaupt nicht geschneit. Der Himmel hellte sich auf, und da lag der Lhamo Lamtso, ein leuchtend blaues Tröpfchen inmitten der Gipfel des Himalaya. Nichts anderes war um uns als die kahlen, baumlosen Berge mit hin und wieder aus dem Schnee hervortretenden Felsen und Gestein, wo die Wände besonders steil waren. Als wir über das Ostende des Sees blickten, sahen wir eine Art Bewegung, einen Schimmer, der sich nicht an der Oberfläche befand, denn die lag völlig unbewegt da, sondern irgendwie unter dieser Oberfläche. Es war wie ein sandfarbenes Band, das sich langsam vom Osten her über den See hin verbreiterte und dann gänzlich verschwand. Viele von uns sahen es, aber jeder sah nur das, was für ihn bestimmt war. Ich hatte eigentlich nicht erwartet, irgend etwas zu sehen, und als ich die Bewegung und den Schimmer sah, war ich froh und erwartete nichts weiter. Aber dann sah ich noch andere Farben, ein wenig Grün, ein Fleckchen Blau und etwas Rot, die sich alle langsam unter der Oberfläche in die Runde bewegten. Als auch sie verschwanden, war das Wasser so klar, wie es nur nirgend sein konnte, und ich sah die Spiegelung eines Berges im Wasser. Aber es war kein naheliegender Berg, sondern einer, den ich nie zuvor gesehen hatte. Die Spitze dieses gewaltigen Berges war schneebedeckt, aber von der Mitte abwärts bis zu seinem Fuß war kahler Fels, und ich konnte trockene, entlaubte Bäume sehen, so als hätten wir tiefsten Winter. In den oberen Regionen gab es nur wenige Bäume, aber sie wurden dichter und dichter je mehr der Berghang sich dem Tal näherte.

Inmitten dieser Bäume befand sich ein schönes, dreistöckiges Haus und auf seiner Dachterrasse standen drei Personen. Der eine davon hatte ein Mönchsgewand an, die anderen trugen übliche tibetische Kleidung. Das Haus war von einem Hof umgeben, in dessen einer Ecke geschnittene Sträucher zum Trocknen lagen, die als Brennholz Verwendung finden sollten. Am Westende des Hofes befand sich eine Pforte, ein Weg lief dran vorbei, und daneben floß ein Gebirgsbach vom Berg herab und unter einer kleinen Brücke hindurch. Jenseits der Brücke befand sich sumpfiges Gelände, Schlamm, aber auch schönes frisches Gras. Es gab dort auch eine Hundehütte mit einem angebundenen Hund. Der Weg zog sich weiter nach Norden hin, und auf ihm näherte sich ein Berittener an der Spitze einer Karawane dem Hause.

Diese Vision dauerte fast eine halbe Stunde, und ich dachte voller Verwunderung, was das wohl bedeuten könnte, ob es etwas sei, was ich noch in diesem Leben sehen würde, oder eine Vorschau auf ein zukünftiges Leben. Ich betete zur Göttin Lhamo, daß sie mir Aufklärung gäbe. Dann änderte sich die Oberfläche des Sees und sah plötzlich aus, als wäre sie mit Eis bedeckt. Ich sah einen riesigen Eisklotz, wohl so hoch wie ein zweistöckiges Haus, von dem Tropfen herunterrannen und sich in Stalaktiten verwandelten, die dreißig Fuß oder tiefer ins Wasser hingen.

Während ich mir noch Gedanken machte, was diese neue Vision bedeuten könnte, die schon eine Viertelstunde dauerte, änderte sich das Bild wieder, und ich sah eine kleine Ansammlung weißer Häuser, die ich als Kumbum erkannte. Dann verschwanden sie wieder, und ich sah zum letzten Mal den gewaltigen schneebedeckten Berg, das grüne, baumbestandene Tal darunter, das Haus mit Hof und Pforte, den Weg, den unter der Brücke hindurchfließenden Gebirgsbach, die Hundehütte und den Hund. Da war auch der Reiter wieder und die Karawane, die den Weg herunterkam. Aber auf dem Hausdach, wo der Mönch und die beiden schwarzgekleideten Männer gestanden hatten, war niemand mehr. Ich stand noch lange da, wartete auf ihre Wiederkehr und dachte nach; aber dann wurde die Vision undeutlich, so als zögen kleine Wolken zwischen mir und ihr hindurch, und als ich wieder hinblickte, war die Oberfläche des Sees ganz klar.

Wir begannen den Abstieg, und als wir im Kloster angelangt waren, erzählten wir uns gegenseitig, was wir gesehen hatten. Einige hatten überhaupt nichts gesehen, andere hatten so deutliche Visionen gehabt wie ich, aber keine war gleich der anderen. Einer meiner Freunde, ein Mönch, hatte Felder mit Unmengen von Menschen gesehen, die dort arbeiteten. Einige hatten Dinge gesehen, von denen sie nicht sprechen wollten. Keiner von uns, der etwas gesehen hatte, konnte jedoch angeben, was es bedeuten könnte. Bis jetzt habe ich das Haus im Walde noch nicht zu sehen bekommen, auch der Mönch und die zwei Männer aus dem Laienstand, die auf dem Dach standen, sind mir nirgends begegnet.

Vieles was in der Zukunft liegt, ist uns verborgen. Die Zukunft der Welt ist sicherlich nicht glücklich, zieht man die zunehmende Verderbtheit der Menschen in Betracht und denkt man daran, was die Legende von Schambhala prophezeit. Wir glauben dennoch, daß es eine Zukunft für Tibet gibt. Wie sie aber auch sein mag in dieser Welt, wir wissen zumindest, daß das Ende dieser Zukunft — die Erleuchtung, die Erlösung von Unwissenheit und Leiden — Glückseligkeit ist. Wir wissen auch, daß wir das alle früher oder später erlangen werden. Das macht alle Leiden erträglich. Wir glauben nicht, daß wir dem vorhergesagten Unheil entgehen können, aber wir glauben, daß wir uns selbst und andere darauf besser vorbereiten können, damit so wenige wie irgend möglich durch einen weiteren Zyklus von Erschaffung und Vernichtung hindurchzugehen haben.

Gebildete Tibeter mögen darüber andere Vorstellungen haben als ungebildete, so wie auch jede Sekte in der Auslegung der Schriften von der anderen abweicht. Aber über die Tatsache des Leidens gibt es keine geteilten Meinungen, ebensowenig über unser gemeinsames Ziel der Erlösung vom Leiden. Erlangt wird dieses durch die Lehren des Buddha und die buddhistischen Schriften; die buddhistische Kirche und das Mönchtum helfen uns dabei. Wir quälen uns nicht mit Fragen nach der Natur Gottes oder des Lebens nach dem Tode, und so sehr auch die anderen Religionen die unsere ablehnen mögen, wir sind zufrieden in dem Wissen, daß unsere Religion uns eine Art zu leben beibringt, in der jeder Mensch, der uns begegnet, als gleichwertig angesehen wird. Wir erwarten bei unserer Art zu leben nicht, über Nacht Vollendung zu erreichen, aber es macht uns Freude, gemeinsam danach zu streben. Dieses Streben ist keine langweilige Mühsal, es ist vielmehr lebendig und erregend, und wir erleben die Belohnung dafür bei jedem Schritt.

Ich persönlich fühle eine große Traurigkeit und Leere, wenn ich an das alte Tibet denke, denn es kann nie mehr so werden, wie ich es kannte. Ich kann mir auch nichts Besseres als das vorstellen, was noch vor wenigen Jahren bestand. Das ist jedoch eine selbstsüchtige Trauer, denn andere werden die gleichen Wahrheiten oder noch manche Wahrheiten mehr im neuen Tibet oder sonstwo entdecken, wenn sie nur noch genügend Wissen bewahrt haben, um nach der Wahrheit zu suchen.

Die Natur der Wahrheit ist letzten Endes die größte Frage, und wir entfernen uns nur von der Wahrheit und verschließen unsere Augen vor ihr, wenn wir anderen nicht zugestehen, daß auch sie nach der Wahrheit streben, wenn auch ihre Form der Wahrheitssuche anders ist als unsere. Ich kann nichts Gutes im Kommunismus und in der Zerstörung sehen, die er unserem Lande zugefügt hat, aber indem die Kommunisten diese Zerstörung herbeigeführt haben, haben sie sich auf ihre Weise vielleicht der letzten Wahrheit näher gebracht. Darüber mögen sie sich selbst klar werden. Aber wenn sie es vorziehen, im Nichtwissen zu verweilen, dann wird die Wahrheit ihnen auch dann verborgen bleiben, wenn sie sich ganz nah davon befinden.

Die einzige Wahrheit, die jemandem etwas bedeuten kann, ist die, an die er von ganzem Herzen und mit ganzer Seele glaubt und die er körperlich zu erreichen trachtet. Sei seine Wahrheit noch so verschieden von der seiner Mitmenschen, so ist sie dennoch für ihn die einzig echte Wahrheit. Vielleicht besteht die größte Unwissenheit und die größte Grausamkeit darin, andere zu zwingen, die Welt so zu sehen, wie man sie sieht. Laßt uns die Gedanken und die Glaubensvorstellungen anderer anschauen. Sie werden uns dazu verhelfen, klarer zu sehen — auch dann, wenn wir sie nicht zu teilen vermögen. Das ist auch der Zweck dieses Berichtes. Ich will meine Leser nicht veranlassen, etwas zu glauben, sondern ich möchte nur erreichen, daß sie uns — und damit vielleicht auch sich selbst — besser verstehen.

NAMEN- UND SACHREGISTER

Der Dalai Lama bei Herder spektrum

Dalai Lama
Das kleine Buch vom rechten Leben
Herausgegeben und eingeleitet von Dirk Kron
Band 4949
Die zentralen Texte des Dalai Lama, in denen sich der große Weisheits-
lehrer Themen des Alltags und ganz persönlichen Fragen widmet.

Dalai Lama
Einführung in den Buddhismus
Die Harvard-Vorlesungen
Band 4946
Die unauslotbare Tiefe der buddhistischen Weisheitstradition – von
einer der großen geistigen Gestalten der Gegenwart auf einzigartige
Weise erschlossen.

Dalai Lama
Der Weg des tibetischen Buddhismus
Eine Einführung
Band 4900
Unentbehrlich als Standardwerk – die authentische Darstellung.

Dalai Lama
Unsere spirituelle Sehnsucht
Religiöse Erfahrung als Brücke zwischen
Buddhisten und Christen
Band 4758
Für das neue Jahrtausend – ein Pfad gemeinsamer Spiritualität.

Dalai Lama
Vision des Herzens
Wieso ich optimistisch in die Zukunft sehe
Band 4727
Der Dalai Lama ist überzeugt: Der Pfad zum Glück steht uns allen of-
fen, als einzelnem und als Gemeinschaft.

HERDER spektrum

Dalai Lama
Tod und Unsterblichkeit im Buddhismus
Über die Buddha-Natur
Vorwort von Václav Havel
Band 4555
Wegweisende und grundsätzliche Antworten auf Kernfragen
menschlichen Lebens.

Dalai Lama
Tibet – Ort der Götter, Land der Tränen
Hrsg. von G. van Grasdorff
Band 4497
Der Dalai Lama über die Vergangenheit, Gegenwart und Zukunft Tibets
und über die Hoffnung auf eine Rettung dieser Kultur.

Dalai Lama/Jean-Claude Carrière
Die Kraft des Buddhismus und der Zustand der Welt
Bewußter leben in der Welt von heute
Band 4463
Westen und Osten begegnen sich im Dialog, lebendig, erzählerisch,
informativ – und zukunftsorientiert.

Dalai Lama
Der Friede beginnt in dir
Wie innere Haltung nach außen wirkt
Band 4451
Die moderne Auslegung der wichtigsten Lehren über den Weg zu
innerem und äußerem Frieden. Einer der schönsten Texte des
Buddhismus.

Dalai Lama
Sehnsucht nach dem Wesentlichen
Die Gespräche in Bodhgaya
Band 4229
Menschen aus allen Kulturkreisen haben den Friedensnobelpreisträger
aufgesucht und neue Impulse für ihr spirituelles Leben gewonnen.

HERDER spektrum